완역 論語集註

[상권]

김창환 역주

明文堂

【머리말】

필자가 ≪논어≫와 인연을 맺은 것은 고등학교 2학년 때의 일이다. 당시 여러 출판사에서 동서고금의 양서를 문고본으로 냈는데 을유문화사의 '을유문고'가 특히 뛰어났다. 학교 앞의 조그만 서점에서 이 문고본의 ≪논어≫를 만났는데 번역도 간결하고 휴대하기에 편하였다. 이후로 자주 들춰보면서 한두 구절씩 써 보기도 하였다. 당시에 내용을 깊이 있게 이해하지는 못했지만 마음에 와 닿는 구절들이 많았다. 대학 입시 준비를 해야 할 때인데도 여기에 상당한 시간과 마음을 쓴 것으로 생각된다.

대학과 군대를 마치고 민족문화추진회[지금의 고전번역원] 국역연수원에 입학하였다. 전통적으로 한학을 하신 선생님들로부터 가르침을 받으면서 한문에 눈떠 가기 시작하였다. 유가경전과 제자백가 등을 배우는 3년의 과정을 마친 뒤에 서울대학교 대학원 중문과에 들어갔다. 박사 과정 수료 후에는 중문과에 개설된 '동양의 고전' 강좌를 맡아 십여 학기 동안 ≪논어≫를 강의하였다. 이후에 대학원에서, 그리고 여러 단체에서 ≪논어≫ 강의를 진행해 왔다.

강의 횟수가 많아지면서 각 대학이나 단체에서 ≪논어≫를 강의하기에 편리한 교재로, 그리고 공부하는 분들이 참고하기에 적절한 번역서를 내고 싶은 마음이 들었다. 마침내 2011년부터 관심 있는 대학원생들과 ≪논어≫ 주자집주를 강독하면서 번역해나가기 시작하였다. 3년 가까운 기간에 걸쳐 초역을 마무리하고 다시 1년여에 걸쳐 검토를 진행하였다. 이 과정을 함께한 이들이 서울대학교 대학원 중문과의 이운재, 박춘향, 강설금, 이욱진, 우나영 동학으로, 지금은 과정을 수료하였거나 박사학위를 받았다. 이들과의 토론을 통해 이 작업이 결실을 맺게 되었음과 그에 대한 고마움을 여기에 밝힌다.

이 역주서에 대해 특기할 사항으로 연관 원전을 연계하여 제시하고 해설한 점을 들 수 있다. 그 과정은 다음의 세 가지 방면에서 진행되었다.

첫째, ≪논어≫는 공자의 전 생애에 걸친 말씀과 행실을 기록한 것이기 때문에 공자의 일관된 언행과 사고가 제시되어 있지만, 연관 내용이 여기저기에 흩어져 있는 경우가 많다. 따라서 한 장절(章節)의 이해에 ≪논어≫의 다른 연관 장절을 함께 공부하면 입체적으로 이해할 수 있게 된다. 예를 들어 ≪논어≫ 제4편 <이인(里仁)>의 8장에서 공자는, "아침에 도를 들으면 저녁에 죽어도 좋다.(朝聞道, 夕死, 可矣.)"라고 하였다. 이 구절을 ≪논어≫ 제15편 <위영공(衛靈公)>의 8장에서, "뜻을 지닌 선비와 인을 이룬 사람은 살기를 구하느라 인을 해치는 경우가 없고 자신을 죽여서 인을 이루는 경우가 있다.(志士仁人, 無求生以害仁, 有殺身以成仁.)"라고 한 구절과 연관 지어 고찰하면, '듣게 되면 죽어도 좋다'고 한 도(道)가 무엇인지 분명해진다.

둘째, ≪논어≫ 이외의 다른 경전이나 기록을 제시한 것이다. ≪논어≫ 13편 <자로(子路)>의 20장에서, 자공(子貢)이 선비[사(士)]에 대해 묻자 공자는, "약속한 말을 반드시 지키고 행동을 반드시 결행하니 고집스런 소인이지만 그러나 또한 (선비 가운데) 다음이 될 수 있다.(言必信, 行必果, 硜硜然小人哉, 抑亦可以爲次矣.)"라고 답변해 주었다. '약속한 말을 반드시 지키고 행동을 반드시 결행함(言必信, 行必果)'은 훌륭한 덕목 같은데, 어찌 '소인'이라고 규정했을까? 그 이유는 ≪맹자(孟子)·이루하(離婁下)≫의 다음 구절과 연계하면 선명하게 밝혀진다. 맹자는, "대인인 자는 약속한 말을 지키기를 기필하지 않고 행동을 결행하기를 기필하지 않아 오직 의가 있는 대로 한다.(大人者, 言不必信, 行不必果, 惟義所在.)"라고 하여 ≪논어≫ <자로>편 20장의 말씀을, '대인'의 풍도를 들어 대조하는 방법으로 설명하였다. 이 번역서는 이런 관련 구절들을 상호 제시함으로써 논어 구절을 유기적이고 입체적으로 이해할 수 있도록 하였다.

셋째, 주자집주에 대한 번역의 예이다. 주자집주는 그 공과(功過)에 대해 여러 이견이 있기도 하지만, 이전의 성취를 집대성한 업적과 그것이 우리 유학에 끼친 영향은 누구나 인정하는 바이다. 따라서 주자집주를 통해 ≪논어≫를 공부하는 방법은 지금도 여전히 많은 장점을 지니고 있다. 주자집주는 현재 우리나라에 몇 종의 완역본이 나와 있어 각 방면에서 밝혀낸 부분이 많지만 여전히 보완의 필요성이 남아 있다. ≪논어≫ 본문뿐 아니라 주자집주에 대한 정확한 이해는 ≪논어≫ 공부에 매우 필요한데 주자집주가 쉽지 않다. 그것은 주자 자신의 설명이 어려운 부분도 있지만 주자가 인용하고 있는 이전 학자들의 다양한 설에 대한 이해가 쉽지 않기 때문이다. 주자는 한대(漢代) 이후부터 자신이 살던 남송(南宋)에 이르기까지 30여 명의 설을 인용하여 집주를 완성하였다. 제가의 설에는 ≪논어≫의 다른 구절을 인용한 것도 있고 기타 여러 서적에서 인용한 부분이 많은 데다 그 인용 양상도 다양하다. 출처를 밝힌 경우도 있지만 그렇지 않은 경우가 많다. 본 번역서에서는 이런 부분들에 대해, 인용된 구절의 원전을 찾아 제시하고 번역하였으며 어느 경우에는 보충 설명을 가하였다.

고전은 우리와 시대가 다르고 지역도 다를 뿐 아니라 학문적 깊이가 달라 여러 모로 어렵다. 정확한 해석과 입체적 연결을 통해 ≪논어≫의 본질에 가까이 접근하고자 하는 바람, 그리고 더욱 중요한 목표인 적절한 우리말 표현의 번역서를 만들고자 하는 바람에서 이 책을 내게 되었다. 필자의 부족함과 학설의 다양함으로 인해 바라는 바에 이르렀다고 할 수는 없겠지만, 그 목표에 한 걸음 더 다가가는 계기로 삼을 수 있으리라는 점에서 위안을 삼고자 한다.

이 책이 나오기까지 가르침을 주신 선생님들과 주변 친지로부터 받은 도움은 필설로는 다 표현할 수 없다. 그 가운데 이영호 사장님의 물심양면의 도움과 배려를 특별히 기록한다. 우리나라에서 동양고전에 관한 한 최고의 출판사인 명문당에서 ≪논어집주≫를 내게 되어 큰 영광으로 생각한다. 특히 명문당에서는 이미 다양한 형태로 많은 종류의 ≪논어≫를 출판하였는데도, 역자가 김동구 사장님께 이 책의 출판을 제안하자 흔쾌히 승낙하셨다. 이 자리를 빌어 깊이 감사드린다. 또 적지 않은 분량의 원고를 면밀히 검토하고 많은 오류를 수정하였으며, 보기에 좋은 번역서로, 강의하기에 편리한 교재로 꾸며주신 이은주 선생님께 감사를 표한다.

2016년 12월 **김 창 환**

목 차

◉ 머리말 – 3

◉ 일러두기 – 8

논어집주 서설(論語集註 序說) – 9

학이(學而) 제일(第一) – 19

위정(爲政) 제이(第二) – 53

팔일(八佾) 제삼(第三) – 91

이인(里仁) 제사(第四) – 135

공야장(公冶長) 제오(第五) – 165

옹야(雍也) 제육(第六) – 207

술이(述而) 제칠(第七) – 253

태백(泰伯) 제팔(第八) – 303

자한(子罕) 제구(第九) – 337

향당(鄕黨) 제십(第十) – 381

【일러두기】

01. 이 ≪논어집주(論語集註)≫의 번역은 조선(朝鮮) 정조(正祖) 시기에 간행된 정유자본(丁酉字本)[일명 내각본(內閣本)으로 서울 보경문화사(保景文化社) 1984년 영인본]을 저본으로 하였다.

02. ≪논어≫ 본문은 최대한 주자집주의 해설에 입각하여 번역하였다. 번역이 주자의 관점과 다를 경우에는 그 근거를 제시하였다.

03. 내각본의 세주[주자집주 아래에 추가한 송원(宋元) 유학자들의 주석] 가운데에서 ≪논어≫ 본문이나 주자집주를 이해하는 데 참고할 만한 것들을 간간이 인용하였다.

04. 문장 번역과 용어 풀이는 간단명료한 표현을 쓰고자 노력하였다. 단국대학교 동양학연구소에서 편찬한 ≪한한대사전(漢韓大辭典)≫의 풀이가 이 취지에 부합하여 표준으로 삼았다. 번역 과정에서 이 사전에 힘입은 바가 크다.

05. 한자 풀이는 대표적인 뜻만 제시하는 것을 원칙으로 하였으나 원문에 쓰인 한자의 의미가 대표적인 뜻이 아닐 경우에는 그 뜻을 추가하고 굵은 글씨로 표시하였다. 한자의 뜻과 음도 위 사전에서 제시한 것을 표준으로 삼았다.

06. 시대가 바뀌었으니 한문의 이해를 위해 사용된 현토도 구식에서 벗어나야 한다는 취지에서 현대적인 국어 표현에 맞게 하고자 하였다. 공자에 대한 기술도 극존칭을 피하여 역사 인물을 서술하는 객관적인 방식을 취하였다.

논어집주 서설(論語集註 序說)

●史記世家曰이라.[1]

●孔子는 名이 丘이고 字가 仲尼이며 其先은 宋人[2]이라. 父는 叔梁紇[3]이고 母는 顔氏[4]로 以[5]魯襄公[6]二十二年庚戌之歲十一月庚子에 生孔子於魯昌平鄕陬邑하다. 爲兒嬉戲에 常陳俎豆하고 設禮容하다.

●及長하여 爲委吏[7]한대 料量이 平하고 爲司職吏[8]한대 畜이 蕃息이라. 適周하여 問禮於老子[9]하고 既反而弟子益進하다.

한자 梁 들보 량, 紇 굵은 실 흘, 陬 산모퉁이 추·**땅이름 추**, 嬉 놀 희, 戲 **놀 희**·연극 희(戲의 속자), 俎 **적대(炙臺) 조**·도마 조, 豆 콩 두·**제기 이름 두**, 職 직분 직·**말뚝 직**(樴과 통용), 畜 기를 휵·**가축 휵**(지금 음은 축)·쌓을 축(蓄과 통용), 蕃 번성할 번

○≪사기·공자세가(孔子世家)≫의 기록이다.

---

1) 여기서부터 <논어집주서설(論語集註序說)>의 후반부에 나오는 하씨왈(何氏曰) 이전까지는 주희(朱熹)가 ≪사기(史記)·공자세가(孔子世家)≫의 기록을 요약한 것이다.
2) 공자의 5대조인 공보가(孔父嘉, ?-B.C. 710)가 송나라에서 대사마(大司馬)로 있다가 피살된 후 자손들이 노(魯)나라로 이주하였다.
3) 숙량흘(叔梁紇, ?-B.C. 548) : 노나라 대부로 이름이 흘(紇)이고 자가 숙량(叔梁)이다. 공자가 태어난 지 3년 만에 죽었고 노나라의 방산(防山)에 장사 지냈다.
4) 안씨(顔氏) : 안징재(顔徵在)로 안징(顔徵)이라고도 한다. 사후에 공자가 방산(防山)에 부친과 합장하였다.
5) 이(以) : '우(于)'와 통하여 시간이나 장소를 나타내는 개사(介詞)이다.
6) 양공(襄公) : 노나라 제20대 군주로 재위기간은 B.C. 572-B.C. 542년이다.
7) 위리(委吏) : 곡식 창고의 수납을 담당하던 직책이다. ≪사기·공자세가≫에는 '계씨사(季氏史)'[계씨의 말단 관리]로 되어 있다.
8) 사직리(司職吏) : 제사에 쓸 희생을 기르는 목장의 담당자이다. '직(職)'은 '직(樴)'과 통하여 '말뚝'의 뜻이다.
9) ≪사기(史記)·공자세가≫, "주나라에 가서 예를 물었는데 노자를 만난 것이다.(適周問禮, 蓋見老子.)"

○공자는 이름이 구(丘)이고 자가 중니(仲尼)이며 그 선조는 송(宋)나라 사람이다. 아버지는 숙량흘(叔梁紇)이고 어머니는 안(安)씨로 노나라 양공(襄公) 22년인 경술년[B.C. 551년] 11월 경자일[21일]에 노나라 창평향(昌平鄕) 추읍(郰邑)에서 공자를 낳았다. 아이일 때 놀면서 항상 제사 그릇을 차려 놓고 예모를 갖추었다.
○장성하여 창고 관리인이 되었는데 계량이 공평하였고 목장 관리인이 되어서는 가축이 번식하였다. 주(周)나라에 가서 노자(老子)에게 예를 물었으며 돌아온 뒤에는 제자들이 더욱 찾아왔다.

●昭公[10]二十五年은 甲申이라. 孔子年三十五而昭公이 奔齊하고 魯亂하니 於是適齊하여 爲高昭子家臣하여 以通乎景公하다. 公이 欲封以尼谿之田한대 晏嬰이 不可하니 公惑之하다. 孔子遂行하여 反乎魯하다.
●定公[11]元年은 壬辰이라. 孔子年四十三而季氏强僭하고 其臣陽虎[12]作亂專政하다. 故로 孔子不仕하고 而退修詩書禮樂하니 弟子彌衆하다.

한자 昭 밝을 소, 奔 달릴 분·**달아날 분**, 谿 시내 계, 嬰 갓난아이 영·걸 영, 僭 **참람할 참**·어긋날 참, 彌 활시위 부릴 미(弭와 같은 자)·퍼질 미·**더욱 미**

○소공(昭公) 25년은 갑신년[B.C. 517년]이다. 공자의 나이 35세였는데 소공이 제나라로 달아났고 노나라가 어지러워지자 이에 제나라에 가서 고소자(高昭子)의 가신이 되어 경공(景公)과 만났다. 경공이 이계(尼谿)의 땅을 봉해 주려고 하였는데 안영(晏嬰)이 동의하지 않으니 경공이 미혹되었다. 공자는 결국 떠나서 노나라로 돌아왔다.
○정공(定公) 원년은 임진년[B.C. 509년]이다. 공자의 나이 43세였는데 계씨(季氏)가 강성하여 분수에 넘는 행동을 하였고 그의 가신인 양호(陽虎)

---

10) 소공(昭公) : 노나라 제21대 군주로 재위기간은 B.C. 541-B.C. 510년이다.
11) 정공(定公) : 노나라 제22대 군주로 재위기간은 B.C. 509-B.C. 495년이다.
12) 양호(陽虎) : 춘추시대 노나라 출신으로 양화(陽貨)라고도 한다. 계평자(季平子)의 가신으로 계평자가 죽자 정권을 장악하고 포악을 부렸다.

가 난을 일으켜 정권을 독점하였다. 그래서 공자는 벼슬하지 않고 물러나 ≪시경≫, ≪서경≫, ≪예경≫, ≪악경≫을 정리하니 제자들이 더욱 많아졌다.

●九年은 庚子라. 孔子年五十一로 公山不狃가 以費로 畔季氏하고 召孔子하니 欲往而卒不行하다. 定公이 以孔子爲中都宰하니 一年에 四方則之라. 遂爲司空[13]하고 又爲大司寇[14]하다.

●十年은 辛丑이라. 相定公하여 會齊侯于夾谷하고 齊人이 歸魯侵地하다.

●十二年은 癸卯라. 使仲由[15]爲季氏宰하여 墮三都[16]하고 收其甲兵이라. 孟氏不肯墮成하여 圍之不克하다.

한자 狃 익힐 뉴·교만할 뉴, 畔 두둑 반·**배반할 반(叛과 같은 자)**, 宰 **우두머리 재**·재상 재, 寇 약탈할 구·도둑 구, 夾 낄 협, 墮 떨어질 타·**무너뜨릴 휴**

○(정공) 9년은 경자년[B.C. 501년]이다. 공자의 나이 51세였는데 공산불뉴(公山不狃)가 비읍(費邑)을 근거로 계씨에게 반기를 들고 공자를 부르자 가려고 하였으나 결국 가지 않았다. 정공이 공자를 중도(中都)의 책임자로 삼으니 1년 만에 사방에서 본받았다. 마침내 사공이 되었고 다시 대사구가 되었다.

○(정공) 10년은 신축년[B.C. 500년]이다. 정공을 도와 협곡(夾谷)에서 제나라 군주[경공(景公)]와 회동하였고 제나라 사람들이 노나라에 침략한 땅을 돌려주었다.

---

13) 사공(司空) : 주대(周代) 육경(六卿)의 하나로 수토(水土)를 담당하던 장관이었다. 대사공(大司空)이라고도 하였다.

14) 대사구(大司寇) : 주대(周代) 육경(六卿)의 하나로 형옥(刑獄)을 담당하던 장관이었다.

15) 중유(仲由) : 춘추시대 노(魯)나라 변(卞) 출신으로 자가 자로(子路)이다. 공자의 제자로 용맹이 뛰어났는데 뒤에 위(衛)나라에서 읍재로 일하다가 괴외(蒯聵)의 난에 죽음을 당하였다.

16) 삼도(三都) : 노나라의 세 대부들의 거점인 세 도성(都城)으로 맹손씨의 성읍(成邑), 숙손씨의 후읍(郈邑), 계손씨의 비읍(費邑)이다. 성곽의 크기가 대부에게 규정된 규모를 넘었기 때문에 허물도록 한 것이다.

○(정공) 12년은 계묘년[B.C. 498년]이다. 중유[자로]로 하여금 계씨의 가신이 되어 세 도성을 허물고 그들의 갑옷과 무기를 거두게 하였다. 맹씨가 성읍(成邑)의 성곽을 허물려 하지 않자 그곳을 포위하였으나 이기지 못하였다.

●十四年은 乙巳라. 孔子年五十六으로 攝行相事하여 誅少正卯[17]하고 與聞國政하니 三月에 魯國이 大治하다. 齊人이 歸女樂以沮之어늘 季桓子가 受之하고 郊又不致膰俎於大夫한대 孔子行하다.

●適衛하여 主[18]於子路妻兄顔濁鄒家하다. 適陳에 過匡이러니 匡人이 以爲陽虎而拘之하다. 旣解에 還衛하여 主蘧伯玉家하고 見南子[19]하다.

한자 攝 낄 섭·당길 섭·겸할 섭·**대신할 섭**, 誅 벨 주, 沮 막을 저·**훼방할 저**, 桓 굳셀 환, 郊 교외 교·**교제사 교**, 膰 제사 고기 번, 鄒 나라 이름 추, 匡 바를 광, 蘧 패랭이꽃 거·**성 거**

○(정공) 14년은 을사년[B.C. 496년]이다. 공자의 나이 56세였는데 재상의 일을 대행하여 소정묘(少正卯)를 죽였고 국정에 참여하니 3개월 만에 노나라가 잘 다스려졌다. 제나라 사람들이 여자 악사를 보내어 훼방하였는데 계환자가 그들을 받아들였고 교제사에서 더구나 대부들에게 제사 고기를 보내지 않자 공자는 (노나라를) 떠났다.

○위(衛)나라에 가서 자로의 손위 처남인 안탁추(顔濁鄒)의 집에 머물렀다. 진(陳)나라에 가면서 광(匡) 지역을 지나는데 광 사람들이 양호라고 생각하여 공자를 억류하였다. 풀려난 뒤에 위나라로 돌아와 거백옥(蘧伯玉)의 집에 머물렀고 남자(南子)를 만났다.

---

17) 소정묘(少正卯) : 춘추시대 노나라 사람으로 악행을 저지르며 정치를 어지럽히자 공자가 처벌하였다.

18) 주(主) : 어떤 사람을 주인으로 삼아[손님이 되어] 그의 집에 머무는 것을 가리킨다.

19) 남자(南子) : 위나라 영공(靈公)의 부인으로 송(宋)나라 태생이다. 송의 자조(子朝)와 간통하여 태자 괴외(蒯聵)의 미움을 샀고 괴외가 즉위한 뒤에 살해되었다.

●去適宋한대 司馬桓魋가 欲殺之하다. 又去適陳하여 主司城貞子家라. 居三歲而反于衛나 靈公이 不能用하다.

●晉趙氏家臣佛肸이 以中牟로 畔하고 召孔子한대 孔子欲往이라가 亦不果하다. 將西見趙簡子하여 至河而反하여 又主蘧伯玉家하다. 靈公이 問陳[20]이어늘 不對而行[21]하여 復如陳하다.

한자 魋 붉은 곰 퇴, 貞 곧을 정, 佛 비슷할 불·부처 불·성할 발(勃과 통용)·도울 필(弼과 통용)·**성 필**, 肸 소리가 퍼질 힐, 牟 소우는 소리 모·클 모

○(위나라를) 떠나 송(宋)나라에 갔는데 사마환퇴(司馬桓魋)가 죽이려고 하였다. 다시 (송나라를) 떠나 진(陳)나라에 가서 사성정자(司城貞子)의 집에 머물렀다. 3년을 지내다가 위나라로 돌아왔지만 영공이 등용하지 못하였다.

○진(晉)나라 조(趙)씨의 가신인 필힐(佛肸)이 중모읍(中牟邑)을 근거로 (조씨에게) 반기를 들고 공자를 부르자 공자가 가려고 하다가 역시 실행하지 않았다. 장차 서쪽으로 조간자(趙簡子)를 만나려고 황하에 이르렀다가 돌아와 다시 거백옥의 집에 머물렀다. 영공이 진(陣)을 치는 법에 대하여 묻자 대답하지 않고 떠나 다시 진(陳)나라로 갔다.

●季桓子卒에 遺言謂康子하여 必召孔子하나 其臣止之라. 康子乃召冉求하니 孔子는 如蔡及葉[22]하다. 楚昭王이 將以書社[23]地로 封孔子러니 令尹[24]子西가 不可하여 乃止하다.

---

20) 진(陳) : '진(陣)'과 같은 글자이며 전투에서 진(陣)을 치는 법을 가리킨다.

21) ≪논어(論語)·위영공(衛靈公)≫, "위나라 영공이 공자에게 군대의 진법(陣法)에 대하여 묻자 공자가 대답하기를, '제사의 일은 들은 적이 있지만 군대의 일은 아직 배우지 못했습니다.'라 하고 다음날 마침내 떠났다.(衛靈公, 問陳於孔子, 孔子對曰. 俎豆之事, 則嘗聞之矣, 軍旅之事, 未之學也, 明日遂行.)"

22) ≪사기(史記)·공자세가≫에는, "채(蔡)나라로부터 섭현(葉縣)에 이르렀다.(自蔡及葉.)"로 되어 있다.

23) 서사(書社) : 주대(周代)에 25가(家)에 1사(社)를 세웠는데 그 호구(戶口)와 전지(田地)를 장부에 기록한 것, 또는 그 지역을 가리킨다.

24) 영윤(令尹) : 춘추시대(春秋時代) 초나라의 벼슬이름으로 재상에 해당한다.

한자 康 편안할 강, 冉 **연약할 염**·나아갈 염·**성 염**, 蔡 들풀 채·**나라 이름 채**·거북 채, 葉 잎 엽·성 섭·**고을 이름 섭**

○계환자(季桓子)가 죽으면서 (아들인) 계강자(季康子)에게 유언으로 일러, 반드시 공자를 부르도록 하였으나 그의 신하가 제지하였다. 계강자가 이에 염구(冉求)를 부르니 공자는 채(蔡)나라에 갔다가 [초(楚)나라의] 섭현(葉縣)에 이르렀다. 초나라 소왕(昭王)이 장차 서사(書社)의 땅을 공자에게 봉해주려고 하였는데 영윤인 자서(子西)가 동의하지 않아 결국 그만두었다.

●**又反乎衛한대 時靈公已卒하고 衛君輒이 欲得孔子爲政어늘 而冉求爲季氏將하여 與齊戰에 有功하니 康子乃召孔子하여 而孔子歸魯하다. 實[25]哀公[26]之十一年丁巳요 而孔子年六十八矣라. 然이나 魯終不能用孔子하고 孔子亦不求仕라. 乃敍書傳[27]禮記[28]하고 刪詩正樂하며 序[29]易彖繫象說卦文言하다.**

한자 輒 문득 첩, 刪 깎을 산, 彖 판단할 단, 繫 헌솜 계·**맬 계**

○다시 위(衛)나라로 돌아왔는데 당시에 영공은 이미 죽었고 위나라 군주인 첩(輒)이 공자를 모셔다 정치를 하려고 하였는데, 염구(冉求)가 계씨의 장수가 되어 제나라와 싸워 공을 세우자 계강자가 마침내 공자를 불러 공자가 노나라로 돌아왔다. 바로 애공 11년인 정사년[B.C. 484년)]이었고 공자의 나이가 68세였다. 그러나 노나라는 끝내 공자를 등용하지 못하였고 공자 역시 벼슬하기를 구하지 않았다. 이에 ≪서경(書經)≫과

---

25) 실(實): '식(寔)'과 통하여 '바로 …이다'의 뜻이다.
26) 애공(哀公) : 노나라 제23대 군주로 재위기간은 B.C. 494-B.C. 468년이다.
27) ≪서전(書傳)≫ : ≪서경(書經)≫을 가리킨다.
28) ≪예기(禮記)≫ : ≪의례(儀禮)≫를 가리키는 것으로 한대(漢代)에 정리된 ≪예기(禮記)≫와는 다르다.
29) 서(序) : '서(敍)'와 통하여 '서술하다', '짓다'의 뜻이다.

≪의례(儀禮)≫를 편찬하였으며 ≪시경≫을 정리하고 ≪악경≫을 바로잡았으며 ≪주역≫의 <단전(彖傳)>, <계사전(繫辭傳)>, <상전(象傳)>, <설괘전(說卦傳)>, <문언전(文言傳)>을 지었다.

●弟子蓋三千焉에 身通六藝[30]者가 七十二人이라.

●十四年庚申에 魯西狩獲麟[31]하니 孔子作春秋하다.[32]

●明年辛酉에 子路死於衛하고 十六年壬戌四月己丑에 孔子卒하니 年七十三이라. 葬魯城北泗上한대 弟子皆服心喪[33]三年而去하되 惟子貢이 廬於冢上하니 凡六年이라.

●孔子生鯉한대 字가 伯魚이고 先卒하다. 伯魚가 生伋한대 字가 子思이고 作中庸하다.

한자 藝 심을 예·재주 예·**경전 예**, 狩 사냥 수, 麟 기린 린, 泗 물 이름 사, 冢 무덤 총, 伋 빠를 급·**사람 이름 급**

○제자가 대략 3천 명이었는데 몸소 육예(六藝)에 통달한 자가 72명이었다.

○(애공) 14년 경신년[B.C. 481년]에 노나라에서 서쪽으로 사냥 나갔다가 기린을 잡으니 공자가 ≪춘추≫를 지었다.

○이듬해인 신유년[B.C. 480년]에 자로가 위나라에서 죽었고 (애공) 16년 임술년[B.C. 479] 4월 기축일(11일)에 공자가 죽으니 나이가 73세였다. 노나라 도성의 북쪽 사수(泗水) 가에 장사를 지냈는데 제자들이 모두 3년 동안 심상을 치르고 떠났으나 자공(子貢)만은 무덤가에서 여막살이를

---

30) 육예(六藝) : 공자가 편찬하고 저술한 육경(六經)을 가리킨다.

31) ≪춘추좌전(春秋左傳)·애공(哀公)·14년≫에, "서쪽으로 대야(大野)에서 사냥하다가 숙손씨의 마부인 서상(鉏商)이 기린을 잡았다.(西狩於大野, 叔孫氏之車子鉏商**獲麟**.)"라고 하였다.

32) 기린(麒麟)은 상상의 동물로 성왕(聖王)의 출현을 예고하는데, 주나라의 도가 다시 부흥하지 못하는 것을 보고 탄식하면서 ≪춘추≫의 저술을 마쳤다. 이후로 '획린(獲麟)'은 저술행위를 그만둔다는 뜻으로도 쓰인다.

33) 심상(心喪) : 상복은 입지 않지만 상주와 같은 마음으로 근신하는 것으로, 스승에 대한 상례(喪禮)이다.

하였으니 모두 6년이었다.

○공자는 공이(孔鯉)를 낳았는데 자가 백어(伯魚)이고 (공자보다) 먼저 죽었다. 백어가 공급(孔伋)을 낳았는데 자가 자사(子思)이고 ≪중용(中庸)≫을 지었다.

●何氏[34]曰이라. 魯論語는도 二十篇이고 齊論語는 別有問王知道하여 凡二十二篇이며 其二十篇中章句도 頗多於魯論이라. 古論은 出孔氏壁中한대 分堯曰下章子張問하여 以爲一篇하여 有兩子張하니 凡二十一篇이고 篇次도 不與齊魯論同이라.

한자 頗 치우칠 파·자못 파

○하씨가 말하였다. "≪노논어≫는 20편이고 ≪제논어≫는 별도로 <문왕(問王)>편과 <지도(知道)>편이 있어 모두 22편이며 그 20편 안의 장(章)과 구(句)도 ≪노논어≫보다 훨씬 많다. ≪고논어≫는 공씨 집안의 벽 속에서 나왔는데 <요왈(堯曰)>편의 아래 장인 <자장문(子張問)>을 나누어 한 편으로 만들어 두 개의 <자장>편이 있으니 모두 21편이고 편의 차례도 ≪제논어≫, ≪노논어≫와 같지 않다."

●程子[35]曰이라. 論語之書는 成於有子[36]曾子[37]之門人이라. 故로 其書에 獨二子를 以子稱이라.

○정자가 말하였다. "≪논어≫라는 책은 유약(有若)과 증삼(曾參)의 제자들에 의해 이루어졌다. 그래서 이 책에서 유독 두 사람만을 '자(子)'로 칭하

34) 하씨(何氏) : 삼국시대 위(魏)의 하안(何晏, 190-249년)으로 자가 평숙(平叔)이다. 시중상서(侍中尙書)를 지냈으며 ≪논어집해(論語集解)≫를 저술하였다.

35) 정자(程子) : 북송(北宋)의 철학가 정이(程頤, 1033-1107)로 자는 정숙(正叔)이고 이천선생(伊川先生)으로 존칭된다. 젊어서부터 형인 정호(程顥, 1032-1085)와 함께 주돈이(周敦頤, 1017-1073)에게서 공부하였다.

36) 유자(有子) : 공자의 제자인 유약(有若, B.C. 518-?)으로 자가 자유(子有)이다.

37) 증자(曾子) : 공자의 제자인 증삼(曾參, B.C. 505-B.C. 436)으로 자가 자여(子輿)이다.

였다."

●程子曰이라. 讀論語에 有讀了全然無事者하고 有讀了後에 其中得一兩句하여 喜者하며 有讀了後에 知好之者하고 有讀了後에 直有不知手之舞之足之蹈之者[38]라.

한자 直 곧을 직·다만(단지) 직, 蹈 밟을 도·구를 도

○정자가 말하였다. "≪논어≫를 읽는데, 다 읽은 뒤에 전혀 일이[변화가] 없는 자가 있고, 다 읽은 뒤에 그 중에서 한두 구절을 얻어 기뻐하는 자가 있으며, 다 읽은 뒤에 그것을 좋아할 줄 아는 자가 있고, 다 읽은 뒤에 그저 자기도 모르게 손이 덩실대고 발이 구르게 되는 자도 있다."

●程子曰이라. 今人은 不會讀書라. 如讀論語에 未讀時에 是此等人이요 讀了後에도 又只是此等人이면 便是不曾讀이라.

한자 曾 이에 증·아예 증·일찍이 증

○정자가 말하였다. "요즘 사람들은 책을 읽을 줄 모른다. 만약 ≪논어≫를 읽는데, 아직 읽지 않았을 때에 이런 사람이었는데 다 읽은 뒤에도 역시 다만 이런 사람이라면 바로 이것은 아예 읽지 않은 것이다."

●程子曰이라. 頤自十七八로 讀論語러니 當時已曉文義나 讀之愈久에 但覺

38) ≪맹자(孟子)·이루상(離婁上)≫, "인(仁)의 실체는 어버이를 섬기는 것이 그것이고 의(義)의 실체는 형에게 순종하는 것이 그것이다. 지(智)의 실체는 이 두 가지를 알아 버리지 않는 것이 그것이고 예(禮)의 실체는 이 두 가지를 조절하고 수식하는 것이 그것이며 악(樂)의 실체는 이 두 가지를 즐기는 것이다. 즐기면 (이런 덕성이) 생겨나니 생겨나면 어떻게 그만둘 수 있겠는가. 어떻게 그만둘 수 있겠는가 하게 되면 자기도 모르게 발이 구르고 손이 덩실댄다.(仁之實, 事親是也, 義之實, 從兄是也. 智之實, 知斯二者, 弗去是也, 禮之實, 節文斯二者是也, 樂之實, 樂斯二者. 樂則生矣, 生則惡可已也. 惡可已, 則不知足之蹈之手之舞之.)"

意味深長이라.

한자 頤 턱 이·기를 이, 曉 새벽 효·밝을 효·알 효·**깨달을 효**, 愈 나을 유·**더욱 유**

○정자가 말하였다. "내가 17·8세부터 ≪논어≫를 읽었는데 당시에 이미 글의 뜻은 깨달았지만 읽기를 더욱 오래 할수록 다만 의미가 깊고 원대함을 느낄 뿐이다."

학이(學而) 제일(第一)

●此는 爲書之首篇이라. 故로 所記가 多務本之意니 乃入道之門이요 積德之基로 學者之先務也라. 凡十六章이라.

○이것은 책의 첫 편이다. 그래서 기록한 것들이 근본을 힘쓰는 뜻이 많으니 바로 도에 들어가는 문이고 덕을 쌓는 기반으로 배우는 자들이 먼저 힘쓸 것들이다. 모두 16장이다.

학이1 제1장

01-01-1 ◉子曰이라. 學而時習之면 不亦[1]說乎아.

●學之爲言은 效也라. 人性皆善이나 而覺有先後하니 後覺者는 必效先覺之所爲라야 乃可以明善[2]而復其初也라. 習은 鳥數飛也니 學之不已가 如鳥數飛也라. 說은 喜意也니 旣學而又時時習之면 則所學者熟而中心喜說하니 其進이 自不能已矣라.

● 程子曰이라. 習은 重習也니 時復思繹하여 浹洽[3]於中이면 則說也라.

●又曰이라. 學者는 將以行之也[4]라. 時習之면 則所學者가 在我라. 故로 悅이라.

●謝氏曰이라. 時習者는 無時而不習이라. 坐如尸는 坐時習也요 立如齊는 立時習也[5]라.

한자 說 말할 설·유세할 세·**기쁠 열**, 效 **본받을 효**·효과 효, 數 셀 수·**자주 삭**, 繹 실 뽑을 역·이어질 역·**찾을 역**·풀 역, 浹 **젖을 협**·두루 미칠 협, 洽 **젖을 흡**·통달할 흡, 尸 시체 시·**시동 시**, 齊 가지런할 제·엄숙할 제·**재계할 재**·옷자락 자

공자가 말씀하였다. "배우고서 때때로 그것을 익히면 진정 기쁘지 않겠는가."

---

1) 역(亦) : 강조의 의미로 '확실히', '정말로'의 뜻이다.[亦, 猶實也.-≪후한서(後漢書)·두융전찬(竇融傳贊)≫ 이현(李賢) 주]. "역시 고향이 최고다."라고 할 때의 '역시'이다.

2) 명선(明善) : ≪대학(大學)·경1장≫에서 말한 '밝은 덕을 밝힘[명명덕(明明德)]'이다.

3) 협흡(浹洽) : 물이 물체의 속까지 적시듯이 꿰뚫어 통하는 것이다.

4) ≪맹자(孟子)·양혜왕하(梁惠王下)≫, "사람이 어려서 배우는 것은 장성해서 그것을 실천하려는 것이다.(夫人幼而學之, 壯而欲行之.)"

5) ≪예기(禮記)·곡례상(曲禮上)≫, "앉아 있을 때에는 시동(尸童)과 같이 하고 서 있을 때에는 재계하듯이 하라.(坐如尸, 立如齊.)"

○‘학(學)’의 말뜻은 ‘본받다’이다. 사람의 본성은 모두 선하나 깨달음에는 선후가 있으니 뒤에 깨닫는 자는 반드시 먼저 깨달은 이가 하는 것을 본받아야 (본성의) 선을 밝혀서 그 처음[성선(性善)의 상태]을 회복할 수 있다. ‘습(習)’은 새가 자주 날갯짓하는 것이니 배우기를 그치지 않는 것이 새가 자주 날갯짓하는 것과 같음이다. ‘열(說)’은 ‘기쁘다’는 뜻이니 배운 뒤에 또 때때로 그것을 익히면 배운 것이 익숙해져서 마음이 기뻐지니 그 진보가 저절로 멈출 수 없게 된다.

○정자가 말하였다. “습(習)’은 ‘거듭 익히다’이니 때때로 다시 생각하고 추구하여 속까지 젖게 되면 기쁘다.”

○또 말하였다. “배운다는 것은 장차 그것을 실천하려는 것이다. 때때로 그것을 익히면 배운 것이 나에게 있게 된다[내 것이 된다]. 그러므로 기쁘다.”

○사씨[사양좌(謝良佐)[6]]가 말하였다. “때때로 익힌다는 것은 어느 때이든 익히지 않음이 없는 것이다. 앉아 있을 때 시동(尸童)과 같이 하는 것은 앉아 있을 때의 익힘이고 서 있을 때 재계하듯이 하는 것은 서 있을 때의 익힘이다.”

01-01-2 ◉有朋自遠方來면 不亦樂乎아.

●朋은 同類也니 自遠方來면 則近者可知라.

●程子曰이라. 以善及人하여 而信從者가 衆故로 可樂이라.

●又曰이라. 說은 在心하고 樂은 主發散하여 在外라.

“벗이 먼 지방에서 찾아온다면 진정 즐겁지 않겠는가.”

○‘붕(朋)’은 동료이니 먼 지방에서 찾아온다면 가까운 이들은 (어떨지를) 알 수 있다.

---

6) 사양좌(謝良佐) : 정호(程顥), 정이(程頤)의 제자로 자가 현도(顯道)이다. ≪논어해(論語解)≫를 저술하였다.

○정자가 말하였다. "선을 남에게 이르게 하여 믿고 따르는 자가 많기 때문에 즐거울 만하다."

○또 말하였다. "기뻐함은 마음속에 있고 즐거움은 퍼져나감을 위주로 하여 밖에 있다."

01-01-3 ◉人不知而不慍이면 不亦君子[7]乎아.

●慍은 含怒意라. 君子는 成德之名이라.

●尹氏曰이라. 學은 在己하고 知不知는 在人하니 何慍之有리오.

●程子曰이라. 雖樂於及人이나 不見是而無悶[8]이라야 乃所謂君子라.

●愚謂컨대 及人而樂者는 順而易하고 不知而不慍者는 逆而難이라. 故로 惟成德者가 能之라. 然이나 德之所以成은 亦由學之正하고 習之熟하고 說之深而不已焉耳라.

●程子曰이라. 樂은 由說而後得이니 非樂이면 不足以語君子니라.

한 자 慍 성낼 온·화 온, 悶 번민할 민

"남이 알아주지 않더라도 노여워하지 않는다면 진정 군자답지 않겠는가."

○'온(慍)'은 '노여움을 품다'는 뜻이다. '군자(君子)'는 덕을 이룬 이의 명칭이다.

○윤씨[윤돈(尹焞)[9]]가 말하였다. "배움은 자신에게 달려 있고 알아주거나

---

7) '不'은 동사나 형용사를 부정하기 때문에 '君子'는 '군자답다'는 의미의 형용사로 풀었다.

8) ≪주역(周易)·건괘(乾卦)·문언전(文言傳)≫, "세상을 피해 살면서 번민이 없고 옳다고 여겨지지 않더라도 번민이 없다. (세상이) 즐거우면 도를 행하고 (세상이) 근심스러우면 떠나서 확고하게 (뜻을) 뺏을 수 없는 것이 잠겨있는 용이다.(遯世无悶, 不見是而无悶. 樂則行之, 憂則違之, 確乎其不可拔, 潛龍也.)"

9) 윤돈(尹焞) : 정이(程頤)의 제자로 자가 언명(彦明)이다. ≪논어해(論語解)≫, ≪맹자해(孟子解)≫ 등을 저술하였다.

알아주지 않음은 남에게 달려 있으니 무슨 노여워할 것이 있겠는가."

○정자가 말하였다. "비록 남에게 이르는 데에서 즐거우나, 옳다고 여겨지지 않더라도 번민이 없어야 바로 군자라고 하는 것이다."

○내가 생각하건대, 남에게 이르러 즐거운 것은 (자신의 의도에) 순조로워 쉽고, 알아주지 않는데도 노여워하지 않는 것은 (자신의 의도에) 거슬려서 어렵다. 그러므로 오직 덕을 이룬 자만이 그것을 할 수 있다. 그러나 덕이 이루어지는 것은 역시 배움이 올바르고 익힘이 익숙하고 기뻐함이 깊으면서 그치지 않는 데에서 비롯될 뿐이다.

○정자가 말하였다. "즐거움은 기쁨을 거친 뒤에 얻어지니 즐거움이 아니면 군자를 말할 수 없다."10)

학이1 제2장

01-02-1 ◉有子曰이라. 其爲人也가 孝弟하고 而好犯上者는 鮮矣라. 不好犯上하고 而好作亂者는 未之有也라.

●有子는 孔子弟子로 名이 若이라. 善事父母爲孝요 善事兄長爲弟라. 犯上은 謂干犯在上之人이오 鮮은 少也라. 作亂은 則爲悖逆爭鬪之事矣라. 此는 言人能孝弟면 則其心和順하여 少好犯上이니 必不好作亂也라.

한자 干 방패 간·구할 간·**범할 간**·마를 간(乾과 통용), 犯 **침범할 범**·위반할 범, 悖 어지러울 패·**거스를 패**

유자가 말하였다. "그 사람됨이 효성스럽고 공손하면서 윗사람을 거스르기를 좋아하는 자는 드물다. 윗사람을 거스르기를 좋아하지 않으면서 난동을 일으키기를 좋아하는 자는 아직까지 없었다.

10) 수기(修己)의 단계에서 느끼는 '기쁨'을 바탕으로 치인(治人)의 단계에서 얻어지는 '즐거움'에 이르러야 군자에 대하여 말할 수 있다는 설명이다.

○유자는 공자의 제자로 이름이 약(若)이다. 부모를 잘 섬기는 것이 '효성스러움'이고 형을 잘 섬기는 것이 '공손함'이다. '범상(犯上)'은 윗자리에 있는 사람을 거스르는 것을 이르고 '선(鮮)'은 '적다'이다. '작란(作亂)'은 도리를 어기거나 다투는 일을 하는 것이다. 이것은, 사람이 효성스럽고 공손할 수 있으면 그 마음이 온화하고 순종하여 윗사람을 거스르기를 좋아하는 이가 적으니, 반드시 난동을 일으키기를 좋아하지 않는다는 말이다.

01-02-2 ◉君子는 務本이니 本立而道生이라. 孝弟也者는 其爲仁之本與인저.

●務는 專力也요 本은 猶根也라. 仁者는 愛之理요 心之德也라. 爲仁은 猶曰行仁이라. 與者는 疑辭로 謙退不敢質言也라. 言君子는 凡事에 專用力於根本이니 根本旣立이면 則其道自生이라. 若上文所謂孝弟가 乃是爲仁之本이니 學者가 務此則仁道가 自此而生也라.

●程子曰이라. 孝弟는 順德也라. 故로 不好犯上이니 豈復有逆理亂常之事리오. 德有本이니 本立則其道充大라. 孝弟가 行於家而後에 仁愛가 及於物이니 所謂親親而仁民也[11]라. 故로 爲仁은 以孝弟爲本이요 論性則以仁爲孝弟之本이라. 或問孝弟가 爲仁之本이라하니 此是由孝弟可以至仁否아. 曰非也라. 謂行仁自孝弟始라. 孝弟는 是仁之一事니 謂之行仁之本則可커니와 謂是仁之本則不可라. 蓋仁은 是性也요 孝弟는 是用也라. 性中에 只有箇仁義禮智四者而已니 曷嘗有孝弟來[12]리오. 然이나 仁主於愛하고 愛莫大於愛親하니 故로 曰孝弟也者는 其爲仁之本與라.

---

11) ≪맹자(孟子)·진심상(盡心上)≫, "군자가 (사람 이외의) 만물에 대해서는 사랑하기만 하고 인애하지 않으며, 백성[사람]에 대해서는 인애하기만 하고 친애하지 않으니 어버이를 친애하고서 백성을 인애하며 백성을 인애하고서 만물을 사랑한다.(君子之於物也, 愛之而弗仁, 於民也, 仁之而弗親, **親親而仁民**, 仁民而愛物.)"

12) 래(來) : 구말어조사(句末語助詞)이다. 도연명(陶淵明)의 <귀거래혜사(歸去來兮辭)>에 나오는 "돌아가리라[귀거래혜(歸去來兮.)]"의 '래(來)'와 같은 용법이다.

한자 凡 무릇 범·**모두 범**, 專 얼레 전·독점할 전·**오로지 전**, 曷 **어찌 갈**·언제 갈

군자는 근본을 힘쓰니 근본이 확립되면 [인(仁)의] 도가 생겨난다. 효성스러움과 공손함이라는 것은 아마도 인을 실천하는 근본일 것이다."

○'무(務)'는 '오로지 힘쓰다'이고 '본(本)'은 '근(根)'과 같다. '인(仁)'이라는 것은 사랑의 원리이고 마음의 덕성이다. '위인(爲仁)'은 '인을 실천한다'는 말과 같다. '여(與)'라는 것은 의문의 어조사로 겸양하면서 감히 직설적으로 말하지 않는 것이다. 군자는 모든 일에서 오로지 근본에 힘쓰니 근본이 이미 확립되면 그 도는 저절로 생겨난다는 말이다. 위 글에서 말한, 효성스러움과 공손함이 바로 인을 실천하는 근본이라는 것과 같으니 배우는 자들이 이것을 힘쓰면 인의 도가 여기에서 말미암아 생겨난다.

○정자가 말하였다. "효성스러움과 공손함은 순종의 덕성이다. 그러므로 윗사람을 거스르기를 좋아하지 않으니 어찌 다시 도리를 어기고 상도(常道)를 어지럽히는 일이 있겠는가. 덕에는 근본이 있으니 근본이 서면 그 도는 충실해지고 커진다. 효성스러움과 공손함이 집안에서 행해진 뒤에 사랑이 남에게 이르니, (맹자가) 이른바 어버이를 친애하고서 백성을 사랑한다는 것이다. 그러므로 인을 실천하는 것은 효성스러움과 공손함을 근본으로 삼고, 본성을 논하는 것은 인을 효성스러움과 공손함의 근본으로 삼는다." 어떤 사람이 물었다. "효성스러움과 공손함이 인을 실천하는 근본이라고 하였으니 이것은 효성스러움과 공손함으로 말미암아 인에 이를 수 있다는 것입니까?" (정자가) 대답하였다. "아니다. 인을 실천하는 것은 효성스러움과 공손함으로부터 시작됨을 이른 것이다. 효성스러움과 공손함은 인의 한 가지 일이니 그것이 인을 실천하는 근본이라고 한다면 괜찮지만 인의 근본이라고 하면 안 된다. 인은 본성이고 효성스러움과 공손함은 적용이기 때문이다. 본성 가운데에는 단지 인·의·예·지 네 가지가 있을 뿐이니 어찌 일찍이 효성스러움과 공손함이 있었던가. 그러나

인은 사랑을 위주로 하고, 사랑은 어버이를 사랑하는 것보다 더 큰 것이 없기 때문에 '효성스러움과 공손함이라는 것은 아마도 인을 실천하는 근본일 것이다.'라고 한 것이다."

학이1 제3장

01-03 ◉子曰이라. 巧言令色이 鮮矣仁이니라.

●巧는 好요 令은 善也라. 好其言하고 善其色하여 致飾於外로 務以悅人이면 則人欲肆而本心之德이 亡矣라. 聖人은 辭不迫切하여 專言鮮이니 則絶無可知라. 學者가 所當深戒也라.

●程子曰이라. 知巧言令色之非仁이면 則知仁矣리라.[13]

한자 巧 기교 교·정교할 교·**뛰어날 교**, 令 명령할 령·**좋을 령**, 飾 꾸밀 식, 肆 뚜렷할 사·**방자할 사**·베풀 사, 迫 접근할 박·**핍박할 박**

공자가 말씀하였다. "말을 잘 꾸미고 얼굴빛을 좋게 하는 사람 중에는 인한 자가 드물다."

○'교(巧)'는 잘하는 것이고, '영(令)'은 좋게 하는 것이다. 그 말을 잘하고 그 얼굴빛을 좋게 하여 외면을 꾸미기를 지극하게 하는 것으로 남을 기쁘게 하기에 힘쓴다면 사람의 욕망이 제멋대로 되어 본심의 덕이 없어진다. 공자는 말씀이 박절하지 않아 단지 드물다고만 말씀하였으니 아예 없음을 알 수 있다. 배우는 자들이 깊이 경계해야 할 것이다.

○정자가 말하였다. "말을 잘 꾸미고 얼굴빛을 좋게 하는 것이 인(仁)이 아

13) 세주에서 운봉 호씨[雲峰胡氏, 호병문(胡炳文)]는, "앞 장[<학이(學而)·제2장>]의 '윗사람을 거스르기를 좋아하고 난동을 일으키기를 좋아하는 것'은 강포한 악이고 이것은 부드러운 악이다.(上章好犯上作亂, 是剛惡者, 此是柔惡.)"라고 설명하였다.

님을 안다면 인을 알게 될 것이다."

학이1 제4장

01-04 ◉曾子曰이라. 吾는 日三省吾身하노니 爲人謀而不忠乎아? 與朋友交而不信乎아? 傳不習乎아니라.

●曾子는 孔子弟子로 名이 參이고 字가 子輿라. 盡己之謂忠이요 以[14]實之謂信이라. 傳은 謂受之於師요 習은 謂熟之於己라. 曾子는 以此三者로 日省其身하여 有則改之하고 無則加勉라. 其自治가 誠切如此하니 可謂得爲學之本矣라. 而三者之序는 則又以忠信爲傳習之本也라.

●尹氏曰이라. 曾子는 守約이라.[15] 故로 動必求諸身하니라.

●謝氏曰이라. 諸子之學이 皆出於聖人이나 其後에 愈遠而愈失其眞이어늘 獨曾子之學이 專用心於內라. 故로 傳之無弊하니 觀於子思·孟子면 可見矣라. 惜乎라 其嘉言善行이 不盡傳於世也라. 其幸存而未泯者를 學者가 其可不盡心乎아.

한자 輿 수레 여, 約 묶을 약·**간요할 약**·단속할 약·빈곤할 약, 弊 엎어질 폐·해질 폐·**폐단 폐**, 嘉 아름다울 가, 泯 망할 민·**없어질 민**

증자가 말하였다. "나는 날마다 세 가지로 나 자신을 반성하니 남을 위하여 (일을) 계획하면서 충실하지 않았는가? 벗들과 교제하면서 신의롭지 않았는가? 전수받고 익히지 않았는가이다."

○증자는 공자 제자로 이름이 삼(參)이고 자가 자여(子輿)이다. 자기의 마

14) 이(以) : '용(用)'과 통하여 '쓰다', '~대로 하다'의 뜻이다.
15) ≪맹자(孟子)·공손추상(公孫丑上)≫, "맹시사의 지킴은 기세였으니, 또 증자의 지킴이 요점적인 것만 못하였다.(孟施舍之守氣, 又不如**曾子之守約也**.)"

음을 다하는 것을 '충(忠)'이라 하고 진실함을 쓰는[적용하는] 것을 '신(信)'이라고 한다. '전(傳)'은 스승에게 전수받음을 이르고 '습(習)'은 자신에게 익숙하게 함을 이른다. 증자는 이 세 가지로 날마다 그 자신을 반성하여 (그런 점이) 있으면 고치고 없으면 더욱 힘썼다. 그가 자신을 다스린 것이 참되고 절실함이 이와 같았으니 학문을 하는 근본을 터득하였다고 할 만하다. 세 가지의 순서는 다시 충실과 신의로 전수받고 익히는 근본을 삼는다.

○윤씨[윤돈(尹焞)[16)]]가 말하였다. "증자는 지킴이 요점적이었다. 그러므로 움직임마다 반드시 자신에게서 (문제를) 찾았다."

○사씨[사양좌(謝良佐)]가 말하였다. "여러 제자들의 학문이 모두 공자에게서 나왔으나 그 뒤에는 멀어질수록 더욱 그 진수를 잃었는데 유독 증자의 학문만이 오로지 내면에 마음을 썼다. 그러므로 그것을 전수함에 폐단이 없었으니 자사와 맹자를 보면 알 수 있다. 애석하게도 그의 아름다운 말과 좋은 행실이 세상에 다 전해지지는 않았다. 그것이 다행히 남아서 없어지지 않은 것을 배우는 자들이 어찌 마음을 다하지 않을 수 있겠는가."

학이1 제5장

01-05 ◉子曰이라. 道[17)]千乘之國하되 敬事而信하며 節用而愛人하며 使民以時니라.

●道는 治也라. 千乘은 諸侯之國으로 其地가 可出兵車千乘者也라. 敬者는 主一無適之謂라. 敬事而信者는 敬其事而信於民也라. 時는 謂農隙之時라. 言治國之要가 在此五者하니 亦務本之意也라.

16) 윤돈(尹焞) : 정이(程頤)의 제자로 자가 언명(彦明)이다. ≪논어해(論語解)≫, ≪맹자해(孟子解)≫ 등을 저술하였다.

17) 도(道) : '도(導)'와 통하여 '이끌다', '다스리다'의 뜻이다.

●程子曰이라. 此言至淺이나 然當時諸侯가 果能此면 亦足以治其國矣리라. 聖人은 言雖至近이나 上下皆通하니 此三言者를 若推其極이면 堯舜之治도 亦不過此리라. 若常人之言은 近則淺近而已矣라.

●楊氏曰이라. 上不敬則下慢이요 不信則下疑라. 下慢而疑면 事不立矣라. 敬事而信은 以身先之也라. 易曰節以制度하여 不傷財하고 不害民18)이라하니 蓋侈用則傷財하고 傷財면 必至於害民이라. 故로 愛民은 必先於節用이라. 然이나 使之不以其時면 則力本者가 不獲自盡하여 雖有愛人之心이나 而人不被其澤矣라. 然이나 此는 特論其所存而已요 未及爲政也나 苟無是心이면 則雖有政19)이나 不行焉이라.

●胡氏曰이라. 凡此數者는 又皆以敬爲主니라.

●愚謂컨대 五者는 反復相因하여 各有次第하니 讀者는 宜細推之라.

한자 乘 탈 승·수레 승, 適 갈 적, 隙 틈 극, 慢 게으를 만, 侈 사치할 치

공자가 말씀하였다. "천승의 나라를 다스리는 데에는 일을 신중히 하고 믿음 받게 하며 씀씀이를 절제하고 사람들을 사랑하며 백성을 부리는 것을 시기[농한기]에 따라 할 것이다."

○'도(道)'는 '다스리다'이다. '천승(千乘)'은 제후의 나라로서 그 지역이 전차 천 대를 낼 수 있는 곳이다. '경(敬)'이라는 것은 한 가지에 집중하여 다른 데로 가지 않음을 이른다. "일을 신중히 하고 믿음 받게 한다."는 것은 그 일을 신중히 하고 백성에게 믿음을 받는 것이다. '시(時)'는 농한기를 이른다. 나라를 다스리는 요점이 이 다섯 가지에 있음을 말씀했으니 역시 근본을 힘쓰는 뜻이다.

○정자가 말하였다. "이 말씀은 지극히 평이하지만 당시 제후들이 과연 이

18) ≪주역(周易)·절괘(節卦)·단전(彖傳)≫, "천지가 절도가 있어 사시(四時)가 이루어지니, 제도로써 절제하여 재물을 손상시키지 않고 백성을 해치지 않는다.(天地節, 而四時成, 節以制度, 不傷財, 不害民.)"

19) 정(政) : 예악(禮樂), 형정(刑政) 등의 정치제도를 가리킨다.

것을 할 수 있었더라면 역시 자기 나라를 다스리기에 충분했을 것이다. 공자는 말씀이 비록 지극히 평범하였지만 위아래로 모두 통하니 이 세 마디 말씀을 만일 그 지극한 데까지 확충시킨다면 요임금과 순임금의 다스림도 또한 여기에서 벗어나지 않을 것이다. 보통 사람의 말 같은 경우는 평범하면 천박해질 뿐이다."

○양씨[양시(楊時)20)]가 말하였다. "윗사람이 신중하지 않으면 아랫사람들이 태만해지고 믿음 받지 못하면 아랫사람들이 의심한다. 아랫사람들이 태만해지고 의심하면 일이 이루어지지 않는다. 일을 신중히 하고 믿음 받게 하는 것은 자신부터 솔선하는 것이다. ≪주역≫에서, '제도로 절제하여 재물을 손상시키지 않고 백성을 해치지 않는다.'라고 하였으니, 씀씀이를 사치하면 재물을 손상시키고 재물을 손상시키면 반드시 백성을 해치는 데에 이른다. 그러므로 백성을 사랑함은 반드시 씀씀이를 절제하는 것을 우선해야 한다. 그러나 백성을 부리는 것을 시기에 따르지 않는다면 근본[농사]에 힘쓰는 자들이 자신들의 힘을 다할 수 없어 (윗사람이) 비록 사람을 사랑하는 마음을 가지고 있더라도 사람들이 그 혜택을 입지 못하게 된다. 그러나 이것은 단지 그가 (마음속에) 간직할 것을 논하였을 뿐이고 정사를 하는 데는 아직 미치지 않은 것이지만,21) 만일 이러한 마음[애인지심(愛人之心)]이 없다면 비록 정치제도가 있더라도 시행되지 않는다."

○호씨[호인(胡寅)22)]가 말하였다. "이 몇 가지는 또한 모두가 신중함[경(敬)]을 위주로 한다."

○내가 생각하건대, 다섯 가지는 되풀이되면서 서로 원인이 되어 각기 차례가 있으니 읽는 이들은 자세하게 헤아려 나가야 한다.

---

20) 양시(楊時) : 자가 중립(中立)이고 호가 구산(龜山)으로 정호(程顥), 정이(程頤)를 사사하였고 정문사선생(程門四先生)의 칭호가 있었다. 국자감좨주(國子監祭酒)를 지냈고 ≪이정수언(二程粹言)≫을 편찬하였다.

21) 나라를 다스리는 구체적인 조목은 아니라는 뜻이다.

22) 호인(胡寅) : 남송 초기의 학자로 자가 명중(明仲)이다. 양시(楊時)를 사사하였고 ≪논어상설(論語詳說)≫을 지었다.

학이1 제6장

01-06 ◉子曰이라. 弟子는 入則孝하고 出則弟하며 謹而信하고 汎愛衆하되 而親仁이니 行有餘力이어든 則以學文이니라.

●謹者는 行之有常也요 信者는 言之有實也라. 汎은 廣也요 衆은 謂衆人이라. 親은 近也요 仁은 謂仁者라. 餘力은 猶言暇日이요 以는 用也라. 文은 謂詩書六藝之文이라.

●程子曰이라. 爲弟子之職하고 力有餘則學文이니 不修其職而先文은 非爲己之學23)也라.

●尹氏曰이라. 德行은 本也요 文藝는 末也니 窮其本末하여 知所先後24)면 可以入德矣라.

●洪氏曰이라. 未有餘力而學文이면 則文滅其質이요 有餘力而不學文이면 則質勝而野라.

●愚謂컨대 力行而不學文이면 則無以考聖賢之成法하고 識事理之當然하여 而所行이 或出於私意니 非但失之於野而已라.

한자 謹 삼갈 근, 汎 뜰 범·넓을 범

공자가 말씀하였다. "젊은이들은 들어가서는 효도하고 나와서는 공손하며 삼가고 믿음 받게 하며 널리 사람들을 사랑하되 인(仁)한 자를 가까이 할 것이니 (이것들을) 실천하고 여력이 있으면 (여력을) 써서 글을 배울 것이다."

---

23) ≪논어(論語)·헌문(憲問)≫, "옛날의 배우는 자들은 자기 수양을 위해 공부했는데 오늘날의 배우는 자들은 남이 알아주기를 위해 공부한다.(子曰. 古之學者爲己, 今之學者爲人.)"

24) ≪대학(大學)·경1장≫, "물건에는 근본과 말단이 있고 일에는 처음과 끝이 있으니, 먼저 하고 뒤에 할 것을 알면 도에 가깝게 된다.(物有本末, 事有終始, 知所先後, 則近道矣.)"

○'근(謹)'이라는 것은 실천함에 한결같음이 있는 것이고 '신(信)'이라는 것은 말함에 진실성이 있는 것이다. '범(汎)'은 '넓다'이고 '중(衆)'은 여러 사람을 이른다. '친(親)'은 '가까이하다'이고 '인(仁)'은 인(仁)한 자를 이른다. '여력(餘力)'은 '틈나는 날'이라는 말과 같고 '이(以)'는 '쓰다'이다. '문(文)'은 ≪시경≫, ≪서경≫ 등 육경의 글을 이른다.

○정자가 말하였다. "젊은이의 직분을 실천하고 힘에 여유가 있으면 글을 배울 것이니 자신의 직분을 닦지 않고 글공부를 우선하는 것은 자기 수양을 위한 공부가 아니다."

○윤씨[윤돈(尹焞)25)]가 말하였다. "덕행은 근본이고 문예는 말단이니 그 근본과 말단을 꿰뚫어 먼저 하고 뒤에 할 바를 알면 덕에 들어갈 수 있다."

○홍씨[홍흥조(洪興祖)26)]가 말하였다. "아직 여력이 있지 않은데 글을 배우면 문식이 그 바탕을 없애고, 여력이 있는데도 글을 배우지 않으면 바탕이 지나쳐 거칠다."

○내가 생각하건대, 힘써 실천하지만 글을 배우지 않는다면 성현이 이루어 놓은 법도를 살필 수 없고 사리의 마땅함을 알 수 없어 실천하는 것이 간혹 사사로운 생각에서 나오게 되니 단지 거칢에서 잘못될 뿐만이 아니다.

학이1 제7장

01-07 ◉子夏曰이라. 賢賢하되 易色하고 事父母하되 能竭其力하며 事君하되 能致其身하고 與朋友交하되 言而有信이면 雖曰未學이라도 吾必謂之學矣라하리라.

---

25) 윤돈(尹焞) : 정이(程頤)의 제자로 자가 언명(彦明)이다. ≪논어해(論語解)≫, ≪맹자해(孟子解)≫ 등을 저술하였다.

26) 홍흥조(洪興祖) : 남송 초기의 학자로 자가 경선(慶善)이고 호가 연당(練塘)이다. 비서성정자(祕書省正字), 태상박사(太常博士) 등을 역임하였고 ≪논어설(論語說)≫을 저술하였다.

◉子夏는 孔子弟子로 姓이 卜이고 名이 商이라. 賢人之賢而易其好色之心이면 好善有誠也라. 致는 猶委也니 委致其身은 謂不有其身也라. 四者는 皆人倫之大者요 而行之必盡其誠이니 學求如是而已라. 故로 子夏言하되 有能如是之人이면 苟非生質之美면 必其務學之至니 雖或以爲未嘗爲學이라도 我必謂之已學也라.

◉游氏曰이라. 三代之學이 皆所以明人倫也라. 能是四者면 則於人倫에 厚矣니 學之爲道가 何以加此리오. 子夏는 以文學名[27]而其言如此하니 則古人之所謂學者를 可知矣라. 故로 學而一篇은 大抵皆在於務本이라.

◉吳氏曰이라. 子夏之言이 其意는 善矣나 然詞氣之間에 抑揚太過하여 其流之弊가 將或至於廢學이니 必若上章夫子之言然後에 爲無弊也라.

한자 竭 다할 갈, 致 보낼 치·**바칠 치**·다할 치·뜻 치·이치 치, 抵 밀칠 저·거스를 저·**이를 저**, 弊 엎어질 폐·해질 폐·**폐단 폐**, 廢 집 쏠릴 폐·**그만둘 폐**

자하가 말하였다. "훌륭한 이를 훌륭하게 여기면서 여색을 좋아하는 마음과 바꾸고, 부모를 섬기면서 자신의 힘을 다할 수 있으며, 군주를 섬기면서 자신의 몸을 바칠 수 있고, 벗과 교제하면서 말함에 신의가 있다면, 비록 (글을) 배우지 않았다고 하더라도 나는 반드시 그를 배웠다고 하겠다."

○'자하(子夏)'는 공자의 제자로 성이 복(卜)이고 이름이 상(商)이다. 남의 훌륭함을 훌륭하게 여기면서 여색을 좋아하는 마음과 바꾼다면 선을 좋아함에 참됨이 있는 것이다. '치(致)'는 '바치다[위(委)]'와 같으니 자신의 몸을 바치는 것은 자신의 몸을 자기 소유로 하지 않음을 이른다. 네 가지는 모두 인륜 가운데 중대한 것으로 이를 실천하는 것은 반드시 자신

27) ≪논어(論語)·선진(先進)≫, "공자가 말씀하였다. '진(陳)나라와 채(蔡)나라에서 나를 따르던 자들이 모두 문하에 있지 않구나. 덕행에는 안연·민자건·염백우·중궁이었고, 언어에는 재아·자공이었으며, 정사에는 염유·계로였고, 문학에는 자유·자하였다.'(子曰. 從我於陳蔡者, 皆不及門也. 德行, 顏淵·閔子騫·冉伯牛·仲弓, 言語, 宰我·子貢, 政事, 冉有·季路, **文學, 子游·子夏**.)"

의 참됨을 다해야 하니 배움은 이와 같기를 구할 뿐이다. 그러므로 자하가 말하기를, "이와 같을 수 있는 사람이 있다면 만일 타고난 자질이 아름다운 이가 아니라면 반드시 학문을 힘씀이 지극한 이일 것이니 비록 어떤 사람이 이르기를, (그는) 일찍이 글을 배운 적이 없다고 하더라도 나는 반드시 그를 이미 배웠다고 하겠다."라고 한 것이다.

○유씨[유작(游酢)[28]]가 말하였다. "삼대[하(夏)·상(商)·주(周)]의 학문이 모두 인륜을 밝히는 것이었다. 이 네 가지를 잘할 수 있다면 인륜에 있어 두터워지니 배움의 도리가 무엇을 여기에 더하겠는가. 자하는 문학으로 이름이 났는데도 그 말이 이와 같았으니 옛사람들이 일컬었던 배움이라는 것을 알 만하다. 그러므로 <학이> 한 편은 요지가 모두 근본을 힘쓰는 데에 있다."

○오씨[오역(吳棫)[29]]가 말하였다. "자하의 말이 그 의도는 좋으나 말투 사이에 억양이 너무 지나쳐 그 유폐가 장차 혹시 배움을 그만두는 데에 이를 수도 있으니 반드시 앞 장[<학이·제6장>]의 공자의 말씀과 같은 뒤에라야 폐단이 없게 된다."

학이1 제8장

01-08-1 ◉子曰이라. 君子는 不重則不威니 學則不固니라.

●重은 厚重이고 威는 威嚴이며 固는 堅固也라. 輕乎外者는 必不能堅乎內라. 故로 不厚重이면 則無威嚴하여 而所學도 亦不堅固也라.

한자 威 위엄 위

---

28) 유작(游酢) : 정호(程顥), 정이(程頤)의 제자로 자가 정부(定夫)이다. 사양좌(謝良佐) 등과 함께 정문사선생(程門四先生)으로 불렸다. ≪논어맹자잡해(論語孟子雜解)≫ 등을 저술하였다.

29) 오역(吳棫) : 송(宋) 건안(建安) 출신으로 자가 재로(才老)이다. ≪논어지장(論語指掌)≫ 등을 저술하였다.

공자가 말씀하였다. "군자는 중후하지 않으면 위엄스럽지 못하니 배워도 견고해지지 않는다.

○'중(重)'은 중후함이고 '위(威)'는 위엄스러움이며 '고(固)'는 견고함이다. 외면을 경솔히 하는 자는 반드시 내면을 견고하게 할 수 없다. 그러므로 중후하지 않으면 위엄이 없어 배우는 것도 또한 견고해지지 않는다.

01-08-2 ◉主忠信하며

●人不忠信이면 則事皆無實하여 爲惡則易하고 爲善則難이라. 故로 學者는 必以是爲主焉이라.
●程子曰이라. 人道는 惟在忠信이니 不誠則無物30)이라. 且出入無時하고 莫知其鄕者가 人心也31)니 若無忠信이면 豈復有物乎아.

한자 鄕 고을 향·**향할 향**(向과 통용)

충실과 신의를 위주로 하며

○사람이 충실하지 않고 신의롭지 않으면 일마다 모두 진실함이 없어서 나쁜 짓을 하기는 쉽고 좋은 일을 하기는 어렵다. 그러므로 배우는 자는 반드시 이것을 위주로 삼아야 한다.
○정자가 말하였다. "사람의 도는 오직 충실과 신의에 달려있으니 참되지 않으면 만물이 없다. 또 드나듦이 일정한 때가 없고 그 방향을 알 수 없

30) ≪중용(中庸)·제25장≫, "참됨[성(誠)]이라는 것은 만물의 처음과 끝이니 참되지 않으면 만물이 없다. 그러므로 군자는 참되게 하는 것을 귀하게 여긴다.(誠者, 物之終始, **不誠無物**. 是故君子誠之爲貴.)"
31) ≪맹자(孟子)·고자상(告子上)≫, "공자가 말씀하기를, '잡으면 보존되고 놓으면 잃어 드나듦이 일정한 때가 없고 그 방향을 알 수 없는 것은, 오직 사람의 마음을 이른 것이리라.'라고 하였다.(孔子曰. 操則存, 舍則亡, **出入無時, 莫知其鄕, 惟心之謂與**.)"

는 것이 사람의 마음이니 만일 충실과 신의가 없다면 어찌 다시 만물이 있겠는가."

01-08-3 ◉無友不如己者요

●無는 毋通이니 禁止辭也라. 友는 所以輔仁[32]이니 不如己면 則無益而有損이라.

한자 輔 덧방나무 보·**도울 보**·보호할 보, 損 덜 손·**손해 손**

자기만 못한 자[33]를 사귀지 말고

○'무(無)'는 '무(毋)'와 통하니 금지하는 말이다. 벗은 인을 보강해주는 자이니 자기만 못하면 유익함은 없고 손해가 있다.

01-08-4 ◉過則勿憚改라.

●勿도 亦禁止之辭라. 憚은 畏難也라. 自治不勇이면 則惡日長이라. 故로 有過則當速改니 不可畏難而苟安也라.

●程子曰이라. 學問之道는 無他也[34]라. 知其不善이면 則速改以從善而已라.

●程子曰이라. 君子自修之道는 當如是也라.

---

32) ≪논어(論語)·안연(顔淵)≫, "증자가 말하였다. '군자는 글로 벗을 만나고 벗으로 인을 보강한다.'(曾子曰. 君子, 以文會友, **以友輔仁**.)"

33) 자기만 못한 자는 '유익함은 없고 손해가 있으니(無益而有損)' 손자삼우(損者三友)가 바로 그 경우이다.[≪논어(論語)·계씨(季氏)≫, "유익한 것이 세 가지 벗이고 해로운 것이 세 가지 벗이니, 벗이 정직하며 벗이 진실되며 벗이 견문이 많으면 유익하고, 벗이 치우침에 익숙하며 벗이 부드러움에 뛰어나며 벗이 말재주에 익숙하면 해롭다.(益者三友, 損者三友, 友直, 友諒, 友多聞, 益矣, 友便辟, 友善柔, 友便佞, 損矣.)"]

34) ≪맹자(孟子)·고자상(告子上)≫, "학문하는 방법은 다른 것이 없다. 그 잃어버린 마음을 찾는 것일 뿐이다.(**學問之道, 無他.** 求其放心而已矣.)"

●游氏曰이라. 君子之道는 以威重爲質하고 而學以成之라. 學之道는 必以忠信爲主하고 而以勝己者輔之라. 然이나 或吝於改過면 則終無以入德하고 而賢者未必樂告以善道라. 故로 以過勿憚改로 終焉이라.

한자 憚 꺼릴 탄, 吝 아낄 린

잘못하였으면 고치기를 꺼리지 말라."

○'물(勿)'도 역시 금지하는 말이다. '탄(憚)'은 두려워하고 어렵게 여기는 것이다. 자신을 다스리는 것이 용감하지 못하면 악이 날마다 자라난다. 그러므로 잘못이 있으면 속히 고쳐야 하니 두려워하고 어렵게 여겨서 구차하게 안주해서는 안 된다.

○정자가 말하였다. "학문의 길은 다른 것이 없다. 그것이 선하지 않음을 알았으면 빨리 고쳐서 선을 따를 뿐이다."

○정자가 말하였다. "군자가 자신을 닦는 방법은 이와 같아야 한다."

○유씨[유작(游酢)]가 말하였다. "군자의 도는 위엄과 중후함을 바탕으로 삼고 배움으로 그것을 완성한다. 배움의 도는 반드시 충실과 신의를 위주로 하고 자기보다 나은 자로 보강한다. 그러나 혹시라도 잘못을 고치는 데에 인색하면 끝내 덕에 들어갈 수 없고 현자들이 반드시 좋은 도리로써 기꺼이 말해주지는 않을 것이다. 그러므로 잘못했으면 고치기를 꺼리지 말라는 것으로 끝맺었다."

학이1 제9장

01-09 ◉曾子曰이라. 愼終追遠이면 民德이 歸厚矣리라.

●愼終者는 喪盡其禮요 追遠者는 祭盡其誠이라. 民德歸厚는 謂下民化之하

여 其德도 亦歸於厚라. 蓋終者는 人之所易忽也어늘 而能謹之하고 遠者는 人之所易忘也어늘 而能追之는 厚之道也라. 故로 以此自爲면 則己之德이 厚하고 下民化之면 則其德도 亦歸於厚也라.

한자 愼 삼갈 신·**신중할 신**, 厚 두터울 후·**너그러울 후**

증자가 말하였다. "장례를 신중하게 하고 멀리 계신 조상을 추모하면 백성의 덕이 너그러운 데로 돌아갈 것이다."

○'신종(愼終)'이라는 것은 장례에서 그 예를 다하는 것이고 '추원(追遠)'이라는 것은 제사에서 그 성의를 다하는 것이다. 백성의 덕이 너그러운 데로 돌아감은 아래 백성들이 교화되어 그들의 덕도 역시 너그러운 데로 돌아간다고 이른 것이다. 대개 장례라는 것은 사람들이 소홀히 하기 쉬운 것인데 이를 신중하게 할 수 있고, 멀리 계신 조상은 사람들이 잊기 쉬운데 이를 추모할 수 있는 것은 너그러운 도리이다. 그러므로 이것을 직접 행하면 자신의 덕이 너그러워지고 아래 백성들이 거기에 교화되면 그들의 덕도 역시 너그러운 데로 돌아간다.

학이1 제10장

01-10-1 ◉子禽[35]이 問於子貢曰이라. 夫子는 至於是[36]邦也하사 必聞其政한대 求之與아, 抑與之與아.

●子禽은 姓이 陳이고 名이 亢이며 子貢은 姓이 端木이고 名이 賜로 皆孔

35) 자금(子禽) : 진(陳)나라 사람인 진항(陳亢, B.C. 511-?)으로 공자의 제자이다. 자가 자금(子禽)이다.

36) 시(是) : 개괄(概括)의 용법이다.[예, 시물(是物) : 모든 일·어떤 일이든지 / 시인(是人) : 누구든지]

子弟子라. 或曰亢은 子貢弟子라하니 未知孰是라. 抑은 反語辭라.

한자 禽 날짐승 금, 抑 누를 억·**아니면 억**·아마도 억, 亢 목 항, 端 바를 단, 賜 줄 사

자금이 자공에게 물었다. "선생님은 어느 나라에 이르시든지 반드시 그 정사를 들으시는데 (선생님께서) 구하시는 것인지요, 아니면 (군주가) 주는 것인지요?"

○자금은 성이 진(陳)이고 이름이 항(亢)이며, 자공은 성이 단목(端木)이고 이름이 사(賜)로 모두 공자의 제자이다. 어떤 이는 말하기를, "진항은 자공의 제자이다."라고 하는데 무엇이 옳은지는 모르겠다. '억(抑)'은 반어사이다.

01-10-2 ◉子貢曰이라. 夫子는 溫良恭儉讓以得之시니 夫子之求之也는 其諸[37]異乎人之求之與인저.

●溫은 和厚也요 良은 易直也요 恭은 莊敬也요 儉은 節制也요 讓은 謙遜也라. 五者는 夫子之盛德으로 光輝[38]가 接於人者也라. 其諸는 語辭也라. 人은 他人也라. 言夫子未嘗求之나 但其德容如是故로 時君敬信하여 自以其政으로 就而問之耳니 非若他人必求之而後得也라. 聖人過化存神之妙[39]를 未易窺測이나 然이나 即此而觀이면 則其德盛禮恭[40]而不願乎外를 亦可見

37) 기저(其諸) : 구말의 '여(與)'와 호응하여 '其~與'와 마찬가지로 단정적으로 말하지 않는 표현이다.
38) ≪맹자(孟子)·진심하(盡心下)≫, "꽉 차서 빛이 있는 것을 '대(大)'라고 한다.(充實而有光輝之謂大.)"
39) ≪맹자·진심상(盡心上)≫, "군자는, 지나는 곳은 교화되고 마음에 간직한 것은 신묘하다.(夫君子, 所過者化, 所存者神.)"
40) ≪주역(周易)·계사전상(繫辭傳上)≫, "덕은 성대함을 말하였고 예는 공손함을 말하였으니, 겸(謙)이라는 것은 공손함을 지극히 하여 그 지위를 보존하는 것이다.(德言盛, 禮言恭, 謙也者, 致恭以存其位者也.)"

矣라. 學者가 所當潛心41)而勉學也라.

●謝氏曰이라. 學者가 觀於聖人威儀42)之間이면 亦可以進德矣니 若子貢은 亦可謂善觀聖人矣요 亦可謂善言德行矣라. 今去聖人이 千五百年이로되 以此五者로 想見其形容이면 尙能使人興起온 而況於親炙之者乎43)아.

●張敬夫曰이라. 夫子至是邦하여 必聞其政이로되 而未有能委國而授之以政者라. 蓋見聖人之儀刑44)而樂告之者는 秉彝45)好德之良心也나 而私欲害之라. 是以終不能用耳니라.

한자 易 쉬울 이·**간략할 이**, 莊 **엄숙할 장**·풀 무성할 장, 輝 **빛 휘**·비칠 휘, 窺 엿볼 규, 潛 물 건널 잠·숨을 잠·**몰두할 잠**, 儀 법도 의·본보기 의·**거동 의**, 炙 고기 구울 자(적)·**가까이 할 자**, 委 맡길 위, 秉 볏단 병·**잡을 병**, 彝 술그릇 이·**떳떳할 이**·법도 이

자공이 말하였다. "선생님은 온화 · 양순 · 공경 · 검약 · 겸손으로 그것[정사]을 얻으시니 선생님이 그것을 구하시는 것은 아마도 다른 사람들이 그것을 구하는 것과는 다를 것이다."

○'온(溫)'은 온화하고 너그러움이고, '양(良)'은 간소하고 곧음이며, '공(恭)'은 중후하고 신중함이고, '검(儉)'은 절제함이며, '양(讓)'은 겸손함이다.

---

41) 잠심(潛心) : 온 마음을 기울이는 것이다.
42) 위의(威儀) : 예법에 합당한 움직임을 가리킨다.
43) ≪맹자(孟子)·진심하(盡心下)≫, "성인은 백 대의 스승이니 백이와 유하혜가 그들이다. 그러므로 백이의 풍모를 들은 자는 탐욕스런 사나이가 청렴해지고 나약한 사나이가 뜻을 세우게 되며, 유하혜의 풍모를 들은 자는 경박한 사나이가 돈후해지고 인색한 사나이가 너그러워진다. 백 대의 위에서 떨치니 백 대의 아래에서 들은 자가 분발하지 않는 이가 없으니 성인이 아니고서 이와 같을 수 있겠는가. 하물며 직접 가르침을 받은 자에 있어서랴.(聖人百世之師也, 伯夷·柳下惠是也. 故聞伯夷之風者, 頑夫廉, 懦夫有立志, 聞柳下惠之風者, 薄夫敦, 鄙夫寬. 奮乎百世之上, 百世之下, 聞者莫不興起也, 非聖人而能若是乎. **而況於親炙之者乎.**)"
44) 의형(儀刑) : 의용(儀容)과 같다.
45) ≪시경(詩經)·대아(大雅)·증민(烝民)≫, "하늘이 뭇백성을 내시니 만물이 있음에 법이 있다. 백성들이 타고난 본성으로 이 아름다운 덕을 좋아한다.(天生烝民, 有物有則. **民之秉彝, 好是懿德.**)"

다섯 가지는 공자의 훌륭한 덕성으로 빛이 사람들에게 이른 것이다. '기저(其諸)'는 어조사이다. '인(人)'은 다른 사람이다. 공자는 일찍이 그것을 구한 적이 없으나 다만 그 덕의 모습이 이와 같기 때문에 당시 군주들이 공경하고 믿어서 스스로 그 정사를 가지고 다가와 물은 것일 뿐이니 다른 사람들처럼 반드시 구한 뒤에 얻은 것이 아니라는 말이다. 성인이 지나는 곳은 교화되고 마음에 간직한 것은 신묘함의 묘리를 살펴 헤아리기가 쉽지 않으나 이에 의거하여 관찰한다면 그 덕이 성대하고 예가 공손하여 외적인 것을 바라지 않았음을 또한 알 수 있다. 배우는 자들이 마음을 기울여 힘써 배워야 할 것이다.

○사씨[사양좌(謝良佐)]가 말하였다. "배우는 자들이 공자의 엄정한 동작 사이에서 관찰하면 또한 덕을 향상시킬 수 있을 것이니, 자공 같은 이는 역시 공자를 잘 관찰했다고 할 수 있고 또한 덕행을 잘 언급했다고 할 수 있다. 지금 공자와 떨어진 것이 1,500백년이지만 이 다섯 가지로 그 모습을 상상해 보면 아직도 사람으로 하여금 분발하게 하는데 하물며 직접 가르침을 받은 자에 있어서랴."

○장경부(張敬夫)46)가 말하였다. "공자가 어느 나라에 이르시든지 반드시 그 정사를 들었지만 나라를 맡겨 정사를 줄 수 있었던 자가 없었다. (군주들이) 공자의 훌륭한 모습을 보고 기꺼이 말씀드린 것은 타고난 본성으로 덕을 좋아하는 고유의 선량한 마음이었지만 사욕이 그것을 해쳤다. 이 때문에 끝내 등용하지 못했을 뿐이다."

학이1 제11장

01-11 ◉子曰이라. 父在에 觀其志요 父沒에 觀其行이니 三年을 無改於父之道라야 可謂孝矣니라.

---

46) 장경부(張敬夫) : 송(宋) 면죽(綿竹) 출신의 장식(張栻)으로 자가 경부(敬夫)이고 호(號)는 남헌(南軒)이다. 당시 주희(朱熹), 여조겸(呂祖謙)과 함께 동남삼현(東南三賢)으로 일컬어졌다. ≪논어해(論語解)≫를 저술하였다.

●父在엔 子不得自專이나 而志則可知요 父沒然後에 其行可見이라. 故로 觀此면 足以知其人之善惡이라. 然이나 又必能三年無改於父之道라야 乃見其孝라. 不然則所行이 雖善이나 亦不得爲孝矣라.

●尹氏曰이라. 如其道면 雖終身無改라도 可也나 如其非道면 何待三年이리오. 然則三年無改者는 孝子之心에 有所不忍故也라.

●游氏曰이라. 三年無改는 亦謂在所當改而可以未改者耳니라.

한자 忍 참을 인

공자가 말씀하였다. "부친이 살아계실 때에는 그의[자식의] 뜻을 관찰하고 부친이 돌아가셨을 때에는 그의[자식의] 행동을 관찰할 것이니 3년 동안 부친의 방식을 고치지 않아야 효라고 할 만하다."47)

○부친이 살아계실 때에는 자식이 제멋대로 할 수 없으나 뜻은 알 수 있고, 부친이 돌아가신 뒤에는 그 행동을 볼 수 있다. 그러므로 이것을 관찰하면 그 사람의 선악을 충분히 알 수 있다. 그러나 또한 반드시 3년 동안 부친의 방식을 고치지 않을 수 있어야 그의 효성을 알게 된다. 그렇지 않으면 행동하는 것이 비록 선하더라도 또한 효가 될 수 없다.

○윤씨[윤돈(尹焞)]가 말하였다. "만일 그것이 도리라면 비록 종신토록 고치지 않더라도 괜찮지만, 만일 그것이 도리가 아니라면 어찌 3년을 기다리겠는가. 그렇다면 3년 동안 고치지 않는 것은 효자의 마음에 차마 그렇게 하지 못하는 것이 있기 때문이다."

○유씨[유작(游酢)]가 말하였다. "3년 동안 고치지 않는 것은 역시 마땅히 고쳐야 하지만 아직 고치지 않아도 되는 것에 해당되는 것을 이를 뿐이다."

---

47) ≪논어(論語)·자장(子張)≫, "증자가 말하였다. '내가 선생님께 들었는데, 맹장자의 효도가 다른 것은 가능하지만 그가 부친의 가신과 부친의 정사를 바꾸지 않은 것은 잘하기 어려운 것이라고 하셨다.'(曾子曰. 吾聞諸夫子, 孟莊子之孝也, 其他可能也, 其不改父之臣與父之政, 是難能也.)"

학이1 제12장

01-12-1 ◉有子曰이라. 禮之用이 和爲貴라. 先王之道가 斯爲美하니 小大由之라.

●禮者는 天理之節文이요 人事之儀則也라. 和者는 從容不迫之意라. 蓋禮之爲體는 雖嚴이나 然皆出於自然之理라. 故로 其爲用이 必從容而不迫이라야 乃爲可貴라. 先王之道가 此其所以爲美니 而小事大事가 無不由之也라.

한자 儀 **법도 의**·본보기 의·거동 의, 迫 접근할 박·핍박할 박·**급박할 박**

유약이 말하였다. "예의 적용은 화합이 귀중하다. 선왕의 도는 이것이 아름다웠으니 크고 작은 일들이 이것을 따랐다.

○'예(禮)'라는 것은 하늘의 이치가 조절되고 수식된 것으로 사람의 일의 원칙이다. '화(和)'라는 것은 차분하고 박절하지 않은 뜻이다. 예의 본질은 비록 엄하지만 모두 자연의 이치에서 나왔다. 그러므로 그 적용이 반드시 차분하고 박절하지 않아야 귀할 만하다. 선왕의 도는 이것이 바로 아름다웠던 것이니 크고 작은 일들이 이를 따르지 않은 것이 없었다.

01-12-2 ◉有所不行[48]하니 知和而和요 不以禮節之면 亦不可行也니라.

●承上文而言하여 如此而復有所不行者하니 以其徒知和之爲貴하여 而一於和

48) 송(宋) 형병(邢昺) ≪논어주소(論語注疏)≫[≪십삼경주소(十三經注疏)≫ 완원(阮元) 교본(校本), 이하에서는 '십삼경본 ≪논어주소(論語注疏)≫'로 칭함], "정사(政事)에 행해지지 않는 것이 있다.(政事, 有所不行.)"

하고 不復以禮節之면 則亦非復禮之本然矣라. 所以流蕩忘反하니 而亦不可行也라.

◉程子曰이라. 禮勝則離故로 禮之用이 和爲貴라. 先王之道가 以斯爲美하니 而小大由之라. 樂勝則流49)故로 有所不行者하니 知和而和요 不以禮節之면 亦不可行이라.

◉范氏曰이라. 凡禮之體는 主於敬이요 而其用則以和爲貴라. 敬者는 禮之所以立也요 和者는 樂之所由生也니 若有子는 可謂達禮樂之本矣라.

◉愚謂컨대 嚴而泰하고 和而節이 此理之自然이요 禮之全體也라. 毫釐50)有差면 則失其中正而各倚於一偏이니 其不可行은 均矣라.

한자 復 돌아올 복·되풀이할 복·실천할 복·**다시 부**, 蕩 흔들 탕·**방탕할 탕**·씻을 탕·드넓을 탕, 離 떠날 리·**벌어질 리**, 泰 클 태·**편안할 태**, 毫 짐승 이름 호·가는 털 호·**길이 단위 호**[1촌(寸)의 1천분의 1], 釐 다스릴 리·**길이 단위 리**[1촌의 1백분의 1], 倚 의지할 의·**기울 의**

(그렇지만) 행해지지 않는 것이 있으니 화합만을 알아 화합만 하고 예로 조절하지 않으면 역시 (일이) 행해질 수 없다."

○윗글을 이어 말하기를, "이와 같이 하는데도 다시 행해지지 않는 것이 있으니 단지 화합이 귀중한 것만 알아 화합에만 한결같이 하고 다시 예로 조절하지 않는다면 또한 다시 예의 본 모습이 아니기 때문이다. 그래서 방탕해져서 되돌아옴을 잊게 되니 역시 (일이) 행해질 수 없다."라고 하였다.

○정자가 말하였다. "예가 지나치면 사이가 벌어지기 때문에 예의 적용은

---

49) ≪예기(禮記)·악기(樂記)≫, "음악이라는 것은 동화를 위한 것이고 예라는 것은 차등을 위한 것이다. 동화하면 서로 친해지고 차등을 두면 서로 조심하지만 음악이 지나치면 무절제해지고 예가 지나치면 사이가 벌어진다.(樂者爲同, 禮者爲異. 同則相親, 異則相敬, **樂勝則流**, 禮勝則離.)"

50) 호리(毫釐) : 지극히 작거나 적은 것을 가리킨다. 도량형(度量衡)의 단위로 1촌(寸)의 1천분의 1이 호(毫)이고 10호가 1리(釐)이다.

화합이 귀중하다. 선왕의 도가 이 때문에 아름다웠으니 크고 작은 일들이 이것을 따랐다. 음악이 지나치면 무절제해지기 때문에 행해지지 않는 것이 있으니 화합만을 알아 화합만 하고 예로 조절하지 않으면 역시 (일이) 행해질 수 없다."

○범씨[범조우(范祖禹)51)]가 말하였다. "무릇 예의 본질은 경건함을 위주로 하고 그 적용은 화합을 귀중하게 여긴다. 경건함이라는 것은 예가 확립되는 근거이고 화합이라는 것은 음악이 생겨나는 바탕이니 유약 같은 이는 예악의 근본을 통달했다고 이를 만하다."

○내가 생각하건대, 엄격하면서도 편안하고 화합하면서도 조절하는 것이 바로 이치의 본연이고 예의 전체이다. 조금이라도 차질이 있으면 그 중용과 바름을 잃어 각각 한쪽으로 기우니 그것이 행해질 수 없음은 똑같아진다.

학이1 제13장

01-13 ◉有子曰이라. 信近於義면 言可復也며 恭近於禮면 遠恥辱也며 因不失其親이면 亦可宗也니라.

●信은 約信也라. 義者는 事之宜也오 復은 踐言也라. 恭은 致敬也오 禮는 節文也라. 因은 猶依也오 宗은 猶主也라. 言約信而合其宜면 則言必可踐矣요 致恭而中其節이면 則能遠恥辱矣요 所依者에 不失其可親之人이면 則亦可以宗而主之矣라. 此는 言人之言行交際를 皆當謹之於始而慮其所終이라. 不然이면 則因仍苟且之間에 將有不勝其自失之悔者矣리라.

한자 復 돌아올 복·되풀이할 복·**실천할 복**·다시 부, 宗 종묘 종·종족 종·**종주 종**·높일 종, 仍 **따를 잉**·거듭할 잉·이에 잉

---

51) 범조우(范祖禹) : 송(宋) 성도(成都) 출신으로 자가 순보(淳甫)이다. 저작좌랑(著作佐郞), 한림학사(翰林學士)를 역임하였고 ≪논어설(論語說)≫ 등을 저술하였다.

유약이 말하였다. "약속이 도리에 가까우면 (약속한) 말을 실천할 수 있고 공손함이 예에 가까우면 치욕을 멀리하게 되고 의지함에 가까이할 만한 사람을 잃지 않으면 역시 주인으로 삼아 머물 수 있다."

○'신(信)'은 약속이다. '의(義)'라는 것은 일의 마땅함이고 '복(復)'은 말을 실천하는 것이다. '공(恭)'은 경건함을 지극히 하는 것이고 '예(禮)'는 조절하고 수식하는 것이다. '인(因)'은 '의지하다'와 같고, '종(宗)'은 '주인으로 삼다'와 같다. 약속하면서 마땅함에 맞게 하면 (약속한) 말을 반드시 실천할 수 있고, 공손을 지극히 하면서 예절에 맞게 하면 치욕을 멀리할 수 있고, 의지하는 대상에 가까이할 만한 사람을 잃지 않으면 또한 그를 주인으로 삼아 머물 수 있다는 말이다. 이것은 사람의 언행과 교제는 모두 처음에 조심하여 그 귀결을 염려해야 함을 말한 것이다. 그렇지 않으면 그대로 따르고 대충 지내는 사이에 장차 자신의 지조를 잃는 후회를 감당하지 못하는 경우가 있게 될 것이다.

학이1 제14장

01-14 ◉子曰이라. 君子는 食無求飽하고 居無求安하며 敏於事而愼於言하고 就有道而正焉이면 可謂好學也已니라.

●不求安飽者는 志有在而不暇及也라. 敏於事者는 勉其所不足이요 謹於言者는 不敢盡其所有餘也[52]라. 然猶不敢自是하고 而必就有道之人하여 以正其是非면 則可謂好學矣라. 凡言道者는 皆謂事物當然之理로 人之所共由者也라.

---

52) ≪중용(中庸)·제13장≫, "평소의 덕을 행하고 평소의 말을 삼가 (실천에) 부족한 바가 있으면 감히 힘쓰지 않지 않으며 (말에) 남음이 있으면 감히 다하지 않는다. 말은 실천을 돌아보고 실천은 말을 돌아보니 군자가 어찌 진지하지 않겠는가.(庸德之行, 庸言之謹, **有所不足, 不敢不勉, 有餘不敢盡**. 言顧行, 行顧言, 君子胡不慥慥爾.)"

◉尹氏曰이라. 君子之學이 能是四者면 可謂篤志力行者矣라. 然이나 不取正於有道면 未免有差라. 如楊墨學仁義而差者也라. 其流가 至於無父無君[53]하니 謂之好學이 可乎아.

한자 飽 **배부를 포**·만족할 포, 敏 빠를 민·총명할 민·**부지런할 민**, 暇 겨를가, 篤 도타울 독, 楊 버들 양, 差 어긋날 차·**그릇될 차**·차이날 차

공자가 말씀하였다. "군자는 먹음에 배부름을 구하지 않고 머묾에 편안함을 구하지 않으며 일에서 부지런하고 말에서 조심스러우며 도를 지닌 사람을 찾아가 바로잡는다면 배움을 좋아한다고 할 만하다."

○'편안함과 배부름을 구하지 않는다'는 것은 뜻이 있는 곳이 있어 이를 겨를을 내지 못하는 것이다. '일에서 부지런하다'는 것은 부족한 것[실천]을 힘쓰는 것이고, '말에서 조심스럽다'는 것은 넉넉한 것[말]을 감히 다 하지 않는 것이다. 그러면서도 오히려 감히 스스로를 옳다고 여기지 않고 반드시 도를 지닌 사람을 찾아가 자신의 옳고 그름을 바로잡는다면 배움을 좋아한다고 할 만하다. 무릇 도라고 말하는 것은 모두가 사물의 당연한 이치로 사람들이 함께 따르는 것을 이른다.

○윤씨[윤돈(尹焞)]가 말하였다. "군자의 배움이 이 네 가지를 잘한다면 뜻을 독실하게 하고 행실을 힘쓰는 자라고 할 만하다. 그러나 도를 지닌 사람에게서 바로잡음을 취하지 않는다면 차질이 생기는 것을 면치 못한다. 예를 들어 양주(楊朱)와 묵적(墨翟)은 인의를 배웠지만 차질이 생긴 자들이다. 그 유폐가 '아버지도 없고 임금도 없는 지경'에 이르렀으니 그들을 일러 배움을 좋아했다고 하는 것이 옳겠는가."

---

53) ≪맹자(孟子)·등문공하(滕文公下)≫, "양씨[양주(楊朱)]는 자신을 위하니 이는 임금이 없는 것이고 묵씨[묵적(墨翟)]는 똑같이 사랑하니 이는 부모가 없는 것이다.(楊氏爲我, 是無君也, 墨氏兼愛, 是無父也.)"

학이1 제15장

01-15-1 ◉子貢曰이라. 貧而無諂하고 富而無驕하면 何如하니잇고? 子曰이라. 可也나 未若貧而樂하고 富而好禮者也니라.

●諂은 卑屈也요 驕는 矜肆也라. 常人은 溺於貧富之中하여 而不知所以自守라. 故로 必有二者之病이라. 無諂無驕면 則知自守矣나 而未能超乎貧富之外也라. 凡曰可者는 僅可而有所未盡之辭也라. 樂則心廣體胖[54]하니 而忘其貧이요 好禮則安處善하고 樂循理하니 亦不自知其富矣라. 子貢은 貨殖하여 蓋先貧後富나 而嘗[55]用力於自守者라. 故로 以此爲問에 而夫子答之가 如此하니 蓋許其所已能하고 而勉其所未至也라.

한 자 諂 아첨할 첨, 驕 교만할 교, 卑 낮을 비, 肆 뚜렷할 사·**방자할 사**·베풀 사, 溺 빠질 닉, 胖 희생의 반쪽 반·**편안할 반**·살찔 반, 殖 쌓을 식·**불릴 식**·번식할 식

자공이 말하였다. "가난하지만 아첨함이 없고 부유하지만 교만함이 없으면 어떻습니까?" 공자가 말씀하였다. "괜찮으나 가난하면서도 (도를) 즐기고 부유하면서도 예를 좋아하는 것만은 못하다."

○'첨(諂)'은 '비굴하다'이고 '교(驕)'는 '잘난 체하다'이다. 보통 사람은 가난이나 부유함 가운데에 빠져 자신을 지킬 줄 모른다. 그러므로 반드시 두 가지의 병폐가 있다. 아첨함이 없고 교만함이 없으면 자신을 지킬 줄 아는 것이지만 아직 가난이나 부유함의 밖으로 초월하지 못하였다. 대개 '가(可)'라고 하는 것은 겨우 괜찮을 뿐이라서 미진한 것이 있다는 말이

54) ≪대학(大學)·전6장≫, "부유함은 집을 윤택하게 하고 덕은 몸을 윤택하게 하니, <덕이 있으면> 마음이 넓어져 몸이 펴진다. 그러므로 군자는 반드시 그 뜻을 참되게 하는 것이다.(富潤屋, 德潤身, **心廣體胖**. 故君子, 必誠其意.)"

55) 상(嘗) : 상(常)과 통용자이다.

다. (도를) 즐기면 마음이 넓어져 몸이 펴지니 자신의 가난을 잊게 되고, 예를 좋아하면 선에 머무는 것을 편안히 여기고 이치를 따르는 것을 즐기니 역시 자신의 부유함을 스스로 알지 못하게 된다. 자공은 재물을 불려서 전에는 가난하였고 나중에는 부유했으나 항상 자신을 지키는 데에 힘쓴 자이다. 그러므로 이것으로 질문하자 공자가 그에게 대답해준 것이 이와 같았으니 그가 이미 잘하는 것을 인정하고 그가 아직 이르지 못한 것을 힘쓰게 한 것이다.

01-15-2 ◉子貢曰이라. 詩云如切如磋하며 如琢如磨라하니 其斯之謂與인저.

●詩는 衛風淇奧之篇이라. 言治骨角者는 旣切之而復磋之하고 治玉石者는 旣琢之而復磨之하니 治之已精而益求其精也라. 子貢은 自以無諂無驕爲至矣러니 聞夫子之言하고 又知義理之無窮하여 雖有得焉이나 而未可遽自足也라. 故로 引是詩以明之라.

한자 切 끊을 절, 磋 갈 차, 琢 쫄 탁, 磨 갈 마, 淇 강 이름 기, 奧 아랫목 오·깊을 오·물굽이 욱, 遽 갑자기 거

자공이 말하였다. "≪시경≫에 이르기를, '자른 듯하고 간 듯하며 쫀 듯하고 간 듯하다.'라고 하였는데 아마도 이것을 일컬은 듯합니다."

○시는 (≪시경≫) <위풍(衛風)·기욱(淇奧)>편이다. 뼈와 뿔을 다루는 자는 그것을 자른 뒤에 다시 갈고, 옥과 돌을 다루는 자는 그것을 쫀 뒤에 다시 가니 다룬 것이 이미 정밀한데 그 정밀함을 더욱 추구한다는 말이다. 자공은 아첨함이 없고 교만함이 없는 것을 스스로 지극하다고 여겼는데, 공자의 말씀을 듣고 도리는 무궁하여 비록 터득한 것이 있더라도 곧바로 스스로 만족해서는 안 됨을 다시 알았다. 그래서 이 시를 인용하여 밝힌 것이다.

01-15-3 ◉子曰이라. 賜也는 始可與言詩已矣로다. 告諸往而知來者온여.

●往者는 其所已言者요 來者는 其所未言者라.

●愚按컨대 此章問答은 其淺深高下가 固不待辯說而明矣라. 然이나 不切則磋無所施요 不琢則磨無所措라. 故로 學者는 雖不可安於小成而不求造道之極致나 亦不可騖於虛遠而不察切己之實病也니라.

한자 辯 **변론할 변**·말 잘할 변, 措 **둘 조**·뒤섞일 착(錯과 통용), 造 **이를 조**·조예 조·지을 조·갑자기 조, 騖 **달릴 무**·추구할 무, 察 살필 찰

공자가 말씀하였다. "사는 비로소 함께 ≪시경≫을 말할 수 있겠구나. 앞의 것을 말해 주니 다음 것을 아는구나."

○'왕(往)'이라는 것은 이미 말해준 것이고 '래(來)'라는 것은 아직 말해주지 않은 것이다.

○내가 살펴보건대, 이 장의 문답은 그 얕고 깊음과 높고 낮음이 진실로 따져 말할 필요도 없이 분명하다. 그러나 자르지 않으면 가는 것을 베풀 곳이 없고 쪼지 않으면 가는 것을 둘 곳이 없다. 그러므로 배우는 자들은 비록 작은 성취에 안주하여 도에 이르는 최고 경지를 추구하지 않아도 안 되겠지만, 또한 허황되고 심원한 데로 내달려 자신에게 절실한 실제 병폐를 살피지 않아도 안 된다.

학이1 제16장

01-16 ◉子曰이라. 不患人之不己知요 患不知人也니라.

●尹氏曰이라. 君子는 求在我者56)故로 不患人之不己知라. 不知人이면 則是非邪正을 或不能辨故로 以爲患也라.

한자 邪 **바르지 않을 사**·간사할 사·사사로울 사·어조사 야, 辨 **분별할 변**·논쟁할 변(辯과 통용)

공자가 말씀하였다. "남이 자기를 알아주지 않는 것을 걱정하지 말고 남을 알아보지 못하는 것을 걱정할 것이다."

○윤씨[윤돈(尹焞)]가 말하였다. "군자는 자신에게 있는 것[인의예지(仁義禮智)]을 구하기 때문에 남이 자기를 알아주지 않는 것을 걱정하지 않는다. 남을 알아보지 못하면 옳고 그름과 바르지 않고 바름을 간혹 분별할 수 없기 때문에 걱정으로 삼는다."

56) ≪맹자(孟子)·진심상(盡心上)≫, "구하면 얻고 버리면 잃으니 이 구함은 얻음에 유익하다. 자신에게 있는 것[인의예지(仁義禮智)]을 구하기 때문이다.(求則得之, 舍則失之, 是求有益於得也. **求在我者**也.)"

위정(爲政) 제이(第二)

凡二十四章이라.

○모두 24장이다.

위정2 제1장

02-01 ◉子曰이라. 爲政以德은 譬如北辰이 居其所어든 而衆星이 共之니라.

●政之爲言은 正也[1]니 所以正人之不正也요 德之爲言은 得也[2]니 行道而有得於心也라. 北辰은 北極이니 天之樞也라. 居其所는 不動也요 共은 向也니 言衆星四面旋繞而歸向之也라. 爲政以德이면 則無爲而天下歸之니 其象如此라.

●程子曰이라. 爲政以德然後에 無爲라.

●范氏曰이라. 爲政以德이면 則不動而化하고 不言而信하고 無爲而成하여 所守者는 至簡而能御煩하고 所處者는 至靜而能制動하고 所務者는 至寡而能服衆이라.

한자 辰 날짜 신·**북극성 신**·다섯째 지지 진, 共 함께 공·**향할 공**·공경할 공(恭과 통용), 樞 지도리 추·**회전축 추**, 旋 돌 선, 繞 **감을 요**·두를 요

공자가 말씀하였다. "덕으로 정치를 하는 것은 비유하자면 북극성이 제자리에 있으면 뭇별들이 거기로 향하는 것과 같다."

○'정(政)'의 말뜻은 '바로잡다'이니 사람의 바르지 못한 것을 바로잡는 것이고 '덕(德)'의 말뜻은 '얻다'이니 도를 실천하여 마음에 얻음이 있는 것이다. '북신(北辰)'은 북극성이니 하늘의 축이다. '제자리에 있음[居其所]'은 움직이지 않음이고 '공(共)'은 '향하다'이니 뭇별들이 사방에서 에워싸

---

1) ≪논어(論語)·안연(顔淵)≫, "계강자가 공자에게 정치에 대하여 묻자 공자가 대답하였다. '정치라는 것은 바로잡는 것이니 그대가 바름으로 솔선한다면 누가 감히 바르지 않겠습니까.(季康子, 問政於孔子, 孔子對曰. **政者, 正也**, 子帥以正, 孰敢不正.)"

2) ≪예기(禮記)·악기(樂記)≫, "예와 악을 모두 얻은 사람을 덕이 있는 자라고 하니, 덕이라는 것은 '얻다'이다.(禮樂皆得, 謂之有德, **德者, 得也**.)"

고 돌면서 거기로 향한다는 말이다. 덕으로 정치를 하면 작위함이 없이 천하의 민심이 돌아오니 그 형상이 이와 같다.

○정자가 말하였다. “덕으로 정치를 한 뒤에 작위함이 없다.”

○범씨[범조우(范祖禹)]가 말하였다. “덕으로 정치를 하면 움직이지 않아도 교화되고 말하지 않아도 믿으며 작위함이 없이도 이루어져, 지키는 것은 지극히 간략하면서 번잡함을 제어할 수 있고, 머무는 곳은 지극히 고요하면서 움직임을 통제할 수 있고, 힘쓰는 것은 지극히 적으면서 대중을 복종하게 할 수 있다.”

위정2 제2장

02-02 ◉子曰이라. 詩三百은 一言以蔽之하면 曰思無邪니라.

●詩는 三百十一篇인대 言三百者는 擧大數也라. 蔽는 猶蓋也라. 思無邪는 魯頌駉篇之辭라. 凡詩之言善者는 可以感發人之善心하고 惡者는 可以懲創人之逸志하니 其用은 歸於使人得其情性之正而已라. 然이나 其言微婉하고 且或各因一事而發하니 求其直指全體면 則未有若此之明且盡者라. 故로 夫子言詩三百篇에 而惟此一言이 足以盡蓋其義라하니 其示人之意가 亦深切矣라.

●程子曰이라. 思無邪者는 誠也라.

●范氏曰이라. 學者는 必務知要니 知要則能守約이요 守約則足以盡博矣라. 經禮三百과 曲禮三千[3]도 亦可以一言以蔽之하니 曰毋不敬[4]이라.

---

3) ≪예기(禮記)·예기(禮器)≫, “예에는 큰 것이 있고 작은 것이 있으며 현저한 것이 있고 미세한 것이 있다. 큰 것은 덜 수 없고 작은 것은 더할 수 없으며 현저한 것은 덮을 수 없고 미세한 것은 크게 할 수 없다. 그러므로 경례 3백과 곡례 3천이 그 귀결은 같다.(禮有大有小, 有顯有微. 大者不可損, 小者不可益, 顯者不可揜, 微者不可大也. 故**經禮三百, 曲禮三千**, 其致一也.)”

4) ≪예기·곡례상(曲禮上)≫, “불경(不敬)하지 말고 엄숙하기를 사색하듯이 하며 말을 안정되게 하면, 백성을 편안하게 할 것이다.(**毋不敬**, 儼若思, 安定辭. 安民哉.)”

한자 蔽 덮을 폐·보호할 폐·**개괄할 폐**, 邪 바르지 않을 사·**간사할 사**·사사로울 사·어조사 야, 駉 목장 경, 懲 **징계할 징**·경고할 징·경계할 징, 創 상처 창·비롯할 창·**징계할 창**, 逸 달릴 일·달아날 일·숨을 일·편안할 일·**방탕할 일**, 婉 아름다울 완·순할 완·**은근할 완**

공자가 말씀하였다. "≪시경≫ 3백 편은 한마디 말로 개괄하면 '생각이 간사함이 없다'라고 하겠다."

○≪시경≫은 3백 11편인데 3백 편이라고 말한 것은 대략의 수를 든 것이다. '폐(蔽)'는 '덮다'와 같다. "생각이 간사함이 없다.(思無邪.)"는 (≪시경≫) <노송(魯頌)·경(駉)>편의 글이다. 무릇 시 가운데 선을 말한 것은 사람의 착한 마음을 움직여 일으킬 수 있고, 악을 말한 것은 사람의 방탕한 뜻을 징계할 수 있으니 그 효용은 사람들로 하여금 바른 성정을 얻게 하는데 귀결될 뿐이다. 그러나 그 말이 완곡하고 또 간혹 각각 한 가지 일에 기인하여 나온 것이라 그것이 곧바로 전체를 가리킨 것을 찾는다면 이것처럼 분명하면서도 지극한 것이 없다. 그러므로 공자가 말씀하기를, "≪시경≫이 3백 편인데 오직 이 한마디 말이 충분히 그 뜻을 다 덮을 수 있다."라고 하였으니 사람에게 보인 그 뜻이 진정 깊고 절실하다.

○정자가 말하였다. "생각이 간사함이 없다는 것은 참됨이다."

○범씨[범조우(范祖禹)]가 말하였다. "배우는 자들은 요점을 알기를 힘써야 하니 요점을 알면 지킴이 간결할 수 있고, 지킴이 간결하면 해박함을 극진히 할 수 있다. [≪예기≫의] 경례 3백 조목과 곡례 3천 조목도 역시 한마디 말로 개괄할 수 있으니 '불경(不敬)하지 말라.(毋不敬.)'이다."

위정2 제3장

02-03-1 ◉子曰이라. 道之以政하고 齊之以刑이면 民免而無恥니라.

●道는 猶引導니 謂先之也라. 政은 謂法制禁令也라. 齊는 所以一之也니 道之而不從者를 有刑以一之也라. 免而無恥는 謂苟免刑罰而無所羞愧니 蓋雖不敢爲惡이나 而爲惡之心이 未嘗亡也라.

한자 羞 바칠 수·음식 수·**부끄러워할 수**, 愧 부끄러워할 괴

공자가 말씀하였다. "정치 제도로 이끌고 형벌로 가지런히 하면 백성들이 (형벌은) 면하지만 수치심이 없다.

○'도(道)'는 '인도하다'와 같으니 솔선함을 이른다. '정(政)'은 법률 제도와 금지 명령을 이른다. '제(齊)'는 한결같게 하는 것이니 이끄는데 따르지 않는 자를 형벌을 가지고 한결같게 하는 것이다. '면이무치(免而無恥)'는 구차하게 형벌은 면하지만 부끄러워하는 바가 없음을 이르니 비록 감히 악한 짓을 하지는 않지만 악한 짓을 하려는 마음이 일찍이 없었던 적이 없는 것이다.

02-03-2 ◉道之以德하고 齊之以禮면 有恥且格이니라.

●禮는 謂制度品節[5]也라. 格은 至也라. 言躬行以率之면 則民固有所觀感而興起矣요 而其淺深厚薄之不一者는 又有禮以一之면 則民恥於不善而又有以至於善也라. 一說에 格은 正也니 書曰格其非心[6]이라하니라.

●愚謂컨대 政者는 爲治之具요 刑者는 輔治之法이며 德禮는 則所以出治之本이요 而德又禮之本也라. 此其相爲終始하여 雖不可以偏廢나 然이나 政刑은 能使民遠罪而已요 德禮之效는 則有以使民日遷善而不自知[7]라. 故로

---

5) 품절(品節) : 등급, 또는 등급별로 나누는 것이다.

6) ≪서경(書經)·주서(周書)·경명(冏命)≫, "나 한 사람이 어질지 못하여 실로 좌우와 전후의 지위에 있는 선비들에게 힘입고자 한다. 나의 부족함을 도우며 허물을 바로잡고 잘못을 고쳐 그 그릇된 마음을 바로잡아 선조의 공을 계승하게 하도록 하라.(惟予一人無良, 實賴左右前後有位之士. 匡其不及, 繩愆糾謬, **格其非心**, 俾克紹先烈.)"

治民者는 不可徒恃其末이니 又當深探其本也라.

한자 格 **이를 격**·바로잡을 격, 薄 엷을 박, 輔 덧방나무 보·**도울 보**, 偏 치우칠 편, 恃 믿을 시

덕으로 이끌고 예로 가지런히 하면 수치심을 갖게 되고 또 (선에) 이른다."

○'예(禮)'는 제도와 등급을 이른다. '격(格)'은 '이르다'이다. 몸소 실천하면서 인솔하면 백성들이 본디 보고 느끼는 것이 있어 분발하게 되고, 그 중에서 얕고 깊으며 두텁고 얇음이 한결같지 않은 것은 다시 예를 가지고 한결같게 하면 백성들이 선하지 못함을 부끄러워하여 다시 선에 이를 수 있다는 말씀이다. 일설에, "'격(格)'은 '바로잡다'이니 ≪서경≫에 '그 그릇된 마음을 바로잡는다'고 하였다."라고 하였다.

○내가 생각하건대, 정치 제도라는 것은 다스림을 행하는 도구이고 형벌이라는 것은 다스림을 보좌하는 법이며, 덕과 예는 다스림을 내는 근본이고, 덕은 다시 예의 근본이다. 이는 그것들이 서로 처음과 끝이 되어 비록 한 쪽을 없앨 수는 없지만 정치 제도와 형벌은 백성들로 하여금 죄를 멀리하게 할 수 있을 뿐이고, 덕과 예의 효과는 백성들로 하여금 날마다 선하게 바뀌면서도 스스로는 알지 못하게 할 수 있다. 그러므로 백성을 다스리는 자는 한갓 그 말단(정치 제도와 형벌)만을 믿어서는 안 되니 더욱이 그 근본[덕과 예]을 깊이 찾아야 한다.

---

7) ≪예기(禮記)·경해(經解)≫, "예의 교화는 은미하니 아직 구체화되기 전에 사악함을 막아 사람들로 하여금 날마다 선하게 바뀌고 죄에서 멀어지면서도 스스로는 알지 못하게 한다. 그런 까닭에 선왕이 그것을 존중하였다.(禮之敎化也微, 其止邪也於未形, 使人日徙善遠罪而不自知也. 是以先王隆之也.)" ; ≪맹자(孟子)·진심상(盡心上)≫, "천하를 제패한 자의 백성들은 즐거워하고 왕천하한 자의 백성들은 느긋하다. 죽여도 원망하지 않으며 이롭게 하여도 공으로 여기지 않는다. 백성들은 날마다 선하게 바뀌면서도 그렇게 만드는 자를 알지 못한다. (霸者之民, 驩虞如也, 王者之民, 皞皞如也. 殺之而不怨, 利之而不庸. 民日遷善而不知爲之者.)"

위정2 제4장

02-04-1 ◉子曰이라. 吾는 十有五而志于學하고,

●古者에 十五而入大學이라. 心之所之를 謂之志라. 此所謂學은 卽大學之道也라. 志乎此면 則念念在此而爲之不厭[8]矣라.

한 자 厭 **싫어할 염**·배부를 염·누를 압

공자가 말씀하였다. "나는 열다섯 살이 되어 학문에 뜻을 두었고,

○옛날에는 15세가 되어 태학(大學)에 들어갔다. 마음이 가는 것을 '지(志)'라고 한다. 여기에서 말한 학문은 바로 ≪대학≫의 도이다. 여기에 뜻을 두면 모든 생각이 여기에 있어 배우기를 싫어하지 않게 된다.

02-04-2 ◉三十而立하고,

●有以自立이니 則守之固而無所事志矣라.

서른 살이 되어 [학문의 도를] 세웠고,

○스스로 세운 것이 있으니 지킴이 견고해져 뜻을 둠을 일삼을 것이 없게 되었다.

---

8) ≪논어(論語)·술이(述而)≫, "공자가 말씀하였다. '만약 성(聖)과 인(仁)의 경우는 내가 어찌 감당하겠는가. 그러나 그것을 배우기를 싫어하지 않고 남을 가르치기를 게을리 하지 않는 것은 그러하다고 말할 수 있을 뿐이다.'(子曰. 若聖與仁, 則吾豈敢. 抑**爲之不厭**, 誨人不倦, 則可謂云爾已矣.)"

02-04-3 ◉四十而不惑하고,

◉於事物之所當然에 皆無所疑니 則知之明而無所事守矣라.

마흔 살이 되어 [사리에] 의혹을 갖지 않았고,

○사물의 당연한 바[이치]에 모두 의심하는 것이 없으니 아는 것이 분명하여 지킴을 일삼을 것이 없게 되었다.

02-04-4 ◉五十而知天命[9]하고,

◉天命은 卽天道之流行而賦於物者니 乃事物所以當然之故也라. 知此하니 則知極其精하여 而不惑은 又不足言矣라.

쉰 살이 되어 천명을 알았고,

○천명은 곧 천도가 두루 행해져 만물에 부여된 것이니 바로 사물의 당연한 바의 이유이다. 이것을 알게 되니 아는 것이 그 정밀함이 극대화되어 의혹을 갖지 않음은 또한 족히 말할 것이 없게 되었다.

02-04-5 ◉六十而耳順하고,

◉聲入心通하여 無所違逆하니 知之之至하여 不思而得[10]也라.

---

9) 세주에서 주자는 불혹과 지천명을 시냇물을 비유로 들어, 불혹은 시내에 물이 있음을 아는 것이고 지천명은 물의 발원처를 아는 것이라고 설명하였다.[譬如一溪, 先知得溪中有水, 後知得水發源處.]

10) ≪중용(中庸)·제20장≫, "참됨이라는 것은 하늘의 도이고 참되려고 하는 것은 사람의 도이다. 참된 자는 힘쓰지 않고도 (이치에) 맞으며 생각하지 않고도 터득하여 차분히 도에 맞으니 성인(聖人)이고, 참되려고 하는 자는 선을 택하여 굳게 지키는 자이다.(誠者, 天之道也, 誠之者, 人之道也. 誠者, 不勉而中, **不思而得**, 從容中道, 聖人也, 誠之者, 擇善

한자 違 떨어질 위·떠날 위·**어긋날 위**, 逆 거스를 역

예순 살이 되어 귀가 순조로워졌고(듣는 대로 이해되었고),

○소리가 들어오면 마음으로 깨달아 어긋나거나 거스르는 것이 없으니 아는 것이 지극해져 생각하지 않아도 터득하는 것이다.

02-04-6 ◉七十而從心所欲하되 不踰矩호라.

●從은 隨也라. 矩는 法度之器니 所以爲方者也라. 隨其心之所欲而自不過於法度니 安而行之[11]하여 不勉而中[12]也라.

●程子曰이라. 孔子는 生而知者也로되 言亦由學而至는 所以勉進後人也라. 立은 能自立於斯道也요 不惑은 則無所疑矣라. 知天命은 窮理盡性[13]也요 耳順은 所聞이 皆通也라. 從心所欲不踰矩는 則不勉而中矣라.

●又曰이라. 孔子自言其進德之序가 如此者는 聖人未必然이요 但爲學者立法하여 使之盈科而後進하고 成章而後達耳니라.[14]

●胡氏曰이라. 聖人之教가 亦多術이나 然其要는 使人不失其本心而已라. 欲

而固執之者也.)"

11) ≪중용(中庸)·제20장≫, "혹은 편안히 실천하고 혹은 이롭게 여겨 실천하며 혹은 힘써서 실천하는데 그 성공에 이르게 되면 똑같다.(或**安而行之**, 或利而行之, 或勉强而行之, 及其成功, 一也.)"

12) ≪중용·제20장≫, "참된 자는 힘쓰지 않고도 (이치에) 맞으며 생각하지 않고도 터득하여 조용히 도에 맞으니 성인(聖人)이고, 참되려고 하는 자는 선(善)을 택하여 굳게 지키는 자이다.(誠者, **不勉而中**, 不思而得, 從容中道, 聖人也, 誠之者, 擇善而固執之者也.)"

13) ≪주역(周易)·설괘전(說卦傳)≫, "옛날 성인이 ≪역≫을 지을 적에 그윽이 신명(神明)을 도와 시초(蓍草)를 만들어 내었고 하늘에서 셋을 취하고 땅에서 둘을 취하여 수(數)를 의지하였으며 음양에서 변화를 보아 괘를 확립하였고 강유에서 발휘하여 효를 만들어 내니, 도덕에 조화되고 도리에 맞았으며 이치를 끝까지 추구하고 본성을 극진히 하여 천명에 이른 것이다.(昔者聖人之作易也, 幽贊於神明而生蓍, 參天兩地而倚數, 觀變於陰陽而立卦, 發揮於剛柔而生爻, 和順於道德而理於義, **窮理盡性**以至於命.)"

14) ≪맹자(孟子)·진심상(盡心上)≫, "흐르는 물의 성향은 웅덩이를 채우지 않으면 흘러가지 않는다. 군자가 도에 뜻을 두고서 문채를 이루지 않으면 (다음 단계에) 이르지 않는다.(流水之爲物也, **不盈科**, **不行**. 君子之志於道也, **不成章**, **不達**.)"

得此心者는 惟志乎聖人所示之學하고 循其序而進焉이라. 至於一疵不存하고 萬理明盡之後엔 則其日用之間에 本心瑩然하여 隨所意欲호되 莫非至理라. 蓋心卽體요 欲卽用이며 體卽道요 用卽義니 聲爲律而身爲度15)矣라.

◉又曰이라. 聖人言此하여 一以示學者當優游涵泳이요 不可躐等而進이며 二以示學者當日就月將16)이요 不可半途而廢17)也니라.

◉愚謂컨대 聖人은 生知安行하여 固無積累之漸이나 然其心에 未嘗自謂已至此也라. 是其日用之間에 必有獨覺其進而人不及知者라. 故로 因其近似以自名하여 欲學者以是爲則而自勉이요 非心實自聖而姑爲是退託也라. 後凡言謙辭之屬이 意皆放此라.

한자 踰 넘을 유, 矩 곱자 구·**법도 구**, 科 종류 과·등급 과·세금 과·**구덩이 과**, 疵 흠 자, 瑩 옥돌 영·**밝을 영**, 優 넉넉할 우, 涵 젖을 함·**잠길 함**, 躐 밟을 렵·넘을 렵·**건너뛸 렵**, 將 장차 장·**나아갈 장**, 託 맡길 탁·**핑계 댈 탁**

일흔 살이 되어 마음이 바라는 대로 따라도 법도를 넘지 않았다."

○'종(從)'은 '따르다'이다. '구(矩)'는 법도[본보기]가 되는 기구이니 네모를 그리는 것이다. 자신의 마음이 바라는 대로 따라도 저절로 법도를 넘지 않으니 편안히 실천하면서 힘쓰지 않아도 [이치에] 맞는 것이다.

○정자가 말하였다. "공자는 나면서부터 아는 분이었지만 역시 학문을 통해 이르렀다고 말씀한 것은 뒷사람들을 힘써서 나아가게 한 것이다. '입(立)'은 이 도리를 스스로 세울 수 있었음이고 '불혹(不惑)'은 의심하는

15) ≪사기(史記)·하본기(夏本紀)≫, "우임금은 사람됨이 총명하고 매우 부지런하였다. 그의 덕은 어김이 없었고 그의 인은 친애할 만하였으며 그의 말은 믿을 만하였으니, 말소리는 음률이 되었고 몸가짐은 법도가 되었다.(禹爲人, 敏給克勤. 其德不違, 其仁可親, 其言可信, **聲爲律, 身爲度**.)"

16) ≪시경(詩經)·주송(周頌)·경지(敬之)≫, "나 소자(小子)가 총명하지 못하여 공경하지 못하나 나날이 나아가고 다달이 진보하여 학문이 이어 밝혀서 빛남이 있을 것이다.(維予小子, 不聰敬止, **日就月將**, 學有緝熙于光明.)"

17) ≪중용(中庸)·제11장≫, "군자가 도를 따라 가다가 중도에서 그만두는데 나는 그만둘 수 없다.(君子遵道而行, **半途而廢**, 吾弗能已矣.)"

것이 없게 된 것이다. '지천명(知天命)'은 이치를 끝까지 추구하고 본성을 극진히 한 것이며 '이순(耳順)'은 듣는 것이 모두 깨달아진 것이다. '종심소욕불유구(從心所慾不踰矩)'는 힘쓰지 않아도 [이치에] 맞는 것이다."

○또 말하였다. "공자가 덕을 향상시킨 순서가 이와 같다고 스스로 말씀한 것은 공자가 반드시 그랬던 것이 아니고 다만 배우는 자들을 위하여 표준을 세워 그들로 하여금 구덩이를 채운 뒤에 나아가고 문채를 이룬 뒤에 (다음 단계에) 이르게 한 것일 뿐이다."

○호씨[호인(胡寅)]가 말하였다. "공자의 가르침은 정말로 방법이 많았으나 그 요점은 사람들로 하여금 자신의 본심을 잃지 않게 하는 것뿐이었다. 이 본심을 얻고자 하는 자는 오직 공자가 제시한 학문에 뜻을 두고 그 차례를 따라 나아갈 것이다. 하나의 흠도 남아있지 않고 모든 이치가 다 밝아지기에 이른 뒤에는 일상의 사이에서 본심이 맑아져 의도하는 것을 따라도 지극한 이치가 아닌 것이 없다. 마음은 곧 '체(體)'이고 욕심은 곧 '용(用)'이며 체는 곧 '도(道)'이고 용은 곧 '의(義)'니 말소리는 음률이 되고 몸가짐은 법도가 된다."

○또 말하였다. "공자가 이것을 말씀하여 한편으로는 배우는 자들에게 차분히 탐구하고 깊이 들어가야지 등급을 건너뛰어 나아가서는 안 됨을 보여주셨고, 다른 한편으로는 배우는 자들에게 나날이 나아가고 다달이 진보해야지 중도에서 그만두어서는 안 됨을 보여주신 것이다."

○내가 생각하건대, 공자는 나면서부터 알고 편안히 실천하여 본디 쌓아나가는 점진이 없었으나 그 마음에 일찍이 스스로 이미 여기에 이르렀다고 여기지는 않았다. 이는 일상의 사이에서 반드시 홀로 그 진보를 깨달았으나 다른 사람은 미처 알지 못하는 것이 있었을 것이다. 그러므로 그 비슷한 것에 근거하여 직접 이름 붙여서 배우는 자들이 이것으로 법칙을 삼아 스스로 힘쓰기를 바란 것이지 마음속으로 실제는 자신을 성인이라고 여기면서 짐짓 이런 겸손을 차린 것은 아니다. 뒤에서 겸사를 말씀한 모든 것들은 뜻이 다 이와 비슷하다.

위정2 제5장

02-05-1 ◉孟懿子問孝한대 子曰이라. 無違니라.

●孟懿子는 魯大夫仲孫氏로 名이 何忌라. 無違는 謂不背於理라.

한자 懿 아름다울 의·클 의, 違 떨어질 위·떠날 위·**어길 위**·어긋날 위

맹의자가 효에 대하여 묻자 공자가 말씀하였다. "(도리를) 어기지 않는 것입니다."

○맹의자는 노나라 대부인 중손씨로 이름이 하기(何忌)이다. '무위(無違)'는 도리를 어기지 않음을 이른다.

02-05-2 ◉樊遲御러니 子告之曰이라. 孟孫이 問孝於我어늘 我對曰無違라호라.

●樊遲는 孔子弟子로 名이 須라. 御는 爲孔子御車也라. 孟孫은 卽仲孫也라. 夫子以懿子未達而不能問하여 恐其失指而以從親之令爲孝라. 故로 語樊遲以發之라.

한자 樊 울타리 번·우리 번, 遲 늦을 지, 御 **(수레·말) 몰 어**·거느릴 어·모실 어, 須 모름지기 수

번지가 수레를 몰았는데 공자가 그에게 말씀하였다. "맹손이 나에게 효에 대하여 묻기에, 내가 '어기지 않는 것입니다.'라고 대답하였다."

○번지는 공자 제자로 이름이 수(須)이다. '어(御)'는 공자를 위하여 수레를 몬 것이다. 맹손은 바로 중손씨이다. 공자는 맹의자가 깨닫지 못하여 (다시) 묻지 못했다고 생각하여 그가 뜻을 놓치고 부모의 명령을 따르는 것을 효로 여길까 염려하였다. 그래서 번지에게 말씀하여 그 뜻을 밝힌 것이다.

02-05-3 ◉樊遲曰何謂也잇고. 子曰이라. 生事之以禮하며 死葬之以禮하며 祭之以禮니라.

●生事葬祭에 事親之始終이 具矣라. 禮는 卽理之節文也라. 人之事親을 自始至終에 一於禮而不苟면 其尊親也가 至矣라. 是時에 三家僭禮故로 夫子以是警之라. 然이나 語意渾然[18]하고 又若不專爲三家發者하니 所以爲聖人之言也라.

●胡氏曰이라. 人之欲孝其親이 心雖無窮이나 而分則有限이니 得爲而不爲와 與不得爲而爲之가 均於不孝라. 所謂以禮者는 爲其所得爲者而已矣라.

한자 僭 **참람할 참**·어긋날 참, 渾 흐릴 혼·둥글 혼·**온전할 혼**

번지가 "무엇을 말씀한 것인지요?"라고 묻자 공자가 말씀하였다. "살아 계셔서는 예로 섬기고, 돌아가셔서는 예로 장사 지내고 예로 제사 지내는 것이다."

○살아 계셔서 섬기는 것과 장사 지내고 제사 지내는 것에 부모를 섬기는 처음과 끝이 갖추어져 있다. 예는 곧 이치가 조절되고 수식된 것이다. 사람이 부모를 섬기는 것을 처음부터 끝까지 예에 한결같이 하고 구차하지 않으면 그가 부모를 높이는 것이 지극하게 된다. 이 당시에 세 집안이 예를 분수에 넘게 사용했기 때문에 공자가 이 말씀으로 경계한 것이다.

---

18) 혼연(渾然) : 한 덩어리가 되어 융화된 모습, 또는 순수한 모습을 가리킨다.

그러나 말뜻이 포괄적이고[두루뭉술하고] 또 전적으로 세 집안에 대해서만 말씀한 것이 아닌 듯이 하였으니 그래서 성인의 말씀인 것이다.

○호씨[호인(胡寅)]가 말하였다. "사람들이 자신의 부모에게 효도하고자 함이 마음은 비록 끝이 없으나 분수는 한도가 있으니, 할 수 있는데 하지 않는 것과 할 수 없는데 하는 것이 불효인 점에서는 똑같다. 이른바 예로 한다는 것은 자신이 할 수 있는 것을 하는 것일 뿐이다."

위정2 제6장

02-06 ◉孟武伯問孝한대 子曰이라. 父母는 唯其疾之憂시니라.

●武伯은 懿子之子로 名이 彘라. 言父母愛子之心은 無所不至나 唯恐其有疾病하여 常以爲憂也라. 人子가 體此而以父母之心爲心이면 則凡所以守其身者에 自不容於不謹矣리니 豈不可以爲孝乎아. 舊說에 人子가 能使父母로 不以其陷於不義爲憂하고 而獨以其疾爲憂라야 乃可爲孝라한대 亦通이라.

한자 彘 돼지 체, 陷 **빠질 함**·함정 함

맹무백이 효에 대하여 묻자 공자가 말씀하였다. "부모는 오직 자식의 질병을 근심할 뿐입니다."

○맹무백은 맹의자의 아들로 이름이 체(彘)이다. 부모가 자식을 사랑하는 마음은 이르지 않는 데가 없으나 오직 그가 질병이 있을까를 염려하여 항상 근심으로 삼는다는 말씀이다. 자식된 자가 이것을 깨달아 부모의 마음으로 마음을 삼는다면 자신의 몸을 지키는 모든 점에서 삼가지 않음을 스스로 용납하지 않을 것이니 어찌 효가 되지 않겠는가. 옛 설명에, "자식 된 자가 부모로 하여금 자신이 불의에 빠지는 것을 근심으로 삼게

하지 않고 오직 자신의 질병을 근심으로 삼게 할 수 있어야 효가 될 수 있다."라고 하였는데 역시 통한다.

위정2 제7장

02-07 ◉ 子游問孝한대 子曰이라. 今之孝者는 是[19]謂能養이나 至於犬馬하여도 皆能有養이니 不敬이면 何以別乎리오.

●子游는 孔子弟子로 姓이 言이요 名이 偃이라. 養은 謂飮食供奉也라. 犬馬도 待人而食하니 亦若養然이라. 言人畜犬馬에도 皆能有以養之하니 若能養其親而敬不至면 則與養犬馬者로 何異리오. 甚言不敬之罪니 所以深警之也라.

●胡氏曰이라. 世俗事親에 能養으로 足矣하여 狎恩恃愛하여 而不知其漸流於不敬이니 則非小失也라. 子游는 聖門高弟니 未必至此나 聖人은 直恐其愛踰於敬이라. 故로 以是深警하여 發之也라.

한자 游 헤엄칠 유·다닐 유(遊와 통용), 偃 쓰러질 언·누울 언, 供 진열할 공·**드릴 공**·받들 공, 狎 가까울 압·**익숙할 압**·놀릴 압, 恃 믿을 시, 踰 넘을 유

자유가 효에 대하여 묻자 공자가 말씀하였다. "오늘날의 효라는 것은 단지 잘 부양하는 것을 일컫는데 개나 말의 경우에도 모두 부양함이 있을 수 있으니 공경하지 않으면 무엇으로 구별하겠는가."

○자유는 공자 제자로 성이 언(言)이고 이름이 언(偃)이다. '양(養)'은 음식으로 부양하는 것을 이른다. 개나 말도 사람에게 의지하여 먹고 사니 역시 부양하는 것과 같다. 사람이 개나 말을 기르는 데에도 모두 부양함이

19) 시(是) : 단지, 다만.[범위를 나타낸다.]

있을 수 있으니 만약 그 부모를 잘 부양하기만 하고 공경이 이르지 않는다면 개나 말을 부양하는 것과 무엇이 다르겠는가라는 말씀이다. 공경하지 않는 잘못을 심하게 말씀한 것이니 깊이 경계한 것이다.

○호씨[호인(胡寅)]가 말하였다. "세속에서 부모를 섬기는 데에 잘 부양하는 것으로 충분하다고 여겨 은혜에 익숙해지고 사랑을 믿어 자신이 점점 불경한 데로 빠지는 줄을 모르니 작은 잘못이 아니다. 자유는 공자 문하의 뛰어난 제자였으니 반드시 여기에 이르지는 않았을 것이나 공자는 다만 그의 사랑이 공경을 넘어서는 것을 염려하였다. 그래서 이것으로 깊이 경계하여 깨우친 것이다."

위정2 제8장

02-08 ◉子夏問孝한대 子曰이라. 色難이라. 有事어든 弟子服其勞하고 有酒食어든 先生饌을 曾是以爲孝乎아.

●色難은 謂事親之際에 惟色爲難也라. 食는 飯也라. 先生은 父兄也라. 饌은 飮食之也라. 曾은 猶嘗也라. 蓋孝子之有深愛者는 必有和氣하고 有和氣者는 必有愉色하고 有愉色者는 必有婉容이라.[20] 故로 事親之際에 惟色爲難耳니 服勞奉養은 未足爲孝也라. 舊說에 承順父母之色이 爲難이라한대 亦通이라.

●程子曰이라. 告懿子는 告衆人者也요 告武伯者는 以其人多可憂之事라. 子游는 能養而或失於敬이요 子夏는 能直義而或少溫潤之色이라. 各因其材之高下와 與其所失而告之故로 不同也라.

한자 服 임용할 복·**힘쓸 복**·복종할 복·옷 복, 饌 음식 차릴 찬·**먹을 찬**, 嘗 맛볼 상·**일찍이 상**, 愉 즐거울 유, 婉 아름다울 완·**순할 완**·은근할 완

20) ≪예기(禮記)·제의(祭義)≫

자하가 효에 대하여 묻자 공자가 말씀하였다. "얼굴빛을 잘 지니기가 어렵다. 일이 있으면 젊은이가 그 수고를 힘쓰고 술과 밥이 있으면 어른이 드시게 하는 것, 일찍이 이것을 효라고 하였던가."

○'색난(色難)'은 부모를 섬길 때에 오직 얼굴빛을 잘 지니기가 어려움을 이른다. '사(食)'는 밥이다. '선생(先生)'은 부형이다. '찬(饌)'은 마시고 드시게 하는 것이다. '증(曾)'은 '일찍이'와 같다. 효자로서 깊은 사랑을 지닌 자는 반드시 온화한 기색이 있고, 온화한 기색이 있는 자는 반드시 즐거워하는 안색이 있고, 즐거워하는 안색이 있는 자는 반드시 온순한 모습이 있다. 그러므로 부모를 섬길 때에 오직 얼굴빛을 잘 지니는 것이 어려울 뿐이니 수고를 힘쓰고 부양하는 것은 효가 되기에 부족하다. 옛 설명에, "부모의 얼굴빛을 받들어 따르기가 어렵다."라고 하였는데 역시 통한다.

○정자가 말하였다. "맹의자에게 말씀해 준 것은 일반인들에게 말씀해 준 것이고, 맹무백에게 말씀해 준 것은 그 사람이 근심할 만한 일이 많았기 때문이다. 자유는 부양을 잘했으나 간혹 공경에서 잘못되었고 자하는 올바름[정의(正義)]에서 잘했으나 간혹 온화한 얼굴빛이 부족하였다. 각각 그 재질의 높고 낮음과 그들이 잘못하는 것에 따라 말씀해 주었기 때문에 같지 않다."

위정2 제9장

02-09 ◉子曰이라. 吾與回言終日에 不違如愚러니 退而省其私한대 亦足以發하나니 回也不愚로다.

●回는 孔子弟子로 姓이 顏이고 字가 子淵이라. 不違者는 意不相背하여 有聽受而無問難也라. 私는 謂燕居獨處하여 非進見請問之時라. 發은 謂發明所言之理라.

●愚聞之師호니 曰顔子는 深潛21)純粹하여 其於聖人에 體段已具라. 其聞夫子之言에 默識心融하니 觸處洞然22)하여 自有條理라. 故로 終日言에 但見其不違如愚人而已러니 及退에 省其私하니 則見其日用動靜語默之間에 皆足以發明夫子之道하여 坦然由之而無疑라. 然後知其不愚也니라.

한자 淵 못 연, 燕 제비 연·편안할 연·**한가로울 연**·잔치 연, 潛 물 건널 잠·숨을 잠·**몰두할 잠**, 純 명주실 순·**순수할 순**, 粹 순수할 수, 融 녹을 융·**통할 융**, 洞 빌 동·**통할 통**·꿰뚫을 통, 坦 평평할 탄

공자가 말씀하였다. "내가 안회와 종일토록 이야기해도 어기지 않는 것이 어리석은 자와 같았는데, 물러난 뒤에 그의 사생활을 살펴보면 충분히 (말해준 이치를) 밝혀내니 안회는 어리석지 않다."

○안회는 공자 제자로 성이 안(顔)이고 자가 자연(子淵)이다. 어기지 않는다는 것은 의견이 서로 어긋나지 않아 듣고서 받아들이기만 하고 질문이나 논란이 없는 것이다. '사(私)'는 한가로이 머물며 홀로 있어 나아가 뵙고 묻는 때가 아님을 이른다. '발(發)'은 말해 준 이치를 드러내어 밝힘을 이른다.

○내가 스승에게 들었는데 말씀하기를, "안자는 차분하고 순수하여 성인의 경지에서 틀이 이미 갖추어졌다. 그가 공자의 말씀을 들을 때 묵묵히 알고 마음으로 통하였으니 닿는 곳마다 환하여 저절로 조리가 있었다. 그러므로 종일토록 이야기해도 단지 그가 어기지 않는 것이 어리석은 사람과 같음을 볼 뿐이었는데, 물러간 뒤에 그의 사생활을 살펴보니 그가 일상에서 움직이고 말하는 사이에 모두가 공자의 도를 충분히 드러내어 밝히면서 편안하게 그것을 따르고 의심이 없음을 보았다. 그런 뒤에야 그가 어리석지 않음을 아신 것이다."라고 하였다.

---

21) 심잠(深潛) : 심침(深沈)과 같은 말로, '깊이 있고 치밀함', 또는 '차분하고 안정됨'의 뜻이다.

22) 통연(洞然) : 탁 트인 모양, 환한 모양이다.

위정2 제10장

02-10-1 ◉子曰이라. 視其所以하며,

●以는 爲也라. 爲善者는 爲君子요 爲惡者는 爲小人이라.

공자가 말씀하였다. "그가 하는 것을 보고,

○'이(以)'는 '하다'이다. 선을 행하는 자는 군자이고 악을 행하는 자는 소인이다.

02-10-2 ◉觀其所由하며,

●觀은 比視爲詳矣라. 由는 從也라. 事雖爲善이나 而意之所從來者가 有未善焉이면 則亦不得爲君子矣라.
●或曰이라. 由는 行也니 謂所以行其所爲者也라.

그가 말미암는 것을 관찰하며,

○'관(觀)'은 '시(視)'에 비하여 자세한 것이다. '유(由)'는 '말미암다'이다. 일이 비록 선하더라도 뜻이 말미암아 나오는 바가 아직 선하지 못함이 있다면 역시 군자가 될 수 없다.
○어떤 사람이 말하였다. "'유'는 행하는 것이니 자신이 할 것을 행하는 것을 이른다."

02-10-3 ◉察其所安이면,

●察은 則又加詳矣라. 安은 所樂也라. 所由雖善이나 而心之所樂者가 不在於

是면 則亦僞耳니 豈能久而不變哉리오.

그가 편안해하는 바를 살핀다면,

○'찰(察)'은 더욱더 자세한 것이다. '안(安)'은 즐기는 것이다. 말미암는 바가 비록 선하지만 마음으로 즐기는 것이 여기에 있지 않다면 역시 거짓일 뿐이니 어찌 오래되면서 변하지 않을 수 있겠는가.

02-10-4 ◉**人焉廋哉리오. 人焉廋哉리오.**

●焉은 何也오 廋는 匿也라. 重言以深明之라.
●程子曰이라. 在己者가 能知言[23]窮理면 則能以此察人이 如聖人也라.

한자 廋 숨길 수·뒤질 수(搜와 통용), 匿 달아날 닉·숨을 닉·숨길 닉

사람이 어떻게 (자신을) 숨기겠는가. 사람이 어떻게 숨기겠는가."

○'언(焉)'은 '어떻게'이고 '수(廋)'는 '숨기다'이다. 거듭 말씀하여 깊이 밝힌 것이다.
○정자가 말하였다. "자신에게 간직한 것[능력]이 남의 말을 알고 이치를 추구할 수 있다면 이것으로 사람을 살피는 것이 공자와 같을 수 있다."

---

23) ≪맹자(孟子)·공손추상(公孫丑上)≫, "무엇을 지언이라고 하는가? 편벽된 말에 그가 가려진 바를 알고, 방탕한 말에 그가 빠진 바를 알며, 사특한 말에 그가 괴리된 바를 알고, 피하는 말에 그가 곤궁한 바를 안다.(何謂知言? 曰詖辭, 知其所蔽, 淫辭, 知其所陷, 邪辭, 知其所離, 遁辭, 知其所窮.)"

위정2 제11장

02-11 ◉子曰이라. 溫故而知新이면 可以爲師矣니라.

●溫은 尋繹也라. 故者는 舊所聞이요 新者는 今所得이라. 言學에 能時習舊聞而每有新得이면 則所學在我하여 而其應不窮故로 可以爲人師라. 若夫記問之學은 則無得於心而所知有限이라. 故로 學記에 譏其不足以爲人師[24]라 하니 正與此意로 互相發也니라.

한 자 尋 찾을 심, 繹 실 뽑을 역·찾을 역·**추구할 역**·풀 역, 譏 나무랄 기

공자가 말씀하였다. "옛것을 익혀서 새것을 알면 스승이 될 수 있다."

○'온(溫)'은 '찾고 추구하다'이다. '고(故)'라는 것은 이전에 들은 것이고 '신(新)'이라는 것은 지금 터득한 것이다. 배움에서 이전에 들은 것을 때때로 익혀서 매번 새로운 터득이 있을 수 있다면 배운 것이 나에게 있게 되어 그 응용이 끝이 없기 때문에 남의 스승이 될 수 있다는 말씀이다. 기문지학(記問之學) 같은 것은 마음에 터득함이 없어서 아는 것이 한계가 있다. 그러므로 (≪예기(禮記)≫) <학기(學記)>에서, "그것은 남의 스승이 되기에 부족하다."라고 비판하였으니 바로 이 뜻과 함께 서로를 밝혀준다.

---

24) 기문지학(記問之學) : 참된 깨달음이 없이 물을 것에 대비하여 기억하는 공부를 가리킨다.[≪예기(禮記)·학기(學記)≫, "질문할 것을 기억하는 공부로는 남의 스승이 되기에 부족하다.(記問之學, 不足以爲人師.)"]

※ 위정2 제12장

02-12 ◉子曰이라. 君子는 不器니라.

●器者는 各適其用而不能相通이라. 成德之士는 體無不具故로 用無不周하니 非特爲一才一藝而已라.

한 자 藝 심을 예·기예 예·경전 예

공자가 말씀하였다. "군자는 그릇 노릇하지 않는다."

○'기(器)'라는 것은 각각 그 용도에 맞지만 서로 통용될 수가 없다. 덕을 이룬 선비는 본질이 갖추어지지 않은 것이 없기 때문에 적용이 두루 미치지 않음이 없으니 다만 한 가지 재주나 한 가지 기예일 뿐만이 아니다.

※ 위정2 제13장

02-13 ◉子貢問君子한대 子曰이라. 先行其言이요 而後從之니라.

●周氏曰이라. 先行其言者는 行之於未言之前이요 而後從之者는 言之於既行之後라.

●范氏曰이라. 子貢之患은 非言之艱이요 而行之艱이라. 故로 告之以此라.

한 자 艱 어려울 간·신중할 간·부모상 간

자공이 군자에 대하여 묻자 공자가 말씀하였다. "먼저 자신이 할 말을 실천하고 그 후에 (말이) 뒤따른다."

○주씨[주부선(周孚先)25)]가 말하였다. "'선행기언(先行其言)'이라는 것은 아직 말하기 전에 실천하는 것이고, '이후종지(而後從之)'라는 것은 이미 실천한 후에 말하는 것이다."

○범씨[범조우(范祖禹)]가 말하였다. "자공의 병폐는 말하는 것이 어려움이 아니었고 실천하는 것이 어려움이었다. 그래서 이것으로 말씀해준 것이다."

위정2 제14장

02-14 ◉子曰이라. 君子는 周而不比하고 小人은 比而不周니라.

●周는 普徧也요 比는 偏黨也라. 皆與人親厚之意로되 但周公而比私爾라.

●君子小人이 所爲不同은 如陰陽晝夜하여 每每相反이라. 然이나 究其所以分이면 則在公私之際에 毫釐26)之差耳라. 故로 聖人이 於周比·和同27)·驕泰28)之屬에 常對擧而互言之하니 欲學者察乎兩間而審其取舍之幾也라.

한 자 毫 짐승 이름 호·가는 털 호·**길이 단위 호**[1촌(寸)의 1천분의 1], 釐 다스릴 리·**길이 단위 리**[1촌의 1백분의 1], 驕 교만할 교, 泰 클 태·**편안할 태**·미끄러울 태, 審 **살필 심**·자세할 심, 幾 **기미 기**·시기 기·거의 기

25) 주부선(周孚先) : 송(宋) 진릉(晉陵) 출신으로 자가 백침(伯忱)이다. 정이(程頤)의 제자이다.

26) 호리(毫釐) : 도량형(度量衡)의 단위로 지극히 작거나 적은 것을 가리킨다. 누에가 토해 내는 실의 두께가 1홀(忽)이고 10홀이 1사(絲)이며 10사가 1호(毫)이고 10호가 1리(釐)이며 10리가 1푼(分)이고 10푼이 1촌(寸)이다.[≪손자산경(孫子算經)상≫]

27) 화동(和同) : ≪논어(論語)·자로(子路)≫, "군자는 화합하면서 뇌동하지 않고 소인은 뇌동하면서 화합하지 않는다.(君子, 和而不同, 小人, 同而不和.)"

28) 교태(驕泰) : ≪논어·자로≫, "군자는 편안하면서 교만하지 않고 소인은 교만하면서 편안하지 못하다.(君子, 泰而不驕, 小人, 驕而不泰.)"

공자가 말씀하였다. "군자는 두루 어울리면서 무리 짓지 않고, 소인은 무리 지으면서 두루 어울리지 않는다."

○'주(周)'는 '두루 어울리다'이고 '비(比)'는 '무리 짓다'이다. 모두 남들과 가까이하고 두터이하는 뜻이지만, 두루 어울리는 것은 공적이고 무리 짓는 것은 사적일 뿐이다.

○군자와 소인이 하는 바가 같지 않음은 음양이나 밤낮과 같아서 매번 서로 반대된다. 그러나 그것이 구분되는 까닭을 추구해 보면 공과 사 사이의 털끝만한 차이에 달려 있을 뿐이다. 그러므로 공자가 '주비(周比)', '화동(和同)', '교태(驕泰)' 등에 대하여 항상 짝으로 들어서 함께 말씀하였으니 배우는 자들이 두 가지의 사이를 관찰하여 취사선택의 기미를 살피기를 바란 것이다.

위정2 제15장

02-15 ◉子曰이라. 學而不思則罔하고 思而不學則殆니라.

●不求諸心故로 昏而無得하고 不習其事故로 危而不安이라.

●程子曰이라. 博學·審問·愼思·明辨·篤行[29] 五者에 廢其一이면 非學也니라.

한자 罔 그물 망·**없을 망**·속일 망, 昏 어두울 혼, 愼 삼갈 신, 辨 **분별할 변**·논쟁할 변(辯과 통용), 廢 집 쓸릴 폐·**그만둘 폐**

공자가 말씀하였다. "배우면서 생각하지 않으면 (터득함이) 없고, 생각하면서 배우지 않으면 위태롭다."

---

29) ≪중용(中庸)·제20장≫, "널리 배우고, 살펴 물으며, 신중하게 생각하고, 분명하게 구분하며, 독실하게 실천한다.(博學之, 審問之, 愼思之, 明辨之, 篤行之.)"

○(생각하지 않으면) 마음에서 추구하지 않기 때문에 어두워져 터득함이 없고, (배우지 않으면) 그 일을 익히지 않기 때문에 위태로워져 안정되지 못한다.

○정자가 말하였다. “널리 배우고 살펴 물으며, 신중하게 생각하고 분명하게 구분하며, 독실하게 실천하는 다섯 가지에서 하나라도 없애면 학문이 아니다.”

위정2 제16장

02-16 ◉子曰이라. 攻乎異端이면 斯害也已니라.

●范氏曰이라. 攻은 專治也라. 故로 治木石金玉之工曰攻이라. 異端은 非聖人之道而別爲一端이니 如楊墨이 是也라. 其率天下하여 至於無父無君[30]하니 專治而欲精之면 爲害甚矣라.

●程子曰이라. 佛氏之言은 比之楊墨하면 尤爲近理하니 所以其害爲尤甚이라. 學者는 當如淫聲美色以遠之니 不爾면 則駸駸然入於其中矣라.

한자 楊 버들 양, 精 쓿은 쌀 정·**정밀할 정**·순수할 정, 淫 젖을 음·지나칠 음·**음 란할 음**, 爾 너 이·**그럴 이(然의 용법)**·뿐 이, 駸 말달릴 침·**점차 침**

공자가 말씀하였다. “이단을 전적으로 다루면 해로울 뿐이다.”

○범씨[범조우(范祖禹)]가 말하였다. “‘공(攻)’은 ‘전적으로 다루다’이다. 그러므로 나무와 돌, 쇠와 옥을 다루는 일을 ‘공(攻)’이라고 한다. 이단은 성인의 도가 아니고 별도로 한 파가 된 것이니 양주와 묵적 같은 경우가

30) ≪맹자(孟子)·등문공하(滕文公下)≫, “양씨[양주(楊朱)]는 자신을 위하니 이는 임금이 없는 것이고, 묵씨[묵적(墨翟)]는 똑같이 사랑하니 이는 아버지가 없는 것이다.(楊氏爲我, 是無君也, 墨氏兼愛, 是無父也.)”

그것이다. 그들은 천하 사람들을 이끌어 아버지도 없고 임금도 없는 지경에 이르게 하였으니, 그것을 전적으로 다루어 정밀하게 하고자 하면 해가 됨이 심해진다."

○정자가 말하였다. "불가(佛家)의 말은 양주와 묵적에 비하면 더욱 이치에 가까우니 그래서 그 해가 더욱 심하다. 배우는 자들은 음란한 음악과 아름다운 여색과 같이 여겨 멀리해야 하니 그렇지 않으면 점점 그 속으로 빠져들게 될 것이다."

위정2 제17장

02-17 ◉子曰이라. 由아 誨女知之乎인저. 知之爲知之요 不知爲不知가 是知也니라.

●由는 孔子弟子로 姓이 仲이고 字가 子路라. 子路好勇하니 蓋有强其所不知以爲知者라. 故로 夫子告之하여 曰我敎女以知之之道乎인저. 但所知者則以爲知하고 所不知者則以爲不知라. 如此則雖或不能盡知라도 而無自欺之蔽요 亦不害其爲知矣라. 況由此而求之면 又有可知之理乎아.

한자 誨 가르칠 회, 欺 속일 기, 蔽 덮을 폐·**폐단 폐**·개괄할 폐

공자가 말씀하였다. "유야! 너에게 안다는 것을 가르쳐 주겠다. 아는 것을 안다고 하고 모르는 것을 모른다고 하는 것이 아는 것이다."

○'유(由)'는 공자 제자로 성이 중(仲)이고 자가 자로(子路)이다. 자로는 용맹을 좋아하였으니 아마도 자신이 알지 못하는 것을 억지를 써서 안다고 하는 것이 있었을 것이다. 그러므로 공자가 그에게 일러, "내가 너에게 안다는 것의 도리를 가르쳐 주겠다. 다만 아는 것은 안다고 하고 모르는

것은 모른다고 하는 것일 뿐이다."라고 말씀한 것이다. 이와 같이 하면 비록 혹 다 알지는 못하더라도 자신을 속이는 폐단은 없을 것이고 또한 그것[모른다고 하는 것]이 앎이 되는 데에 해가 되지 않는다. 하물며 이로부터 말미암아 추구해 나가면 또 알 수 있는 도리가 있음에랴.

위정2 제18장

02-18-1 ◉子張學干祿한대,

●子張은 孔子弟子로 姓이 顓孫이고 名이 師라. 干은 求也요 祿은 仕者之奉也라.

한자 干 방패 간·**구할 간**·범할 간·마를 간(乾과 통용), 顓 성실할 전·어리석을 전·오로지 전(專과 통용)·독단할 전

자장이 녹봉 구하는 것을 배우려 하니,

○자장은 공자 제자로 성이 전손(顓孫)이고 이름이 사(師)이다. '간(干)'은 '구하다'이고 '녹(祿)'은 벼슬하는 자의 녹봉이다.

02-18-2 ◉子曰이라. 多聞闕疑요 愼言其餘則寡尤며 多見闕殆요 愼行其餘則寡悔라. 言寡尤하며 行寡悔면 祿在其中矣니라.

●呂氏曰이라. 疑者는 所未信이요 殆者는 所未安이라.
●程子曰이라. 尤는 罪自外至者也요 悔는 理自內出者也라.
●愚謂컨대 多聞見者는 學之博이요 闕疑殆者는 擇之精이며 謹言行者는 守之約이라. 凡言在其中者는 皆不求而自至之辭니 言此하여 以救子張之失而進之也라.

●程子曰이라. 修天爵則人爵至31)하니 君子言行能謹이 得祿之道也라. 子張學干祿故로 告之以此하여 使定其心而不爲利祿動이라. 若顔閔則無此問矣라. 或疑如此라도 亦有不得祿者한대 孔子蓋曰耕也에 餒在其中32)이라하니 惟理可爲者를 爲之而已矣라.

한자 闕 궁문(宮門) 궐·궁궐 궐·**뺄 궐**, 爵 잔 작·**작위 작**·참새 작, 閔 위문할 민, 餒 주릴 뇌

공자가 말씀하였다. "많이 듣고 의심스러운 것은 빼놓은 채 그 나머지[의심스럽지 않은 것]를 조심스럽게 말하면 허물이 적고, 많이 보고서 위태로운 것은 빼놓은 채 그 나머지[위태롭지 않은 것]를 조심스럽게 실행하면 후회가 적다. 말에 허물이 적고 행동에 후회가 적으면 녹봉은 그 가운데에 있다."

○여씨[여대림(呂大臨)33)]가 말하였다. "'의(疑)'라는 것은 아직 자신하지 못하는 것이고 '태(殆)'라는 것은 아직 편안해 하지 못하는 것이다."

○정자가 말하였다. "허물은 탓함이 밖으로부터 이르는 것이고 후회는 이치가 마음으로부터 나오는 것이다."

○내가 생각하건대, 많이 듣고 보는 것은 배움이 넓은 것이고, 의심스럽고 위태로운 것을 빼놓는 것은 가림이 정밀한 것이며, 말과 행동을 삼가는 것은 지킴이 요점적인 것이다. 무릇 그 가운데에 있다고 하는 것은 모두가 구하지 않아도 저절로 이른다는 말이니 이것을 말씀하여 자장의 잘못

31) ≪맹자(孟子)·고자상(告子上)≫, "천작(天爵)이라는 것이 있고 인작(人爵)이라는 것이 있다. 인의(仁義)와 충신(忠信), 선을 즐겨 게을리 하지 않는 것이 바로 천작이고, 공경과 대부가 바로 인작이다.(有**天爵**者, 有**人爵**者. 仁義忠信, 樂善不倦, 此**天爵**也, 公卿大夫, 此**人爵**也.)"

32) ≪논어(論語)·위영공(衛靈公)≫ : "군자는 도를 도모하지 먹을 것을 도모하지 않으니, 농사짓는 데에도 굶주림이 그 가운데에 있고 배우는 데에도 녹이 그 가운데 있다.(君子謀道, 不謀食, **耕也, 餒在其中矣**, 學也, 祿在其中矣.)"

33) 여대림(呂大臨) : 송(宋) 남전(藍田) 출신으로 자가 여숙(與叔)이다. 장재(張載)와 이정(二程)을 사사하여 정문사선생(程門四先生)의 칭호가 있었다. 비서성정자(祕書省正字)를 지냈고 ≪고고도(攷古圖)≫를 저술하였다.

을 바로잡아 진보하게 한 것이다.

○정자가 말하였다. "천작(天爵)을 닦으면 인작(人爵)이 이르니 군자가 언행을 잘 삼가는 것이 녹봉을 얻는 방법이다. 자장이 녹봉 구하는 방법을 배우려 하였기 때문에 이것을 말씀하여 그의 마음을 안정시켜 이익과 녹봉에 동요되지 않도록 한 것이다. 안자와 민자건 같은 경우는 이런 질문이 없었다. 어떤 이가, 이와 같이 해도 또한 녹봉을 얻지 못하는 경우가 있으리라고 의심하였는데 공자는 개괄적으로 '농사를 지어도 굶주림이 그 가운데에 있다.'라고 말씀하였으니 오직 이치상 할 만한 것을 할 뿐이다."

위정2 제19장

02-19 ◉哀公이 問曰이라. 何爲則民服이니잇고? 孔子對曰이라. 擧直錯諸枉이면 則民服하고 擧枉錯諸直이면 則民不服이니이다.

●哀公은 魯君으로 名이 蔣이라. 凡君問에 皆稱孔子對曰者는 尊君也라. 錯는 捨置也요 諸는 衆也라.

●程子曰이라. 擧錯得宜면 則人心服이라.

●謝氏曰이라. 好直而惡枉은 天下之至情也니 順之則服이요 逆之則去는 必然之理也라. 然이나 或無道以照之면 則以直爲枉하고 以枉爲直者가 多矣라. 是以로 君子는 大居敬而貴窮理也라.

한자 錯 숫돌 착·갈 착·섞일 착·둘 조(措와 통용), 諸 따질 제·여러 제·~에 저, 蔣 줄(볏과의 풀) 장·성 장, 捨 버릴 사, 枉 굽을 왕

애공이 물었다. "어떻게 하면 백성들이 복종합니까?" 공자가 대답하였다. "정직한 사람을 등용하고 모든 부정직한 사람을 버리면 백성들이 복종하며, 부정직한 사람을 등용하고 모든 정직한 사람을 버리면 백성

들이 복종하지 않습니다."

○애공은 노나라 군주로 이름이 장(蔣)이다. 무릇 군주의 물음에 모두 '공자대왈(孔子對曰)'이라고 일컬은 것은 군주를 높인 것이다. '조(錯)'는 버려두는 것이고 '제(諸)'는 모두이다.

○정자가 말하였다. "등용하고 버림이 마땅함을 얻으면 사람들이 마음으로 복종한다."

○사씨[사양좌(謝良佐)]가 말하였다. "정직한 사람을 좋아하고 부정직한 사람을 싫어하는 것은 천하 사람들의 지극한 정서이니 이를 따르면 복종하고 이를 거스르면 떠나는 것은 필연의 이치이다. 그러나 혹 도로써 비춰보지 않는다면 정직한 사람을 부정직한 사람으로 여기고, 부정직한 사람을 정직한 사람으로 여기는 경우가 많게 된다. 이 때문에 군자는 공경심을 지니는 것을 크게 여기면서도 이치를 추구하는 것을 귀하게 여긴다."

위정2 제20장

02-20 ◉季康子問이라. 使民敬忠以勸호되 如之何잇고? 子曰이라. 臨之以莊則敬하고 孝慈則忠하고 擧善而敎不能則勸이니라.

●季康子는 魯大夫季孫氏로 名이 肥라. 莊은 謂容貌端嚴也라. 臨民以莊이면 則民敬於己하며 孝於親하고 慈於衆이면 則民忠於己하며 善者擧之而不能者敎之면 則民有所勸而樂於爲善이라.

●張敬夫曰이라. 此皆在我所當爲요 非爲欲使民敬忠以勸而爲之也라. 然이나 能如是면 則其應이 蓋有不期然而然者矣리라.

한자 莊 **엄숙할 장**·풀 무성할 장, 성할 장, 慈 사랑할 자

계강자가 물었다. “백성들로 하여금 공경하고 충성하며 (선을) 힘쓰게 하려면 어떻게 해야 합니까?” 공자가 말씀하였다. “중후함으로 그들을 대하면 공경하고 (위정자 자신이) 효도하고 자애로우면 충성하고 선한 자를 등용하여 그렇지 못한 자를 가르치면 힘쓰게 됩니다.”

○계강자는 노나라 대부인 계손씨(季孫氏)로 이름이 비(肥)이다. ‘장(莊)’은 용모가 단정하고 엄숙함을 이른다. 중후함으로 백성들을 대하면 백성들이 자기에게 공경하며 부모에게 효도하고 대중에게 자애로우면 백성들이 자기에게 충성하며 선한 자를 등용하여 그렇지 못한 자를 가르치면 백성들이 권면되는 것이 있어 선을 행하기를 즐거워한다.

○장경부(張敬夫)34)가 말하였다. “이것은 모두 자신이 해야 할 바에 해당하는 것이지 백성들로 하여금 공경하고 충성하며 힘쓰게 하기 위해서 하는 것이 아니다. 그러나 이와 같이 할 수 있으면 그 호응은 아마도 그렇기를 기대하지 않아도 그렇게 되는 것이 있을 것이다.”

위정2 제21장

02-21-1 ◉或謂孔子曰이라. 子는 奚不爲政이시니잇고?

●定公初年에 孔子不仕라. 故로 或人이 疑其不爲政也라.

한자 奚 어찌 해·노예 해

어떤 사람이 공자에게 말했다. “그대는 어째서 정치를 하지 않습니까?”

---

34) 장경부(張敬夫) : 송(宋) 면죽(綿竹) 출신의 장식(張栻)으로 자가 경부(敬夫)이고 호(號)는 남헌(南軒)이다. 주희(朱熹), 여조겸(呂祖謙)과 함께 동남삼현(東南三賢)으로 일컬어졌고 ≪논어해(論語解)≫를 저술하였다.

○정공 초기에 공자가 벼슬하지 않았다. 그래서 어떤 사람이 공자가 정치를 하지 않는 것을 의아해한 것이다.

02-21-2 ◉子曰이라. 書云孝乎인저. 惟孝하며 友于兄弟하여 施於有[35]政[36]이라하니 是亦爲政이니 奚其爲[37]爲政이리오.

●書는 周書君陳篇이라. 書云孝乎者는 言書之言孝가 如此也라. 善兄弟曰友라. 書言君陳이 能孝於親하고 友於兄弟하며 又能推廣此心하여 以爲一家之政이라. 孔子引之하여 言如此면 則是亦爲政矣니 何必居位라야 乃爲爲政乎라. 蓋孔子之不仕는 有難以語或人者라. 故로 託此以告之나 要之컨대 至理亦不外是라.

한자 推 밀 추·옮길 추·천거할 추

공자가 말씀하였다. "≪서경≫에서 효에 대하여 말했지요. '효도하고 형제간에 우애하여 정치에 시행한다.'라고 하였습니다. 이 또한 정치를 하는 것이니 어찌 그것[벼슬]만이 정치를 하는 것이라고 하겠소."

○≪서경≫은 <주서(周書)·군진(君陳)>편이다. '서운효호(書云孝乎)'라는 것은 ≪서경≫에서 효를 말한 것이 이와 같다는 말씀이다. 형제에게 잘하는 것이 우애이다. ≪서경≫에서, "군진이 어버이에게 잘 효도하고 형제간에 우애하였으며 또 이 마음을 잘 확충하여 한 집안의 정사를 하였다."라고 하였다. 공자가 이것을 인용하여 말씀하기를, "이와 같다면 이것 역시 정치를 하는 것이니 어찌 반드시 지위에 있어야만 정치를 하는

---

35) 유(有) : 의미 없는 어조사이다.
36) ≪서경(書經)·주서(周書)·군진(君陳)≫, "왕이 다음과 같이 말씀하였다. '군진아, 너의 훌륭한 덕은 효도와 공손이니 효도하고 형제에게 우애하여 정사에 잘 시행하라.'(王若曰. 君陳, 惟爾令德, 孝恭, 惟孝, 友于兄弟, 克施有政.)"
37) 위(爲) : 이위('以爲')의 용법이다.

것이라고 하겠소.”라고 한 것이다. 아마도 공자가 벼슬하지 않은 것은 그 사람에게 말하기 어려운 점이 있었을 것이다. 그러므로 이것에 의탁하여 그에게 말씀하였지만 요컨대 지극한 이치는 또한 여기에서 벗어나지 않는다.

위정2 제22장

02-22 ◉子曰이라. 人而[38]無信이면 不知其可也케라. 大車無輗하고 小車無軏이면 其何以行之哉리오.

●大車는 謂平地任載之車라. 輗는 轅端橫木이니 縛軛以駕牛者라. 小車는 謂田車·兵車·乘車라. 軏은 轅端上曲이니 鉤衡以駕馬者라. 車無此二者면 則不可以行이니 人而無信이 亦猶是也라.

한자 輗 끌채 끝 쐐기 예, 軏 끌채 끝 월, 載 실을 재, 轅 끌채 원, 縛 묶을 박, 軛 멍에 액, 鉤 갈고리 구, 衡 **끌채 앞 가로나무 형**·저울대 형·가로 횡(橫과 통용)

공자가 말씀하였다. “사람이면서 신의가 없으면 그의 괜찮음을 알지 못하겠다. 큰 수레에 끌채 끝 가로나무가 없고, 작은 수레에 멍에걸이가 없으면 그것이 어떻게 가겠는가.”

○큰 수레는 평지에서 짐을 싣는 수레를 이른다. ‘예(輗)’는 끌채 끝의 가로나무이니 멍에를 묶어서 소를 메우는 것이다. 작은 수레는 사냥 수레, 전차, 승용 수레이다. ‘월(軏)’은 끌채 끝에 위로 굽은 것[고리]이니 가로대

38) 이(而) : 술어와 술어를 연결하는 접속사이다. 따라서 앞의 ‘인(人)’은 하나의 술어이니 ‘사람이면서’로 푼다. ≪대학(大學)·전3장≫에서, “사람이면서 새만도 못해서야 되겠는가.(可以人而不如鳥乎.)”라고 한 것이 같은 예이다.

에 고리를 걸어 말을 메우는 것이다. 수레는 이 두 가지가 없으면 갈 수가 없으니 사람이면서 신의가 없는 것이 또한 이와 같다.

위정2 제23장

02-23-1 ◉子張이 問이라. 十世를 可知也잇가?

●陸氏曰이라. 也는 一作乎라. 王者가 易姓受命이 爲一世라. 子張이 問自此以後의 十世之事를 可前知乎라.

자장이 물었다. "(앞으로) 10대의 왕조를 알 수 있습니까?"

○육씨[육원랑(陸元朗)39)]가 말하였다. "'야(也)'는 다른 책에는 '호(乎)'로 되어 있다." 왕천하하는 자가 성(姓)을 바꾸고 천명을 받는 것40)이 1세(世)이다. 자장이, "지금부터 이후로 10대 왕조의 일을 미리 알 수 있습니까?"라고 물은 것이다.

02-23-2 ◉子曰이라. 殷因於夏禮하니 所損益을 可知也며 周因於殷禮하니 所損益을 可知也라. 其或繼周者면 雖百世라도 可知也니라.

●馬氏曰이라. 所因은 謂三綱五常이요 所損益은 謂文質三統41)이라.

●愚按컨대 三綱은 謂君爲臣綱·父爲子綱·夫爲妻綱이고 五常은 謂仁義禮智信이라. 文質은 謂夏尙忠하고 商尙質하고 周尙文이라. 三統은 謂夏正建寅하

---

39) 육원랑(陸元朗) : 당(唐) 소주(蘇州) 출신으로 자가 덕명(德明)이다. 국자박사(國子博士)를 지냈으며 ≪경전석문(經典釋文)≫을 저술하였다.

40) 한 왕조의 교체를 가리킨다.

41) 문질삼통(文質三統) : 다음에 이어지는 주자주의 설명에 자세하다.

니 爲人統이요 商正建丑하니 爲地統이요 周正建子하니 爲天統이라. 三綱五常은 禮之大體이니 三代相繼하여 皆因之而不能變이요 其所損益은 不過文章制度의 小過不及之間하여 而其已然之迹을 今皆可見하니 則自今以往으로 或有繼周而王者면 雖百世之遠이라도 所因所革이 亦不過此리라. 豈但十世而已乎아. 聖人所以知來者가 蓋如此하니 非若後世讖緯術數之學也라.

●胡氏曰이라. 子張之問은 蓋欲知來어늘 而聖人이 言其旣往者하여 以明之也라. 夫自修身으로 以至於爲天下에 不可一日而無禮라. 天敍[42]天秩[43]은 人所共由로 禮之本也라. 商不能改乎夏하고 周不能改乎商하니 所謂天地之常經也라. 若乃[44]制度文爲[45]는 或太過則當損하고 或不足則當益이나 益之損之는 與[46]時宜之요 而所因者는 不壞하니 是古今之通義也라. 因往推來면 雖百世之遠이라도 不過如此而已矣라.

한자 革 가죽 혁·**고칠 혁**, 讖 조짐 참·**참서 참**, 緯 씨 위·**위서(緯書) 위**, 敍 차례 서, 秩 차례 질

공자가 말씀하였다. "은나라는 하나라의 예를 따랐으니 가감한 것을 알 수 있고, 주나라는 은나라의 예를 따랐으니 가감한 것을 알 수 있다. 혹시 주나라를 잇는 자라면 비록 백 대 왕조라도 알 수 있다."

---

42) 천서(天敍) : 오륜(五倫)을 가리킨다. ≪서경·우서(虞書)·고요모(皐陶謨)≫에서, "하늘이 순서를 펴서 법을 두시니 우리 오전(五典)을 바로잡아 다섯 가지를 후하게 하소서(天敍有典, 勅我五典, 五惇哉.)"라 하였고 그 주에서, "서(敍)는 군신, 부자, 형제, 부부, 붕우의 질서이다.(敍者, 君臣·父子·兄弟·夫婦·朋友之倫敍也.)"라고 하였다.

43) 천질(天秩) : 오례(五禮)로 천자, 제후, 경대부, 사, 서인에 따른 품계와 차례를 가리킨다. ≪서경·우서·고요모≫에서, "하늘이 차례를 매겨 예를 두시니 우리 오례(五禮)로부터 하여 다섯 가지를 한결같게 하소서(天秩有禮, 自我五禮, 五, 庸哉.)"라 하였고 그 주에서, "질(秩)이라는 것은 존비와 귀천의 등급에 따른 높고 낮은 품계와 차례이다.(秩者, 尊卑貴賤等級隆殺之品秩也.)"라고 하였다.

44) 내(乃) : 지시사로 '그', '저'에 해당한다.

45) 문위(文爲) : 문식하는 것으로, 문물제도(文物制度)를 만드는 일을 가리킨다.[≪예기(禮記)·중니연거(仲尼燕居)≫, "제도는 예에 달려있고 문식도 예에 달려 있지만 그것을 행하는 것은 아마도 사람에 달려 있을 것이다.(制度在禮, 文爲在禮, 行之, 其在人乎.)"]

46) 여(與) : 수(隨)와 통하여 '따르다'의 뜻이다.

○마씨[마융(馬融)47)]가 말하였다. “따른 것은 삼강(三綱)과 오상(五常)을 이르고, 가감한 것은 문질(文質)과 삼통(三統)을 일컫는다.”

○내가 살펴보건대, 삼강(三綱)은 군위신강(君爲臣綱)·부위자강(父爲子綱)·부위처강(夫爲妻綱)을 이르고, 오상(五常)은 인(仁)·의(義)·예(禮)·지(智)·신(信)을 이른다. 문질(文質)은, 하(夏)나라는 충실을 숭상하고 상(商)나라는 질박을 숭상하고 주(周)나라는 문채를 숭상한 것을 이른다. 삼통(三統)은, 하나라의 정월은 인월(寅月)로 하였으니 인통(人統)이고, 상나라의 정월은 축월(丑月)로 하였으니 지통(地統)이고, 주나라의 정월은 자월(子月)로 하였으니 천통(天統)인 것을 이른다. 삼강과 오상은 예의 큰 틀이니 세 왕조가 서로 계승하여 모두 따르면서 바꿀 수 없었고, 그들이 가감한 것은 문물제도 가운데 약간의 지나치거나 미치지 못한 것의 사이에 불과하여 이미 그랬던 자취를 지금 모두 볼 수 있으니 지금부터 이후로 혹 주나라를 이어 왕천하하는 자가 있다면 비록 백 대의 먼 왕조라도 따르고 바꾸는 것이 역시 이에 불과할 것이다. 어찌 단지 십 대의 왕조뿐이겠는가. 공자가 장래를 안 것이 대개 이와 같았으니 후세의 참위(讖緯)48)나 술수(術數)의 학문과 같은 것이 아니었다.

○호씨[호인(胡寅)]가 말하였다. “자장의 질문은 아마도 장래를 알고자 한 것이었을 텐데 공자는 이미 지나간 것을 말씀하여 밝혀주었다. 자신을 수양하는 것으로부터 천하를 다스리는 데에 이르기까지 하루라도 예가 없을 수 없다. 하늘이 순서를 정한 것[천서(天敍)]과 하늘이 질서를 정한 것[천질(天秩)]은 사람들이 함께 따르는 것으로 예의 근본이다. 상나라가 하나라의 것을 고칠 수 없었고, 주나라가 상나라의 것을 고칠 수 없었으니, 이른바 천지의 한결같은 법도라는 것이다. 그 제도나 문식은 혹시 너무 지나치면 덜어야 하고 혹시 부족하면 더해야 하지만, 더하고 더는 것은 시대에 따라 적절하게 하였으며, 따를 것은 무너뜨리지 않았으니 이것이 고금의 공통된 도리이다. 지난 것에 근거하여 미래를 추론하면 비

---

47) 마융(馬融) : 동한(東漢) 부풍(扶風) 출신으로 자가 계장(季長)이다. 경학가로서 정현(鄭玄) 등 많은 제자를 배출하였으며 교서랑(校書郎)을 역임하였다.

48) 참위(讖緯) : 길흉화복을 점치거나 미래를 예언하는 술법인 도참(圖讖)과 위서(緯書)를 가리킨다.

록 백 대의 먼 왕조라도 이와 같음에 지나지 않을 뿐이다."

위정2 제24장

02-24-1 ◉子曰이라. 非其鬼而祭之는 諂也요,

●非其鬼는 謂非其所當祭之鬼라. 諂은 求媚也라.

한자 諂 아첨할 첨, 媚 **좋아할 미**·아첨할 미·아름다울 미

공자가 말씀하였다. "자신이 제사 지낼 귀신이 아닌데 제사 지내는 것은 아첨이고,

○'비기귀(非其鬼)'는 자신이 제사 지내야 할 귀신이 아님을 이른다. '첨(諂)'은 잘 보이기를 구하는 것이다.

02-24-2 ◉見義不爲가 無勇也니라.

●知而不爲가 是無勇也라.

도리를 보고 행하지 않는 것이 용기가 없는 것이다."

○알면서 실천하지 않는 것이 용기가 없는 것이다.

팔일(八佾) 제삼(第三)

●凡二十六章이라.通前篇末二章하여 皆論禮樂之事라.

○모두 26장이다. 앞 편의 마지막 2장과 함께 모두 예악의 일을 논하였다.

팔일3 제1장

03-01 ◉孔子謂季氏라. 八佾로 舞於庭하니 是可忍也면 孰不可忍也리오.

●季氏는 魯大夫季孫氏也라. 佾은 舞列也니 天子八이요 諸侯六이요 大夫四요 士二며 每佾人數는 如其佾數라. 或曰每佾八人이라하니 未詳孰是라. 季氏以大夫而僭用天子之禮樂하니 孔子言其此事를 尙忍爲之면 則何事를 不可忍爲라. 或曰忍은 容忍也니 蓋深疾之之辭라.

●范氏曰이라. 樂舞之數는 自上而下하여 降殺以兩而已라. 故로 兩之間에 不可以毫髮僭差也라. 孔子는 爲政에 先正禮樂하니 則季氏之罪는 不容[1]誅矣리라.

●謝氏曰이라. 君子가 於其所不當爲에 不敢須臾處는 不忍故也어늘 而季氏忍此矣니 則雖弑父與君이라도 亦何所憚而不爲乎리오.

한자 佾 춤의 대열 일, 僭 **참람할 참**·어긋날 참, 殺 죽일 살·**줄일 쇄**, 須 수염 수·모름지기 수·**잠깐 수**, 臾 잠깐 유, 憚 꺼릴 탄

공자가 계씨에 대하여 말씀하였다. "팔일무로 뜰에서 춤을 추니 이것을 차마 할 수 있다면 어느 것인들 차마 하지 못하겠는가."

○'계씨(季氏)'는 노나라 대부 계손씨(季孫氏)이다. '일(佾)'은 춤추는 줄이니 천자는 여덟 줄, 제후는 여섯 줄, 대부는 네 줄, 사는 두 줄이며 각 줄의 인원수는 그 줄의 수와 같다. 어떤 사람은 이르기를, "각 줄은 여덟 명이다."라고 하였는데 어느 것이 옳은지는 잘 모르겠다. 계씨가 대부로서 분수에 넘게 천자의 예악을 사용하자 공자가 말씀하기를, "그가 이런

---

1) 불용(不容) : '면하지 못하다', '면하기 어렵다'의 뜻이다.

일을 오히려 차마 한다면 무슨 일인들 차마 하지 못하겠는가."라고 한 것이다. 어떤 사람은 이르기를, "'인(忍)'은 용인하는 것이니[2] 그를 깊이 미워한 말씀이다."라고 하였다.

○범씨[범조우(范祖禹)]가 말하였다. "악무(樂舞)[3]의 인원수는 위로부터 내려오면서 둘씩 줄어들 뿐이다. 그러므로 둘(이라는 숫자)의 사이에서 털끝만큼도 참람하거나 어긋나면 안 된다. 공자는 정치를 할 때 먼저 예악을 바로잡았으니 계씨의 죄는 죽음을 면하기 어려울 것이다."

○사씨[사양좌(謝良佐)]가 말하였다. "군자가 하지 말아야 할 것에 감히 잠시도 머물지 않는 것은 차마 그러지 못하기 때문인데, 계씨가 이것을 차마 하였으니 비록 부모나 군주를 시해하는 일이라도 무엇을 꺼려서 하지 못할 것이겠는가."

팔일3 제2장

03-02 ◉三家者가 以雍徹이러니 子曰이라. 相維辟公이어늘 天子穆穆을 奚取於三家之堂고.

●三家는 魯大夫孟孫·叔孫·季孫之家也라. 雍은 周頌篇名이라. 徹은 祭畢而收其俎也라. 天子宗廟之祭는 則歌雍以徹하나니 是時에 三家僭而用之라. 相은 助也요 辟公은 諸侯也라. 穆穆은 深遠之意니 天子之容也라. 此는 雍詩之辭니 孔子引之하여 言三家之堂에 非有此事어늘 亦何取於此義而歌之乎아하니 譏其無知妄作하여 以取僭竊之罪라.

●程子曰이라. 周公之功이 固大矣나 皆臣子之分所當爲니 魯安得獨用天子禮樂哉리오. 成王之賜[4]와 伯禽之受가 皆非也라. 其因襲之弊가 遂使季氏僭

---

2) "이것을 용인해줄 수 있다면 어느 것인들 용인해주지 못하겠는가."로 본 것이다.

3) 악무(樂舞) : 반주가 있는 춤을 가리킨다.

4) ≪예기(禮記)·옥조(玉藻)≫, "성왕은 주공이 천하에 큰 공을 남겼다고 여겨 그 때문에 주공을 곡부에 봉하였다. 땅이 사방 7백리이고 병거가 천승이었으며 노공[주공의 아들인 백금(伯禽)]에게 명하여 대대로 주공을 천자의 예악으로 제사 지내게 하였다.(成王

八佾하고 三家僭雍徹故로 仲尼譏之라.

한자 雍 **화락할 옹**·학교 옹, 徹 **거둘 철**·뚫을 철·통할 철, 辟 **임금 벽**·기울 벽, 穆 공경할 목·화목할 목·아름다울 목·**심원할 목**, 俎 **적대(炙臺) 조**·도마 조, 譏 나무랄 기, 襲 엄습할 습·**계승할 습**, 弊 엎어질 폐·해질 폐·**폐단 폐**

세 집안이 (≪시경 · 주송≫의) <옹(雍)>편으로 철상을 하자 공자가 말씀하였다. "'돕는 이들이 제후들인데 천자는 엄숙하시다.'라는 구절을 어찌 세 집안의 사당에서 쓰는가."

○'삼가(三家)'는 노나라 대부인 맹손·숙손·계손의 집안이다. <옹(雍)>은 (≪시경≫) <주송>의 편 이름이다. '철(徹)'은 제사가 끝나고 그 제기를 거두는 것이다. 천자의 종묘 제사는 <옹>편을 노래하면서 철상하는데 이때 세 집안이 분수에 넘게 그것을 사용하였다. '상(相)'은 '돕다'이고 '벽공(辟公)'은 제후이다. '목목(穆穆)'은 '심원하다'는 뜻이니 천자의 모습이다. 이것은 <옹> 시의 가사인데 공자가 인용하여 말씀하기를, "세 집안의 사당에 이런 일이 있는 것이 아닌데 또한 어찌 이 뜻을 취하여 노래하는가."라고 하였으니, 그들이 무지하여 함부로 행동함으로써 참람하게 도둑질한 죄를 지었음을 비판한 것이다.

○정자가 말하였다. "주공의 공이 진실로 크지만 모두 신하의 직분상 해야 할 것들이었으니 노나라가 어떻게 유독 천자의 예악을 쓸 수 있겠는가. 성왕이 하사한 것과 백금이 받은 것이 모두 잘못이다. 그 이어져 내려온 폐단이 마침내 계씨로 하여금 분수에 넘게 팔일무를 추게 하고 세 집안으로 하여금 분수에 넘게 <옹>편으로 철상하게 하였기 때문에 공자가 그것을 비판한 것이다."

以周公爲有勳勞於天下, 是以封周公於曲阜. 地方七百里, 革車千乘, **命魯公世世祀周公以天子之禮樂.**)"

팔일3 제3장

03-03 ◉子曰이라. 人而不仁이면 如禮何며 人而不仁이면 如樂何리오.

●游氏曰이라. 人而不仁이면 則人心이 亡矣[5]니 其如禮樂何哉리오. 言雖欲用之나 而禮樂이 不爲之用也라.

●程子曰이라. 仁者는 天下之正理라. 失正理則無序而不和니라.

●李氏曰이라. 禮樂은 待人而後行이니 苟非其人이면 則雖玉帛交錯하고 鍾鼓鏗鏘[6]이라도 亦將如之何哉리오. 然이나 記者가 序此於八佾雍徹之後하니 疑其爲僭禮樂者發也니라.

한 자 帛 비단 백, 鏗 **금속 소리 갱**·칠 갱, 鏘 **울리는 소리 장**·높을 장

공자가 말씀하였다. "사람이면서 인(仁)하지 못하면 예를 어떻게 행하며, 사람이면서 인하지 못하면 음악을 어떻게 행하겠는가."

○유씨[유작(游酢)[7]]가 말하였다. "사람이면서 인하지 못하면 사람의 마음이 없어지니 장차 예악을 어떻게 행하겠는가. 비록 예악을 쓰려고 하더라도 예악이 그의 쓰임이 되지 못한다고 말씀한 것이다."

---

5) ≪맹자(孟子)·고자상(告子上)≫, "인은 사람의 마음이고 의는 사람의 길이다. 그 길을 버리고 따르지 않으며 그 마음을 놓치고 찾을 줄을 모르니 애처롭다.(仁, 人心也, 義, 人路也. 舍其路而不由, 放其心而不知求, 哀哉.)"

6) ≪논어(論語)·양화(陽貨)≫, "공자가 말씀하였다. '예라 예라 하는데 패옥과 비단을 이르겠는가. 음악이라 음악이라 하는데 종과 북을 이르겠는가.'(子曰. 禮云禮云, 玉帛云乎哉. 樂云樂云, 鐘鼓云乎哉.)"

7) 유작(游酢) : 정호(程顥), 정이(程頤)의 제자로 자가 정부(定夫)이다. 사양좌(謝良佐) 등과 함께 정문사선생(程門四先生)으로 불렸다. ≪논어맹자잡해(論語孟子雜解)≫ 등을 저술하였다.

○정자가 말하였다. “인이라는 것은 천하의 바른 이치이다. 바른 이치를 잃으면 질서[예(禮)]가 없고 조화[악(樂)]를 이루지 못한다.”

○이씨[이욱(李郁)[8]]가 말하였다. “예악은 사람을 기다린 뒤에 행해지니 만일 올바른 사람이 아니라면 비록 옥과 비단이 엇섞이고 종과 북이 울리더라도 또한 장차 그것을 어떻게 행하겠는가. 그러나 기록한 자가 이것을 <팔일>장과 <옹철>장의 뒤에 이었으니 아마도 그것은 예악을 분수에 넘게 쓰는 자들 때문에 발언하신 듯하다.”

팔일3 제4장

03-04-1 ◉林放이 問禮之本한대,

●林放은 魯人이라. 見世之爲禮者가 專事繁文하고 而疑其本之不在是也라. 故로 以爲問이라.

한자 繁 많을 번·**무성할 번**

임방이 예의 본질을 묻자,

○임방은 노나라 사람이다. 세속에서 예를 시행하는 자들이 오로지 성대하게 꾸미기를 일삼는 것을 보고 그 본질이 여기에 있지 않을 것이라고 의심하였다. 그래서 질문한 것이다.

03-04-2 ◉子曰이라. 大哉라 問이여!

---

8) 이욱(李郁) : 송(宋) 광택(光澤) 출신으로 자가 광조(光祖)이다. 양시(楊時)의 제자이자 사위로 ≪논맹유고(論孟遺稿)≫ 등을 저술하였다.

◉孔子는 以時方逐末이어늘 而放獨有志於本故로 大其問이라. 蓋得其本이면 則禮之全體가 無不在其中矣라.

한 자 逐 뒤쫓을 축·쫓아낼 축

공자가 말씀하였다. "훌륭하구나 질문이여!

○공자는 당시 사람들이 한창 말단적인 것을 따르는데 임방만이 유독 본질에 뜻을 두었기 때문에 그의 질문을 훌륭하게 여긴 것이다. 그 본질을 얻으면 예의 전체가 그 가운데 있지 않은 것이 없다.

03-04-3 ◉禮는 與其奢也론 寧儉이요 喪은 與其易也론 寧戚이니라.

◉易는 治也니 孟子에 曰易其田疇[9]라. 在喪禮則節文習熟하나 而無哀痛慘怛之實者也라. 戚은 則一於哀而文不足耳라. 禮貴得中이니 奢易則過於文이요 儉戚則不及而質하니 二者가 皆未合禮라. 然이나 凡物之理는 必先有質而後有文하니 則質이 乃禮之本也라.

◉范氏曰이라. 夫祭는 與其敬不足而禮有餘也론 不若禮不足而敬有餘也며 喪은 與其哀不足而禮有餘也론 不若禮不足而哀有餘也라.[10] 禮失之奢와 喪失之易는 皆不能反本而隨其末故也라. 禮는 奢而備론 不若儉而不備之愈也요 喪은 易而文으론 不若戚而不文之愈也라. 儉者는 物之質이요 戚者는 心之誠이라. 故로 爲禮之本이라.

◉楊氏曰이라. 禮는 始諸飮食이라. 故로 汙尊而抔飮[11]이러니 爲之簠簋·籩

---

9) ≪맹자(孟子)·진심상(盡心上)≫, "그 밭두둑을 잘 다스리고 세금 거두기를 적게 한다면 백성들을 부유하게 할 수 있다.(**易其田疇**, 薄其稅斂, 民可使富也.)"

10) ≪예기(禮記)·단궁상(檀弓上)≫, "자로가 말하였다. '내가 선생님께 들었는데, 장례는 슬픔이 부족하고 예가 넉넉하기보다는 예가 부족하고 슬픔이 넉넉한 것이 낫고, 제례는 공경이 부족하고 예가 넉넉하기보다는 예가 부족하고 공경이 넉넉한 것이 낫다고 하셨다.'(子路曰. 吾聞諸夫子, **喪禮, 與其哀不足而禮有餘也, 不若禮不足而哀有餘也, 祭禮, 與其敬不足而禮有餘也, 不若禮不足而敬有餘也.**)"

豆·罍爵12)之飾은 所以文之也니 則其本은 儉而已라. 喪은 不可以徑情而直行13)일새 爲之衰麻哭踊之數는 所以節之也니 則其本은 戚而已라. 周衰에 世方以文滅質이어늘 而林放獨能問禮之本이라. 故로 夫子大之而告之以此라.

한자 奢 사치할 사, 戚 도끼 척·**슬퍼할 척**·친척 척, 疇 밭두둑 주, 慘 참혹할 참·**서글플 참**, 怛 슬플 달, 汙 더러울 오·**팔 와**, 尊 **술 그릇 준**·존귀할 존·높일 존, 抔 **움킬 부**·웅큼 부, 簠 제기 이름 보, 簋 제기 이름 궤, 籩 제기 이름 변, **罍 술 그릇 뢰**·술독 뢰, 爵 **잔 작**·작위 작·참새 작, 徑 지름길 경·**곧을 경**, 衰 쇠할 쇠·줄일 최·**상복 최**, 踊 뛸 용

예는 사치스러움보다는 차라리 검소함이 낫고, 장례는 잘 치러짐보다는 차라리 슬퍼함이 낫다."

○'이(易)'는 '다스리다'이니 ≪맹자≫에 "그 밭두둑을 잘 다스린다."라고 하였다. 장례에서 절차와 수식은 익숙하지만 애통하고 서글퍼하는 실제가 없는 것이다. '척(戚)'은 애통함에 한결같지만 문식이 부족한 것일 뿐이다. 예는 중용(中庸)을 얻는 것을 귀하게 여기니, 사치스러움과 잘 치러짐은 문식에 지나치고 검소함과 슬퍼함은 미치지 못하여 질박하니 두 가지가 모두 예에 맞지 않는다. 그러나 모든 사물의 이치는 반드시 먼저 질박함이 있은 뒤에 문식이 있으니 질박함이 바로 예의 본질이다.

---

11) ≪예기(禮記)·예운(禮運)≫, "무릇 예의 시초는 먹고 마시는 데에서 비롯되었다. 그들은 기장을 구워먹고 돼지고기를 찢어 먹었으며 웅덩이를 파서 술동이로 하고 손으로 움켜서 마셨으며 풀과 흙을 뭉쳐 북채를 만들고 흙으로 북을 만들었으나 오히려 귀신에게 경건함을 극진히 할 수 있었다.(夫禮之初, 始諸飮食. 其燔黍捭豚, 汙尊而抔飮, 蕢桴而土鼓, 猶若可以致其敬於鬼神.)"

12) 보궤(簠簋)·변두(籩豆)·뇌작(罍爵) : 모두 제기(祭器) 이름이다.

13) '徑情而直行'은 ≪예기·단궁하(檀弓下)≫에는 '直情而徑行'으로 되어 있다.["예에는 감정을 줄이게 하는 것이 있고(예를 들면 효자의 경우이다.) 본디 마음가짐을 외재적 사물(상복 등)에 의해 일으키게 하는 것이 있다.(예를 들면 불효자의 경우이다.) 감정을 곧이곧대로 하여 그대로 행하는 것이 있다면 오랑캐의 도이다.(禮, 有微情者, 有以故興物者. 有直情而徑行者, 戎狄之道也.)"

○범씨[범조우(范祖禹)]가 말하였다. "제사는 공경이 부족하고 예가 넉넉하기보다는 예가 부족하고 공경이 넉넉한 것이 낫고, 장례는 슬픔이 부족하고 예가 넉넉하기보다는 예가 부족하고 슬픔이 넉넉한 것이 낫다. 예가 사치스러움에서 잘못되는 것과 장례가 잘 치러짐에서 잘못되는 것은 모두 본질을 회복하지 못하고 그 말단을 따르기 때문이다. 예는 사치스럽고 갖추어지기보다 검소하고 갖추어지지 못한 것이 낫고, 장례는 잘 치러지고 꾸미는 것보다 슬퍼하고 꾸미지 않은 것이 낫다. 검소함이라는 것은 사물의 바탕이고 슬퍼함이라는 것은 마음의 참됨이다. 그렇기 때문에 예의 본질이 된다."

○양씨[양시(楊時)]가 말하였다. "예는 먹고 마시는 데에서 비롯되었다. 그러므로 웅덩이를 파서 술동이로 하고 손으로 움켜서 마시다가 보궤(簠簋), 변두(籩豆), 뇌작(罍爵)의 수식을 한 것은 그것을 꾸민 것이었으니 그 본질은 검소함일 뿐이었다. 장례는 감정에 따라 그대로 행할 수 없기 때문에 상복과, 곡하고 발을 구르는 절차를 만든 것은 그것을 조절한 것이니 그 본질은 슬퍼함일 뿐이었다. 주나라가 쇠약해지면서 세상 사람들이 한창 문식으로 질박을 없앴는데 임방만이 홀로 예의 본질을 물었다. 그래서 공자가 그것을 훌륭하게 여기고 그에게 이 말씀으로 알려준 것이다."

팔일3 제5장

03-05 ◉子曰이라. 夷狄之有君이 不如諸夏之亡也니라.

●吳氏曰이라. 亡는 古無字通用이라.
●程子曰이라. 夷狄도 且有君長하니 不如諸夏之僭亂하여 反無上下之分也라.
●尹氏曰이라. 孔子가 傷時之亂而歎之也라. 無는 非實無也요 雖有之나 不能盡其道爾라.

한자 夷 (중국 동방 지역의) **이민족 이**·평평할 이·클 이, 狄 (중국 북방 지역의) **이민족 적**

공자가 말씀하였다. "이민족들에게 군주가 있는 것이 중국의 여러 나라들에 없는 것과는 같지 않구나."

○오씨[오역(吳棫)]가 말하였다. "'무(亡)'는 옛날에는 '무(無)'자와 통용되었다."

○정자가 말하였다. "이민족들도 오히려 우두머리가 있으니 중국의 여러 나라들이 분수를 넘고 어지럽혀 도리어 상하의 구분이 없는 것과는 같지 않다."

○윤씨[윤돈(尹焞)]가 말하였다. "공자가 당시의 어지러움을 가슴아파하여 탄식하신 것이다. 없다는 것은 실제로 없는 것이 아니고, 비록 있지만 그 도리를 다하지 못하는 것일 뿐이다."

팔일3 제6장

03-06 ◉季氏가 旅[14]於泰山이러니 子謂冉有曰이라. 女弗能救與아? 對曰不能하니 子曰이라. 嗚呼라. 曾謂泰山이 不如林放乎아.

●旅는 祭名이요 泰山은 山名으로 在魯地라. 禮에 諸侯가 祭封內山川[15]이어늘 季氏祭之하니 僭也라. 冉有는 孔子弟子로 名이 求니 時爲季氏宰라. 救는 謂救其陷於僭竊之罪라. 嗚呼는 歎辭라. 言神不享非禮하여 欲季氏知

---

14) 여(旅) : 제후가 산신(山神)에게 지내는 제사 이름이다. 계씨는 대부인데 참람하게 산신에게 제사를 지냈으니 <위정(爲政)>편에서 말씀한, '자신이 제사 지낼 귀신이 아닌데 제사 지낸(非其鬼而祭之)' 경우이다.

15) ≪예기(禮記)·곡례하(曲禮下)≫, "천자는 하늘과 땅에 제사 지내고 사방에 제사 지내며 산천에 제사 지내고 오사(五祀)에 제사 지내는데 해마다 두루 행한다. 제후는 사방에 제사 지내고 산천에 제사 지내며 오사에 제사 지내는데 해마다 두루 행한다. 대부는 오사에 제사 지내는데 해마다 두루 행한다. 사는 그 선조에게 제사 지낸다.(天子祭天地, 祭四方, 祭山川, 祭五祀, 歲徧. 諸侯方祀, 祭山川, 祭五祀, 歲徧. 大夫祭五祀, 歲徧. 士祭其先.)" ; ≪예기·왕제(王制)≫, "제후는 자신의 영지에 있는 명산과 대천에 제사지낸다.(諸侯祭名山大川之在其地者.)"

其無益而自止요 又進林放以厲冉有也라.

◉范氏曰이라. 冉有從季氏하니 夫子豈不知其不可告也리오. 然而聖人不輕絕人하고 盡己之心하니 安知冉有之不能救와 季氏之不可諫也리오. 旣不能正에 則美林放以明泰山之不可誣하니 是亦教誨之道也라.

한자 冉 연약할 염·나아갈 염·**성 염**, 陷 **빠질 함**·함정 함, 厲 숫돌 려·갈 려·엄할 려·**분발할 려**, 誣 무고할 무·**속일 무**, 誨 가르칠 회

계씨가 태산에 여제(旅祭)를 지내자 공자가 염유에게 말씀하였다. "네가 구제할 수 없었느냐?" 대답하기를, "할 수 없었습니다."라고 하자 공자가 말씀하였다. "아! 일찍이 태산의 신이 (예의 본질을 물은) 임방만도 못하다고 하겠느냐."

○'여(旅)'는 제사 이름이고 '태산(泰山)'은 산 이름으로 노나라 지역에 있다. 예법에 제후가 국경 안의 산천에 제사를 지내는 것인데 계씨가 제사를 지냈으니 분수를 넘은 것이다. 염유는 공자 제자로 이름이 구(求)인데 당시에 계씨의 가신이었다. '구(救)'는 그(계씨)가 참람하게 도둑질하는 죄에 빠지는 것을 구제함을 이른다. '오호(嗚呼)'는 탄식하는 말이다. 신은 예가 아닌 것을 흠향하지 않음을 말씀하여 계씨가 그것이 무익함을 알아 스스로 그만두기를 바랐고 또 임방을 내세워 염유를 분발시킨 것이다.

○범씨[범조우(范祖禹)]가 말하였다. "염유가 계씨를 따르니 공자가 어찌 그가 말할 수 없음을 몰랐겠는가. 그러면서도 공자는 가볍게 사람을 끊지 않고 자기의 마음을 다하였으니 어찌 염유가 구제할 수 없는 것과 계씨를 충고할 수 없다는 것을 인식하였겠는가. 기왕 바로잡을 수 없자 임방을 칭찬함으로써 태산의 신을 속일 수 없음을 밝혔으니 이 역시 가르치는 방법이다."

팔일3 제7장

03-07 ◉子曰이라. 君子無所爭이나 必也射乎인저. 揖讓而升하고 下而飮하나니 其爭也君子니라.

●揖讓而升者는 大射之禮로 耦進에 三揖[16]而後升堂也라. 下而飮은 謂射畢揖降하여 以俟衆耦皆降하여 勝者乃揖하고 不勝者升하여 取觶立飮也[17]라. 言君子恭遜하여 不與人爭이나 惟於射而後有爭이라. 然이나 其爭也는 雍容揖遜이 乃如此하니 則其爭也가 君子而非若小人之爭也라.

한자 揖 **읍할 읍**·사양할 읍, 耦 나란히 밭 갈 우·**짝 우**, 畢 마칠 필, 俟 기다릴 사, 觶 잔 치, 雍 **화락할 옹**·화목할 옹·학교 옹

공자가 말씀하였다. "군자가 경쟁하는 것은 없지만 (있다면) 반드시 활쏘기일 것이다. 읍하고 사양하며 올라가고 내려와서 (진 사람이) 벌주를 마시니 그 경쟁은 군자답다."

○"읍하고 사양하며 올라간다."는 것은 (≪의례(儀禮)≫) <대사(大射)>의 예법으로, 짝을 지어 나아가면서 세 번 읍한 뒤에 마루에 오르는 것이다. '내려와 (진 사람이) 벌주를 마시는 것'은 활쏘기가 끝나면 읍하고 내려와 여러 짝들이 모두 내려오기를 기다렸다가, 이긴 자가 이에 읍하고 이기지 못한 자는 올라가 술잔을 잡고 선 채로 마시는 것을 이른다. 군자는 공손하여 남과 경쟁하지 않지만 오직 활쏘기에서라야 이후에 경쟁이

---

16) ≪의례(儀禮)·대사(大射)≫, "처음의 짝이 자리에서 나와 서쪽으로 향하여 읍하고 나선다. 먼저 쏘는 사람이 좌측에서 함께 간다. 계단을 마주하여 북쪽으로 향하여 읍하고 계단에 이르러 읍한다.(上耦出次, 西面揖進. 上射在左並行. 當階北面揖, 及階揖.)"

17) ≪의례·대사≫, "이기지 못한 자가 나와서 북쪽으로 향하여 앉아 받침대 위의 잔을 들고 일어나 약간 물러나서 선 채로 잔의 술을 다 마신다.(不勝者進, 北面坐, 取豐上之觶, 興少退, 立卒觶.)"

있다. 그러나 그 경쟁은 온화함과 공손함이 바로 이와 같으니 그 경쟁이 군자다워서 소인의 경쟁과 같은 것이 아니라는 말씀이다.

팔일3 제8장

03-08-1 ◉子夏問曰이라. 巧笑倩兮며 美目盼兮여! 素以爲絢兮라 하니 何謂也잇고?

●此는 逸詩[18]也라. 倩은 好口輔也요 盼은 目黑白分也라. 素는 粉地니 畫之質也요 絢은 采色이니 畫之飾也라. 言人有此倩盼之美質한대 而又加以華采之飾은 如有素地而加采色也라. 子夏疑其反謂以素爲飾故로 問之라.

한자 巧 정교할 교·**예쁠 교**, 倩 ·의젓할 천·**예쁠 천**, 盼 눈 예쁠 반, 絢 **무늬 현**·고울 현·찬란할 현, 逸 달릴 일·**잃을 일**·숨을 일·편안할 일, 輔 덧방나무 보·**도울 보**·보호할 보, 粉 가루 분·흰색 분

자하가 물었다. "'예쁜 웃음이 보조개가 아름답고 예쁜 눈이 눈동자가 분명하구나. 흰 바탕으로 채색을 하였구나.'라고 하였는데 무엇을 말한 것입니까?"

○이것은 일시(逸詩)이다. '천(倩)'은 예쁜 보조개이고 '반(盼)'은 눈의 흑백이 분명한 것이다. '소(素)'는 흰 칠한 곳이니 그림의 바탕이고 '현(絢)'은 채색이니 그림의 수식이다. 사람이 이런 예쁜 보조개와 분명한 눈동자라는 아름다운 바탕을 가지고 있는 데다 다시 화려한 수식을 더하는 것은 마치 흰 바탕이 있는데다 채색을 더하는 것과 같다는 말이다. 자하는 그것이 반대로 "흰 바탕으로 수식을 한다."라고 말한 것으로 의심했기 때

---

18) 일시(逸詩) : ≪시경≫에 수록되지 않은 시를 가리킨다. "巧笑倩兮, 美目盼兮"는 ≪시경(詩經)·위풍(衛風)·석인(碩人)≫에 보이고 "**素以爲絢兮**"만 현재의 ≪시경≫에 보이지 않는다.

문에 물은 것이다.

03-08-2 ◉子曰이라. 繪事後素니라.

●繪事는 繪畵之事也라. 後素는 後於素也라. 考工記에 曰繪畵之事는 後素功[19]이라하니 謂先以粉地爲質而後施五采[20]라. 猶人有美質然後에 可加文飾이라.

한자 繪 그림 회

공자가 말씀하였다. "그림 그리는 일은 흰 바탕보다 뒤에 오는 것이다."

○'회사(繪事)'는 그림 그리는 일이다. '후소(後素)'는 '흰 바탕보다 뒤에 오다'이다. ≪주례·고공기(考工記)≫에, "그림 그리는 일은 흰 칠 하는 일보다 뒤에 온다."라고 하였으니 먼저 흰 칠한 곳을 바탕으로 삼은 뒤에 다섯 가지 채색을 가함을 이른다. 마치 사람이 아름다운 자질이 있은 뒤에야 문식을 가할 수 있음과 같다.

03-08-3 ◉曰이라. 禮後乎인저. 子曰이라. 起予者는 商也로다. 始可與言詩已矣로다.

●禮는 必以忠信爲質[21]이니 猶繪事必以粉素爲先이라. 起는 猶發也니 起予

19) ≪주례(周禮)·동관고공기(冬官考工記)·화궤(畫繢)≫, "무릇 그림 그리는 일은 흰 칠 하는 일보다 뒤에 온다.(凡畫繢之事, 後素功.)"
20) 오채(五采) : 청(靑), 황(黃), 적(赤), 백(白), 흑(黑)의 오색(五色)을 가리킨다.
21) ≪예기(禮記)·예기(禮器)≫, "선왕이 예를 세움에 근본이 있고 문채가 있었다. 충실과 신의는 예의 근본이고 의리는 예의 문채이다. 근본이 없으면 (예가) 성립될 수 없고 문채가 없으면 (예가) 시행되지 않는다.(先王之立禮也, 有本, 有文. 忠信, 禮之本也. 義理, 禮之文也. 無本不立, 無文不行.)"

는 言能起發我之志意라.

● 謝氏曰이라. 子貢은 因論學而知詩[22]하고 子夏는 因論詩而知學이라. 故로 皆可與言詩라.

● 楊氏曰이라. 甘受和하고 白受采하며 忠信之人이 可以學禮하니 苟無其質이면 禮不虛行[23]이라. 此繪事後素之說也라. 孔子曰繪事後素라한대 而子夏曰禮後乎인저하니 可謂能繼其志矣[24]로다. 非得之言意之表者면 能之乎아. 商賜可與言詩者는 以此라. 若夫玩心於章句之末이면 則其爲詩也는 固而已矣[25]라. 所謂起予는 則亦相長之義也[26]니라.

한자 采 뜯을 채·채용할 채·**채색 채**(뒤에 彩로 씀), 玩 음미할 완·**즐길 완**·놀 완

---

22) ≪논어(論語)·학이(學而)≫, "자공이 말하기를, '가난하지만 아첨함이 없으며 부유하지만 교만함이 없으면 어떻습니까?'라고 하자 공자가 말씀하였다. '괜찮으나 가난하면서도 (도를) 즐기며 부유하면서도 예를 좋아하는 것만은 못하다.' 자공이 말하기를, '≪시경≫에 이르기를, 자른 듯하고 간 듯하며 쫀 듯하고 간 듯하다고 하였는데 아마도 이것을 일컬은 듯합니다.'라고 하자 공자가 말씀하였다. '사는 비로소 함께 ≪시경≫을 말할 수 있겠구나. 앞의 것을 말해 주니 다음 것까지 아는구나.'(子貢曰. 貧而無諂, 富而無驕, 何如, 子曰. 可也, 未若貧而樂, 富而好禮者也. 子貢曰. 詩云, 如切如磋, 如琢如磨, 其斯之謂與. 子曰. 賜也, 始可與言詩已矣, 告諸往而知來者.)"

23) ≪예기(禮記)·예기(禮器)≫, "단맛이 조화를 받아들이고 흰색이 채색을 받아들이며 충실하고 신의로운 사람이 예를 배울 수 있으니, 만약 충실과 신의가 없는 사람이라면 예는 헛되이 따라지지 않는다. 그런 까닭에 알맞은 사람을 얻는 것이 중요하다.(甘受和, 白受采, 忠信之人, 可以學禮, 苟無忠信之人, 則**禮不虛道.** 是以得其人之爲貴也.)"

24) ≪예기·학기(學記)≫, "가르침이라는 것은 좋은 점을 길러주고 그의 잘못을 구제하는 것이다. 노래를 잘하는 사람은 사람으로 하여금 그 소리를 계승하게 하고, 잘 가르치는 사람은 사람으로 하여금 그 뜻을 계승하게 한다.(教也者, 長善而救其失者也. 善歌者, 使人繼其聲, 善教者, **使人繼其志.**)"

25) ≪맹자(孟子)·고자하(告子下)≫, "공손추가 묻기를, '고자는 <소반(小弁)>은 소인의 시라고 하였습니다.'라고 하자 맹자가 말하였다. '어째서 그런 말을 하였는가?' '원망했기 때문입니다.' '고루하구나. 고 노인이 시를 공부한 것이.' (公孫丑問曰. 高子曰. 小弁小人之詩也. 孟子曰. 何以言之? 曰怨. 曰**固哉, 高叟之爲詩也.**)"

26) 스승과 제자가 서로 학문을 향상시켜주는 '교학상장(教學相長)'을 가리킨다.

자하가 말하였다. “예가 뒤에 오는 것이군요.” 공자가 말씀하였다. “나를 계발시켜주는 자는 상[자하(子夏)]이로구나. 비로소 함께 ≪시경≫을 말할 수 있겠다.”

○예는 반드시 충실과 신의를 바탕으로 삼으니 마치 그림 그리는 일이 반드시 흰 바탕을 우선으로 삼는 것과 같다. ‘기(起)’는 ‘계발하다’와 같으니 ‘기여(起予)’는 나의 뜻을 계발해줄 수 있다는 말이다.

○사씨[사양좌(謝良佐)]가 말하였다. “(<학이>편에서) 자공은 학문을 논하는 것을 통하여 시를 알았고 (여기에서) 자하는 시를 논하는 것을 통하여 학문을 알았다. 그러므로 모두 함께 ≪시경≫을 말할 수 있는 것이다.”

○양씨[양시(楊時)]가 말하였다. “단맛이 조화를 받아들이고 흰색이 채색을 받아들이며 충실하고 신의로운 사람이 예를 배울 수 있으니, 만일 그런 바탕이 없다면 예는 헛되이 행해지지 않는다. 이것이 그림 그리는 일은 흰 바탕보다 뒤에 온다는 것의 설명이다. 공자가 ‘그림 그리는 일은 흰 바탕보다 뒤에 오는 것이다.’라고 말씀하자 자하가 ‘예가 뒤에 오는 것이군요.’라고 하였으니, 그 뜻을 잘 계승했다고 이를 만하다. 말과 뜻의 밖[즉 이치]에서 터득하는 자가 아니라면 그것이 가능하겠는가. 자하와 자공이 함께 ≪시경≫을 말할 수 있었던 것은 이 때문이다. 만약 문장이나 구절의 말단에 마음을 쓴다면 그가 시를 공부하는 것은 고루할 뿐이다. 이른바 ‘기여(起予)’라는 것은 역시 ‘서로 향상시켜준다’는 뜻이다.”

팔일3 제9장

03-09 ◉子曰이라. 夏禮를 吾能言之나 杞不足徵也며 殷禮를 吾能言之나 宋不足徵也[27]니 文獻이 不足故也라. 足則吾能徵之矣로리라.

27) ≪예기(禮記)·예운(禮運)≫, “공자가 말씀하였다. ‘내가 하나라의 도를 보고자 하여 그 때문에 기나라에 갔으나 입증하기에 부족하였고 나는 하나라의 역서(曆書)를 얻었다. 나는 은나라의 도를 보고자 하여 그 때문에 송나라에 갔으나 입증하기에 부족하였고 나는

●杞는 夏之後28)요 宋은 殷之後29)라. 徵은 證也라. 文은 典籍也요 獻은 賢也라. 言二代之禮를 我能言之나 而二國不足取以爲證하니 以其文獻不足故也라. 文獻若足이면 則我能取之하여 以證吾言矣라.

한자 杞 냇버들 기·**나라 이름 기**·성 기, 徵 부를 징·구할 징·거둘 징·**증거 삼을 징**, 獻 제물로 쓰는 개 헌·바칠 헌·**현자 헌**·문헌 헌, 籍 **서적 적**·본적 적

공자가 말씀하였다. "하나라 예를 내가 말할 수는 있으나 기나라가 입증하기에 부족하였고 은나라 예를 내가 말할 수는 있으나 송나라가 입증하기에 부족하였으니, 문헌이 부족하였기 때문이다. 충분했다면 내가 입증할 수 있었을 것이다."30)

○'기(杞)'는 하나라의 후예이고 '송(宋)'은 은나라의 후예이다. '징(徵)'은 '입증하다'이다. '문(文)'은 전적이고 '헌(獻)'은 훌륭한 사람이다. 두 왕조

곤건이라는 책을 얻었다. 곤건의 뜻과 하나라 역서의 차례를 나는 이것으로 살폈다.(孔子曰. 我欲觀夏道, 是故**之杞**, **而不足徵也**, 吾得夏時焉. 我欲觀殷道, 是故**之宋**, **而不足徵也**, 吾得坤乾焉. 坤乾之義, 夏時之等, 吾以是觀之.)"

28) ≪사기(史記)·진기세가(陳杞世家)≫, "기나라의 동루공이라는 사람은 하나라 우임금의 후손이었다. 은나라 때에 (하우의 후손들은) 때로는 제후에 봉해지기도 하였고 때로는 끊기기도 하였다. 주나라 무왕이 은나라 주왕을 이기고 우임금의 후손을 수소문하여 동루공을 찾아내 그에게 기 지역을 봉해 주어 하나라의 제사를 받들게 하였다.(杞東樓公者, 夏禹之後苗裔也. 殷時或封或絶. 周武王克殷紂, **求禹之後**, **得東樓公**. **封之於杞**, 以奉夏氏祀.)"

29) ≪사기·송미자세가(宋微子世家)≫, "무왕이 죽고 성왕이 어려 주공 단이 대신하여 정사를 처리하며 나라를 맡았다. 관숙과 채숙이 의심하여 마침내 무경과 함께 난을 일으키고 성왕과 주공을 습격하려 하였다. 주공은 성왕의 명령을 받들어 무경을 주살하고 관숙을 죽였으며 채숙을 추방하였다. 이어 미자 개(開)에게 명하여 은나라의 후계(무경)를 대신하여 조상의 제사를 받들게 하고 미자지명(微子之命)을 지어 널리 알렸으며 송(宋)에 나라를 세워주었다.(武王崩, 成王少, 周公旦代行政當國. 管·蔡疑之, 乃與武庚作亂, 欲襲成王·周公. 周公旣承成王命, 誅武庚, 殺管叔, 放蔡叔. 乃命微子開代殷後, 奉其先祀, 作微子之命以申之, **國于宋**.)"

30) 하나라와 은나라의 예가 어떠하다고 설명은 할 수 있지만 증거가 부족하여 확정하지는 못하겠다는 말씀이다.

의 예를 내가 말할 수는 있으나 두 나라가 취해서 증거로 삼기에 부족하였으니 문헌이 부족하였기 때문이다. 문헌이 만일 충분했다면 내가 그것을 취해서 나의 말을 입증할 수 있었으리라고 말씀한 것이다.

팔일3 제10장

03-10 ◉子曰이라. 禘[31]는 自旣灌而往者는 吾不欲觀之矣로라.

●趙伯循曰이라. 禘는 王者之大祭也라. 王者는 旣立始祖之廟에 又推始祖所自出之帝하여 祀之於始祖之廟하고 而以始祖配之也라. 成王은 以周公有大勳勞로 賜魯重祭[32]라. 故로 得禘於周公之廟하고 以文王爲所出之帝而周公配之나 然非禮矣[33]라.

●灌者는 方祭之始에 用鬱鬯之酒로 灌地以降神也라. 魯之君臣이 當此之時하여는 誠意未散하여 猶有可觀이나 自此以後는 則浸以懈怠而無足觀矣라. 蓋魯祭非禮니 孔子가 本不欲觀이요 至此而失禮之中에 又失禮焉이라. 故로 發此歎也니라.

●謝氏曰이라. 夫子嘗曰我欲觀夏道하여 是故之杞而不足證也요 我欲觀商道하여 是故之宋而不足證也라. 又曰我觀周道에 幽厲傷之라. 吾舍魯何適矣리오. 魯之郊禘는 非禮也니 周公其衰矣[34]라. 考之杞宋이 已如彼하고 考之

---

31) 체(禘) : 천자가 선왕에게 지내는 종묘 대제(大祭)의 명칭이다.

32) ≪예기(禮記)·제통(祭統)≫, "옛날에 주공 단이 천하에 공로가 있었다. 주공이 죽은 뒤에 성왕과 강왕은 주공이 공로를 세운 것을 추모하여 노나라를 높여주고자 하였다. 그래서 노나라에 중요한 제사를 하사하였으니 외부의 제사는 교제(郊祭)와 사제(社祭)가 그것이고, 내부의 제사는 대상(大嘗)과 체제사가 그것이다.(昔者**周公旦有勳勞於天下**. 周公旣沒, 成王·康王追念周公之所以勳勞者而欲尊魯. 故賜之以重祭, 外祭則郊社, 是也, **內祭則大嘗禘**, 是也.)"

33) ≪예기·대전(大傳)≫, "예법에 천자가 아니면 체제사를 지내지 못한다. 천자는 그 시조가 유래한 바[천제(天帝)]에 체제사를 지내고 그 시조를 함께 제사 지낸다.(禮, 不王不禘. 王者禘其祖之所自出, 以其祖配之.)"[조백순(趙伯循)의 설은 ≪예기(禮記)·대전(大傳)≫에서 밝힌 것과는 내용이 다르다. ≪예기·대전≫에서 말한 체제사는 천자가 천제(天帝)에게 제사 지내고 시조를 함께 제사 지내는 것으로, '그 시조가 유래한 바'는 천제를 가리킨다.]

當今이 又如此하니 孔子所以深歎也라.

한자 禘 종묘 제사 이름 체, 灌 물 댈 관·**강신제 지낼 관**, 循 좇을 순, 鬱 우거질 울·막힐 울·**울금향 울**, 鬯 울창주 창, 浸 담글 침·가라앉을 침·**점차 침**, 懈 게으를 해, 怠 태만할 태, 幽 숨을 유·숨길 유·깊을 유·**어두울 유**

공자가 말씀하였다. "체 제사는 이미 (울창주를) 따른 이후로는 내가 보고 싶지 않다."

○조백순(趙伯循)35)이 말하였다. "체 제사는 천자의 큰 제사이다. 천자는 시조의 사당을 세운 뒤에 다시 시조가 유래한 바의 황제를 추존하여 시조의 사당에서 제사하고 시조를 함께 제사 지냈다. 성왕은 주공이 큰 공로가 있었다는 이유로 노나라에 중요한 제사를 하사하였다. 그러므로 주공의 사당에서 체 제사를 지낼 수 있었고 문왕을 유래한 바의 황제로 삼아 주공을 함께 제사 지냈지만 예가 아니었다."

○'관(灌)'이라는 것은 막 제사가 시작될 때에 울창주를 땅에 부어 신을 강림하게 하는 것이다. 노나라의 군주와 신하들이 이때에는 성의가 아직 흩어지지 않아 그래도 볼만한 것이 있었으나 이후로는 점차 풀어지고 태만해져 족히 볼만한 것이 없었다. 노나라의 제사는 예가 아니었기 때문에 공자가 본래 보고 싶어 하지 않았는데 이에 이르러서는 예를 잃은 가운데에 또 예를 잃었다. 그러므로 이러한 탄식을 한 것이다.

○사씨[사양좌(謝良佐)]가 말하였다. "공자가 일찍이 말씀하기를, '내가 하나라의 도를 보고자 하여 그 때문에 기나라에 갔으나 입증하기에 부족하였고, 내가 은나라의 도를 보고자 하여 그 때문에 송나라에 갔으나 입증하기에 부족하였다.'라고 하였다. 또 '내가 주나라의 도를 보니 유왕과 여왕이 손상시켰다. 내가 노나라를 버리고 어디로 가겠는가. 그러나 노나라

---

34) ≪예기(禮記)·예운(禮運)≫

35) 조백순(趙伯循) : 당(唐) 하동(河東) 출신으로 이름이 광(匡)이고 자가 백순(伯循)이다. 양주자사(洋州刺史)를 지냈으며 ≪춘추(春秋)≫에 정통하였다.

의 교 제사와 체 제사는 예가 아니니 주공의 예[주례(周禮)]가 그렇게 쇠퇴하였구나.'라고 말씀하였다. 기나라와 송나라에서 살핀 것이 이미 저와 같았고 당시에서 살핀 것이 또 이와 같았으니 공자가 깊이 탄식한 이유이다."

팔일3 제11장

03-11 ◉或問禘之說한대 子曰不知也로라. 知其說者之於天下也에 其如示諸斯乎인저하고 指其掌하다.

●先王報本追遠之意는 莫深於禘라. 非仁孝誠敬之至면 不足以與此니 非或人之所及也요 而不王不禘之法[36]은 又魯之所當諱者故로 以不知答之라. 示는 與視同이라. 指其掌은 弟子記夫子言此而自指其掌이니 言其明且易也라. 蓋知禘之說이면 則理無不明하고 誠無不格하여 而治天下가 不難矣라. 聖人이 於此에 豈眞有所不知也哉리오.

한자 諱 **꺼릴 휘**·피할 휘

어떤 사람이 체 제사의 내용을 묻자 공자가 말씀하기를, "모르겠습니다. 그 내용을 아는 자는 천하에 대해서 아마도 이것을 보는 것과 같을 것입니다."라 하고 자신의 손바닥을 가리켰다.

○선왕들이 근본에 보답하고 멀리 계신 조상을 추모한 뜻은 체제사보다 깊은 것이 없다. 인애와 효도, 정성과 공경이 지극한 이가 아니면 족히 여기에 참여할 수 없으니 어떤 사람이 이를 수 있는 바가 아니고, 천자가

36) ≪예기(禮記)·대전(大傳)≫, "예법에 천자가 아니면 체 제사를 지내지 못한다. 천자는 그 시조가 유래한 바[천제(天帝)]에 체 제사를 지내고 그 시조를 함께 제사 지낸다.(禮, 不王不禘. 王者禘其祖之所自出, 以其祖配之.)"

아니면 체 제사를 지내지 못하는 법은 또한 노나라에서 꺼려야 할 것이었기 때문에 알지 못한다고 대답한 것이다. '시(示)'는 '보다'와 같다. 자신의 손바닥을 가리킨 것은, 제자들이 공자가 이것을 말씀하면서 스스로 자신의 손바닥을 가리켰음을 기록한 것이니 그것이 분명하고 또 쉽다는 말이다. 체 제사의 내용을 알면 이치가 밝지 않음이 없고 정성이 이르지 않음이 없어 천하를 다스리는 것이 어렵지 않게 된다. 성인이 이에 대하여 어찌 참으로 알지 못하는 것이 있었겠는가.

팔일3 제12장

03-12-1 ◉祭如在하시며 祭神如神在러시다.

◉程子曰이라. 祭는 祭先祖也요 祭神은 祭外神也라. 祭先은 主於孝하고 祭神은 主於敬이라.
◉愚謂컨대 此는 門人記孔子祭祀之誠意라.

(선조에게) 제사 지낼 때에는 와 계신 듯이 하였으며 (외부의) 신에게 제사 지낼 때에는 신이 와 계신 듯이 하였다.

○정자가 말하였다. "'제(祭)'는 선조에게 제사 지내는 것이고 '제신(祭神)'은 외부의 신에게 제사 지내는 것이다. 선조에게 제사 지내는 것은 효성을 위주로 하고 신에게 제사 지내는 것은 공경을 위주로 한다."
○내가 생각하건대, 이것은 제자들이 공자가 제사 지낼 때의 정성스러운 뜻을 기록한 것이다.

03-12-2 ◉子曰이라. 吾不與祭면 如不祭니라.

◉又記孔子之言以明之라. 言己當祭之時에 或有故不得與하고 而使他人攝之

면 則不得致其如在之誠이라. 故로 雖已祭나 而此心缺然[37]하여 如未嘗祭也라.

●范氏曰이라. 君子之祭에 七日戒하고 三日齊[38]하면 必見所祭者니 誠之至也라. 是故로 郊則天神格하고 廟則人鬼享하니 皆由己以致之也라. 有其誠則有其神이요 無其誠則無其神이니 可不謹乎아. 吾不與祭면 如不祭는 誠爲實이요 禮爲虛也일새니라.

한자 攝 당길 섭·겸할 섭·**대신할 섭**, 缺 깨질 결·이지러질 결·**유감스러울 결**, 格 **이를 격**·바로잡을 격

공자가 말씀하였다. "내가 제사에 참여하지 않았으면 마치 제사를 지내지 않은 것 같았다."

○다시 공자의 말씀을 기록하여 밝혔다. 자신이 제사 지내야 할 때에 혹 일이 있어 참여하지 못하고 다른 사람으로 대신하게 하면 (신이) 계신 듯이 하는 정성을 다할 수가 없다. 그러므로 비록 이미 제사를 지냈으나 이 마음이 허전하여 아예 제사 지내지 않은 것과 같았다는 말씀이다.

○범씨[범조우(范祖禹)]가 말하였다. "군자가 제사 지낼 때에 7일 동안 경계하고 3일 동안 재계하면 반드시 제사 지낼 대상을 볼 것이니 정성이 지극한 것이다. 이 때문에 교제에서는 하늘의 신이 이르고 종묘에서는 사람의 신이 흠향하니 모두가 자기로 말미암아 이르게 하는 것이다. 그 정성이 있으면 그 신이 있고 그 정성이 없으면 그 신이 없으니 삼가지 않을 수 있겠는가. 내가 제사에 참여하지 않았으면 제사 지내지 않은 것과 같았던 것은 정성이 본질이고 예는 외적인 것[형식]이기 때문이다."

---

37) 결연(缺然) : 서운하거나 불만족스런 모습이다.

38) ≪예기(禮記)·방기(坊記)≫, "공자가 말씀하였다. '7일 동안 경계하고 3일 동안 재계하고서 한 사람을 받들어 시동으로 삼아 지나는 자에게 빠른 걸음으로 걷게 하는 것은 공경을 가르치는 것이다. 단술은 방에 두고 붉은 술은 마루에 두며 맑은 술은 아래에 두는 것은 백성들에게 탐하지 않음을 보이는 것이다.(子云, 七日戒, 三日齊, 承一人焉以爲尸, 過之者趨走, 以教敬也. 醴酒在室, 醍酒在堂, 澄酒在下, 示不淫也.)"

팔일3 제13장

03-13-1 ◉王孫賈[39]問曰이라. 與其媚於奧론 寧媚於竈라하니 何謂也잇고?

◉王孫賈는 衛大夫라. 媚는 親順也라. 室西南隅爲奧라. 竈者는 五祀之一로 夏所祭也라. 凡祭五祀에 皆先設主而祭於其所하고 然後迎尸而祭於奧하니 略如祭宗廟之儀라. 如祀竈則設主於竈陘하고 祭畢而更設饌於奧하여 以迎尸也라. 故로 時俗之語에 因以奧有常尊이나 而非祭之主요 竈雖卑賤이나 而當時用事로 喩自結於君으론 不如阿附權臣也라. 賈는 衛之權臣故로 以此諷孔子라.

한자 賈 장사할 고·장사 고·값 가, 媚 좋아할 미·**아첨할 미**·아름다울 미, 竈 부엌 조, 隅 모퉁이 우, 儀 법도 의·본보기 의·거동 의·**의식 의**, 陘 지레목 형·**부뚜막 형**, 饌 음식 차릴 찬·**음식 찬**·먹을 찬

왕손가가 물었다. "'아랫목 신에게 아첨하기보다는 부엌 신에게 아첨하는 것이 낫다.'라고 하는데 무슨 말입니까?"

○왕손가는 위(衛)나라 대부이다. '미(媚)'는 가까이하고 순종하는 것이다. 방의 서남쪽 모퉁이가 '오(奧)'이다. '조(竈)'라는 것은 오사(五祀[40])의 하

---

39) 왕손가(王孫賈) : 위(衛)나라 대부로 ≪논어(論語)·헌문(憲問)≫에서, "공자가 위나라 영공의 무도함을 말씀하자 계강자가 말하였다. '이와 같은데도 어찌하여 지위를 잃지 않습니까?' 공자가 말씀하였다. '중숙어는 빈객의 일을 다루고 축타는 종묘의 일을 다루며 왕손가는 군대의 일을 다루니 이와 같은데 어찌 그가 지위를 잃겠습니까.'(子言衛靈公之無道也, 康子曰. 夫如是, 奚而不喪? 孔子曰. 仲叔圉治賓客, 祝鮀治宗廟, **王孫賈治軍旅**, 夫如是, 奚其喪.)"라고 하였다.

40) 오사(五祀) : 대부가 지내는 제사의 종류로 ≪예기(禮記)·월령(月令)≫에 보인다. 1월에는 방문[호(戶)], 4월에는 부엌[조(竈)], 6월에는 방 천장의 창문[중류(中霤)], 7월에는 대문[문(門)], 10월에는 길[행(行)]의 신에게 제사지낸다.

나로 여름에 제사 지내는 곳이다. 무릇 오사에 제사 지낼 때에는 모두 미리 신주를 세우고 그 [해당되는] 곳에 제사를 지내고 그런 뒤에 시동을 맞이하여 아랫목 신에게 제사 지내니 대략 종묘에서 제사 지내는 의식과 같다. 예를 들어 부엌 신에게 제사 지낸다면 부뚜막에 신주를 세우고 제사가 끝나면 다시 아랫목에 제수를 차려 시동을 맞이한다. 그러므로 세속에서 말하는, '아랫목 신은 한결같은 존귀함은 있으나 제사의 주체가 아니고 부엌 신은 비록 낮고 천하나 당시에 실권을 행사한다'는 것을 가지고, 직접 군주와 결탁하는 것보다 권신에게 아부하는 것이 낫다고 비유한 것이다. 왕손가는 위나라의 권신이었기 때문에 이것으로 공자에게 넌지시 말한 것이다.

03-13-2 ◉子曰이라. 不然하다. 獲罪於天이면 無所禱也니라.

●天은 卽理也라. 其尊無對하니 非奧竈之可比也라. 逆理則獲罪於天矣니 豈媚於奧竈하여 所能禱而免乎아. 言但當順理니 非特不當媚竈요 亦不可媚於奧也라.

●謝氏曰이라. 聖人之言이 遜而不迫하니 使王孫賈而知此意면 不爲無益이요 使其不知라도 亦非所以取禍라.

한자 禱 빌 도, 迫 접근할 박·핍박할 박·**급박할 박**

공자가 말씀하였다. "그렇지 않습니다. 하늘에 죄를 지으면 빌 곳이 없습니다."

○'천(天)'은 바로 이치이다. 그 존귀함은 상대가 없으니 아랫목 신이나 부엌 신과 비교할 수 있는 것이 아니다. 이치를 거스르면 하늘에 죄를 짓게 되니 어찌 아랫목 신이나 부엌 신에게 아첨하여 빌어서 벗어날 수 있는 것이겠는가. 다만 이치를 따라야 하니 단지 부엌 신에게 아첨하지 않아

야 할 뿐만 아니라 또한 아랫목 신에게 아첨해도 안 된다는 말씀이다.
○사씨[사양좌(謝良佐)]가 말하였다. "성인의 말씀이 겸손하면서 박절하지 않으니, 가령 왕손가로서 이 뜻을 알았더라면 유익함이 없지 않았을 것이고 가령 그가 알지 못했더라도 화를 당할 것은 아니었다."

팔일3 제14장

03-14 ◉子曰이라. 周監於二代하니 郁郁乎文哉라. 吾從周하리라.

●監은 視也요 二代는 夏商也라. 言其視二代之禮而損益之라. 郁郁은 文盛貌라.
●尹氏曰이라. 三代之禮가 至周大備하여 夫子美其文而從之라.

한자 監 볼 감, 郁 성할 욱

공자가 말씀하였다. "주나라는 두 왕조를 거울삼았으니 성대하게 문채가 난다. 나는 주나라를 따르겠다."

○'감(監)'은 '보다'이고 '이대(二代)'는 하나라와 은나라이다. 주나라는 두 왕조의 예를 살펴서 그것을 가감했다는 말씀이다. '욱욱(郁郁)'은 문채가 성대한 모습이다.
○윤씨[윤돈(尹焞)]가 말하였다. "세 왕조의 예가 주나라에 이르러 크게 갖추어져 공자가 그 문채를 찬미하면서 따른 것이다."

팔일3 제15장

03-15 ◉子入大廟하여 每事를 問하니 或曰이라. 孰謂鄹人之子가

知禮乎아. 入大廟하여 每事를 問이라. 子聞之曰이라. 是禮也라.

●大廟는 魯周公廟라. 此는 蓋孔子始仕之時에 入而助祭也라. 鄹는 魯邑名이니 孔子父叔梁紇이 嘗爲其邑大夫라. 孔子는 自少로 以知禮聞故로 或人이 因此而譏之라. 孔子言是禮者는 敬謹之至가 乃所以爲禮也라.

●尹氏曰이라. 禮者는 敬而已矣니 雖知나 亦問은 謹之至也라. 其爲敬이 莫大於此어늘 謂之不知禮者면 豈足以知孔子哉리오.

한자 鄹 나라 이름 추, 紇 굵은 실 흘·종족 이름 흘

공자가 태묘[종묘(宗廟)]에 들어가서 매사를 묻자 어떤 사람이 말하였다. "누가 추 고을 사람의 아들이 예를 안다고 하였는가. 태묘에 들어가 매사를 묻는구나." 공자가 이 말을 듣고 말씀하였다. "이것이 예입니다."

○태묘는 노나라 주공의 사당이다. 이것은 공자가 처음 벼슬할 때에 (태묘에) 들어가 제사를 도운 것이다. '추(鄹)'는 노나라 고을 이름인데 공자의 아버지 숙량흘이 일찍이 그 고을의 대부가 되었다. 공자는 젊어서부터 예를 안다고 소문났기 때문에 어떤 사람이 이에 근거하여 비판한 것이다. 공자가 "이것이 예입니다."라고 말씀한 것은 공경과 삼감의 지극함이 바로 예이기 때문이다.

○윤씨[윤돈(尹焞)]가 말하였다. "예라는 것은 공경일 뿐이니 비록 알더라도 또한 묻는 것은 삼감이 지극한 것이다. 그것이 공경이 되는 것이 이보다 더 큰 것이 없는데 이를 일러 예를 알지 못한다고 한다면 어찌 공자를 알 수 있겠는가."

팔일3 제16장

03-16 ◉子曰이라. 射不主皮는 爲力不同科니 古之道也니라.

◉射不主皮는 鄕射禮文[41]이라. 爲力不同科는 孔子가 解禮之意如此也라. 皮는 革也라. 布侯而棲革於其中하여 以爲的이니 所謂鵠也라. 科는 等也라. 古者에 射以觀德[42]하여 但主於中하고 而不主於貫革이니 蓋以人之力有强弱不同等也라. 記曰武王克商에 散軍郊射에 而貫革之射息[43]이라하니 正謂此也라. 周衰에 禮廢하고 列國兵爭하여 復尙貫革故로 孔子歎之라.

◉楊氏曰이라. 中은 可以學而能이나 力은 不可以强而至라. 聖人言古之道는 所以正今之失이라.

한자 科 종류 과·**등급 과**·과정 과·세금 과·구덩이 과, 侯 **과녁 후**·제후 후, 棲 깃들일 서·살 서·**붙일 서**, 鵠 고니 곡

공자가 말씀하였다. "활쏘기에서 가죽 뚫기를 위주로 하지 않는 것은 힘이 동등하지 않기 때문이니 옛날의 법도이다."

○'사부주피(射不主皮)'는 <향사례>의 글이다. '위력부동과(爲力不同科)'는 공자가 <향사례>의 뜻이 이와 같다고 해석한 것이다. '피(皮)'는 가죽이

---

41) ≪의례(儀禮)·향사례(鄕射禮)≫, "예사(禮射, 예에 맞춰 하는 활쏘기)는 가죽 뚫기를 위주로 하지 않는다. 가죽 뚫기를 위주로 하는 활쏘기는 이긴 자가 다시 활을 쏘고 이기지 못한 자는 내려온다.(禮**射不主皮**. 主皮之射者, 勝者又射, 不勝者降.)"

42) ≪예기(禮記)·사의(射義)≫, "활쏘기라는 것은 훌륭한 덕을 관찰하는 것이다.(**射者, 所以觀盛德也**.)"

43) ≪예기(禮記)·악기(樂記)≫, "무왕은 은나라를 이기고 상(商, 은의 도성)에 가서 … 군대를 해산하고 교외에서 활쏘기를 하는데 좌측에서 활쏘기를 할 때에는 이수[貍首, ≪일시(逸詩)≫의 편명]를 연주하게 하고 우측에서 활쏘기를 할 때에는 추우[騶虞, ≪시경(詩經)·소남(召南)≫의 편명]를 연주하게 하면서 가죽을 뚫는 활쏘기가 끝났다.(武王克殷反商, … 散軍而郊射, 左射貍首, 右射騶虞, 而**貫革之射, 息也**.)"

다. 과녁을 천으로 하고 그 가운데에 가죽을 대서 표적으로 삼으니 이른 바 '곡(鵠)'이다. '과(科)'는 등급이다. 옛날에는 활쏘기로 덕성을 관찰하여 다만 맞추는 것을 위주로 하고 가죽을 뚫는 것을 위주로 하지 않았으니 사람의 힘에 강약이 동등하지 않음이 있기 때문이다. ≪예기≫에, "무왕이 상나라를 이긴 뒤에 군대를 해산하고 교외에서 활쏘기를 하면서 가죽을 뚫는 활쏘기가 끝났다."라고 하였으니 바로 이것을 이른 것이다. 주나라가 쇠약해지면서 예가 폐지되고 여러 제후국들이 무력으로 다투어 다시 가죽 뚫기를 숭상하였기 때문에 공자가 탄식한 것이다.

○양씨[양시(楊時)]가 말하였다. "맞추는 것은 배워서 할 수 있으나 힘은 억지로 해서 이를 수 없다. 공자가 '옛날의 법도'라고 말씀한 것은 지금의 잘못을 바로잡으려는 것이었다."

팔일3 제17장

03-17-1 ◉子貢이 欲去告朔之餼羊한대,

●告朔之禮는 古者에 天子가 常以44)季冬에 頒來歲十二月之朔45)于諸侯어든 諸侯受而藏之祖廟라가 月朔則以特羊告廟하고 請而行之라. 餼는 生牲也라. 魯自文公으로 始不視朔이나 而有司猶供此羊故로 子貢欲去之라.

한자 告 알릴 고·일러줄 고·**아뢸 곡**, 朔 **초하루 삭**·처음 삭·북방 삭, 餼 보낼 희·양식 희·**희생 희**, 頒 나눌 반, 特 수소 특·**한 마리 희생 특**·특히 특

자공이 초하루를 아뢰는 희생양의 제도를 없애려고 하자,

○초하루를 아뢰는 예는 옛날에 천자가 항상 섣달에 제후들에게 다음해 12

44) 이(以) : '우(于)'와 통하여 시간이나 장소를 나타내는 개사(介詞)이다.
45) 삭(朔) : 제왕이 매년 늦겨울에 내리는 책력(冊曆)과 정령(政令)을 가리킨다.

개월의 책력을 반포하면 제후들은 이것을 받아서 종묘에 보관하였다가 매달 초하루에 양 한 마리로 종묘에 아뢰고 여쭈어 시행하는 것이다. '희(餼)'는 생고기의 희생이다. 노나라는 문공 때부터 비로소 초하루의 예를 살피지 않았으나 담당자가 여전히 이 양을 바쳤기 때문에 자공이 그것을 없애려고 한 것이다.

03-17-2 ◉子曰이라. 賜也아. 爾愛其羊가? 我愛其禮하노라.

●愛는 猶惜也라. 子貢은 蓋惜其無實而妄費라. 然이나 禮雖廢라도 羊存이면 猶得以識之而可復焉이나 若併去其羊이면 則此禮는 遂亡矣리니 孔子所以惜之라.

●楊氏曰이라. 告朔은 諸侯所以稟命於君親이니 禮之大者라. 魯不視朔矣나 然이나 羊存則告朔之名이 未泯하여 而其實因可擧니 此夫子所以惜之也라.

한자 惜 안타까워할 석·아낄 석·**아까워할 석**, 倂 나란할 병·아우를 병·**함께 병**, 稟 줄 품·**받을 품**·아뢸 품, 泯 **사라질 민**·망할 민·어지러울 민

공자가 말씀하였다. "사야! 너는 그 양을 아까워하느냐? 나는 그 예를 아까워한다."

○'애(愛)'는 '아까워하다'와 같다. 자공은 그것이 본질이 없는데도 헛되이 낭비하는 것을 아까워한 것이다. 그러나 예가 비록 폐지되었더라도 양을 바치는 제도가 남아있으면 그래도 그것을 기억할 수 있어서 회복할 수 있지만, 만약 양을 바치는 제도조차 함께 없앤다면 이 예는 마침내 없어지게 될 것이니 공자가 그것을 아까워한 것이다.

○양씨[양시(楊時)]가 말하였다. "'곡삭(告朔)'은 제후가 천자에게 명을 받은 것이니 예 가운데 큰 것이다. 노나라가 초하루의 예를 살피지 않게 되었지만 양을 바치는 제도가 남아있으면 '곡삭'이란 명칭이 사라지지 않아 그 실상이 이로 인해 거행될 수 있으니 이것이 공자가 아까워한 까닭

이다."

팔일3 제18장

03-18 ◉子曰이라. 事君盡禮를 人以爲諂也로다.

●黃氏曰이라. 孔子는 於事君之禮에 非有所加也니 如是而後에 盡爾라. 時人不能하고 反以爲諂故로 孔子言之하여 以明禮之當然也라.

●程子曰이라. 聖人事君盡禮를 當時以爲諂이라. 若他人言之면 必曰我事君盡禮를 小人以爲諂이나 而孔子之言은 止於如此하니 聖人은 道大德宏을 此亦可見이라.

한자 諂 아첨할 첨, 宏 클 굉·**넓을 굉**

공자가 말씀하였다. "군주를 섬기는 데에 예를 다하는 것을 사람들이 아첨이라고 하는구나."

○황씨[황조순(黃祖舜)46)]가 말하였다. "공자는 군주를 섬기는 예에서 (예를 다하는 것 이외에) 더한 바가 있었던 것이 아니었으니 이와 같은 뒤에 극진할 뿐이다. 당시 사람들이 그러지 못하면서 도리어 아첨이라고 하자 공자가 이것을 말씀하여 예는 마땅히 그래야 함을 밝힌 것이다."

○정자가 말하였다. "공자가 군주를 섬기는 데에 예를 다한 것을 당시 사람들이 아첨이라고 하였다. 만일 다른 사람이 그것을 말했다면 반드시 '내가 군주를 섬기는 데에 예를 다하는 것을 소인들이 아첨이라고 하는구나.'라고 했을 것이지만 공자의 말씀은 이와 같음에 그쳤으니 성인은 도가 컸고 덕이 넓었음을 여기에서 또한 볼 수 있다."

---

46) 황조순(黃祖舜) : 송(宋) 복주(福州) 출신으로 자가 계도(繼道)이다. 동지추밀원사(同知樞密院事) 등을 지냈고 ≪논어해의(論語解義)≫ 등을 저술하였다.

팔일3 제19장

03-19 ◉定公이 問君使臣하며 臣事君을 如之何잇고? 孔子對曰이라. 君使臣以禮하고 臣事君以忠이니이다.

●定公은 魯君으로 名이 宋이라. 二者는 皆理之當然이니 各欲自盡而已라.
●呂氏曰이라. 使臣에 不患其不忠이요 患禮之不至하며 事君에 不患其無禮요 患忠之不足이라.
●尹氏曰이라. 君臣은 以義合者也라. 故로 君使臣以禮면 則臣事君以忠이라.

정공이 묻기를, "군주가 신하를 부리고 신하가 군주를 섬기는 것을 어떻게 해야 합니까?"라고 하자 공자가 대답하였다. "군주는 신하를 예로 부리고 신하는 군주를 충성으로 섬기는 것입니다."

○정공은 노나라 군주로 이름이 송(宋)이다. 두 가지는 모두 이치의 당연한 것이니 각각 스스로 극진하게 하고자 할뿐이다.
○여씨[여대림(呂大臨)47)]가 말하였다. "신하를 부림에 그가 충성하지 않을까를 걱정하지 말고 (자신의) 예가 지극하지 않은가를 걱정할 것이며, 군주를 섬김에 그가 무례할까를 걱정하지 말고 (자신의) 충성이 부족한가를 걱정할 것이다."
○윤씨[윤돈(尹焞)]가 말하였다. "군주와 신하는 의리로 만난 관계이다. 그러므로 군주가 신하를 예로 부리면 신하는 군주를 충성으로 섬긴다."

---

47) 여대림(呂大臨) : 송(宋) 남전(藍田) 출신으로 자가 여숙(與叔)이다. 장재(張載)와 이정(二程)을 사사하여 정문사선생(程門四先生)의 칭호가 있었다. 비서성정자(祕書省正字)를 지냈고 ≪고고도(攷古圖)≫를 저술하였다.

팔일3 제20장

03-20 ◉子曰이라. 關雎는 樂而不淫하고 哀而不傷이니라.

●關雎는 周南國風48)이니 詩之首篇也라. 淫者는 樂之過而失其正者也요 傷者는 哀之過而害於和者也라. 關雎之詩는 言后妃之德이 宜配君子한대 求之未得하니 則不能無寤寐·反側之憂하고 求而得之니 則宜其有琴瑟·鍾鼓之樂이라. 蓋其憂雖深이나 而不害於和하고 其樂雖盛이나 而不失其正이라. 故로 夫子稱之如此하여 欲學者가 玩其辭하고 審其音하여 而有以識其性情之正也라.

한자 雎 **물수리 저**·물 이름 저, 寤 깰 오, 寐 잠잘 매

공자가 말씀하였다. "<관저>편은 즐거워하면서도 지나치지 않고 슬퍼하면서도 (조화를) 해치지 않는다."

○<관저>는 (≪시경≫) <주남>의 국풍시로 ≪시경≫의 첫 편이다. '음(淫)'이라는 것은 즐거워함이 지나쳐 그 바름을 잃는 것이고 '상(傷)'이라는 것은 슬퍼함이 지나쳐 조화를 해치는 것이다. <관저>라는 시는, 후비의 덕이 군자와 짝하기에 알맞아야 하는데 구해도 얻지 못하니 자나깨나 생각하고 뒤척이며 잠 못드는 근심이 없을 수 없었고, 구해서 얻으니 큰 거문고와 작은 거문고, 종과 북의 즐김이 있는 것이 마땅함을 말한 것이다. 그 근심이 비록 깊었으나 조화를 해치지 않았고 그 즐김이 비록 성대했으나 그 바름을 잃지 않았다. 그러므로 공자가 이와 같이 칭송하여 배우는 자들이 그 가사를 음미하고 그 음악을 살펴서 본성과 감정의 바름을 알 수 있기를 바란 것이다.

---

48) 국풍(國風) : 각 지역의 민가(民歌)이다.

팔일3 제21장

03-21-1 ◉哀公이 問社[49]於宰我한대 宰我對曰이라. 夏后氏는 以松이요 殷人은 以柏이요 周人은 以栗이니 曰使民戰栗이니이다.

●宰我는 孔子弟子로 名이 予라. 三代之社가 不同者는 古者立社에 各樹其土之所宜木하여 以爲主也라. 戰栗은 恐懼貌라. 宰我가 又言周所以用栗之意가 如此하니 豈以古者戮人於社[50]故로 附會其說與인저.

한 자 戮 **죽일 륙**·징벌할 륙·모욕 륙·힘 합할 륙(勠과 통용)

애공이 재아에게 사직의 신주에 대하여 묻자 재아가 대답하였다. "하나라는 소나무를 썼고 은나라 사람들은 측백나무를 썼으며, 주나라 사람들은 밤나무를 썼는데, (밤나무를 쓴 것은) 백성들로 하여금 두려워 떨게 하는 뜻이었습니다."

○재아는 공자 제자로 이름이 여(予)이다. 세 왕조에 사직의 신주가 같지 않은 것은 옛날에 사직의 신주를 세울 때 각각 그 토질에 맞는 나무를 심어 신주로 삼았기 때문이다. '전율(戰栗)'은 두려워하는 모습이다. 재아는 또 주나라가 밤나무를 쓴 뜻이 이와 같다고 말하였는데, 아마도 옛날에 사직에서 사람을 죽였기 때문에 그 내용을 끌어다 붙인 것이리라.

03-21-2 ◉子聞之曰이라. 成事라 不說하며 遂事라 不諫하며 旣往이라 不咎로다.

---

49) 사(社) : 사직에 세우는 신주를 가리킨다.

50) ≪서경(書經)·감서(甘誓)≫, "명령을 따르는 자는 선조의 사당에서 상을 내리고 명령을 따르지 않는 자는 사직에서 죽일 것이니, 나는 너의 처자식까지 죽일 것이다.(用命, 賞于祖, **弗用命, 戮于社**, 予則孥戮汝.)"

●遂事는 謂事雖未成이나 而勢不能已者라. 孔子는 以宰我所對가 非立社之本意요 又啓時君殺伐之心이나 而其言已出하여 不可復救故로 歷言此하여 以深責之하니 欲使謹其後也라.

●尹氏曰이라. 古者에 各以所宜木으로 名其社하니 非取義於木也라. 宰我不知而妄對故로 夫子責之라.

한자 咎 허물 구, 啓 열 계

공자가 그 말을 듣고 말씀하였다. "이루어진 일이라 말하지 않겠고 다 된 일이라 따지지 않겠으며 이미 지나간 것이라 탓하지 않겠다."

○'수사(遂事)'는 일이 비록 이루어지지는 않았으나 추세가 그만둘 수 없는 것을 이른다. 공자는 재아가 대답한 것이 사직의 신주를 세운 본뜻이 아니고 또 당시 군주에게 모진 마음을 열어 주었지만 그 말이 이미 나와서 다시 바로잡을 수 없었기 때문에 이것을 차례로 말씀하여 깊이 꾸짖었으니 그 이후를 삼가게 하고자 한 것이다.

○윤씨[윤돈(尹焞)]가 말하였다. "옛날에 각각 (토질에) 맞는 나무를 가지고 그 사직의 신주로 이름을 정했으니 나무에서 뜻을 취한 것이 아니었다. 재아가 알지 못하고 함부로 대답하였기 때문에 공자가 꾸짖은 것이다."

팔일3 제22장

03-22-1 ◉子曰이라. 管仲之器는 小哉라.

●管仲은 齊大夫로 名이 夷吾라. 相桓公하여 霸諸侯라. 器小는 言其不知聖賢大學之道故로 局量褊淺하고 規模卑狹하여 不能正身修德以致主於王道라.

한자 霸 **제패할 패**·패자 패, 褊 작을 편·**좁을 편**·부족할 편, 狹 **좁을 협**·작을 협

공자가 말씀하였다. "관중의 그릇은 작았다."

○관중은 제나라 대부로 이름이 이오(夷吾)이다. 환공을 도와 제후를 제패하였다. "그릇이 작다."는 그가 성현이 남긴 대학의 도를 알지 못했기 때문에 도량이 좁고 얕았으며 규모가 낮고 협소하여 자신을 바르게 하고 덕을 닦아 군주를 왕도에 이르게 할 수 없었음을 말씀한 것이다.

03-22-2 ◉或曰管仲은 儉乎잇가? 曰이라. 管氏가 有三歸하며 官事를 不攝하니 焉得儉이리오.

●或人이 蓋疑器小之爲儉이라. 三歸는 臺名이니 事見說苑[51]이라. 攝은 兼也라. 家臣은 不能具官하여 一人이 常兼數事어늘 管仲不然하니 皆言其侈라.

한자 攝 끌 섭·당길 섭·**겸할 섭**·대신할 섭, 苑 **동산(원림) 원**·무성할 원, 侈 사치할 치

어떤 사람이 "관중은 검소했습니까?"라고 묻자 말씀하였다. "관씨가 삼귀라는 누대를 가지고 있었고 가신의 일을 겸하게 하지 않았으니 어찌 검소할 수 있겠는가."

○어떤 사람이 아마도 그릇이 작은 것이 검소함인가 하고 의심한 듯하다.

---

51) 한(漢) 유향(劉向) ≪설원(說苑)·선세(善說)≫, "관중은 그래서 삼귀대(三歸臺)를 짓고 스스로 백성들을 걱정하였다.(管仲故築三歸之臺, 以自傷於民.)"

'삼귀(三歸)'는 누대의 이름인데 사적이 ≪설원≫에 보인다. '섭(攝)'은 '겸하다'이다. 가신은 관직을 다 갖출 수 없어 한 사람이 항상 몇 가지 일을 겸하였는데 관중은 그렇게 하지 않았으니 모두 그가 사치했음을 말씀한 것이다.

03-22-3 ◉然則管仲은 知禮乎잇가. 曰邦君이야 樹塞門이어늘 管氏도 亦樹塞門하며 邦君이야 爲兩君之好에 有反坫이어늘 管氏도 亦有反坫하니 管氏而知禮면 孰不知禮리오.

●或人이 又疑不儉爲知禮라. 屛을 謂之樹라. 塞은 猶蔽也니 設屛於門하여 以蔽內外也라. 好는 謂好會라. 坫은 在兩楹之間하니 獻酬飮畢이면 則反爵於其上이라. 此皆諸侯之禮어늘 而管仲僭之하니 不知禮也라.

●愚謂컨대 孔子譏管仲之器小하니 其旨深矣라. 或人不知而疑其儉故로 斥其奢하여 以明其非儉하고 或又疑其知禮故로 又斥其僭하여 以明其不知禮라. 蓋雖不復明言小器之所以然이나 而其所以小者를 於此에 亦可見矣라. 故로 程子曰奢而犯禮하니 其器之小를 可知라. 蓋器大면 則自知禮而無此失矣리라하니 此言을 當深味也라.

●蘇氏曰이라. 自修身正家로 以及於國이면 則其本深하고 其及者遠이니 是謂大器라. 揚雄所謂大器는 猶規矩準繩하여 先自治而後治人[52]者가 是也라. 管仲은 三歸·反坫하고 桓公은 內嬖六人[53]而霸天下하니 其本이 固已

---

52) ≪법언(法言)·선지(先知)≫, "어떤 사람이 말하였다. '제나라는 관중을 얻어 패자가 되었는데 공자는 작은 그릇이라고 했습니다. 큰 그릇에 대하여 묻겠습니다.' '큰 그릇은 아마 규[그림쇠]·구[곡척]·준[수준기]·승[먹줄]과 같은 것이겠지요. 먼저 스스로를 다스린 뒤에 남을 다스리는 것을 큰 그릇이라고 이릅니다.'(或曰. 齊得夷吾而霸, 仲尼曰小器. 請問大器. 曰**大器, 其猶規矩準繩乎. 先自治而後治人之謂大器.**)"

53) ≪춘추좌전(春秋左傳)·희공(僖公)·17년≫, "제나라 군주[환공(桓公)]의 부인이 셋이었으니 왕희(王姬), 서영(徐嬴), 채희(蔡姬)가 모두 아들이 없었다. 제나라 군주는 여자를 좋아하여 안으로 총애하는 여자가 많았다. 안으로 총애함이 부인과 같은 자가 여섯이었는데, 큰 위희는 무맹을 낳고 작은 위희는 혜공을 낳았으며, 정희는 효공을 낳고 갈영은 소공을 낳았으며, 밀희는 의공을 낳고 송화자는 공자 옹을 낳았다.(齊侯之夫人三, 王姬·徐嬴·蔡姬, 皆無子. 齊侯好內, 多內寵. **內嬖如夫人者六人**, 長衛姬生武孟, 少衛姬生惠公, 鄭姬生孝公, 葛嬴生昭公, 密姬生懿公, 宋華子生公子雍.)"

淺矣라. 管仲死하고 桓公薨에 天下가 不復宗齊라.

●楊氏曰이라. 夫子는 大管仲之功[54]而小其器라. 蓋非王佐之才면 雖能合諸侯하고 正天下라도 其器不足稱也라. 道學不明하여 而王霸之略을 混爲一途故로 聞管仲之器小에 則疑其爲儉하고 以不儉告之에 則又疑其知禮라. 蓋世方以詭遇爲功하여 而不知爲之範[55]하니 則不悟其小가 宜矣라.

한자 坫 **술잔 되돌려 놓는 받침 점**·토대 점, 屛 **가리개 벽 병**·병풍 병·가릴 병·물러날 병, 楹 기둥 영, 酬 **술 권할 수**·갚을 수·응대할 수, 爵 **잔 작**·작위 작·참새 작, 僭 **참람할 참**·어긋날 참, 斥 물리칠 척, 準 수준기 준, 繩 줄 승, 嬖 사랑할 폐, 薨 죽을 훙, 佐 도울 좌, 詭 속일 궤

"그렇다면 관중은 예를 알았습니까?" "나라의 군주라야 가리개 벽으로 문을 가리는데 관씨도 역시 가리개 벽으로 문을 가렸으며, 나라의 군주라야 두 나라 군주의 우호를 행하면서 술잔을 되돌려 놓는 받침을 두는데 관씨도 역시 술잔을 되돌려 놓는 받침을 두었으니, 그런 관씨인데 예를 알았다면 누가 예를 알지 못하겠는가."

○어떤 사람이 또 검소하지 않은 것이 예를 아는 것인가 하고 의심한 것이다. 가리개 벽을 '수(樹)'라고 한다. '색(塞)'은 '가리다'와 같으니 문에 가리개 벽을 설치하여 안과 밖을 가리는 것이다. '호(好)'는 우호의 모임을 이른다. '점(坫)'은 두 기둥 사이에 있으니 술잔을 주고받으면서 다 마시면 그 위에 술잔을 되돌려 놓는다. 이것은 모두 제후의 예인데 관중이 그것을 분수에 넘게 썼으니 예를 알지 못한 것이다.

○내가 생각하건대, 공자가 관중의 그릇이 작다고 비판하였으니 그 뜻이

---

54) ≪논어(論語)·헌문(憲問)≫, "공자가 말씀하였다. '환공이 제후들을 규합하는데 전차를 쓰지 않은 것은 관중의 힘이었으니 (누가) 그의 인만 하겠는가, (누가) 그의 인만 하겠는가.'(子曰. 桓公九合諸侯, 不以兵車, 管仲之力也, 如其仁, 如其仁.)"

55) ≪맹자(孟子)·등문공하(滕文公下)≫, "제가 그를 위해서 저의 말 몰기를 규범대로 했더니 종일토록 한 마리도 잡지 못하였고 그를 위하여 부정하게 얻게 했더니 하루아침에 열 마리를 잡았습니다.(吾爲之範我馳驅, 終日不獲一, 爲之詭遇. 一朝而獲十.)"

깊다. 어떤 사람이 알지 못하고 그것이 검소함인가 하고 의심하였기 때문에 그의 사치를 직접 지적하여 그것이 검소함이 아님을 밝혔으며, 어떤 사람이 또 그가 예를 알았는가 하고 의심하였기 때문에 다시 그가 분수를 넘었음을 지적하여 그가 예를 알지 못했음을 밝혔다. 비록 작은 그릇인 까닭을 다시 분명하게 말씀하지 않았으나 그것이 작은 까닭을 여기에서 또한 볼 수 있다. 그러므로 정자가 말씀하기를, "사치하였고 예를 어겼으니 그 그릇이 작았음을 알 만하다. 아마 그릇이 컸다면 스스로 예를 알아 이러한 잘못이 없었을 것이다."라고 하였으니 이 말을 깊이 음미해야 한다.

○소씨[소식(蘇軾)56)]가 말하였다. "자신을 닦고 집안을 바르게 함으로부터 나라에까지 미치면 그 근본이 깊고 그 미침이 원대하니 이것을 일러 큰 그릇이라고 한다. 양웅(揚雄)이 일컬은, '큰 그릇은 규구준승(規矩準繩)과 같아서 먼저 스스로를 다스린 뒤에 남을 다스린다.'라고 한 것이 그것이다. 관중은 삼귀대와 반점을 두었고, 환공은 안으로 여섯 여인을 총애하면서 천하를 제패하였으니 그 근본이 본디 너무 천박하였다. 관중이 죽고 환공이 서거하니 천하가 더 이상 제나라를 높이지 않았다."

○양씨[양시(楊時)]가 말하였다. "공자는 관중의 공적을 크게 여기면서도 그 그릇을 작게 여겼다. 왕천하하는 자를 보좌할 재질이 아니라면 비록 제후를 규합하고 천하를 바로잡을 수 있더라도 그 그릇은 족히 칭송할 만하지 못하기 때문이다. (어떤 사람이) 도학이 밝지 못해서 왕천하와 패천하의 경계를 혼돈하여 한가지로 여겼기 때문에, 관중의 그릇이 작았다는 말을 듣자 그것이 검소함인가 하고 의심하였고, 검소하지 않았음을 말해 주자 또 그가 예를 알았는가 하고 의심하였다. 세상 사람들이 바야흐로 부정하게 얻는 것을 공으로 여기고, 상대를 위해 규범대로 달릴 줄을 몰랐기 때문이니 그것이 작았음을 깨닫지 못한 것이 당연하다."

56) 소식(蘇軾) : 송(宋)나라 대문호로 자가 자첨(子瞻)이고 호가 동파(東坡)이다. 저서로 ≪논어설(論語說)≫ 등이 전한다.

※ 팔일3 제23장

03-23 ◉子語魯大師樂曰이라. 樂은 其可知也라. 始作에 翕如也하고 從之에 純如也하고 皦如也하며 繹如也하여 以成이니라.

●語는 告也라. 大師는 樂官名이라. 時音樂廢缺[57]故로 孔子教之라. 翕은 合也요 從은 放也요 純은 和也요 皦는 明也요 繹은 相續不絶也요 成은 樂之一終也라.

●謝氏曰이라. 五音六律이 不具면 不足以言樂이니 翕如는 言其合也라. 五音合矣면 清濁高下가 如五味之相濟而後和故로 曰純如라. 合而和矣면 欲其無相奪倫故로 曰皦如라. 然이나 豈宮自宮而商自商乎아. 不相反而相連하여 如貫珠가 可也라. 故로 曰繹如也하여 以成이라하니라.

한자 翕 합할 흡·**모일 흡**, 純 명주실 순·순수할 순·**어울릴 순**, 皦 옥석 흴 교·**밝을 교**, 繹 실 뽑을 역·**이어질 역**·찾을 역·풀 역, 濟 물 이름 제·건널 제·**도울 제**

공자가 노나라 태사에게 음악에 대하여 말씀하였다. "음악은 아마 알 수 있으리라. 처음 연주할 때에 [5음이] 모이고 펼쳐짐에 조화롭고 분명하며 이어져서 완성된다."

○'어(語)'는 '말해주다'이다. '태사(大師)'는 음악 담당관의 명칭이다. 당시에 음악이 쇠퇴하였기 때문에 공자가 가르쳐 준 것이다. '흡(翕)'은 '모이다'이고 '종(從)'은 '펼쳐지다'이며 '순(純)'은 '조화롭다'이고 '교(皦)'는 '분명하다'이며 '역(繹)'은 '서로 이어져 끊이지 않다'이고 '성(成)'은 음악이 한 번 끝나는 것이다.

○사씨[사양좌(謝良佐)]가 말하였다. "5음과 6률이 갖추어지지 않으면 음

57) 폐결(廢缺) : 상실되다. 쇠퇴하다.

악을 말할 수 없으니 '흡여(翕如)'는 그것이 모이는 것을 말한다. 5음이 모이면 맑고 탁함과 높고 낮음이 마치 오미(五味)가 서로를 도와준 뒤에 조화되는 것과 같기 때문에 조화롭다고 한 것이다. 모여서 조화롭게 되면 그것들이 서로 순서를 빼앗음이 없기를 바라기 때문에 분명하다고 한 것이다. 그러나 어찌 궁 자체로 궁이고 상 자체로 상이겠는가. 서로 대립되지 않고 서로 연결되어 마치 구슬을 꿴 듯한 것이 좋다. 그러므로 이어져서 완성된다고 한 것이다."

팔일3 제24장

03-24 ◉儀封人이 請見曰이라. 君子之至於斯也에 吾未嘗不得見也로라. 從者見之한대 出曰이라. 二三子는 何患於喪乎리오. 天下之無道也가 久矣라. 天將以夫子爲木鐸이시리라.

●儀는 衛邑이라. 封人은 掌封疆之官이니 蓋賢而隱於下位者也리라. 君子는 謂當時賢者라. 至此에 皆得見之는 自言其平日不見絶於賢者하여 而求以自通也라. 見之는 謂通使得見이라. 喪은 謂失位去國이니 禮曰喪欲速貧[58]이 是也라. 木鐸은 金口木舌이니 施政敎時에 所振以警衆者也라. 言亂極當治니 天必將使夫子得位設敎하여 不久失位也라. 封人이 一見夫子而遽以是稱之하니 其得於觀感之間者가 深矣라. 或曰木鐸은 所以徇于道路[59]니 言天使夫子失位하고 周流四方하여 以行其敎가 如木鐸之徇于道路也라.

---

58) ≪예기(禮記)·단궁상(檀弓上)≫, "유자가 증자에게 물었다. '(관직을) 잃는 것에 대하여 선생님께 들었는가?' '들었습니다. 잃었으면 빨리 가난해지기를 바라고 죽으면 빨리 썩기를 바랄 것이라고 하셨습니다.'(有子問於曾子曰. 聞喪於夫子乎? 曰聞之矣. **喪欲速貧,** 死欲速朽.)"

59) ≪서경(書經)·하서(夏書)·윤정(胤征)≫, "매년 맹춘에 추인이 목탁을 가지고 도로를 순행한다.(每歲孟春, 遒人**以木鐸徇于路.**)"

한자 鐸 방울 탁, 疆 **국경 강**·영토 강, 振 떨칠 진, 遽 갑자기 거, 徇 **순시할 순**·전시할 순·따를 순

의(儀) 지방의 국경 관리인이 뵙기를 청하며 말하였다. "군자가 이곳에 이르셨을 때 내가 일찍이 뵙지 못했던 적이 없습니다." 수행 제자가 (공자를) 뵙게 하니 나와서 말하였다. "그대들은 어찌 (공자가 벼슬자리를) 잃은 것을 걱정하는지요. 천하에 도가 없어진 지가 오래되었습니다. 하늘이 장차 공자를 목탁으로 삼으실 것입니다."

○'의(儀)'는 위(衛)나라의 고을이다. '봉인(封人)'은 국경을 담당하는 관리인데 아마도 훌륭하면서 낮은 직위에 숨어 있는 자일 것이다. 군자는 당시의 현자를 이른다. 이곳에 이르렀을 때 모두 뵐 수 있었다는 것은 자신이 평소에 현자에게 거절당하지 않았다고 스스로 말하여 직접 만나기를 요구한 것이다. '현지(見之)'는 통보하여 뵐 수 있게 한 것을 이른다. '상(喪)'은 직위를 잃고 나라를 떠난 것을 이르니 ≪예기(禮記)≫에서, "잃었으면 빨리 가난해지기를 바랄 것이다."라고 한 것이 그것이다. 목탁은 쇠로 된 주둥이에 나무로 된 혀인데 정책과 교화를 펼 때에 흔들어 사람들에게 알리는 것이다. 어지러움이 극에 달하면 마땅히 다스려지니 하늘이 틀림없이 장차 공자로 하여금 지위를 얻고 교화를 펼치도록 하여 오랫동안 직위를 잃고 있지는 않을 것이라고 말한 것이다. 국경 관리인이 공자를 한 번 뵙고 대번에 이 말로 일컬었으니 그가 보고 느끼는 사이에 터득한 것이 깊다. 어떤 사람은 말하기를, "목탁은 가지고 길을 돌아다니는 것이니 하늘이 공자로 하여금 직위를 잃고 사방을 두루 다니면서 그 가르침을 행하게 하는 것이 목탁을 가진 사람이 길을 돌아다니는 것과 같다는 말이다."라고 하였다.

팔일3 제25장

03-25 ◉子謂韶하시되 盡美矣요 又盡善也라하시고 謂武하시되 盡美矣요 未盡善也라.

●韶는 舜樂이요 武는 武王樂이라. 美者는 聲容之盛이요 善者는 美之實也라. 舜은 紹堯致治하고 武王은 伐紂救民하니 其功一也라. 故로 其樂이 皆盡美라. 然이나 舜之德은 性之也요 又以揖遜而有天下나 武王之德은 反之也[60]요 又以征誅而得天下故로 其實有不同者라.

●程子曰이라. 成湯放桀에 惟有慙德[61]하니 武王亦然故로 未盡善이라. 堯舜湯武는 其揆一也[62]니 征伐은 非其所欲이요 所遇之時가 然爾라.

한자 韶 **순임금 음악 소**·아름다울 소, 紹 이을 소, 紂 껑거리끈 주, 誅 벨 주, 慙 부끄러울 참, 揆 헤아릴 **규·법도 규**

공자가 소(韶)에 대하여 이르기를, "지극히 아름답고 지극히 선하다."라 하였고 무(武)에 대하여 이르기를, "지극히 아름답지만 지극히 선하지는 못하다."라고 하였다.

○'소(韶)'는 순임금의 음악이고 '무(武)'는 무왕의 음악이다. '미(美)'라는 것은 소리와 무용이 성대한 것이고 '선(善)'이라는 것은 아름다움의 본질이다. 순임금은 요임금을 계승하여 다스림을 지극하게 하였고 무왕은 주

---

60) ≪맹자(孟子)·진심하(盡心下)≫, "요임금과 순임금은 본성대로 한 분이고, 탕왕과 무왕은 (본성을) 되찾았다.(堯舜, **性者也**, 湯武, **反之也**.)"

61) 참덕(慙德) : 참어덕(慙於德)의 구조이다.[≪서경(書經)·중훼지고(仲虺之誥)≫, "탕임금이 걸을 남소로 쫓아내고 마음에 부끄러움을 지닌 채 말하기를, '나는 후세 사람들이 나를 구실로 삼을까 두렵다.'라고 하였다.(成湯放桀于南巢, **惟有慙德**, 曰予恐來世以台爲口實.)"]

62) ≪맹자·이루하(離婁下)≫, "선대의 성인과 후대의 성인이 그 법도가 한가지였다.(先聖後聖, **其揆一也**.)"

(紂)를 정벌하여 백성을 구제하였으니 그 공은 한가지이다. 그러므로 그 음악이 모두 지극히 아름답다. 그러나 순임금의 덕은 본성대로 한 것이고 또 읍하고 사양함으로써 천하를 소유하였지만, 무왕의 덕은 (본성을) 되찾은 것이고 또 정벌하고 죽임으로 천하를 얻었기 때문에 그 본질에는 같지 않은 것이 있다.

○정자가 말하였다. "탕임금이 걸을 쫓아내고 마음에 부끄러움을 지녔었는데 무왕 역시 그러했기 때문에 지극히 선하지는 못한 것이다. 요임금·순임금·탕왕·무왕이 그 법도가 한가지였으니 정벌은 그들이 바란 것이 아니고 만난 시대가 그러했을 뿐이다."

팔일3 제26장

03-26 ◉子曰이라. 居上不寬하고 爲禮不敬하며 臨喪不哀면 吾何以觀之哉리오.

●居上엔 主於愛人故로 以寬爲本이요 爲禮엔 以敬爲本이요 臨喪엔 以哀爲本이라. 旣無其本이면 則以何者而觀其所行之得失哉아.

공자가 말씀하였다. "윗자리에 있으면서 너그럽지 않고 예를 행하면서 경건하지 않으며 초상을 당해서 슬퍼하지 않는다면, 내가 무엇으로 그를 관찰하겠는가."

○윗자리에 있을 때에는 사람을 사랑하는 것을 위주로 하기 때문에 너그러움을 근본으로 삼고, 예를 행할 때에는 경건함을 근본으로 삼으며, 초상을 당했을 때에는 슬퍼함을 근본으로 삼는다. 이미 그 근본이 없다면 어느 것을 가지고 그가 행하는 바의 잘잘못을 관찰하겠는가.

이인(里仁) 제사(第四)

●凡二十六章이라.

○모두 26장이다.

※ 이인4 제1장

04-01 ◉子曰이라. 里仁이 爲美하니 擇不處仁이면 焉得知리오.[1]

●里有仁厚之俗이 爲美하니 擇里而不居於是焉이면 則失其是非之本心[2]하여 而不得爲知矣라.

공자가 말씀하였다. "마을이 인후한 것이 아름다우니 (마을을) 선택하면서 인후한 곳에 살지 않는다면 어떻게 지혜로울 수 있겠는가."

○마을에 인후한 풍속이 있는 것이 아름다우니 마을을 선택하면서 이런 곳에 살지 않는다면, 옳은 것을 옳게 여기고 그른 것을 그르게 여기는 본심을 잃어 지혜로울 수 없다.

※ 이인4 제2장

04-02 ◉子曰이라. 不仁者는 不可以久處約하고 不可以長處樂이라. 仁者는 安仁하고 知者는 利仁이니라.

●約은 窮困也라. 利는 猶貪也니 蓋深知篤好하여 而必欲得之也라. 不仁之人은 失其本心하여 久約必濫하고 久樂必淫이라. 惟仁者則安其仁而無適不然이요 知者則利於仁而不易所守라. 蓋雖深淺之不同이나 然皆非外物所能奪

---

1) ≪논어(論語)·공야장(公冶長)≫에서, "공자가 자천에 대하여 말씀하기를, "군자답다, 이 사람은. 노나라에 군자가 없었다면 이 사람이 어디에서 이런 덕을 얻었겠는가.(子謂子賤, 君子哉, 若人, 魯無君子者, 斯焉取斯.)"라고 한 것이 인후한 곳에 사는 효과를 잘 설명하고 있다.

2) 오상(五常)에서의 지(智)를 가리키기 때문에 '본심(本心)'이라고 하였다.

矣라.

●謝氏曰이라. 仁者는 心無內外遠近精粗之間하여 非有所存而自不亡요 非有所理而自不亂이라. 如目視而耳聽하고 手持而足行也라. 知者는 謂之有所見則可커니와 謂之有所得則未可라. 有所存하여 斯不亡하고 有所理하여 斯不亂하니 未能無意也라. 安仁則一이요 利仁則二라. 安仁者는 非顔閔以上去聖人爲不遠이면 不知此味也라. 諸子雖有卓越之才하여 謂之見道不惑則可커니와 然未免於利之也니라.

한자 約 묶을 약·간요할 약·단속할 약·**곤궁할 약**, 篤 느릴 독·두터울 독·**심할 독**, 濫 **넘칠 람**·퍼질 람, 閔 안타까워할 민·근심할 민·힘쓸 민, 卓 **높을 탁**·세울 탁

공자가 말씀하였다. "인하지 못한 자는 곤궁함에 오래 머물 수 없고 즐거움에 길게 머물 수 없다. 인한 자는 인을 편안히 여기고 지혜로운 자는 인을 이롭게 여긴다."

○'약(約)'은 '곤궁하다'이다. '이(利)'는 '탐하다'와 같으니 깊이 알고 심히 좋아하여 반드시 그것을 얻고자 하는 것이다. 인하지 못한 사람은 그 본심을 잃어 오랫동안 곤궁하면 반드시 함부로 행동하고 오랫동안 즐거우면 반드시 지나친다. 오직 인한 자만이 그 인을 편안히 여겨서 가는 곳마다 그렇지[편안히 여기지] 않음이 없고, 지혜로운 자만이 인을 이롭게 여겨 지키는 바를 바꾸지 않는다. 비록 깊고 얕음은 같지 않으나 모두가 외적인 것에 (뜻을) 빼앗길 수 있는 이들이 아니다.

○사씨[사양좌(謝良佐)]가 말하였다. "인한 자는 마음에 안과 밖, 멀고 가까움, 정밀함과 거침의 간격이 없어 (마음을) 보존하는 바가 있음이 아닌데도 저절로 없어지지 않고 다스리는 바가 있음이 아닌데도 저절로 어지러워지지 않는다. 마치 눈이 보고 귀가 듣는 것과 같으며, 손이 잡고 발이 걷는 것과 같다. 지혜로운 자는 본 것이 있다고 일컫는다면 괜찮겠지만 터득한 것이 있다고 일컫는다면 아직은 안 된다. 보존하는 바가 있어

서 이에 없어지지 않고 다스리는 바가 있어서 이에 어지러워지지 않으니 아직 의도[의식적인 노력]가 없을 수 없다. 인을 편안히 여기는 것은 (인과) 하나이고 인을 이롭게 여기는 것은 (인과) 둘이다.[일체가 되지 못하였다.] 인을 편안히 여기는 것은 안회와 민자건 이상으로 성인과의 거리가 멀지 않은 이가 아니면 이 맛을 알지 못한다. 여러 제자들이 비록 뛰어난 재질이 있어 그들이 도를 알아 미혹되지 않았다고 이른다면 괜찮겠지만, 그러나 이롭게 여기는 데에서 벗어나지는 못하였다."

이인4 제3장

04-03 ◉子曰이라. 惟仁者가 能好人하며 能惡人이니라.

●惟之爲言은 獨也라. 蓋無私心然後에 好惡當於理니 程子所謂得其公正이 是也라.

●游氏曰이라. 好善而惡惡은 天下之同情이라. 然이나 人每失其正者는 心有所繫而不能自克也라. 惟仁者가 無私心하니 所以能好惡也니라.

한자 繫 헌솜 계·맬 계

공자가 말씀하였다. "오직 인한 자만이 사람을 제대로 좋아할 수 있고 사람을 제대로 미워할 수 있다."

○유(惟)의 말뜻은 '오직'이다. 사심이 없는 뒤에 좋아하고 미워함이 이치에 합당하니 정자가 이른바, "그 공정함을 얻었다."는 것이 그것이다.

○유씨[유작(游酢)]가 말하였다. "선을 좋아하고 악을 미워하는 것은 천하 사람들의 똑같은 감정이다. 그러나 사람들이 매번 그 바름을 잃는 것은 마음이 매이는 바가 있어 스스로 이기지 못하기 때문이다. 오직 인한 자

만이 사심이 없으니 그래서 제대로 좋아하고 미워할 수 있는 것이다."

이인4　제4장

04-04 ◉子曰이라. 苟志於仁矣면 無惡也니라.

●苟는 誠也라. 志者는 心之所之也라. 其心이 誠在於仁이면 則必無爲惡之事矣라.

●楊氏曰이라. 苟志於仁이라도 未必無過擧也나 然而爲惡則無矣라.

한자　擧 들 거·**거동 거**·추천할 거

공자가 말씀하였다. "진실로 인에 뜻을 두게 되면 악은 없다."

○'구(苟)'는 '진실로'이다. '지(志)'라는 것은 마음이 향하는 것이다. 그 마음이 진실로 인에 있으면 악을 행하는 일은 반드시 없게 된다.

○양씨[양시(楊時)]가 말하였다. "진실로 인에 뜻을 두더라도 반드시 잘못된 행동이 없는 것은 아니겠지만 그러나 악을 행하는 일은 없게 된다."

이인4　제5장

04-05-1 ◉子曰이라. 富與貴는 是人之所欲也나 不以其道得之어든 不處也하며 貧與賤은 是人之所惡也나 不以其道得之라도 不去也니라.

●不以其道得之는 謂不當得而得之라. 然於富貴則不處하고 於貧賤則不去하니 君子之審富貴而安貧賤也가 如此라.

한자 審 살필 심

공자가 말씀하였다. "부귀는 사람들이 바라는 것이지만 올바른 방법으로 얻지 않았으면 차지하지 말고, 빈천은 사람들이 싫어하는 것이지만 올바른 방법으로 얻지 않았더라도[3] 떠나지 말 것이다.

○'올바른 방법으로 얻지 않았다.'는 것은 얻지 않아야 하는데 얻었음을 이른다. 그러나 부귀에 있어서는 차지하지 않고 빈천에 있어서는 떠나지 않으니, 군자가 부귀에 대하여 자세히 살피고 빈천에 대하여 편안히 여기는 것이 이와 같다.

04-05-2 ◉君子去仁이면 惡乎成名이리오.

●言君子所以爲君子는 以其仁也라. 若貪富貴而厭貧賤이면 則是自離其仁하여 而無君子之實矣니 何所成其名乎아.

한자 貪 탐할 탐, 厭 **싫어할 염**·배부를 염·누를 압

군자가 인을 떠나면 어디에서 이름을 이루겠는가.

○"군자가 군자인 까닭은 그 인 때문이다. 만일 부귀를 탐하고 빈천을 싫어한다면 이것은 스스로 그 인에서 벗어나 군자의 본질이 없게 되니 어느 곳에서 그 이름을 이루겠는가."라는 말씀이다.

04-05-3 ◉君子는 無終食之間을 違仁이니 造次[4]에 必於[5]是하며

---

3) 자신의 잘못이 아닌 것, 예를 들면 천재지변이나 다른 사람의 잘못 때문인 경우 등이다.
4) 조차(造次) : 다급하다.[急遽也.-십삼경본 ≪논어주소(論語注疏)≫ 하안(何晏) 주의 마융

顚沛[6]에 必於是니라.

●終食者는 一飯之頃이라. 造次는 急遽苟且[7]之時요 顚沛는 傾覆流離之際라. 蓋君子之不去乎仁이 如此하니 不但富貴貧賤取舍之間而已也라. 言君子爲仁이 自富貴貧賤取舍之間으로 以至於終食造次顚沛之頃에 無時無處而不用其力也라. 然이나 取舍之分이 明然後에 存養之功이 密하고 存養之功이 密이면 則其取舍之分이 益明矣라.

한자 造 이를 조·지을 조·**갑자기 조**, 顚 꼭대기 전·**뒤집힐 전**, 沛 늪 패·**넘어질 패**, 頃 밭 넓이 단위 경·**잠깐 경**

군자는 식사를 마치는 동안에도 인에서 벗어남이 없으니, 다급한 때에도 반드시 여기에 있고 위태로운 때에도 반드시 여기에 있다."

○'종식(終食)'이라는 것은 한 끼 밥 먹는 순간이다. '조차(造次)'는 다급하고 일시적인 때이고 '전패(顚沛)'는 엎어지고 떠도는 때이다. 군자가 인을 떠나지 않는 것이 이와 같으니 단지 부귀와 빈천에서 취하고 버리는 사이일 뿐만이 아니다. 군자가 인을 실천하는 것은 부귀와 빈천에서 취하고 버리는 사이로부터 식사를 마치는 동안과 다급하거나 위태로운 순간에 이르기까지 어느 때이든 어느 곳이든 그 힘을 쓰지 않는 경우가 없음을 말씀한 것이다. 그러나 취하고 버리는 구분이 밝아진 뒤에 마음을 보존하고 본성을 기르는 공부가 치밀해지고 마음을 보존하고 본성을 기르는 공부가 치밀해지면 그 취하고 버리는 구분이 더욱 밝아지게 된다.

(馬融) 설]

5) 어(於) : 있다, 존재하다.[在也.]

6) 전패(顚沛) : 쓰러지다, 위태롭다.[偃仆也.-십삼경본 ≪논어주소(論語注疏)≫ 하안(何晏) 주의 마융(馬融) 설]

7) 구차(苟且) : 일을 대충대충 하다. 일시적으로 하다.

※ 이인4 제6장

04-06-1 ◉子曰이라. 我未見好仁者와 惡不仁者로라. 好仁者는 無以尙之요 惡不仁者는 其爲仁矣가 不使不仁者로 加乎其身이니라.

●夫子自言未見好仁者와 惡不仁者로라. 蓋好仁者는 眞知仁之可好故로 天下之物이 無以加之라. 惡不仁者는 眞知不仁之可惡故로 其所以爲仁者는 必能絶去不仁之事하여 而不使少有及於其身이라. 此皆成德之事故로 難得而見之也라.8)

한자 尙 **더할 상**·위 상(上과 통용)·숭상할 상

공자가 말씀하였다. "나는 아직 인을 좋아하는 자와 불인을 싫어하는 자를 보지 못하였다. 인을 좋아하는 자는 (좋아하는 것이) 거기에 더할 것이 없고 불인을 싫어하는 자는 그가 인을 실천함이 불인한 것으로 하여금 그 자신에게 가해지지 않도록 한다.

○공자가 스스로 말씀하기를, "인을 좋아하는 자와 불인을 싫어하는 자를 아직 보지 못하였다. 인을 좋아하는 자는 인이 좋아할 만함을 진정으로 알기 때문에 천하의 어떤 것도 거기에 더할 것이 없다. 불인을 싫어하는 자는 불인이 싫어할 만함을 진정으로 알기 때문에 그가 인을 실천하는 것은 반드시 인하지 않은 일을 철저히 끊어버릴 수 있어서 조금도 그 자신에게 이르게 하지 않는다."라고 하였다. 이것은 모두 덕을 완성하는 일이기 때문에 그런 사람을 만나보기가 어려운 것이다.

---

8) ≪예기(禮記)·표기(表記)≫, "공자가 말씀하였다. '욕심이 없고 인을 좋아하는 사람과 두려움이 없고 불인을 싫어하는 사람은 천하에 한 사람뿐이다.'(子曰. 無欲而好仁者, 無畏而惡不仁者, 天下一人而已矣.)"

04-06-2 ◉有能一日[9]用其力於仁矣乎아? 我未見力不足者로라.

◉言好仁惡不仁者를 雖不可見이나 然或有人果能一旦奮然用力於仁이니 則我又未見其力有不足者라. 蓋爲仁在己하여 欲之則是[10]니 而志之所至에 氣必至焉이라. 故로 仁雖難能이나 而至之亦易也라.

어느 날 인에 자신의 힘을 쓸 수 있는 자가 있겠는가? 나는 아직 힘이 부족한 자를 보지 못하였다.

○인을 좋아하고 불인을 싫어하는 자를 비록 만날 수 없으나 혹시라도 과연 하루아침에 분발하여 인에 힘을 쓸 수는 있는 사람이 있을 텐데 나는 또한 그의 힘이 부족함이 있는 자를 보지 못했다는 말씀이다. 인을 실천하는 것은 자기에게 달려 있어 원하면 바로 그것[인]이니 뜻이 이르는 곳에 기운은 반드시 이른다. 그러므로 인이 비록 잘하기가 어려우나 거기에 이르기는 또한 쉽다.

04-06-3 ◉蓋有之矣나 我未之見也로다.

◉蓋는 疑辭라. 有之는 謂有用力而力不足者라. 蓋人之氣質不同故로 疑亦容或有此昏弱之甚하여 欲進而不能者어늘 但我偶未之見耳라. 蓋不敢終以爲易하고 而又歎人之莫肯用力於仁也니라.

◉此章은 言仁之成德이 雖難其人이나 然學者苟能實用其力이면 則亦無不可至之理라. 但用力而不至者를 今亦未見其人焉이라. 此夫子所以反覆而歎息之也라.

---

9) 일일(一日)의 '일(日)'은 집주에서, "하루아침에 분발하여 인에 힘을 쓰다.(一旦奮然用力於仁.)"라고 풀이한 것으로 보아 ≪대학(大學)·전2장≫에서, "진실로 어느 날 새로워졌으면 나날이 새롭게 하고 또 날로 새롭게 하라(苟日新, 日日新, 又日新.)"라고 말한 그 '어느 날'로 이해하면 좋겠다.

10) ≪논어(論語)·술이(述而)≫, "공자가 말씀하였다. '인이 멀겠는가. 내가 인을 원하면 인은 이르게 된다.'(子曰. 仁遠乎哉. 我欲仁, 斯仁至矣.)"

아마도 그런 자가 있겠지만 나는 아직 보지 못하였다."

○'개(蓋)'는 의문의 어기조사이다. '유지(有之)'는 힘을 쓰는데 힘이 부족한 자가 있음을 이른다. 아마도 사람의 기질이 같지 않기 때문에 또한 혹시나 이렇게 어리석고 나약함이 심하여 나아가고자 하여도 그럴 수 없는 자가 있는데 다만 내가 우연히 그런 사람을 보지 못했을 뿐인가하고 의심한 것이다. [인에 힘쓰는 것을] 감히 끝내 쉽다고 하지 않으면서도 또 사람들이 인에 힘쓰려고 하지 않는 것을 탄식한 것이다.

○이 장은 "인이 덕으로 이루어지는 것이 비록 그런 사람을 얻기가 어렵지만 배우는 자가 만약 자신의 힘을 실제로 쓸 수 있다면 또한 이르지 못할 이치가 없다. 다만 힘을 쓰는데도 이르지 못하는 자를, 지금까지 아직 그런 사람을 보지 못하였다."라고 말씀한 것이다. 이것이 공자가 반복하여 탄식한 이유이다.

이인4 제7장

04-07 ◉子曰이라. 人之過也는 各於[11]其黨이니 觀過에 斯知仁矣니라.

●黨은 類也라.

●程子曰이라. 人之過也는 各於其類니 君子는 常失於厚하고 小人은 常失於薄하며 君子는 過於愛하고 小人은 過於忍이라.

●尹氏曰이라. 於此觀之면 則人之仁不仁을 可知矣라.

●吳氏曰이라. 後漢吳祐謂掾以親故로 受汙辱之名[12]하니 所謂觀過知仁이 是也라.

---

11) 어(於) : 따르다. 의지하다.[依也.-≪중문대사전(中文大辭典)≫]

12) 후한(後漢)의 오우(吳祐)가 주천태수(酒泉太守)일 때 속관인 손성(孫性)이 세금을 유용하여 부친에게 의복을 사드린 것을 용서한 고사이다.[≪후한서(後漢書)·오우전≫]

◉愚按컨대 此亦但言人雖有過나 猶可卽此而知其厚薄이요 非謂必俟其有過而後에 賢否可知也라.

한자 祐 도울 우, 掾 아전 연·분주할 연, 汙 더러울 오·팔 와, 俟 기다릴 사

공자가 말씀하였다. "사람의 잘못은 각기 그 부류에 따르니 잘못을 보면 인을 알게 된다."

○'당(黨)'은 부류이다.

○정자가 말하였다. "사람의 잘못은 각기 그 부류에 따르니 군자는 항상 너그러운 데에서 잘못되고 소인은 항상 야박한 데에서 잘못되며, 군자는 사랑하는 데에서 지나치고 소인은 잔인한 데에서 지나친다."

○윤씨[윤돈(尹焞)]가 말하였다. "여기에서 관찰하면 사람의 인과 불인을 알 수 있다."

○오씨[오역(吳棫)]가 말하였다. "후한의 오우(吳祐)가 이르기를, '아전이 부친 때문에 수치스런 이름을 얻었으니, 이른바 잘못을 보면 인을 안다는 것이로다.'"라고 한 것이 그것이다.

○내가 살펴보건대, 이 또한 단지 사람이 비록 잘못이 있더라도 오히려 이것에 따라 그의 후덕함과 야박함을 알 수 있다고 말씀한 것일 뿐이지, 반드시 그가 잘못이 있기를 기다린 뒤에 훌륭한지 아닌지를 알 수 있다고 이른 것은 아니다.

이인4 제8장

04-08 ◉子曰이라. 朝聞道면 夕死라도 可矣니라.13)

13) ≪논어(論語)·위영공(衛靈公)≫, "공자가 말씀하였다. '뜻을 지닌 선비와 인을 이룬 사람은 살기를 구하느라 인을 해치는 경우가 없고 자신을 죽여서 인을 이루는 경우가 있다.'(子曰. 志士仁人, 無求生而害人, 有殺身而成仁.)"

●道者는 事物當然之理라. 苟得聞之면 則生順死安14)하여 無復遺恨矣라. 朝夕은 所以甚言其時之近이라.

●程子曰이라. 言人不可以不知道니 苟得聞道면 雖死라도 可也니라.

●又曰이라. 皆實理也어늘 人知而信者爲難이라. 死生亦大矣니 非誠有所得이면 豈以夕死爲可乎아.

공자가 말씀하였다. "아침에 도를 들으면 저녁에 죽어도 좋다."

○'도(道)'라는 것은 사물의 당연한 이치이다. 만일 그것을 들을 수 있었다면 살아서 (도리를) 따랐으니 죽어서 편안하여 더 이상 여한이 없게 된다. 아침과 저녁은 그 시간이 가까움을 심하게 말씀한 것이다.

○정자가 말하였다. "사람은 도를 알지 않으면 안 되니 만일 도를 들을 수 있다면 비록 죽더라도 좋다고 말씀한 것이다."

○또 말하였다. "모두가 실제 이치인데 사람들이 이것을 알아서 믿는 것이 어렵다. 죽고 사는 것 역시 큰 것이니 진실로 터득함이 있는 경우가 아니라면 어찌 저녁에 죽는 것을 좋다고 하겠는가."

이인4 제9장

04-09 ◉子曰이라. 士가 志於道而恥惡衣惡食者면15) 未足與議也니라.

---

14) 장재(張載) ≪서명(西銘)≫, "살아서 내가 사리를 따랐으니 죽어서 나는 편안하리라.(存吾順事, 歿吾寧也.)"

15) '면'은 언해본에서는 '는'으로 현토하고 '사오나온 옷과 사오나온 음식을 붓그리는 자는'으로 언해하였는데 '者'를 가정의 접속사로 보는 것이 좋겠다. 정자와 주자 모두 가정으로 연결하여 풀이하였다. <공야장(公冶長)>편에서, "공자가 자천에 대하여 말씀하기를, "군자답다. 이 사람은. 노나라에 군자가 없었다면 이 사람이 어디에서 이런 덕을 얻었겠는가.(子謂子賤, 君子哉, 若人, 魯無君子者, 斯焉取斯.)"라고 한 '者'의 용법이다.

●心欲求道로되 而以口體之奉이 不若人으로 爲恥면 其識趣之卑陋이 甚矣니 何足與議於道哉리오.

●程子曰이라. 志於道而心役乎外면 何足與議也리오.

한 자 趣 달릴 취·**취향 취**·흥취 취, 陋 좁을 루·**추할 루**

공자가 말씀하였다. "선비가 도에 뜻을 두고서 나쁜 옷과 나쁜 음식을 부끄러워한다면 족히 함께 (도를) 이야기할 만하지 못하다."

○마음은 도를 구하고자 하면서 몸을 부양하는 것이 남만 못함을 부끄럽게 여긴다면 그 식견과 취향은 비루함이 심하니 어찌 족히 함께 도를 이야기할 만하겠는가.

○정자가 말하였다. "도에 뜻을 두고서 마음이 외적인 것에 부림을 당한다면 어찌 족히 함께 (도를) 이야기할 만하겠는가."

이인4 제10장

04-10 ◉子曰이라. 君子之於天下也에 無適也하며 無莫也하여 義之與[16] 比니라.

●適은 專主也니 春秋傳曰吾誰適從[17]이 是也라. 莫은 不肯也라. 比는 從也라.

●謝氏曰이라. 適은 可也요 莫은 不可也라. 無可無不可[18]하여 苟無道以主

16) 지여(之與) : 목적어의 도치를 표시하는 '之'의 용법과 같다.

17) ≪춘추좌전(春秋左傳)·희공(僖公)·5년≫, "한 나라에 공(公)이 셋이니 내가 누구를 오로지 위주로 하여 따를 것인가?(一國三公, **吾誰適從**?)"

18) ≪논어(論語)·미자(微子)≫, "나는 이와 달라서 (이래야) 된다고 고집함도 없고 (이러면) 안 된다고 고집함도 없다.(我則異於是, **無可無不可**.)"

之면 不幾於猖狂自恣乎아. 此佛老之學이 所以自謂心無所住而能應變하여 而卒得罪於聖人也라. 聖人之學은 不然하니 於無可無不可之間에 有義存焉이라. 然則君子之心이 果有所倚乎아.

한 자 適 갈 적·맞을 적·**전일할 적**, 猖 멋대로 날뛸 창, 恣 방자할 자

공자가 말씀하였다. "군자는 천하(의 일)에 대하여 오로지 위주로 하는 것도 없고, 안 된다고 하는 것도 없이 도리를 따른다."

○'적(適)'은 오로지 위주로 하는 것이니, ≪춘추좌전≫에 '내가 누구를 오로지 위주로 하여 따를 것인가?'라고 한 것이 그것이다. '막(莫)'은 '수긍하지 않다'이다. '비(比)'는 '따르다'이다.

○사씨[사양좌(謝良佐)]가 말하였다. "'적(適)'은 (이래야) 된다고 고집하는 것이고 '막(莫)'은 (이러면) 안 된다고 고집하는 것이다. (이래야) 된다고 고집함도 없고 (이러면) 안 된다고 고집함도 없으면서 만일 도를 위주로 함이 없다면 함부로 굴고 제멋대로 함에 가깝지 않겠는가. 이는 불가(佛家)와 도가(道家)의 학문이 스스로 이르기를, 마음이 머무는 바가 없어서 변화에 대응할 수 있다고 하여 결국 공자에게 죄를 짓게 된 이유이다. 공자의 학문은 그렇지 않으니 (이래야) 된다고 고집함도 없고 (이러면) 안 된다고 고집함도 없는 사이에 존재하는 도리가 있다. 그러니 군자의 마음이 과연 치우치는 것이 있겠는가."

이인4 제11장

04-11 ◉子曰이라. 君子는 懷德하고 小人은 懷土하며 君子는 懷刑하고 小人은 懷惠니라.

●懷는 思念也라. 懷德은 謂存其固有之善이요 懷土는 謂溺其所處之安이라. 懷刑은 謂畏法이요 懷惠는 謂貪利라. 君子小人이 趣向不同은 公私之間而已矣라.

●尹氏曰이라. 樂善과 惡不善이 所以爲君子요 苟安19)과 務得이 所以爲小人이라.

한 자 溺 빠질 닉

공자가 말씀하였다. "군자는 (본디 지니고 있는) 덕성을 마음에 두고 소인은 (지금 안주하고 있는) 처지를 마음에 두며, 군자는 형벌을 마음에 두고 소인은 혜택을 마음에 둔다."

○'회(懷)'는 생각하고 염두에 두는 것이다. '회덕(懷德)'은 자신이 원래 가지고 있는 선을 보존함을 이르고 '회토(懷土)'는 자신이 머물고 있는 바의 편안함에 빠짐을 이른다. '회형(懷刑)'은 법을 두려워함을 이르고 '회혜(懷惠)'는 이로움을 탐함을 이른다. 군자와 소인이 취향이 같지 않은 것은 공(公)과 사(私)의 사이일 뿐이다.

○윤씨[윤돈(尹焞)]가 말하였다. "선을 즐기는 것과 불선을 싫어하는 것이 군자인 이유이고, 구차히 편안하려는 것과 얻기를 힘쓰는 것이 소인인 이유이다."

이인4 제12장

04-12 ◉子曰이라. 放於利而行이면 多怨이니라.

●孔氏曰이라. 放은 依也요 多怨은 謂多取怨이라.

---

19) 구안(苟安) : '구차하게 편안함을 추구하다.(苟且偸安)'의 준말이다.

●程子曰이라. 欲利於己면 必害於人故로 多怨이라.

공자가 말씀하였다. "이익에 따라 행동하면 (남들의) 원망이 많다."

○공씨[공안국(孔安國)[20]]가 말하였다. "'방(放)'은 '따르다'이고 '다원(多怨)'은 원망을 많이 얻게 됨을 이른다."
○정자가 말하였다. "자신에게 이롭게 하고자 하면 반드시 남에게 해를 끼치기 때문에 원망이 많다."

이인4 제13장

04-13 ◉子曰이라. 能以[21]禮讓이면 爲國乎에 何有며 不能以禮讓爲國이면 如禮何오.

●讓者는 禮之實也라. 何有는 言不難也라. 言有禮之實以爲國이면 則何難之有리오. 不然則其禮文雖具나 亦且無如之何矣니 而況於爲國乎아.

공자가 말씀하였다. "예와 겸양을 제대로 쓸 수 있다면 나라를 다스리는 데에 무슨 어려움이 있겠으며 예와 겸양으로 나라를 다스릴 수 없다면 (진정한) 예를 어떻게 이루겠는가."

○'양(讓)'이라는 것은 예의 본질이다. '하유(何有)'는 어렵지 않다는 말씀이다. "예의 본질을 갖추고 나라를 다스린다면 무슨 어려움이 있겠는가. 그렇지 않으면 그 예의 형식이 비록 갖추어져 있더라도 또한 장차 그것을 어떻게 할 수 없다."라고 말씀한 것이니 하물며 나라를 다스리는 데에

---

20) 공안국(孔安國) : 한대(漢代) 사람으로 자가 자국(子國)이다. ≪시경(詩經)≫, ≪상서(尙書)≫에 뛰어났던 경학가로 간의대부(諫議大夫), 임회태수(臨淮太守) 등을 역임하였다. 공자(孔子)의 12세손이다.
21) 이(以) : 쓰다.[用也.]

있어서이겠는가.

이인4 제14장

04-14 ◉子曰이라. 不患無位요 患所以立하며 不患莫己知요 求爲可知也니라.

●所以立은 謂所以立乎其位者라. 可知는 謂可以見知之實이라.
●程子曰이라. 君子는 求其在己者而已矣라.

공자가 말씀하였다. "지위가 없는 것을 걱정하지 말고 (지위에) 설 수 있는 방법[자격 · 능력]을 걱정할 것이며, 자신을 알아주는 이가 없는 것을 걱정하지 말고 알려질 수 있는 존재가 되기를 추구할 것이다."

○'소이립(所以立)'은 그 지위에 설 수 있는 방법을 말한다. '가지(可知)'는 알려질 수 있는 실상[그런 존재]을 이른다.
○정자가 말하였다. "군자는 그것[소이립(所以立)]이 자신에게 있기를 추구하는 자일뿐이다."

이인4 제15장

04-15-1 ◉子曰이라. 參乎아. 吾道는 一以貫之라. 曾子曰唯라.

●參乎者는 呼曾子之名而告之라. 貫은 通也라. 唯者는 應之速而無疑者也라. 聖人之心은 渾然一理而泛應曲當하여 用各不同이라. 曾子는 於其用處에 蓋已隨事精察而力行之로되 但未知其體之一爾라. 夫子는 知其眞積力久[22]

22) ≪순자(荀子)·권학(勸學)≫, "그[학문] 의의는 선비가 되는 것에서 시작하여 성인이 되는 데에서 끝난다. 참됨이 쌓이고 힘씀이 오래되면 (성인의 경지에) 들어가니 학문이란

하여 將有所得이라. 是以로 呼而告之러시니 曾子는 果能默契其指하여 卽應之速而無疑也라.

한자 渾 흐릴 혼·둥글 혼·**온전할 혼**, 泛 뜰 범·**넓을 범**, 契 부절 계·맞을 계·**체득할 계**·소원할 결·부족 이름 글·사람 이름 설

공자가 말씀하였다. "증삼아. 나의 도는 하나가 (만사를) 꿰뚫고 있다." 증자가 "예"라고 하였다.

○'삼호(參乎)'라는 것은 증자의 이름을 불러 말씀한 것이다. '관(貫)'은 '관통하다'이다. '유(唯)'라는 것은 응대가 빠르고 의심이 없는 것이다. 성인의 마음은 온전한 한 가지 이치이면서 두루 적응되고 세세한 데까지 합당하여 적용이 각각 다르다. 증자는 그 적용되는 곳에서 이미 일에 따라 정밀히 살피고 힘써 행하였지만 다만 아직 그 본체가 하나임을 알지 못했을 뿐이다. 공자는 그가 참됨이 쌓였고 힘씀이 오래되어 장차 터득하는 바가 있을 것을 알았다. 이 때문에 불러서 말씀해 주었는데 증자는 과연 말없이 그 뜻을 깨달을 수 있어서 즉시 응대함이 빨랐고 의심이 없었다.

04-15-2 ◉子出커시늘 門人이 問曰何謂也잇고? 曾子曰夫子之道는 忠恕而已矣니라.

●盡己之謂忠이요 推己之謂恕라. 而已矣者는 竭盡而無餘之辭也라. 夫子之一理가 渾然而泛應曲當은 譬則天地之至誠無息[23]而萬物各得其所也라. 自此之外엔 固無餘法이요 而亦無待於推矣라. 曾子有見於此而難言之라. 故로

죽음에 이른 뒤에야 그치는 것이다.(其義則始乎爲士, 終乎爲聖人. **眞積力久**則入, 學至乎沒而後止也.)"

23) ≪중용(中庸)·제26장≫, "지극한 참됨은 그침이 없으니, 그치지 않으면 오래간다.(**至誠, 無息**, 不息則久.)"

借學者盡己推己之目하여 以著明之하니 欲人之易曉也라. 蓋至誠無息者는 道之體也니 萬殊之所以一本也요 萬物各得其所者는 道之用也니 一本之所以萬殊也라. 以此觀之면 一以貫之之實을 可見矣라. 或曰中心爲忠이요 如心爲恕라하니 於義에 亦通이라.

●程子曰이라. 以己及物이 仁也요 推己及物이 恕也니 違道不遠[24]이 是也라. 忠恕가 一以貫之니 忠者는 天道요 恕者는 人道며 忠者는 無妄이요 恕者는 所以行乎忠也라. 忠者는 體요 恕者는 用이니 大本達道也[25]라. 此與違道不遠으로 異者는 動以天爾라.

●又曰이라. 維天之命이 於穆不已[26]는 忠也요 乾道變化하여 各正性命[27]은 恕也라.

●又曰이라. 聖人敎人에 各因其才하니 吾道一以貫之는 惟曾子爲[28]能達此하여 孔子所以告之也라. 曾子가 告門人曰夫子之道는 忠恕而已矣도 亦猶夫子之告曾子也라. 中庸所謂忠恕違道不遠은 斯乃下學上達之義[29]니라.

한자 竭 다할 갈, 推 **밀 추**·옮길 추·천거할 추, 於 어조사 어·**감탄사 오**, 穆 공경할 목·화목할 목·아름다울 목·**심원할 목**

---

24) ≪중용(中庸)·제13장≫, "충(忠)과 서(恕)는 도에서 떨어진 것이 멀지 않으니, 자신에게 시행하여 원하지 않는 것을 또한 남에게 시행하지 말 것이다.(忠恕, **違道不遠**, 施諸己而不願, 亦勿施於人.)"

25) ≪중용·제1장≫, "기뻐하고 노하고 슬퍼하고 즐거워함이 발동하지 않은 것을 중(中)이라 이르고, 발동하여 모두가 절도에 맞는 것을 화(和)라고 이른다. 중(中)이란 것은 천하의 큰 근본이고, 화(和)란 것은 천하의 공통된 도이다.(喜怒哀樂之未發, 謂之中, 發而皆中節, 謂之和. 中也者, 天下之**大本**也, 和也者, 天下之**達道**也,)"

26) ≪시경(詩經)·주송(周頌)·유천지명(維天之命)≫, "천명이 아 심원하여 그치지 않으니, 아 드러나지 않는가, 문왕의 덕의 순수함이여.(**維天之命, 於穆不已**, 於乎不顯, 文王之德之純.)"

27) ≪주역(周易)·건괘(乾卦)·단사(彖辭)≫, "건도가 변화하여 각기 타고난 명을 바르게 하니, 큰 조화를 보존하고 합당하게 해야 이롭고 곧다.(**乾道變化, 各正性命**, 保合大和, 乃利貞.)"

28) 위(爲) : 비교하는 의미의 문장에서 가장[最], 더욱[更]의 뜻을 갖는 강조용법이다.

29) ≪논어(論語)·헌문(憲問)≫, "공자가 말씀하였다. '하늘을 원망하지 않고 남을 탓하지 않으며 아래로 (인간의 일을) 배워 위로 (천리에) 통하니 나를 아는 이는 아마도 하늘일 것이다.'(子曰. 不怨天, 不尤人, **下學而上達**, 知我者, 其天乎.)"

공자가 나가자 제자들이 "무엇을 말씀하신 것입니까?"라고 물었다. 증자가 대답하기를, "선생님의 도는 충과 서일 뿐이다."라고 하였다.

○자기[의 마음]를 다하는 것을 '충(忠)'이라 하고 자기[의 마음]를 확충하는 것을 '서(恕)'라고 한다. '이이의(而已矣)'라는 것은 다하여 남은 것이 없다는 말이다. 공자의 한 이치가 온전하면서 두루 적응되고 세세하게 합당함은, 비유하자면 천지의 지극한 참됨은 그침이 없으니 만물이 각각 제 자리를 얻는 것이다. 이로부터 이외로는 진실로 더 이상의 도리가 없고 또한 확충하기를 기다릴 것이 없다. 증자는 이에 대하여 안 것이 있었으나 말하기 어려웠다. 그러므로 배우는 자들의, 자기를 다하고 자기를 미루어 나가는 세목을 빌려서 드러내 밝혔으니 사람들이 쉽게 깨닫기를 바란 것이다. '지극한 참됨은 쉼이 없다.'는 것은 도의 본체이니 만 가지로 다른 것이 근본은 하나인 것이고, '만물이 각기 제 자리를 얻는다.'는 것은 도의 적용이니 한 가지 근본이 만 가지로 다른 것이다. 이것으로 관찰하면 '하나가 꿰뚫고 있는' 실상을 알 수 있게 된다. 어떤 사람이 말하기를, "중심[中心:본성에서 우러나오는 마음]이 '충'이고 여심[如心:상대와 같이 하는 마음]이 '서'이다."라고 하였는데 뜻에 있어 또한 통한다.

○정자가 말하였다. "자기[의 마음]를 상대에게 이르게 한 것이 '인'이고 자기[의 마음]를 확충시켜 상대에게 이르는 것이 '서'이니 '도에서 떨어진 것이 멀지 않다.'는 것이 그것이다. '충서'가 하나로써 꿰뚫고 있으니 '충'이라는 것은 하늘의 도리이고 '서'라는 것은 사람의 도리이며 '충'이라는 것은 거짓이 없는 것이고 '서'라는 것은 충을 실천하는 것이다. '충'이라는 것은 본체이고 '서'라는 것은 적용이니 큰 근본과 공통된 도리이다. 이것이 '도에서 떨어진 것이 멀지 않다.'와 다른 것은 움직임이 천도를 따르는 것일 뿐이다."

○또 말하였다. "'천명이 아! 심원하여 그치지 않는다.'는 것은 충이고, '천도가 변화하여 각기 타고난 명을 바르게 한다.'는 것은 서이다."

○또 말하였다. "공자가 사람을 가르칠 때에는 각기 그 재질에 따랐으니, '나의 도는 하나가 꿰뚫고 있다.'는 것은 오직 증자만이 이것을 깨달을

수 있어 공자가 그에게 말씀해 준 것이다. 증자가 문인들에게 말하기를, '선생님의 도는 충과 서일 뿐이다.'라고 한 것도 공자가 증자에게 알려 준 것과 같다. ≪중용≫에서 말한, '충서는 도에서 떨어진 것이 멀지 않다.'라고 한 것이 바로 아래로 (인간의 일을) 배워 위로 (천리를) 깨닫는 뜻이다."

이인4 제16장

04-16 ◉子曰이라. 君子는 喩於義하고 小人은 喩於利니라.

●喩는 猶曉也라. 義者는 天理之所宜요 利者는 人情之所欲이라.
●程子曰이라. 君子之於義는 猶小人之於利也니 惟其30)深喩요 是以篤好라.
●楊氏曰이라. 君子有舍生而取義者31)라. 以利言之면 則人之所欲은 無甚於生이요 所惡는 無甚於死하니 孰肯舍生而取義哉리오. 其所喩者는 義而已요 不知利之爲利故也라. 小人은 反是니라.

한자 喩 알릴 유·깨달을 유·**분명하게 알 유**, 曉 새벽 효·밝을 효·**깨달을 효**

공자가 말씀하였다. "군자는 도리에 밝고(잘 알고) 소인은 이익에 밝다.(잘 안다.)"

○'유(喩)'는 '잘 알다'와 같다. '의(義)'라는 것은 천리에 맞는 것이고 '이(利)'라는 것은 사람의 정서에 바라는 것이다.
○정자가 말하였다. "군자가 도리에 대한 것은 소인이 이익에 대한 것과

30) 유기(惟其) : 그래서, 그 때문에.[인과관계를 나타낸다.]
31) ≪맹자(孟子)·고자상(告子上)≫, "삶도 내가 바라는 것이고 도리도 내가 바라는 것이지만 두 가지를 겸할 수 없다면 삶을 버리고 도리를 취할 것이다.(生亦我所欲也, 義亦我所欲也, 二者不可得兼, **舍生而取義者**也.)"

같으니, 그래서 깊이 알고 이 때문에 심히 좋아한다."
○양씨[양시(楊時)]가 말하였다. "군자는 삶을 버리고 도리를 취하는 경우가 있다. 이익으로 말하면 사람이 바라는 것은 삶보다 심한 것이 없고 싫어하는 것은 죽음보다 심한 것이 없으니 누가 삶을 버리고 도리를 취하려고 하겠는가. 그가 잘 아는 것은 도리일 뿐이고 이익이 이롭다는 것을 알지 못하기 때문이다. 소인은 이와 반대이다."

이인4 제17장

04-17 ◉子曰이라. 見賢思齊焉하며 見不賢而內自省也니라.

●思齊者는 冀己亦有是善이요 內自省者는 恐己亦有是惡이라.
●胡氏曰이라. 見人之善惡不同而無不反諸身者는 則不徒羨人而甘自棄요 不徒責人而忘自責矣리라.

한자 冀 **바랄 기**·공경할 기, 羨 **부러워할 선**·남을 선

공자가 말씀하였다. "훌륭한 사람을 보고서 그와 같아질 것을 생각하고, 훌륭하지 못한 사람을 보고서 안으로 자신을 살필 것이다."

○'사제(思齊)'라는 것은 자기도 이런 선이 있기를 바라는 것이고 '내자성(內自省)'이라는 것은 자기도 이런 악이 있을까를 염려하는 것이다.
○호씨[호인(胡寅)]가 말하였다. "사람들의 선악이 같지 않은 것을 보고 항상 자신에게 돌이켜보는 자는, 단지 남을 부러워하기만 하면서 기꺼이 자신을 포기하지도 않을 것이고 단지 남을 책망하기만 하면서 자신을 책망하는 것을 잊지도 않을 것이다."

이인4 제18장

04-18 ◉子曰이라. 事父母에 幾諫이니 見志不從하고 又敬不違하며 勞而不怨이니라.

●此章은 與內則之言으로 相表裏라. 幾는 微也라. 微諫은 所謂父母有過어든 下氣怡色하며 柔聲以諫也라. 見志不從하고 又敬不違는 所謂諫若不入이라도 起[32]敬起孝하여 悅則復諫也라. 勞而不怨은 所謂與其得罪於鄕黨州閭론 寧孰諫[33]이니 父母怒不悅而撻之流血이라도 不敢疾怨이요 起敬起孝也라.

한자 幾 기미 기·시기 기·**넌지시 기**·거의 기, 違 떨어질 위·떠날 위·**어길 위**, 微 숨길 미·**작을 미**, 怡 기쁠 이, 撻 매질할 달

공자가 말씀하였다. "부모님을 섬길 때에는 넌지시 간언할 것이니 (부모님의) 뜻이 따르지 않음을 보더라도 더욱 공경하고 어기지 않으며 힘들어도 원망하지 말 것이다."

○이 장은 (다음에 보이듯이 ≪예기≫의) <내칙>의 글과 서로 표리가 된다. '기(幾)'는 '넌지시'이다. '넌지시 간언함'은 [<내칙>에서] 일컬은 바의, "부모가 잘못이 있으면 기색을 낮추고 얼굴빛을 온화하게 하며 목소리를 부드럽게 하여 간언한다."는 것이다. '(부모님의) 뜻이 따르지 않음을 보더라도 더욱 공경하고 어기지 않음'은 [<내칙>에서] 일컬은 바의, "간언이 만약 받아들여지지 않더라도 더욱 공경하고 더욱 효도하여 기뻐하시면 다시 간언한다."는 것이다. '힘들어도 원망하지 않음'은 [<내칙>에서] 일컬은 바의, "(부모님이) 마을이나 고을에서 죄를 짓는 것보다는

32) 기(起) : 더욱.[십삼경주소본 ≪예기정의(禮記正義)·내칙(內則)≫, "기(起)는 갱(更)과 같다.(起猶更也.)"]
33) 숙간(孰諫) : 정성스럽고 완곡하게 간언하는 것이다.

차라리 완곡하게 간언하는 것이 나으니, 부모가 노하여 기뻐하지 않으면서 매를 때려 피가 흐르더라도 감히 미워하거나 원망하지 말 것이고 더욱 공경하고 더욱 효도하라."는 것이다.

이인4 제19장

04-19 ◉子曰이라. 父母在어시든 不遠遊하며 遊必有方이니라.

●遠遊면 則去親遠而爲日久하여 定省[34]曠而音問[35]疎하니 不惟己之思親不置요 亦恐親之念我不忘也라. 遊必有方은 如已告云之東이면 則不敢更適西라. 欲親必知己之所在而無憂하고 召己則必至而無失也니라.

●范氏曰이라. 子能以父母之心爲心이면 則孝矣리라.

한자 曠 밝을 광·빌 광·멀 광·**소홀할 광**, 疎 트일 소·소원할 소·**성길 소**

공자가 말씀하였다. "부모님이 계시면 멀리 나돌지 말고 나돌더라도 반드시 행방이 있어야 한다."

○멀리 나돌면 어버이를 떠난 것이 멀어지고 날짜 됨이 오래라서 아침저녁의 보살핌이 소홀해지고 소식이 뜸해지니, 단지 자신이 부모를 그리워하여 그만두지 못할 뿐만 아니라 또한 어버이가 나를 염려하여 잊지 않으심이 걱정된다. '나돌더라도 반드시 행방이 있어야 함'은 예를 들면 이미 동쪽으로 간다고 아뢰었으면 감히 다시 서쪽으로 가지 않는 것이다. 어

34) 정성(定省) : ≪예기(禮記)·곡례상(曲禮上)≫에서, "무릇 자식된 이의 예절은 겨울에는 따뜻하게 해드리고 여름에는 시원하게 해드리며, 저녁에는 잠자리를 정리해드리고 새벽에는 안부를 살피는 것이다.(凡爲人子之禮, 冬溫而夏凊, **昏定而晨省**.)"라고 하였다.
35) 음문(音問) : 편지, 소식을 가리킨다.

버이께서 반드시 자기가 있는 곳을 알아서 염려가 없으시기를 바라고, 자기를 부르면 반드시 이르러 차질이 없기를 바라는 것이다.

○범씨[범조우(范祖禹)]가 말하였다. "자식이 부모의 마음으로 마음을 삼을 수 있다면 효성스러워질 것이다."

이인4 제20장

04-20 ◉子曰이라. 三年을 無改於父之道라야 可謂孝矣니라.

●胡氏曰이라. 已見首篇하니 此蓋複出而逸其半也[36]라.

공자가 말씀하였다. "3년 동안 아버지의 방식을 고치지 않아야 효라고 할 만하다."

○호씨[호인(胡寅)]가 말하였다. "이미 첫 편에 나왔는데 이것은 중복하여 나온 것이고 그 절반이 빠졌다."

이인4 제21장

04-21 ◉子曰이라. 父母之年은 不可不知也니 一則以喜요 一則以懼니라.

●知는 猶記憶也라. 常知父母之年이면 則既喜其壽하고 又懼其衰하여 而於

36) ≪논어(論語)·학이(學而)≫, "공자가 말씀하였다. '아버지가 계실 때에는 그의[자식의] 뜻을 관찰하고 아버지가 돌아가셨을 때에는 그의[자식의] 행동을 관찰할 것이니 3년 동안 아버지의 방식을 고치지 않아야 효라고 할 만하다.'(子曰. 父在, 觀其志, 父沒, 觀其行, 三年, 無改於父之道, 可謂孝矣.)"

愛日之誠에 自有不能已者라.

공자가 말씀하였다. “부모님의 연세는 알지 않으면 안 되니 한편으로는 그 때문에 기쁘고 한편으로는 그 때문에 두려운 것이다.”

○‘지(知)’는 ‘기억하다’와 같다. 항상 부모님의 연세를 알고 있으면 이미 그분들의 장수를 기뻐하고, 또 그분들의 노쇠를 두려워하여 (모실) 날짜를 아까워하는 정성에 저절로 그만둘 수 없는 것이 있다.

이인4 제22장

04-22 ◉子曰이라. 古者에 言之不出은 恥躬之不逮也니라.

●言古者하여 以見今之不然이라. 逮는 及也니 行不及言은 可恥之甚이라. 古者에 所以不出其言은 爲此故也라.

●范氏曰이라. 君子之於言也에 不得已而後出之하니 非言之難이요 而行之難也라. 人惟其不行也라 是以輕言之라. 言之가 如其所行하고 行之가 如其所言이면 則出諸其口가 必不易矣리라.

한자 逮 미칠 체·이어질 체

공자가 말씀하였다. “옛날에 말을 (함부로) 꺼내지 않은 것은 몸[실천]이 미치지 못할 것을 부끄러워했기 때문이다.”

○옛날을 말하여 지금은 그렇지 않음을 나타냈다. ‘체(逮)’는 ‘미치다’이니 실천이 말에 미치지 못하는 것은 부끄러워할 만함이 심하다. 옛날에 말을 (함부로) 꺼내지 않은 것은 이 때문이었다.

○범씨[범조우(范祖禹)]가 말하였다. "군자는 말에 있어서 그만둘 수 없는 뒤에 꺼내니 말하기가 어려워서가 아니고 실천하기가 어려워서이다. 사람들은 다만 실천하지 않기 때문에 가볍게 말한다. 말하는 것이 그가 실천하는 것과 같고 실천하는 것이 그가 말하는 것과 같다면 입에서 말을 꺼내는 것이 반드시 쉽지 않을 것이다."

이인4 제23장

04-23 ◉子曰이라. 以約失之者는 鮮矣니라.

●謝氏曰이라. 不侈然37)以自放之謂約이라.
●尹氏曰이라. 凡事는 約則鮮失이니 非止謂儉約也라.

한자 約 묶을 약·**단속할 약**·곤궁할 약, 侈 사치할 치·**교만할 치**·방종할 치

공자가 말씀하였다. "단속함으로써 실수하는 자는 드물다."

○사씨[사양좌(謝良佐)]가 말하였다. "오만하게 제멋대로 하지 않는 것을 '약(約)'이라고 한다."
○윤씨[윤돈(尹焞)]가 말하였다. "모든 일은 단속하면 실수가 적으니 단지 검약만을 말씀한 것이 아니다."

이인4 제24장

04-24 ◉子曰이라. 君子는 欲訥於言而敏於行이니라.

---

37) 치연(侈然) : 교만하고 방종한 모습이다.

●謝氏曰이라. 放言易故로 欲訥이고 力行難故로 欲敏이라.
●胡氏曰이라. 自吾道一貫으로 至此十章은 疑皆曾子門人所記也라.

한자 訥 말 더듬을 눌

공자가 말씀하였다. "군자는 말에서는 어눌하고자 하고 실천에서는 민첩하고자 한다."

○사씨[사양좌(謝良佐)]가 말하였다. "함부로 말하기가 쉽기 때문에 어눌하고자 하고, 힘써 실천하기가 어렵기 때문에 민첩하고자 한다."
○호씨[호인(胡寅)]가 말하였다. "'오도일관(吾道一貫)'부터 여기까지의 10개 장은 아마 모두가 증자의 제자들이 기록한 것인 듯하다."

이인4 제25장

04-25 ◉子曰이라. 德不孤라 必有隣이니라.

●隣은 猶親也라. 德不孤立하니 必以類應이라. 故로 有德者는 必有其類從之니 如居之有隣也라.

공자가 말씀하였다. "덕(있는 사람)은 외롭지 않으니 반드시 이웃이 있다."

○'인(隣)'은 '친하다'와 같다. 덕(있는 사람)은 고립되지 않으니 반드시 부류별로 호응한다. 그러므로 덕이 있는 자는 반드시 그를 따르는 부류가 있으니 거처함에 이웃이 있는 것과 같다.

이인4 제26장

04-26 ◉子游曰이라. 事君數이면 斯辱矣요 朋友數이면 斯疏矣니라.

◉程子曰이라. 數은 煩數也라.

◉胡氏曰이라. 事君에 諫不行則當去[38]요 導友에 善不納則當止[39]라. 至於煩瀆하면 則言者輕하고 聽者厭矣라. 是以로 求榮而反辱하고 求親而反疏也라.

◉范氏曰이라. 君臣朋友는 皆以義合故로 其事同也라.

한 자 疏 트일 소·소원할 소·**성길 소**, 煩 번민할 번·**번거로울 번**, 導 이끌 도, 瀆 도랑 독·**지나칠 독**, 厭 **싫어할 염**·배부를 염·누를 압

자유가 말하였다. "군주를 섬기면서 자주 (간언)하면 욕을 당하고, 벗 사이에 자주 (충고)하면 멀어진다."

○정자가 말하였다. "'삭(數)'은 '빈번하다'이다."

○호씨[호인(胡寅)]가 말하였다. "군주를 섬기는데 간언이 시행되지 않으면 떠나야 하고, 벗을 이끄는데 선이 받아들여지지 않으면 멈춰야 한다. 번다하고 지나침에 이르면 말하는 자는 가벼워지고 듣는 자는 싫증나게 된다. 이 때문에 영광을 구하려다가 도리어 모욕을 당하고 친하기를 구하려다가 도리어 멀어진다."

○범씨[범조우(范祖禹)]가 말하였다. "군신과 벗은 모두 의리로 만났기 때문에 그 일이 같다."

---

38) ≪논어(論語)·선진(先進)≫, "이른바 위대한 신하라는 것은 도로써 군주를 섬기다가 안 되면 그만두는 것입니다.(所謂大臣者, **以道事君, 不可則止.**)"

39) ≪논어·안연(顔淵)≫, "충심으로 말해주고 잘 이끌어주되 안 되면 멈추어 자신을 욕되게 하지 말 것이다.(忠告而善道之, **不可則止**, 無自辱焉.)"

공야장(公冶長) 제오(第五)

●此篇은 皆論古今人物賢否得失하니 蓋格物窮理之一端也라. 凡二十七章이라.

胡氏以爲疑多子貢之徒所記云이라.

○이 편은 모두 옛날 사람들과 당시 사람들의 훌륭함 여부와 잘잘못을 논평하였으니 사물의 본질에 이르러 이치를 추구하는 한 가지 실마리이다. 모두 27장이다.

호씨[호인(胡寅)]는, 아마도 자공의 제자들이 기록한 것이 많은 듯하다고 하였다.

공야장5 제1장

05-01-1 ◉子謂公冶長하시되 可妻也로다. 雖在縲絏之中이나 非其罪也라하고 以其子로 妻之하다.

●公冶長은 孔子弟子라. 妻는 爲之妻也라. 縲는 黑索也요 絏은 攣也니 古者獄中에 以黑索拘攣罪人이라. 長之爲人은 無所考나 而夫子稱其可妻하니 其必有以取之矣리라. 又言其人이 雖嘗陷於縲絏之中이나 而非其罪니 則固無害於可妻也라. 夫有罪無罪는 在我而已니 豈以自外至者로 爲榮辱哉리오.

한자 冶 쇠 불릴 야·꾸밀 야·고울 야, 妻 아내 처·**시집보낼 처**, 縲 포승 루, 絏 고삐 설·**맬 설**, 索 **노 삭**·다할 삭·찾을 색, 攣 **묶을 련**·오그라질 련

공자가 공야장에 대하여 말씀하기를, "(그에게 딸을) 시집보낼 만하다. 비록 구금 중에 있었지만 그의 죄가 아니었다."라 하고 자신의 딸을 그에게 시집보냈다.

○공야장은 공자 제자이다. '처(妻)'는 그에게 시집보내는 것이다. '루(縲)'는 검은 줄이고 '설(絏)'은 '묶다'이니 옛날에 옥중에서 검은 줄로 죄인을 묶었다. 공야장의 사람됨은 고찰할 바가 없으나 공자가 "그는 (딸을) 시집보낼 만하다."라고 칭찬했으니 아마 틀림없이 그에게서 취한 것이 있었을 것이다. 또 말씀하기를, "그 사람이 비록 구금 중에 빠진 적이 있었지만 그의 잘못이 아니었다."라고 하였으니 진실로 (그에게 딸을) 시집보낼 만함에 해될 것이 없다. 죄가 있고 없음은 자신에게 달려 있을 따름이니 어찌 밖에서 이르는 것으로 영광이나 모욕을 삼겠는가.

05-01-2 ◉子謂南容하시되 邦有道에 不廢하며 邦無道에 免於刑戮이라하고 以其兄之子로 妻之하다.

●南容은 孔子弟子로 居南宮이라. 名이 縚요 又名이 适이며 字는 子容이요 諡는 敬叔으로 孟懿子之兄也라. 不廢는 言必見用也라. 以其謹於言行故로 能見用於治朝하고 免禍於亂世也라. 事又見第十一篇이라.[1]

●或曰公冶長之賢이 不及南容故로 聖人이 以其子妻長하고 而以兄子妻容하니 蓋厚於兄而薄於己也라하니 程子曰이라. 此는 以己之私心으로 窺聖人也라. 凡人避嫌者는 皆內不足也라. 聖人自至公하니 何避嫌之有리오. 況嫁女는 必量其才而求配니 尤不當有所避也라. 若孔子之事는 則其年之長幼와 時之先後를 皆不可知어니와 惟以爲避嫌은 則大不可라. 避嫌之事는 賢者且不爲은 況聖人乎아.

한자 㲛 죽일 륙·**징벌할 륙**·모욕 륙·힘을 합할 륙(勠과 통용), 縚 끈 도, 适 빠를 괄, 諡 시호 시, 懿 아름다울 의·클 의, 薄 엷을 박, 窺 엿볼 규, 嫌 싫어할 혐·**의심할 혐**

공자가 남용에 대하여 말씀하기를, "나라에 도가 있을 때에 버려지지 않고 나라에 도가 없을 때에 형벌을 면한다."라 하고 자신의 조카딸을 그에게 시집보냈다.

○남용은 공자 제자로 남궁(南宮)에 살았다. 이름은 도(縚)이고 다른 이름이 괄(适)이며 자는 자용(子容)이고 시호는 경숙(敬叔)으로 맹의자의 형이다. '불폐(不廢)'는 반드시 등용된다는 말씀이다. 그가 언행을 삼갔기 때문에 다스려지는 조정에서는 등용될 수 있었고 어지러운 세상에서는 화를 면할 수 있었다. 일화가 또 제11편[<선진편>]에 보인다.

○어떤 사람이 말하기를, "공야장의 훌륭함이 남용에 미치지 못하였기 때문에 공자가 자신의 딸을 공야장에게 시집보냈고 형의 딸을 남용에게 시집보냈으니 형에게 후하게 하고 자신에게 박하게 한 것이다."라고 하자 정자가 말하였다. "이것은 자신의 사사로운 마음으로 성인을 엿본 것이

---

1) ≪논어(論語)·선진(先進)≫, "남용이 백옥 홀[백규(白圭)]의 시구를 (하루에) 세 번씩 반복하자 공자가 자신의 조카딸을 그에게 시집보냈다.(南容三復白圭, 孔子, 以其兄之子妻之.)"

다. 무릇 사람들이 혐의를 피하는 것은 모두 내면이 부족하기 때문이다. 공자는 본디 지극히 공정하였으니 무슨 혐의를 피함이 있었겠는가. 하물며 딸을 시집보내는 것은 반드시 그 재질을 헤아려 배필을 구해야 하니 더욱이 (혐의를) 피하는 바가 있어서는 안 된다. 공자의 일 같은 경우는 그들 나이의 많고 적음과 (시집보낸) 시기의 선후를 모두 알 수 없지만 오직 혐의를 피했다고 하는 것은 크게 옳지 않다. 혐의를 피하는 일은 현자도 오히려 하지 않는데 하물며 성인이겠는가."

공야장5 제2장

05-02 ◉子謂子賤하사대 君子哉라. 若[2]人이여! 魯無君子者[3]면 斯焉取斯리오.

●子賤은 孔子弟子로 姓이 宓이고 名이 不齊라. 上斯는 斯[4]此人이요 下斯는 斯此德이라. 子賤은 蓋能尊賢取友하여 以成其德者라. 故로 夫子旣歎其賢하고 而又言若魯無君子면 則此人이 何所取以成此德乎아하니 因以見魯之多賢也라.

●蘇氏曰이라. 稱人之善에 必本其父兄師友하니 厚之至也라.

---

2) 약(若) : 지시사(指示詞)로, '이' 또는 '이것'의 뜻이다.

3) 자(者) : '則'과 통하여 가정문을 연결하는 접속사이다.

4) 사(斯) : '斯此人', '斯此德'의 '斯'는 '곧', '바로'의 의미인 부사이다. ≪시경·소남(召南)·은기뢰(殷其靁)≫에서, "우르릉거리는 저 우렛소리는 남산의 남쪽에 있다. 어찌하여 이 사람은 이곳을 떠나 감히 잠깐이라도 겨를을 내지 못하는가.(殷其靁, 在南山之陽. 何斯違斯, 莫敢或遑.)"라고 한 것에 대해 주자는 '何斯違斯'를 풀이하여 "하사(何斯)의 사(斯)는 이 사람이고 위사(違斯)의 사(斯)는 이곳이다.(何斯斯, 此人也, 違斯斯, 此所也.)"라고 하였다. ≪시경≫에서 '하사(何斯)'와 '위사(違斯)'는 본문에 있는 구절을 그대로 따다 설명한 것이니 본 장의 "斯焉取斯"를 풀이한 집주의 "上斯斯此人, 下斯斯此德"과는 같은 맥락이 아니다. 따라서 "上斯의 斯는 此人이요 下斯의 斯는 此德이다."로 하면 안 되고 "上斯는 斯此人이요 下斯는 斯此德이다."로 해야 한다.

한 자 宓 편안할 밀·고요할 밀·사람 이름 복·**성 복**

공자가 자천에 대하여 말씀하기를, "군자답다. 이 사람이여! 노나라에 군자가 없었다면 이 사람이 어디에서 이런 덕을 얻었겠는가."

○자천은 공자 제자로 성이 복(宓)이고 이름이 부제(不齊)이다. 위의 '사(斯)'자는 곧 이 사람이고, 아래의 '사(斯)'자는 곧 이런 덕이다. 자천은 아마도 훌륭한 이를 존중하여 벗을 취함으로써 그의 덕을 이룰 수 있었던 자일 것이다. 그러므로 공자가 먼저 그의 훌륭함을 칭찬하고 다시 "만약 노나라에 군자가 없었다면 이 사람이 어디에서 이런 덕을 얻어서 이루었겠는가."라고 말씀하였으니 이로써 노나라에 훌륭한 이가 많음을 드러낸 것이다.

○소씨[소식(蘇軾)]가 말하였다. "남의 좋은 점을 칭찬하는 데에 반드시 그 부모와 형제, 스승과 벗에 근본을 두었으니 너그러움이 지극하다."

공야장5 제3장

05-03 ◉子貢이 問曰賜也는 何如하니잇고? 子曰이라. 女는 器也니라. 曰何器也잇고? 曰瑚璉也니라.

●器者는 有用之成材라. 夏曰瑚요 商曰璉이요 周曰簠簋한대 皆宗廟盛黍稷之器而飾以玉하니 器之貴重而華美者也라. 子貢은 見孔子以君子許子賤故로 以己爲問하고 而孔子告之以此라. 然則子貢은 雖未至於不器5)나 其亦器之貴者歟인저.

---

5) ≪논어(論語)·위정(爲政)≫, "공자가 말씀하였다. '군자는 그릇 노릇하지 않는다.(子曰. 君子不器.)'"

한자 瑚 산호 호, 璉 호련 련, 簠 제기 이름 보, 簋 제기 이름 궤, 黍 찰기장 서, 稷 메기장 직

자공이 묻기를, "저는 어떻습니까?"라고 하자 공자가 말씀하였다. "너는 그릇이다." "어떤 그릇입니까?" "호련이다."

○'기(器)'라는 것은 쓸모가 있는 완성품이다. 하나라에서는 '호(瑚)'라 하였고 상나라에서는 '련(璉)'이라 하였으며 주나라에서는 '보궤(簠簋)'라고 하였는데, 모두 종묘에서 곡식을 담는 그릇으로, 옥으로 장식하였으니 그릇 중에서 귀중하고 화려한 것이다. 자공은 공자가 자천을 군자로 인정하는 것을 보았기 때문에 자신을 가지고 질문하였고 공자가 이것으로 말씀해 준 것이다. 그렇다면 자공은 비록 '군자불기(君子不器)'에는 이르지 못하였으나 아마도 역시 그릇 중에서는 귀한 것일 것이다.

공야장5 제4장

05-04-1 ◉或이 曰雍也는 仁而不佞이로다.

●雍은 孔子弟子로 姓이 冉이고 字가 仲弓이라. 佞은 口才也라. 仲弓은 爲人이 重厚簡默而時人以佞爲賢이라. 故로 美其優於德而病其短於才也라.

한자 雍 화목할 옹·학교 옹, 佞 **말재주가 있을 녕**·아첨할 녕, 冉 연약할 염·나아갈 염·**성 염**

어떤 사람이 말하기를, "옹은 인하지만 말재주가 없습니다."라고 하였다.

○옹은 공자 제자로 성이 염이고 자가 중궁이다. '녕(佞)'은 구변이다. 중궁은 사람됨이 중후하고 과묵하였는데 당시 사람들은 말재주를 훌륭하게 여겼다. 그래서 그가 덕에서 뛰어난 것을 칭찬하면서도 그가 (말)재주에서 부족한 것을 흠으로 여겼다.

05-04-2 ◉子曰이라. 焉用佞이리오. 禦人以口給하여 屢憎於人이라. 不知其仁이어니와 焉用佞이리오.

●禦는 當也니 猶應答也라. 給은 辨也라. 憎은 惡也라. 言何用佞乎리오. 佞人所以應答人者는 但以口取辨而無情實하여 徒多爲人所憎惡爾라. 我雖未知仲弓之仁이나 然其不佞이 乃所以爲賢이요 不足以爲病也라. 再言焉用佞은 所以深曉之니라.

●或疑仲弓之賢에도 而夫子不許其仁은 何也라. 曰仁道는 至大하여 非全體而不息者면 不足以當之라. 如顏子亞聖도 猶不能無違於三月之後[6]어든 況仲弓雖賢이나 未及顏子리오. 聖人固不得而輕許之也라.

한자 禦 **막을 어**·대비할 어, 給 넉넉할 급·**민첩할 급**, 辨 다스릴 판·갖출 판·**재간 있을 판**, 曉 새벽 효·밝을 효·깨달을 효·**깨우칠 효**

공자가 말씀하였다. "어찌 말재주를 쓰겠는가. 구변으로 남을 상대해서는 남에게 자주 미움을 받는다. 그의 인은 알지 못하겠지만 어찌 말재주를 쓰겠는가."

○'어(禦)'는 상대함이니 '응대하다'와 같다. '급(給)'은 말재간이 있는 것이다. '증(憎)'은 '미워하다'이다. "어찌 말재주를 쓰겠는가. 말을 잘하는 사람이 남에게 응대하는 것은 단지 입으로 말재간을 취할 뿐이고 진정이

6) ≪논어(論語)·옹야(雍也)≫, "공자가 말씀하였다. "안회는 그 마음이 3개월 동안 인에서 벗어나지 않았고, 그 나머지 사람들은 하루나 한 달로 거기에 이를 뿐이다.(子曰. 回也, 其心三月不違仁, 其餘則日月至焉而已矣.)"

없어서 그저 남에게 미움을 받는 일이 많을 뿐이다. 내가 비록 중궁의 인은 모르겠으나 그가 말을 잘하지 못하는 것이 바로 훌륭한 것이고 흠이 될 수 없다."라고 말씀한 것이다. "어찌 말재주를 쓰겠는가."를 두 번 말씀한 것은 깊이 깨우쳐준 것이다.

○어떤 사람이, 중궁의 훌륭함에도 공자가 그의 인을 인정하지 않은 것은 어째서인지 의아해하였다. 답변이다. "인의 도리는 지극히 커서 온전하게 체득하고 그치지 않는 자가 아니면 거기에 해당될 수 없다. 안자(顔子) 같은 아성(亞聖)도 오히려 3개월 뒤에는 (인에서) 벗어남이 없을 수 없었는데, 하물며 중궁은 비록 훌륭했지만 안자에 미치지 못했음에랴. 공자는 진실로 그것을 가볍게 인정할 수 없었던 것이다."

공야장5 제5장

05-05 ◉子使漆雕開仕한대 對曰吾斯之未能信이로소이다. 子說하시다.

●漆雕開는 孔子弟子로 字가 子若이라. 斯는 指此理而言이요 信은 謂眞知其如此而無毫髮之疑也라. 開自言未能如此하여 未可以治人故로 夫子說其篤志니라.

●程子曰이라. 漆雕開가 已見大意故로 夫子說之라.

●又曰이라. 古人은 見道分明故로 其言如此라.

●謝氏曰이라. 開之學은 無可考나 然聖人使之仕하니 必其材可以仕矣리라. 至於心術之微하여는 則一毫不自得이면 不害其爲未信이라. 此는 聖人所不能知요 而開自知之라. 其材가 可以仕로되 而其器는 不安於小成하니 他日所就를 其可量乎아. 夫子所以說之也니라.

한자 漆 옻 칠, 雕 독수리 조·사나울 조·새길 조·꾸밀 조, 微 숨을 미·작을 미·비천할 미·없을 미 공자가 칠조개에게 벼슬하도록 하자 대답하기를, "저는 이것을 아직 자신하지 못하겠습니다."라고 하였다. 공자가 기뻐하였다.

○칠조개는 공자 제자로 자가 자약(子若)이다. '사(斯)'는 이 이치를 가리켜서 말한 것이고 '신(信)'은 그것이 이와 같음을 참되게 알아 털끝만한 의심도 없음을 이른다. 칠조개가 스스로 아직 이와 같지 못하여 남을 다스릴 수 없다고 말하였기 때문에, 공자가 그의 독실한 뜻을 기뻐한 것이다.

○정자가 말하였다. "칠조개가 이미 요지를 알았기 때문에 공자가 그것을 기뻐한 것이다."

○또 말하였다. "옛사람들은 도를 안 것이 분명하였기 때문에 그 말이 이와 같았다."

○사씨[사양좌(謝良佐)]가 말하였다. 칠조개의 학문은 고찰할 수 없으나 공자가 그에게 벼슬하도록 하였으니 반드시 그의 재능이 벼슬할 만하였을 것이다. 마음가짐의 은미한 곳에 이르러 털끝만큼이라도 스스로 터득하지 못했으면 그것이 아직 자신하지 못하는 것임에 지장이 되지 않는다. 이것은 공자는 알 수 없고 칠조개 자신만이 아는 것이다. 그의 재능이 벼슬할 만한데도 그의 그릇은 작은 성취에 안주하지 않았으니 훗날에 성취할 바를 어찌 헤아릴 수 있겠는가. 공자가 그래서 기뻐한 것이다."

공야장5 제6장

05-06 ◉子曰이라. 道不行이라 乘桴하여 浮于海하리니 從我者는 其由與인저. 子路聞之하고 喜한대 子曰이라. 由也는 好勇이 過我나 無所取材로다.

●桴는 筏也라.

●程子曰이라. 浮海之歎은 傷天下之無賢君也라. 子路勇於義故로 謂其能從己

라. 皆假設之言耳어늘 子路以爲實然하여 而喜夫子之與己라. 故로 夫子美其勇이나 而譏其不能裁度事理以適於義也니라.

한자 桴 마룻대 부·**뗏목 부**, 材 재목 재·재능 재·**재량할 재**(裁와 통용), 筏 떼 벌, 譏 나무랄 기·**풍자할 기**, 裁 마를 재·**재량할 재**·헤아릴 재

공자가 말씀하였다. "도가 행해지지 않아 뗏목을 타고 바다로 떠가리니 나를 따를 자는 아마 자로일 것이다." 자로가 그 말을 듣고 기뻐하자 공자가 말씀하였다. "자로는 용맹을 좋아하는 것이 나를 넘어서지만 [일을] 취하여 재단하는 것이 없다."라고 하였다.

○'부(桴)'는 뗏목이다.

○정자가 말하였다. "바다로 떠가겠다는 탄식은 천하에 훌륭한 군주가 없음을 가슴아파한 것이다. 자로는 의리에 용감하였기 때문에 그가 자신을 따를 수 있을 것이라고 하였다. 모두 가정의 말일 뿐인데 자로는 실제 그러리라 여기고 공자가 자기를 인정해 준 것을 기뻐하였다. 그러므로 공자는 그의 용맹을 칭찬하였지만 그가 사리를 헤아려 의리에 맞게 하지 못함을 비판한 것이다."

공야장5 제7장

05-07-1 ◉孟武伯이 問子路仁乎잇가. 子曰이라. 不知也로라.

●子路之於仁에 蓋日月至焉者[7]라. 或在或亡하여 不能必其有無故로 以不知告之니라.

---

7) ≪논어(論語)·옹야(雍也)≫, "공자가 말씀하였다. '안회는 그 마음이 3개월 동안 인에서 벗어나지 않았고 그 나머지 사람들은 하루나 한 달로 거기에 이를 뿐이다.'(子曰. 回也, 其心三月不違仁, 其餘則日月至焉而已矣.)"

맹무백이 "자로는 인합니까?"라고 묻자 공자가 말씀하였다. "알지 못하겠습니다."

○자로는 인에 있어 하루나 한 달로 거기에 이르는 자이다. 간혹 있기도 하고 간혹 없기도 하여 그 유무를 단정할 수 없기 때문에 알지 못한다고 말씀한 것이다.

05-07-2 ◉又問한대 子曰이라. 由也는 千乘之國에 可使治其賦也어니와 不知其仁也로라.

●賦는 兵也라. 古者에 以田賦出兵故로 謂兵爲賦라. 春秋傳所謂悉索敝賦[8]가 是也라. 言子路之才는 可見者가 如此요 仁則不能知也라.

한자 賦 구실(조세) 부·**군대 부**, 悉 다 실, 索 노 삭·다할 삭·**찾을 색**, 敝 해질 폐·**(자신에 대한 겸사로 쓰이는) 접두사 폐**

다시 묻자 공자가 말씀하였다. "자로는 천승의 나라에서 그 군대를 다스리게 할 수는 있지만 그의 인은 알지 못하겠습니다."

○'부(賦)'는 군대이다. 옛날에 토지의 세금으로 군대를 냈기 때문에 군대를 일러 '부(賦)'라고 하였다. ≪춘추좌전≫에, "우리의 군대를 모두 찾아 모았다."라고 한 것이 그것이다. 자로의 재능은 볼 만한 것이 이와 같고 인은 알 수 없다고 말씀한 것이다.

05-07-3 ◉求也는 何如하니잇고? 子曰이라. 求也는 千室之邑과 百乘之家에 可使爲之宰也어니와 不知其仁也로라.

---

8) ≪춘추좌전(春秋左傳)·양공(襄公)·8년≫, "채나라 사람들이 따르지 않아 우리나라[정(鄭)나라] 사람들이 편안하게 살 수 없기에 우리나라의 군대를 모두 찾아 모아 채나라를 토벌하였습니다.(蔡人不從, 敝邑之人, 不敢寧處, **悉索敝賦**, 以討于蔡.)"

●千室은 大邑이요 百乘은 卿大夫之家라. 宰는 邑長家臣之通號라.

"구[염유(冉由)]는 어떻습니까?" 공자가 말씀하였다. "구는 천 호의 고을과 백승의 집안에서 그곳의 읍재[가신]가 되게 할 수는 있지만 그의 인은 알지 못하겠습니다."

○'천실(千室)'은 큰 읍이고 '백승(百乘)'은 경대부의 집안이다. '재(宰)'는 읍재와 가신의 통칭이다.

05-07-4 ◉赤也는 何如하니잇고? 子曰이라. 赤也는 束帶立於朝하여 可使與賓客言也어니와 不知其仁也로라.

●赤은 孔子弟子로 姓이 公西이고 字가 子華라.

"적은 어떻습니까?" 공자가 말씀하였다. "적은 (관복의) 띠를 매고 조정에 서서 빈객과 말하게 할 수는 있지만 그의 인은 알지 못하겠습니다."

○적은 공자 제자로 성이 공서(公西)이고 자가 자화(子華)이다.

공야장5 제8장

05-08-1 ◉子謂子貢曰이라. 女與回也는 孰愈오?

●愈는 勝也라.

한자 愈 나을 유·더욱 유

공자가 자공에게 말씀하였다. “너와 안회는 누가 나으냐?”

○‘유(愈)’는 ‘낫다’이다.

05-08-2 ◉對曰賜也가 何敢望回리잇고. 回也는 聞一以知十하고 賜也는 聞一以知二하노이다.

●一은 數之始요 十은 數之終이며 二者는 一之對也라. 顔子는 明睿所照니 卽始而見終하고 子貢은 推測而知니 因此而識彼라. 無所不說[9]과 告往知來[10]가 是其驗矣라.

한자 望 바라볼 망·**견줄 망**, 睿 밝을 예·**슬기로울 예**, 說 말할 설·유세할 세·**기쁠 열**

대답하기를, “제가 어떻게 감히 안회와 견주겠습니까. 안회는 하나를 듣고서 열을 알고 저는 하나를 듣고서 둘을 압니다.”라고 하였다.

○‘일(一)’은 수의 시작이고 ‘십(十)’은 수의 끝이며, ‘이(二)’라는 것은 일(一)의 상대이다. 안연은 총명과 지혜로 살핀 것이었으니 처음에 입각하여 끝을 알았고 자공은 추측하여 알았으니 이것에 근거하여 저것을 알았다. “(안자는 내 말에) 기뻐하지 않는 것이 없다.”는 것과 “(자공은) 앞의 것을 말해 주니 다음 것까지 안다.”는 것이 그 증거이다.

05-08-3 ◉子曰이라. 弗如也니라. 吾與女의 弗如也하노라.

---

9) ≪논어(論語)·선진(先進)≫, “공자가 말씀하였다. ‘안회는 나를 도와주는 자가 아니다. 내 말에 기뻐하지 않는 것이 없구나.’(子曰. 回也, 非助我者也. 於吾言, 無所不說.)”

10) ≪논어·학이(學而)≫, “공자가 말씀하였다. ‘사는 비로소 함께 시를 말할 수 있겠구나. 앞의 것을 말해 주니 다음 것까지 아는구나.’(子曰. 賜也, 始可與言詩已矣. 告諸往而知來者.)”

●與는 許也라.

●胡氏曰이라. 子貢方人에 夫子旣語以不暇11)하고 又問其與回孰愈하여 以觀其自知之如何라. 聞一知十은 上知之資로 生知之亞也요 聞一知二는 中人以上之資로 學而知之之才也라. 子貢이 平日에 以己方回하여 見其不可企及故로 喩之如此라. 夫子以其自知之明而又不難於自屈故로 旣然之하고 又重許之라. 此其所以終聞性與天道12)니 不特聞一知二而已也라.

한자 方 모 방·견줄 방·방향 방, 企 꾀할 기·발돋움할 기·따를 기

공자가 말씀하였다. "(그보다) 못하지. 나는 네가 못함을 인정한다."

○'여(與)'는 '인정하다'이다.

○호씨[호인(胡寅)]가 말하였다. "자공이 사람들을 비교하자 공자는 이미 '(나는) 여가를 내지 못하겠던데.'로 말씀하였고 또 그와 안회는 누가 나은지를 물어 그가 자신을 아는 것이 어떤지를 살폈다. '하나를 듣고서 열을 아는 것'은 가장 지혜로운 자의 자질로 '태어나면서부터 아는 것'의 다음이고 '하나를 듣고서 둘을 아는 것'은 보통 사람 이상의 자질로 '배워서 아는 것'의 재질이다. 자공이 평소에 자신을 안회에 비교하여 자신이 따라갈 수 없음을 알았기 때문에 비유한 것이 이와 같았다. 공자는 그가 자신을 아는 것이 분명하고 또 스스로를 굽히기를 어려워하지 않았기 때문에 그렇다고 한 뒤에 다시 거듭 인정한 것이다. 이것이 그가 끝내는 본성과 천도에 대하여 듣게 된 까닭이니 단지 하나를 듣고서 둘을 안 것만이 아니었다."

---

11) ≪논어(論語)·헌문(憲問)≫, "자공이 사람들을 비교하자 공자가 말씀하였다. '사는 현명한가? 나는 (그럴) 여가를 내지 못하겠던데.'(子貢方人, 子曰. 賜也, 賢乎哉. 夫我則不暇.)"

12) ≪논어·공야장(公冶長)≫, "자공이 말하였다. '선생님의 문장(文章)은 들을 수 있었으나 선생님께서 본성과 천도를 말씀하시는 것은 들을 수 없었다.'(子貢曰夫子之文章, 可得而聞也, 夫子之言性與天道, 不可得而聞也.)"

공야장5 제9장

05-09-1 ◉宰予晝寢이어늘 子曰이라. 朽木은 不可雕也요 糞土之墻은 不可杇也니 於予與에 何誅리요

●晝寢는 謂當晝而寐라. 朽는 腐也요 雕는 刻畫也요 杇는 鏝也라. 言其志氣昏惰하여 敎無所施也라. 與는 語辭라. 誅는 責也니 言不足責이 乃所以深責之라.

한자 寢 누울 침·**잠잘 침**·점차 침, 朽 **썩을 후**·없어질 후, 雕 독수리 조·사나울 조·**새길 조**·꾸밀 조, 糞 **똥 분**·청소할 분, 杇 흙손 오, 誅 벨 주·**책할 주**, 鏝 흙손 만·**흙손질할 만**, 昏 어두울 혼·흐릴 혼·**어리석을 혼**

재여가 낮잠을 자자 공자가 말씀하였다. "썩은 나무는 조각할 수 없고 썩은 흙담은 흙손질할 수 없으니 재여에 대하여 어찌 꾸짖겠는가."

○'주침(晝寢)'은 낮이 되었는데 자는 것을 이른다. '후(朽)'는 '썩다'이고 '조(雕)'는 '그림을 새기다'이며 '오(杇)'는 '흙손질하다'이다. 그의 뜻과 기질이 어리석고 게을러 가르침을 베풀 곳이 없다고 말씀한 것이다. '여(與)'는 어조사이다. '주(誅)'는 '꾸짖다'이니 꾸짖을 만하지 않다고 말씀한 것이 바로 그를 깊이 꾸짖은 것이다.

05-09-2 ◉子曰이라. 始吾於人也에 聽其言而信其行이러니 今吾於人也에 聽其言而觀其行하노니 於予與에 改是라.

●宰予는 能言而行不逮라. 故로 孔子가 自言於予之事而改此失이라하니 亦以重13)警之也니라.

13) 중(重) : ≪내각본≫에서 거성(去聲, 무겁다)이라고 하였다.

●胡氏曰이라. 子曰은 疑衍文이라. 不然이면 則非一日之言也니라.

●范氏曰이라. 君子之於學에 惟日孜孜하고 斃而後已라도 惟恐其不及也어늘 宰予晝寢하니 自棄가 孰甚焉고. 故로 夫子責之라.

●胡氏曰이라. 宰予不能以志帥氣하여 居然而倦하니 是는 宴安之氣勝하고 儆戒之志惰也라. 古之聖賢은 未嘗不以懈惰荒寧으로 爲懼하고 勤勵不息으로 自强하니 此孔子所以深責宰予也라. 聽言觀行은 聖人이 不待是而後能이요 亦非緣此而盡疑學者라. 特因此立教하여 以警群弟子니 使謹於言而敏於行耳14)라.

한자 逮 **미칠 체**·이어질 체, 衍 넘칠 연·**남을 연**, 孜 힘쓸 자, 斃 넘어질 폐·실패할 폐·**죽을 폐**, 帥 장수 수·**거느릴 솔**, 儆 **경계할 경**·단속할 경, 懈 게으를 해

공자가 말씀하였다. "전에 나는 사람에 대하여 그의 말을 듣고 그의 행동을 믿었는데, 이제 나는 사람에 대하여 그의 말을 듣고 그의 행동을 살피니 재여에게서 이것을 고쳤다."

○재여는 말을 잘하였으나 행동이 미치지 못하였다. 그러므로 공자가 재여의 일에서 이러한 잘못을 고쳤다고 스스로 말씀하였으니 역시 엄중하게 경계한 것이다.

○호씨[호인(胡寅)]가 말하였다. "'자왈(子曰)'은 아마도 연문일 것이다. 그렇지 않다면 같은 날의 말씀이 아닐 것이다."

○범씨[범조우(范祖禹)]가 말하였다. "군자는 학문에 있어 날마다 힘쓰고 죽은 뒤에야 그만두더라도 오직 자신이 미치지 못할까를 두려워하는데 재여가 낮잠을 잤으니 스스로를 포기함이 무엇이 그보다 심하겠는가. 그러므로 공자가 꾸짖은 것이다."

○호씨[호인(胡寅)]가 말하였다. "재여는 뜻으로 기운을 통솔하지 못하여

14) ≪논어(論語)·이인(里仁)≫, "군자는 말에서는 어눌하고자 하고 실천에서는 민첩하고자 한다.(君子, 欲訥於言而敏於行.)"

편안히 게으름을 피웠으니 이는 안일의 기운이 우세하고 경계의 뜻이 나태한 것이다. 옛 성현들은 일찍이 게으름을 피우고 편안함을 추구하는 것으로 두려움을 삼지 않은 적이 없었고, 부지런히 노력하고 쉬지 않는 것으로 스스로 힘쓰지 않은 적이 없었으니, 이것이 공자가 재여를 깊이 꾸짖은 이유이다. '말을 듣고 행동을 살핀다.'는 것은 공자가 이런 일을 기다린 뒤에 할 수 있었던 것도 아니고 또한 이것을 연유로 배우는 자들을 모두 의심한 것도 아니다. 다만 이를 계기로 가르침을 세워서 여러 제자를 경계한 것이니 말을 삼가고 행동을 힘쓰게 한 것일 뿐이다."

공야장5 제10장

05-10 ◉子曰이라. 吾未見剛者로라. 或對曰申棖이니이다. 子曰이라. 棖也는 慾이어니 焉得剛이리오.

●剛은 堅强不屈之意니 最人所難能者라. 故로 夫子歎其未見이라. 申棖은 弟子姓名이라. 慾은 多嗜慾也니 多嗜慾이면 則不得爲剛矣라.

●程子曰이라. 人有慾則無剛하고 剛則不屈於慾이라.

●謝氏曰이라. 剛與慾은 正相反이라. 能勝物之謂剛이라하니 故로 常伸於萬物之上하고, 爲物揜之謂慾이라하니 故로 常屈於萬物之下라. 自古로 有志者少하고 無志者多하니 宜夫子之未見也라. 棖之慾은 不可知나 其爲人이 得15)非悻悻16)自好者乎아. 故로 或者疑以爲剛이나 然不知此其所以爲慾耳라.

한자 剛 굳셀 강, 棖 문설주 정·괼 정·**사람 이름 장**, 嗜 즐길 기, 伸 펼 신, 揜 가릴 엄, 悻 성낼 행

15) 득(得) : 반문을 표시하는 용법으로, "어찌 …이겠는가(하겠는가)"의 뜻이다.
16) 행행(悻悻) : 강퍅하고 오만한 모양이다.

공자가 말씀하였다. “나는 아직 굳센 자를 보지 못하였다.” 어떤 사람이 대답하기를, “신장입니다.”라고 하자 공자가 말씀하였다. “신장은 욕심사나우니 어찌 굳셀 수 있겠는가.”

○‘강(剛)’은 굳세고 강하여 굽히지 않는다는 뜻이니 사람들이 잘하기가 가장 어려운 것이다. 그러므로 공자는 자신이 아직 보지 못했음을 탄식한 것이다. 신장은 제자의 성명이다. ‘욕(慾)’은 좋아하고 욕심내는 것이 많음이니 좋아하고 욕심내는 것이 많으면 굳셀 수 없다.

○정자가 말하였다. “사람이 욕심이 있으면 굳셈이 없고 굳세면 욕심에 굽히지 않는다.”

○사씨[사양좌(謝良佐)]가 말하였다. “굳셈과 욕심은 서로 정반대이다. 물욕을 이길 수 있는 것을 굳셈이라 하니 그러므로 항상 만물의 위에서 펴지고, 물욕에 가려지는 것을 욕심이라 하니 그러므로 항상 만물의 아래에 굽혀진다. 예로부터 뜻을 지닌 자는 적었고 뜻이 없는 자가 많았으니 공자께서 보지 못한 것이 당연하다. 신장의 욕심사나움은 알 수 없으나 그의 사람됨이 어찌 성깔 있고 자신을 아끼는 자가 아니었겠는가. 그래서 어떤 사람이 굳세다고 여긴 듯하나 이것이 바로 욕심사나운 것일 뿐임을 알지 못하였다.”

공야장5 제11장

05-11 ◉子貢이 曰我不欲人之加諸我也를 吾亦欲無加諸人하노이다. 子曰이라. 賜也아. 非爾所及也니라.

●子貢이 言我所不欲人加於我之事를 我亦不欲以此加之於人[17]이라. 此仁者

---

17) 주자의 이 설명은, “저도 남에게 가하는 일이 없고자 합니다.(吾亦欲無加諸人.)”의 ‘무(無)’자에 대한 오해에서 비롯된 잘못이다. ‘무(無)’는 이미 그러한 상태[인(仁)의 경지]를 나타내는 것이기 때문에 공자가 자공에게 “사야! 네가 미칠 바가 아니다.”라고 말씀

之事니 不待勉强이라. 故로 夫子以爲非子貢所及이라.

●程子曰이라. 我不欲人之加諸我를 吾亦欲無加諸人은 仁也요 施諸己而不願을 亦勿施於人[18]은 恕也라. 恕則子貢或能勉之어니와 仁則非所及矣라.

●愚謂컨대 無者는 自然而然이요 勿者는 禁止之謂니 此所以爲仁恕之別이라.

자공이 말하기를, "저는 남이 저에게 가하기를 바라지 않는 것을 저도 남에게 가하는 일이 없고자 합니다."라고 하자 공자가 말씀하였다. "사야! 네가 미칠 바가 아니다."

○자공이 말하기를, "저는 남이 저에게 가하기를 바라지 않는 일을 저도 그것으로 남에게 가하려고 하지 않습니다."라고 하였다. 이는 인한 자의 일이니 억지로 힘씀을 필요로 하지 않는다. 그러므로 공자는 자공이 미칠 바가 아니라고 말씀한 것이다.

○정자가 말하였다. "저는 남이 저에게 가하기를 바라지 않는 것을 저도 남에게 가하는 일이 없고자 합니다."라는 것은 인이고 '자신에게 시행하여 바라지 않는 것을 또한 남에게 시행하지 말 것이다.'라는 것은 서(恕)이다. 서는 자공이 혹시 힘쓸 수 있겠으나 인은 미칠 바가 아니다."

○내가 생각하건대, '무(無)'라는 것은 저절로 그러하여 그런 것이고 '물(勿)'이라는 것은 금지를 이르니 이것이 인과 서의 구별이 되는 것이다.

공야장5 제12장

05-12 ◉子貢이 曰이라. 夫子之文章[19]은 可得而聞也어니와 夫子

한 것이다. 다음에 나오는 정자의 설명과 '우위(愚謂)'의 설명이 정확하다.

18) ≪중용(中庸)·제13장≫, "충(忠)과 서(恕)는 도에서 떨어진 것이 멀지 않으니, 자신에게 시행하여 바라지 않는 것을 또한 남에게 시행하지 말 것이다.(忠恕, 違道不遠, **施諸己而不願, 亦勿施於人.**)"

19) 문장(文章) : 덕이 일상에서 구체적으로 드러난 것을 가리킨다.

之言性與天道는 不可得而聞也니라.

●文章은 德之見乎外者니 威儀[20]文辭가 皆是也라. 性者는 人所受之天理요 天道者는 天理自然之本體니 其實은 一理也라. 言夫子之文章은 日見乎外하여 固學者所共聞이어니와 至於性與天道하여는 則夫子罕言之하여 而學者有不得聞者라. 蓋聖門敎不躐等하여 子貢이 至是하여 始得聞之하고 而歎其美也라.

●程子曰이라. 此는 子貢이 聞夫子之至論而歎美之言也라.

한자 儀 법도 의·본보기 의·**거동 의**, 罕 드물 한, 躐 밟을 렵·넘을 렵·**건너뛸 렵**

자공이 말하였다. "선생님의 문장은 들을 수 있었으나 선생님께서 본성과 천도를 말씀하시는 것은 들을 수 없었다."

○'문장(文章)'은 덕이 밖으로 드러난 것이니 모습과 말씀이 모두 그것이다. '성(性)'이라는 것은 사람이 받은 천리이고 '천도(天道)'라는 것은 천리가 원래 그러한 본체이니 그 실상은 한 이치이다. 공자의 문장은 날마다 밖으로 드러나 본디 배우는 자들이 함께 들었던 것이지만 본성과 천도에 이르러서는 공자가 드물게 말씀하여 배우는 자들 가운데 듣지 못한 자들이 있었다. 공자의 문하에서는 가르침이 등급을 뛰어넘지 않아 자공이 이때에 이르러 비로소 그것을 들을 수 있었고 그 아름다움을 감탄한 것이다.

○정자가 말하였다. "이는 자공이 공자의 지극한 논리를 듣고 찬미한 말이다."

20) 위의(威儀) : 예법에 합당한 움직임을 가리킨다.

※ 공야장5 제13장

05-13 ◉子路는 有聞이요 未之能行하여는 惟恐有聞하더라.

●前所聞者를 旣未及行故로 恐復有所聞而行之不給也라.
●范氏曰이라. 子路聞善이면 勇於必行하니 門人自以爲弗及也라. 故로 著之라. 若子路는 可謂能用其勇矣로다.

한자 范 벌[蜂] 범·규범 범(範과 통용)·성 범

자로는 들은 것이 있는데 아직 그것을 제대로 실천하지 못하였으면 듣는 것이 (또) 있을까를 두려워하였다.

○전에 들은 것을 이제 미처 실천하지 못하였기 때문에 다시 듣는 것이 있어 실천함이 충분하지 못할까를 두려워한 것이다.
○범씨[범조우(范祖禹)]가 말하였다. "자로는 선을 들으면 반드시 실천하는 데에 용감하였으니 제자들은 자신들이 미치지 못한다고 여겼다. 이 때문에 그것을 드러낸 것이다. 자로 같은 이는 그 용맹을 제대로 사용하였다고 할 만하다."

※ 공야장5 제14장

05-14 ◉子貢이 問曰孔文子는 何以謂之文也잇고? 子曰이라. 敏而好學하고 不恥下問이라. 是以謂之文也니라.

●孔文子는 衛大夫로 名이 圉라. 凡人性敏者는 多不好學하고 位高者는 多

恥下問이라. 故로 諡法에 有以勤學好問爲文者하니 蓋亦人所難也라. 孔圉得諡爲文은 以此而已라.

●蘇氏曰이라. 孔文子가 使太叔疾로 出其妻而妻之러니 疾通於初妻之娣라. 文子怒하여 將攻之할새 訪於仲尼하니 仲尼不對하고 命駕而行이라. 疾奔宋한대 文子는 使疾弟遺로 室孔姞이라. 其爲人이 如此로되 而諡曰文하니 此子貢之所以疑而問也라. 孔子不沒其善하여 言能如此[21]면 亦足以爲文矣니 非經天緯地[22]之文也라.

한자 圉 감옥 어·마부 어·막을 어, 諡 시호 시, 娣 여동생 제, 姞 성 길, 緯 씨줄 위·**다스릴 위**

자공이 묻기를, "공문자는 어찌하여 그를 '문(文)'이라고 하였습니까?"라고 하자 공자가 말씀하였다. "영민하면서도 배우기를 좋아하였고 아래로 묻기를 부끄러워하지 않았다. 이 때문에 그를 문이라고 하였다."

○공문자는 위나라 대부로 이름이 어(圉)이다. 대개 사람들은 타고난 것이 영민한 자는 배우기를 좋아하지 않는 이가 많고 지위가 높은 자는 아래로 묻기를 부끄러워하는 이가 많다. 그러므로 시호를 짓는 법에, 배움에 부지런하고 묻기를 좋아하는 것을 '문(文)'이라고 한 것이 있으니 역시 사람들이 하기 어려운 것이다. 공어가 시호를 문(文)으로 얻은 것은 이 때문일 뿐이다.

○소씨[소식(蘇軾)]가 말하였다. "공문자가 태숙질(太叔疾)로 하여금 자기 부인을 쫓아내게 하고 [자신의 딸인 공길(孔姞)을] 그에게 시집보냈는데, 태숙질이 첫부인의 여동생과 사통하였다. 공문자가 노하여 장차 그를 치려 할 때에 공자를 찾아가니 공자는 상대하지 않고 수레를 준비시켜 떠

---

21) '영민하면서도 배우기를 좋아하고 아래로 묻기를 부끄러워하지 않을(敏而好學, 不恥下問)' 수 있었던 것을 가리킨다.

22) 경천위지(經天緯地) : "천하를 경륜하였다."의 뜻으로, 시호를 짓는 법에서 문(文)의 시호 가운데 최고의 경지이다. 문왕(文王)의 시호가 이에 해당한다.

났다. 태숙질이 송나라로 달아나자 공문자는 태숙질의 아우인 유(遺)로 하여금 공길을 아내 삼도록 하였다. 그의 사람됨이 이와 같았는데도 시호를 문(文)이라고 하였으니 이것이 자공이 의심이 들어 물은 이유이다. 공자가 그의 선한 점을 없애지 않고 말씀하기를, "이와 같을 수 있다면 충분히 문(文)이라고 할 만하다."라고 하였으니 '경천위지(經天緯地)'의 문(文)은 아니다.

공야장5 제15장

05-15 ◉子謂子産하시되 有君子之道四焉하니 其行己也恭하고 其事上也敬하며 其養民也惠하고 其使民也義니라.

●子産은 鄭大夫公孫僑라. 恭은 謙遜也요 敬은 謹恪也라. 惠는 愛利也요 使民義는 如都鄙有章하고 上下有服하며 田有封洫하고 廬井有伍[23]之類라.

●吳氏曰이라. 數其事而責之者는 其所善者多也니 臧文仲不仁者三이요 不知者三[24]이 是也라. 數其事而稱之者는 猶有所未至也니 子産有君子之道四焉이 是也라. 今或以一言蓋一人하고 一事蓋一時는 皆非也라.

한자 僑 높을 교·객지에 머물러 살 교, 恪 삼갈 각, 鄙 **교외 비**·거칠 비·인색할 비, 洫 봇도랑 혁, 伍 대오 오, 蓋 **덮을 개**·대개 개

공자가 자산에 대하여 말씀하기를, "군자의 도가 네 가지 있었으니, 그

23) ≪춘추좌전(春秋左傳)·양공(襄公)·30년≫

24) ≪춘추좌전·문공(文公)·2년≫, "공자가 말씀하기를, '장문중은 그 인하지 못한 것이 세 가지이고 지혜롭지 못한 것이 세 가지이다. 전금[유하혜(柳下惠)]을 낮추고 여섯 관문을 없앴으며 첩에게 자리를 짜게 한 것이 세 가지 인하지 못한 것이다. 헛된 기물을 만들고 순리에 거스르는 제사를 지냈으며 원거에게 제사 지낸 것이 세 가지 지혜롭지 못한 것이다.'라고 하였다.(仲尼曰. 臧文仲, 其不仁者三, 不知者三. 下展禽, 廢六關, 妾織蒲, 三不仁也. 作虛器, 縱逆祀, 祀爰居, 三不知也.)"

의 행실은 공손하였고 윗사람을 섬긴 것은 조심스러웠으며, 백성을 기른 것은 은혜로웠고 백성을 부린 것은 도리에 맞았다."

○자산은 정나라 대부인 공손교(公孫僑)이다. '공(恭)'은 '겸손하다'이고 '경(敬)'은 '삼가다'이다. '혜(惠)'는 사랑하고 이롭게 한 것이며 '백성을 부린 것이 도리에 맞은 것'은, 예를 들면 도시와 지방에 구분을 두었고 상하간에 복장의 차이를 두었으며 전답에 경계와 도랑을 두었고 집과 마을에 다섯 호의 조직을 둔 것 등이다.

○오씨[오역(吳棫)25)]가 말하였다. "그 일을 세면서 그를 책망한 것은 그가 잘한 것이 많은 것이니 장문중이 어질지 못한 것이 세 가지이고 지혜롭지 못한 것이 세 가지라는 것이 그것이다. 그 일을 세면서 그를 칭찬한 것은 오히려 지극하지 못한 점이 있는 것이니 자산이 군자의 도가 네 가지 있었다는 것이 그것이다. 오늘날 간혹 한마디 말로 한 사람을 개괄하고, 한 가지 일로 한때를 개괄하는 것은 모두 잘못이다."

공야장5 제16장

05-16 ◉子曰이라. 晏平仲은 善與人交로다. 久而敬之온여.

●晏平仲은 齊大夫로 名이 嬰이라.

●程子曰이라. 人交久則敬衰어늘 久而能敬이 所以爲善이라.

한자 嬰 목걸이 영·멜 영·갓난아이 영

공자가 말씀하였다. "안평중은 남과 사귀기를 잘하였다. 오래되어도 그를 공경하였으니."

---

25) 오역(吳棫) : 송(宋) 건안(建安) 출신으로 자가 재로(才老)이다. ≪논어지장(論語指掌)≫ 등을 저술하였다.

○안평중은 제나라 대부로 이름이 영(嬰)이다.
○정자가 말하였다. "사람들은 사귐이 오래되면 공경이 줄어드는데 오래되어도 공경할 수 있었음이 잘한 것이다."

공야장5 제17장

05-17 ◉子曰이라. 臧文仲이 居蔡하되 山節[26]藻梲[27]하니 何如其知也리오.

●臧文仲은 魯大夫臧孫氏로 名이 辰이라. 居는 猶藏也요 蔡는 大龜也라. 節은 柱頭斗栱也라. 藻는 水草名이요 梲은 梁上短柱也라. 蓋爲藏龜之室而刻山於節하고 畵藻於梲也라. 當時以文仲爲知어늘 孔子言其不務民義[28]而諂瀆鬼神이 如此하니 安得爲知라. 春秋傳에 所謂作虛器[29]가 卽此事也라.
●張子曰이라. 山節藻梲하여 爲藏龜之室과 祀爰居之義는 同歸於不知가 宜矣라.

한자 臧 착할 장·노비 장·**성 장**, 蔡 들풀 채·나라 이름 채·**큰 거북 채**, 藻 **말(수초) 조**·문채 조·수식할 조, 梲 동자기둥 절, 栱 두공 공, 瀆 도랑 독, 爰 이에 원

공자가 말씀하였다. "장문중이 큰 거북(껍질)을 보관하면서 두공에 산

---

26) 절(節) : 기둥머리에서 대들보를 받치는 두공(斗栱)이다.
27) 절(梲) : 들보 위의 짧은 기둥, 즉 동자기둥을 가리킨다.
28) ≪논어(論語)·옹야(雍也)≫, "번지가 지혜에 대하여 묻자 공자가 말씀하였다. '사람의 도리를 힘쓰고 귀신을 공경하되 멀리한다면 지혜라고 이를 만하다.' 인에 대하여 묻자 말씀하였다. '인한 자는 어려운 것을 먼저 하고 얻는 것을 뒤로 하니 인이라고 할 만하다.'(樊遲問知, 子曰. 務民之義, 敬鬼神而遠之, 可謂知矣. 問仁, 曰仁者, 先難而後獲, 可謂仁矣.)"
29) 주 24) 참조.

을 새기고 동자기둥에 수초를 그렸으니 어떻게 그가 지혜롭겠는가."

○장문중은 노나라 대부인 장손씨(臧孫氏)로 이름이 신(辰)이다. '거(居)'는 '보관하다'와 같다. '채(蔡)'는 큰 거북이다. '절(節)'은 기둥 머리의 두공이다. '조(藻)'는 수초 이름이고 '절(梲)'은 들보 위의 짧은 기둥[동자기둥]이다. 거북(껍질)을 보관하는 방을 만들면서 두공에 산을 조각하고 동자기둥에 수초를 그린 것이다. 당시 사람들이 장문중을 지혜롭다고 하였는데 공자는 "그가 사람의 도리를 힘쓰지 않으면서 귀신에게 아첨하고 지나침이 이와 같았으니 어떻게 지혜로울 수 있겠는가."라고 말씀한 것이다. ≪춘추좌전≫에 헛된 기물을 만들었다고 한 것이 바로 이 일이다.

○장자[장재(張載)[30)]]가 말하였다. "두공에 산을 새기고 동자기둥에 수초를 그려 거북을 보관하는 방을 만든 것과, 원거[바다새]에게 제사 지낸 도리는 똑같이 지혜롭지 못함으로 귀결되는 것이 마땅하다."

공야장5 제18장

05-18-1 ◉子張이 問曰令尹子文이 三仕爲令尹하되 無喜色하며 三已之하되 無慍色하여 舊令尹之政을 必以告新令尹하니 何如하니잇고? 子曰忠矣니라. 曰仁矣乎잇가? 曰未知로다. 焉得仁이리오.

●令尹은 官名이니 楚上卿執政者也라. 子文은 姓이 鬪요 名이 穀於菟라. 其爲人也喜怒不形하고 物我無間하여 知有其國而不知有其身하니 其忠盛矣라. 故로 子張疑其仁이라. 然이나 其所以三仕三已而告新令尹者가 未知其皆出於天理而無人欲之私也라. 是以로 夫子但許其忠而未許其仁也니라.

---

30) 장재(張載) : 송(宋) 봉상(鳳翔) 출신으로 자가 자후(子厚)이고 횡거진(橫渠鎭)에 거주하여 횡거선생(橫渠先生)으로 불렸다. 숭문원교서(崇文院校書)를 역임하였으나 병을 핑계로 그만두고 남산에 은거하면서 독서(讀書)와 강학(講學)을 일삼았다. ≪정몽(正蒙)≫, ≪역설(易說)≫ 등을 저술하였다.

한자 穀 곡식 곡·젖 먹일 누(본래 자는 穀이다), 菟 새삼 토·토끼 토·고을 이름 도

자장이 묻기를, "영윤을 지낸 자문이 세 번 벼슬에 나가 영윤이 되었으나 기뻐하는 기색이 없었고 세 번 그만두었으나 서운해 하는 기색이 없이 이전 영윤의 정무를 반드시 새 영윤에게 알려주었으니 어떻습니까?"라고 하자 공자가 "충직하다."라고 말씀하였다. "인합니까?"라고 하자 "알지 못하겠다. 어찌 인할 수 있겠는가."라고 말씀하였다.

○'영윤(令尹)'은 벼슬 이름이니 초나라의 상경(上卿)으로 정권을 잡은 자이다. '자문(子文)'은 성이 투(鬪)이고 이름이 누오도(穀於菟)이다. 그의 사람됨이 기뻐함과 성냄을 드러내지 않았고 상대와 나 사이에 간격이 없어 나라가 있는 것만 알고 자신이 있음을 알지 못하였으니 그의 충직함이 대단하였다. 그러므로 자장은 그것이 인인가 하고 의심한 것이다. 그러나 그가 세 번 벼슬에 나갔다가 세 번 그만두면서 새 영윤에게 알린 것이 그것이 모두 천리에서 나왔고 인욕의 사사로움이 없었는지는 알 수 없다. 이 때문에 공자는 단지 그의 충직함만을 인정하고 그의 인은 인정하지 않은 것이다.

05-18-2 ◉崔子弑齊君이어늘 陳文子가 有馬十乘이러니 棄而違之라. 至於他邦하여 則曰猶吾大夫崔子也라하고 違之하며 之一邦하여 則又曰猶吾大夫崔子也라하고 違之하니 何如하니잇고? 子曰清矣니라. 曰仁矣乎잇가? 曰未知라. 焉得仁이리오.

●崔子는 齊大夫로 名이 杼라. 齊君은 莊公으로 名이 光이라. 陳文子도 亦齊大夫로 名이 須無라. 十乘은 四十匹也라. 違는 去也라. 文子潔身去亂하니 可謂淸矣라. 然이나 未知其心果見義理之當然하고 而能脫然無所累乎어나 抑不得已於利害之私하여 而猶未免於怨悔也라. 故로 夫子特許其淸而不許其仁이라.

●愚聞之師하니 曰當理而無私心이면 則仁矣라. 今以是而觀二子之事하면 雖其制行之高는 若不可及이나 然皆未有以見其必當於理而眞無私心也라. 子張未識仁體하고 而悅於苟難[31]하여 遂以小者로 信其大者하니 夫子之不許也는 宜哉라. 讀者가 於此에 更以上章不知其仁[32]과 後篇의 仁則吾不知之語[33]와 幷與三仁[34]夷齊[35]之事로 觀之면 則彼此交盡하여 而仁之爲義를 可識矣리라. 今以他書考之하면 子文之相楚에 所謀者가 無非僭王猾夏之事요 文子之仕齊에 旣失正君討賊之義하고 又不數歲而復反於齊焉[36]하니 則其不仁을 亦可見矣라.

한자 弑 죽일 시, 杼 북 저, 僭 참람할 참·어긋날 참, 猾 교활할 활·어지럽힐 활

---

31) ≪순자(荀子)·불구(不苟)≫, "군자는 행동하면서 구차하게 어려운 일 하는 것을 귀하게 여기지 않는다.(君子行, 不貴苟難.)"

32) ≪논어(論語)·공야장(公冶長)≫, "맹무백이 '자로는 인합니까?'라고 묻자 공자가 말씀하였다. '알지 못하겠습니다.' 다시 묻자 공자가 말씀하였다. '자로는 천승의 나라에서 그 군대를 다스리게 할 수는 있지만 그의 인은 알지 못하겠습니다.' '구[염유(冉由)]는 어떻습니까?' 공자가 말씀하였다. '구는 천 호의 고을과 백승의 집안에서 그곳의 읍재나 가신이 되게 할 수는 있지만 그의 인은 알지 못하겠습니다.' '적은 어떻습니까?' 공자가 말씀하였다. '적은 (관복의) 띠를 매고 조정에 서서 빈객과 말하게 할 수는 있지만 그의 인은 알지 못하겠습니다.'(孟無伯問, 子路仁乎, 子曰. 不知也., 又問, 子曰. 由也, 千乘之國, 可使治其賦也, 不知其仁也. 求也, 何如, 子曰. 求也, 千室之邑, 百乘之可, 可使爲之宰也, 不知其仁也. 赤也, 何如, 子曰. 赤也, 束帶立於朝, 可使與賓客言也, 不知其仁也.)"

33) ≪논어·헌문(憲問)≫, "'이기기를 좋아함과 스스로를 자랑함, 원망과 탐욕을 행하지 않으면 인이라고 할 만합니까?' 공자가 말씀하였다. '어렵다고 할 수 있겠지만 인은 내가 모르겠다.'(克伐怨欲, 不行焉, 可以爲仁矣, 子曰. 可以爲難矣, 仁則吾不知也.)"

34) ≪논어·미자(微子)≫, "미자는 떠났고 기자는 그의 종이 되었고 비간은 간언하다가 죽었다. 공자가 말씀하였다. '은나라에 세 사람의 인한 자가 있었다.'(微子去之, 箕子爲之奴, 比干諫而死, 孔子曰. 殷有三仁焉.)"

35) ≪논어·술이(述而)≫, "염유가 '선생님께서 위나라 군주를 도우실까?'라고 말하자 자공이 '좋습니다. 내가 장차 여쭈어보지요.'라고 하였다. 들어가서 '백이와 숙제는 어떠한 사람이었습니까?'라고 물었다. '옛날의 현인이었다.' '[즉위하지 않은 것을] 후회하였습니까?' '인을 구하여 인을 얻었으니 또 무엇을 후회하였겠는가.' (자공이) 나와서 말하였다. '선생님께서는 돕지 않으실 것입니다.'(冉有曰. 夫子爲衛君乎? 子貢曰諾, 吾將問之. 入曰. 伯夷叔齊, 何人也? 曰古之賢人也, 曰怨乎? 曰求仁而得仁, 又何怨. 出曰. 夫子不爲也.)"

36) ≪춘추좌전(春秋左傳)·양공(襄公)·27년≫

"최자(崔子)가 제나라 군주를 시해하자 진문자가 말 40필을 가지고 있다가 버리고 떠났다. 다른 나라에 이르러 말하기를, '(이 사람들도) 우리나라 대부 최자와 같다.'라 하고 떠났으며 다른 나라에 가서 또 말하기를, '우리나라 대부 최자와 같다.'라 하고 떠났으니 어떻습니까?"라고 묻자 공자가 "청백하다."라고 말씀하였다. "인합니까?"라고 묻자 "알지 못하겠다. 어찌 인할 수 있겠는가."라고 말씀하였다.

○최자는 제나라 대부로 이름이 저(杼)이다. 제나라 군주는 장공(莊公)으로 이름이 광(光)이다. 진문자도 역시 제나라 대부로 이름이 수무(須無)이다. '10승(乘)'은 (말) 40필이다. '위(違)'는 '떠나다'이다. 문자가 자신을 깨끗이 하여 어지러움을 벗어났으니 청백하다고 할 만하다. 그러나 그의 마음이 과연 의리의 당연함을 보고 초연히 얽매인 바가 없을 수 있었는지, 아니면 이해의 사사로움에서 어쩔 수 없어 여전히 원망과 후회에서 벗어나지 못했는지는 알 수 없다. 그래서 공자는 다만 그의 청백함만을 인정하고 그의 인은 인정하지 않은 것이다.

○내가 스승[이통(李侗)37)]께 들었는데 말씀하기를, "이치에 합당하고 사심이 없으면 인이다."라고 하셨다. 이제 이 말씀을 가지고 두 사람의 일을 관찰해 보면 그들이 행동을 규제했던 고상함은 미칠 수 없을 듯하지만 모두 그것이 반드시 이치에 합당하였고 참으로 사심이 없었는지는 알 수 없다. 자장은 인의 본체를 알지 못하고 구차하게 어려운 일 하는 것을 좋아하여 마침내 작은 것[두 사람의 선]을 큰 것[인]으로 믿었으니 공자가 인정하지 않은 것은 마땅하다. 독자가 이에 대해서 다시 앞 장의 "그의 인은 알지 못하겠다."와 뒤 편의 "인은 내가 알지 못하겠다.", 아울러 '세 사람의 인한 자'와 백이·숙제의 일을 가지고 본다면 이것과 저것이 서로 극진해져 인의 의의를 알 수 있을 것이다. 지금 다른 책을 가지고 살펴보면 자문이 초나라에서 재상을 지내면서 도모한 것이 '왕(王)'

---

37) 이통(李侗) : 송(宋) 남검주(南劍州) 출신으로 자가 원중(愿中)이다. 세칭 연평선생(延平先生)으로 불린다. 나종언(羅從彦)의 제자이자 주자의 스승으로 40여 년 동안 세상을 등지고 강학(講學)에 힘썼다. 주자가 그의 강의 어록을 모아 ≪연평답문(延平答問)≫을 엮었다.

을 참칭하게 한 일과 중원을 어지럽힌 일이 아닌 것이 없었고, 진문자는 제나라에 벼슬하면서 이미 군주를 바르게 하고 역적을 토벌하는 도리를 잃었고 또 몇 년 안 되어 다시 제나라로 돌아갔으니 그들이 인하지 못했음을 역시 알 수 있다.

공야장5 제19장

05-19 ◉季文子[38]가 三思而後行하니 子聞之하시고 曰이라. 再斯[39]可矣니라.

●季文子는 魯大夫로 名이 行父라. 每事를 必三思而後行하니 若使晉而求遭喪之禮以行[40]이 亦其一事也라. 斯는 語辭라.

●程子曰이라. 爲惡之人은 未嘗知有思니 有思則爲善矣라. 然이나 至於再則已審이요 三則私意起而反惑矣라. 故로 夫子譏之라.

●愚按컨대 季文子가 慮事如此하니 可謂詳審而宜無過擧矣로되 而宣公[41]簒立에 文子乃不能討하고 反爲之使齊而納賂焉[42]이라. 豈非程子所謂私意起而反惑之驗歟아. 是以로 君子務窮理而貴果斷이요 不徒多思之爲[43]尙이라.

---

38) 계문자(季文子, ?-B.C. 568) : 춘추시대 노(魯)나라 대부인 계손행보(季孫行父)로 문자(文子)는 시호이다. 청렴과 충성으로 칭송되었다.

39) 사(斯) : '즉(則)'의 용법이다.

40) 진(晉)나라 군주가 병중에 있다는 말을 듣고 한 행동이다.[≪춘추좌전(春秋左傳)·문공(文公)·6년≫, "가을에 계문자가 진나라를 예방하려 하면서 사람을 시켜 장례를 만났을 때의 예를 찾아보게 하고 떠났다. 그 사람이 묻기를, '그것을 어디에 쓰시려 하십니까?' 라고 하자 계문자가 대답하였다. '뜻하지 않은 일에 미리 준비하는 것은 옛날의 좋은 가르침이었다. (일을 만난 뒤에) 찾아 없으면 실로 난처해진다. 넘치게 찾아보는 것이 무슨 해가 되겠느냐.' 8월 을해일에 진나라 양공이 죽었다.(秋, 季文子將聘於晉, **使求遭喪之禮以行**. 其人曰. 將焉用之? 文子曰. 備豫不虞, 古之善教也. 求而無之, 實難. 過求, 何害. 八月乙亥, 晉襄公卒.)"]

41) 선공(宣公) : 노(魯)나라 제후로 재위 기간은 B.C. 608-B.C. 591년이다.

42) ≪춘추좌전(春秋左傳)·선공(宣公)·원년≫

43) 지위(之爲) : '지(之)'와 마찬가지로 목적어 도치를 나타낸다.

한자 簒 빼앗을 찬, 賂 뇌물 뢰

계문자가 세 번 생각한 뒤에 행동하자 공자가 그 말을 듣고 말씀하였다. "두 번이면 좋다."

○계문자는 노나라 대부로 이름이 행보(行父)이다. 모든 일을 반드시 세 번 생각한 뒤에 행동하였으니, 예를 들면 진(晉)나라에 사신 가면서 장례를 만났을 때의 예를 찾아보고 간 것이 또한 그 한 가지 일이다. '사(斯)'는 어조사이다.

○정자가 말하였다. "나쁜 짓을 하는 사람은 일찍이 생각함이 있다는 것을 알지 못하니 생각함이 있으면 선을 행하게 된다. 그러나 두 번에 이르면 이미 살핀 것이고 세 번이면 사사로운 생각이 일어나 도리어 미혹된다. 그러므로 공자가 그것을 비판한 것이다."

○내가 살펴보건대, 계문자가 일을 염려한 것이 이와 같았으니 자세히 살폈다고 할 만하고 당연히 잘못된 행동이 없었어야 할 텐데, 선공이 찬탈하고 즉위하자 계문자는 이에 성토하지 못하고 도리어 그를 위해 제나라에 사신 가서 뇌물을 바쳤다. 어찌 정자가 일컬은, '사사로운 생각이 일어나 도리어 미혹된' 증거가 아니겠는가. 이 때문에 군자는 이치를 추구하는 것을 힘쓰면서도 과감하게 결단하는 것을 귀중하게 여기고 단지 많이 생각하는 것만을 숭상하지는 않는다.

공야장5 제20장

05-20 ◉子曰이라. 甯武子는 邦有道則知하고 邦無道則愚하니 其知는 可及也어니와 其愚는 不可及也니라.

●甯武子는 衛大夫로 名이 兪라. 按春秋傳하면 武子仕衛는 當文公成公之時

라. 文公有道어늘 而武子無事可見하니 此其知之可及也라. 成公無道하여 至於失國이어늘 而武子가 周旋其間하여 盡心竭力하고 不避艱險이라. 凡其所處가 皆智巧之士는 所深避而不肯爲者로되 而能卒保其身하고 以濟其君44)하니 此其愚之不可及也라.

●程子曰이라. 邦無道에 能沈晦以免患이라. 故로 曰不可及也라. 亦有不當愚者하니 比干이 是也라.

한자 甯 편안할 녕(寧과 같은 자)·**성 영**, 兪 통나무 배 유·승낙할 유·점점 유, 艱 **어려울 간**·신중할 간·부모상 간, 晦 그믐 회·어두울 회·**감출 회**

공자가 말씀하였다. "영무자는 나라에 도가 있을 때에는 지혜로웠고 나라에 도가 없을 때에는 우직하였으니, 그의 지혜는 미칠 수 있지만 그의 우직함은 미칠 수 없다."

○영무자는 위나라 대부로 이름이 유(兪)이다. ≪춘추좌전≫을 살펴보면 영무자가 위나라에서 벼슬한 것은 문공(文公)과 성공(成公) 때에 해당된다. 문공은 도가 있었는데 영무자가 볼만한 일이 없었으니 이것이 그의 지혜는 미칠 수 있는 것이다. 성공은 무도(無道)하여 나라를 잃는 지경에 이르렀는데 영무자가 그 사이에서 돌보면서 마음을 극진히 하고 힘을 다하였고 어려움을 피하지 않았다. 그가 처신했던 것들은 모두가 지혜롭고 약은 선비들은 심히 피하여 하려 하지 않는 것들인데, 끝내 자기 몸을 보전하고 그 군주를 구할 수 있었으니 이것이 그의 우직함은 미칠 수 없는 것이다.

○정자가 말하였다. "나라에 도가 없을 때에 감추고 드러내지 않아45) 화를 면할 수 있었다. 그러므로 미칠 수 없다고 한 것이다. 또한 우직하지 않아야 할 경우가 있으니 비간이 그 경우이다.46)"

---

44) ≪춘추좌전(春秋左傳)·희공(僖公)·28년≫

45) 자신을 드러내지 않고 일을 진행한 것을 설명한 것으로, 어려움을 피했다는 말이 아니다.

46) 비간의 경우는 감추고 드러내지 않음으로써 화를 면할 수 있는 입장이 아니라 목숨을

공야장5 제21장

05-21 ◉子在陳하사 曰이라. 歸與歸與인저. 吾黨之小子가 狂簡하여 斐然成章이요 不知所以裁之로다.

●此는 孔子가 周流四方하되 道不行而思歸之歎也라. 吾黨小子는 指門人之在魯者라. 狂簡은 志大而略於事也라. 斐는 文貌요 成章은 言其文理成就하여 有可觀者라. 裁는 割正也라. 夫子가 初心엔 欲行其道於天下러니 至是而知其終不用也라. 於是에 始欲成就後學하여 以傳道於來世라. 又不得中行47)之士하여 而思其次48)하니 以爲狂士는 志意高遠하여 猶或可與進於道也라. 但恐其過中失正而或陷於異端耳라. 故로 欲歸而裁之也라.

한자 狂 미칠 광·**과격할 광**·급할 광. 簡 대쪽 간·책 간·편지 간·간단할 간·소홀히 할 간·**대범할 간**, 斐 **찬란할 비**·재빠른 모양 비, 裁 **마를 재**·헤아릴 재, 陷 **빠질 함**·함정 함

공자가 진(陳)나라에 계실 때에 말씀하였다. "돌아가리. 돌아가리. 우리 고을의 제자들이 뜻만 크고 일에 소략하여 찬란하게 문채를 이루었지만 그것을 마름질할 줄을 모르는구나."

○이것은 공자가 사방을 두루 다녔으나 도가 행해지지 않자 돌아갈 것을 생각한 탄식이다. '우리 고을의 제자들'이란 제자들 중에 노나라에 있는 자들을 가리킨다. '광간(狂簡)'은 뜻은 크나 일에 소략한 것이다. '비(斐)'

걸고 적극적으로 나서야 할 상황이었다는 설명이다.

47) 중행(中行) : 중용(中庸)의 도리에 맞는 사람을 가리킨다.

48) ≪맹자(孟子)·진심하(盡心下)≫, "공자는 '중도(中道)의 인물을 얻어 함께하지 못할진댄 반드시 광자(狂者)와 견자(獧者)이어야 한다. 광자는 진취적이고 견자는 하지 않는 것이 있다.'라고 하셨으니, 공자가 어찌 중도의 인물을 원하지 않으셨겠는가만 반드시 얻을 수 있는 것은 아니었기 때문에 그 다음을 생각하신 것이다.(孔子, **不得中道**而與之, 必也狂獧乎. 狂者進取, 獧者有所不爲也. 孔子豈不欲中道哉, 不可必得故, **思其次**也.)"

는 문채 나는 모습이고 '성장(成章)'은 그들의 문채가 이루어져 볼 만한 것이 있다는 말씀이다. '재(裁)'는 바르게 자르는 것이다. 공자가 처음의 마음으로는 천하에 자신의 도를 펴고자 하였으나 이때에 이르러 그것이 끝내 쓰이지 않을 것임을 알았다. 이에 비로소 후학들을 성취시켜 후세에 도를 전하고자 한 것이다. 또 중도의 선비를 얻지 못하여 그 다음을 생각하였으니 뜻만 큰 선비는 뜻이 고원하여 오히려 혹시 더불어 도에 나아갈 수 있으리라고 여겼다. 다만 그들이 중도를 넘고 바름을 잃어 혹시 이단에 빠질까를 염려했을 뿐이다. 그래서 돌아가 그들을 바로잡아주고자 한 것이다.

공야장5 제22장

05-22 ◉子曰이라. 伯夷叔齊는 不念舊惡이라. 怨是用希니라.

●伯夷叔齊는 孤竹君之二子라. 孟子稱其不立於惡人之朝하고 不與惡人言하며 與鄉人立에 其冠不正이어든 望望然去之하여 若將浼焉[49]이라. 其介如此하니 宜若無所容矣나 然其所惡之人이 能改卽止라. 故로 人亦不甚怨之也라.

●程子曰이라. 不念舊惡이 此[50]淸者之量[51]이라.

●又曰이라. 二子之心을 非夫子면 孰能知之리오.

---

49) ≪맹자(孟子)·공손추상(公孫丑上)≫, "백이는 올바른 군주가 아니면 섬기지 않았고, 올바른 벗이 아니면 사귀지 않았으며, 악한 사람의 조정에 서지 않았고, 악한 사람과 말하지 않았다. 악한 사람의 조정에 서는 것과 악한 사람과 말하는 것을 마치 조회의 복장으로 진흙이나 숯에 앉는 것처럼 여겼으며, 악을 미워하는 마음을 확충하여 생각하기를, 고을 사람과 서 있을 때 그의 갓이 바르지 않으면 뒤돌아보지 않고 떠나 마치 그에 의해 더럽혀질 듯이 여겼다.(伯夷, 非其君不事, 非其友不友, 不立於惡人之朝, 不與惡人言. **立於惡人之朝, 與惡人言**, 如以朝衣朝冠, 坐於塗炭, 推惡惡之心, 思**與鄉人立, 其冠不正, 望望然去之, 若將浼焉**.)"

50) 차(此) : '곧', '즉시'의 뜻으로 부사로 쓰였다.[예 : ≪대학(大學)·전10장≫, "군자는 먼저 덕을 삼가니 덕을 지니게 되면 곧 사람을 얻고, 사람을 얻으면 곧 토지를 얻는다.(君子先愼乎德, 有德此有人, 有人此有土.)"]

51) ≪맹자·만장하(萬章下)≫, "백이는 성인 중에서 깨끗한 자이다.(伯夷, 聖之淸者也.)"

한자 浼 더럽힐 매, 介 경계 개·낄 개·**절개 개**·사람이나 사물을 세는 단위(個와 같은 자)

공자가 말씀하였다. "백이와 숙제는 (남들의) 지난 잘못을 염두에 두지 않았다. (남들의) 원망이 이 때문에 드물었다."

○백이와 숙제는 고죽국 군주의 두 아들이다. 맹자가 일컫기를, "그들은 악한 사람의 조정에 서지 않았고, 악한 사람과 함께 말하지 않았으며, 고을 사람과 서 있을 때 그의 갓이 바르지 않으면 뒤돌아보지 않고 떠나 마치 그에 의해 더럽혀질 듯이 여겼다."라고 하였다. 그들의 절조가 이와 같았으니 의당 포용하는 바가 없을 듯하지만 그들이 미워하던 사람이 (잘못을) 제대로 고치면 즉시 (미워함을) 그쳤다. 그러므로 남들도 역시 그를 심히 원망하지 않았다.

○정자가 말하였다. "지난 잘못을 염두에 두지 않는 것이 곧 깨끗한 자의 도량이다."

○또 말하였다. "두 사람의 마음을 공자가 아니면 누가 알 수 있었겠는가."

공야장5 제23장

05-23 ◉子曰이라. 孰謂微生高直고. 或乞醯焉이어늘 乞諸其隣而與之로다.

●微生은 姓이요 高는 名이니 魯人으로 素有直名者라. 醯는 醋也라. 人來乞時에 其家無有故로 乞諸隣家以與之라. 夫子言此하여 譏其曲意徇物하고 掠美市恩하니 不得爲直也라.

●程子曰이라. 微生高所枉雖小나 害直爲大라.

●范氏曰이라. 是曰是하고 非曰非하며 有謂有하고 無謂無를 曰直이라. 聖人은 觀人於其一介之取予하여 而千駟萬鍾[52]을 從可知焉이라. 故로 以微事

斷之하니 所以敎人不可不謹也니라.

한자 醯 초 혜, 徇 순시할 순·전시할 순·**따를 순**, 掠 **빼앗을 략**·매질할 략, 介 경계 개·낄 개·절개 개·사람이나 사물을 세는 단위(個와 같은 자), 駟 사마 사·(네 필의 말을 메운) **수레 사**, 鍾 술병 종·**용량 단위 종** (6곡 4두)·모을 종

공자가 말씀하였다. "누가 미생고를 곧다고 하였는가. 어떤 사람이 그에게 식초를 빌리자 그의 이웃집에서 빌려다 주었는데."

○'미생(微生)'은 성이고 '고(高)'는 이름이니 노나라 사람으로 평소에 곧다는 명성이 있던 자였다. '혜(醯)'는 식초이다. 남이 빌리러 왔을 때 자기 집에 없었기 때문에 이웃집에서 빌려다 준 것이다. 공자는 이것을 말씀하여 그가 뜻을 굽혀 상대를 따랐으며 아름다움을 차지하고 은혜를 팔았으니 곧음이 될 수 없다고 비판하였다.

○정자가 말하였다. "미생고가 굽힌 것은 비록 작으나 곧음을 해친 것은 크다."

○범씨[범조우(范祖禹)]가 말하였다. "옳은 것은 옳다고 하고 그른 것은 그르다고 하며, 있는 것은 있다고 이르고 없는 것은 없다고 이르는 것을 '곧다'고 한다. 공자는 한 가지를 주고받는 데에서 사람을 관찰하여 천 대의 수레와 만 종의 곡식에 대해서도 따라서 알 수 있었다. 그러므로 작은 일로 단정한 것이니 사람들에게 삼가지 않아서는 안 됨을 가르친 것이다."

공야장5 제24장

05-24 ◉子曰이라. 巧言令色足恭을 左丘明恥之러니 丘亦恥之하노

---

52) 만종(萬鍾) : 종(鍾)은 용량의 단위로 6곡(斛) 4두(斗)이다.

라. 匿怨而友其人을 左丘明恥之러니 丘亦恥之하노라.

●足는 過也라.

●程子曰이라. 左丘明은 古之聞人也라.

●謝氏曰이라. 二者之可恥는 有甚於穿窬也라. 左丘明恥之하니 其所養을 可知矣라. 夫子自言丘亦恥之라하니 蓋竊比老彭之意요[53] 又以深戒學者하여 使察乎此而立心以直也라.

한자 足 발 족·**지나칠 주**, 匿 달아날 닉·숨을 닉·**숨길 닉**, 穿 뚫을 천, 窬 협문 유·뚫을 유·**넘을 유**(踰와 통용), 彭 북소리 팽·**성 팽**·곁 방

공자가 말씀하였다. "말을 잘 꾸미고 얼굴빛을 좋게 하며 공손을 지나치게 하는 것을 좌구명이 부끄럽게 여겼는데 나 역시 부끄럽게 여긴다. 원망을 감추고 그 사람과 사귀는 것을 좌구명이 부끄럽게 여겼는데 나 역시 부끄럽게 여긴다."

○'주(足)'는 '지나치다'이다.

○정자가 말하였다. "좌구명은 옛날에 유명했던 사람이다."

○사씨[사양좌(謝良佐)]가 말하였다. "두 가지가 부끄럽게 여길 만함은 담을 뚫거나 넘는 것[도둑질]보다 심한 것이 있다. 좌구명이 이것을 부끄럽게 여겼으니 그가 수양한 바를 알 수 있다. 공자가 스스로 말씀하기를, '나 역시 부끄럽게 여긴다.'라고 하였으니 '은근히 노팽에게 비긴다.'는 뜻이고 또 배우는 자들을 깊이 경계하여 이것을 잘 살펴 곧음으로 마음을 세우게 한 것이다."

---

53) ≪논어(論語)·술이(述而)≫, "전하기만 하고 창작하지 않으며 옛것을 믿고 좋아하는 것을 은근히 우리 노팽에게 비긴다.(述而不作, 信而好古, 竊比於我老彭.)"

公冶長5 第25章

05-25-1 ◉顔淵季路侍러니 子曰이라. 盍各言爾志오.

●盍은 何不也라.

한자 侍 받들 시·모실 시, 盍 덮을 합·어찌 아닐 합·아마도 합

안연과 자로가 (공자를) 모시고 있었는데 공자가 말씀하였다. "어찌 각자 너희들의 뜻을 말해보지 않는가."

○'합(盍)'은 '어찌 않는가'이다.

05-25-2 ◉子路曰이라. 願車馬衣輕裘를 與朋友共하여 敝之而無憾하노이다.

●衣는 服之也오 裘는 皮服이라. 敝는 壞也오 憾은 恨也라.

한자 裘 갖옷 구, 敝 해질 폐, 憾 한할 감·섭섭할 감

자로가 말하였다. "수레와 말(타는 것)과 가벼운 갖옷 입는 것을 친구와 함께하다가 해지더라도 유감이 없고자 합니다."

○'의(衣)'는 '그것을 입다'이고 '구(裘)'는 갖옷이다. '폐(敝)'는 '해지다'이고 '감(憾)'은 '유감스럽게 여기다'이다.

05-25-3 ◉顔淵曰이라. 願無伐善하며 無施勞하노이다.

●伐은 誇也오 善은 謂有能이라. 施亦張大之意오 勞는 謂有功이니 易曰勞而不伐54)이 是也라. 或曰勞는 勞事也라. 勞事는 非己所欲故로 亦不欲施之於人이라한대 亦通이라.

한자 伐 칠 벌·**자랑할 벌**, 施 베풀 시·**자랑할 시**·버릴 시·옮길 이·뻗을 이, 誇 **자랑할 과**·칭찬할 과

안연이 말하였다. "잘하는 것을 자랑함이 없고 공로를 과시함이 없고자 합니다."

○'벌(伐)'은 '자랑하다'이고 '선(善)'은 능력이 있음을 이른다. '시(施)' 역시 과장하는 뜻이고, '노(勞)'는 공로가 있음을 이르니 ≪주역≫에 "공로가 있어도 자랑하지 않는다."는 것이 그것이다. 어떤 사람이 말하기를, "'노(勞)'는 힘든 일이다. 힘든 일은 자기가 바라는 것이 아니니 역시 남에게 그것을 하게 하지 않고자 한다."라고 하였는데 역시 통한다.

05-25-4 ◉子路가 曰願聞子之志하노이다. 子曰이라. 老者를 安之하고 朋友를 信之하며 少者를 懷之니라.

●老者를 養之以安하고 朋友를 與之以信하고 少者를 懷之以恩이라. 一說에 安之는 安我也요 信之는 信我也요 懷之는 懷我也라한대 亦通이라.
●程子曰이라. 夫子는 安仁55)이요 顔淵은 不違仁56)이요 子路는 求仁이라.

---

54) ≪주역(周易)·계사전상(繫辭傳上)≫, "공자가 말씀하였다. '공로가 있어도 자랑하지 않고 공적이 있어도 덕으로 여기지 않는 것이 후덕함이 지극한 것이다.(子曰. 勞而不伐, 有功而不德, 厚之至也.)"

55) ≪논어(論語)·이인(里仁)≫, "인한 자는 인을 편안히 여기고 지혜로운 자는 인을 이롭게 여긴다.(仁者, 安仁, 知者, 利仁.)"

56) ≪논어·옹야(雍也)≫, "공자가 말씀하였다. '안회는 그 마음이 3개월 동안 인에서 벗어

●又曰이라. 子路顔淵孔子之志는 皆與物共者也나 但有小大之差爾니라.

●又曰이라. 子路는 勇於義者니 觀其志하면 豈可以勢利拘之哉아. 亞於浴沂57)者也라. 顔子는 不自私己故로 無伐善하고 知同於人故로 無施勞하니 其志可謂大矣라. 然이나 未免於有意也라. 至於夫子하여는 則如天地之化工이 付與萬物而己不勞焉하니 此聖人之所爲也라. 今夫羈靮은 以御馬하고 而不以制牛하나니 人皆知羈靮之作이 在乎人하고 而不知羈靮之生이 由於馬라. 聖人之化도 亦猶是也라. 先觀二子之言하고 後觀聖人之言하니 分明天地氣象이라. 凡看論語에 非但欲理會文字요 須要識得聖賢氣象이라.

한자 沂 물 이름 기, 羈 굴레 기, 靮 고삐 적

자로가 "선생님의 뜻을 듣고 싶습니다."라고 하자 공자가 말씀하였다. "노인을 편안하게 해주고 벗을 믿어주고 젊은이를 감싸주는 것이다."

○노인을 편안함으로 봉양하고 벗과 신의로 어울리며 젊은이를 은혜로 감싸준다. 일설에는, '안지(安之)'는 나를 편안히 여기게 하는 것이고, '신지(信之)'는 나를 믿게 하는 것이고, '회지(懷之)'는 나를 그리워하게 하는 것이라 하였는데 역시 통한다.

○정자가 말하였다. "공자는 인을 편안히 여긴 것이고, 안연은 인에서 벗어나지 않은 것이고, 자로는 인을 구한 것이다."

○또 말하였다. "자로·안연·공자의 뜻은 모두가 상대와 함께하는 것이지만 단지 크고 작은 차이가 있을 뿐이다."

○또 말하였다. "자로는 의리에 용감했던 자이니 그의 뜻을 보면 어찌 세력이나 이익으로 그를 얽맬 수 있겠는가. '기수(沂水)에서 목욕하겠다.'는

나지 않았고 그 나머지 사람들은 하루나 한 달로 거기에 이를 뿐이다.'(子曰. 回也, 其心三月不違仁, 其餘則日月至焉而已矣.)"

57) ≪논어(論語)·선진(先進)≫, "'점아. 너는 어떠하냐?' …(점이) 대답하였다. '늦은 봄에 봄옷이 만들어지면 어른 5·6명, 어린이 6·7명과 함께 기수에서 목욕하고 무우에서 바람 쐬다가 노래하면서 돌아오겠습니다.'(點, 爾何如? …曰. 莫春者, 春服旣成, 冠者五六人, 童子六七人, 浴乎沂, 風乎舞雩, 詠而歸.)"

것에 버금가는 자이다. 안자는 스스로 자신에게 이롭게 하지 않았으므로 잘하는 것을 자랑함이 없었고 (나의 마음이) 남과 같음을 알았기 때문에 힘든 일을 남에게 하게 함이 없었으니 그 뜻이 크다고 할 만하다. 그러나 의도가 있는 데에서 벗어나지 못하였다. 공자에 이르러서는 마치 천지의 조물주가 만물에게 부여해주면서도 자신은 수고롭지 않는 것과 같으니 이것이 성인이 행하는 바이다. 지금 굴레와 고삐는 그것으로 말을 다루지 소를 통제하지는 않는데, 사람들은 모두 굴레와 고삐를 만든 것이 사람에게 있다는 것만 알고, 굴레와 고삐가 생겨난 것이 말에서 비롯된 줄은 알지 못한다.58) 성인의 교화도 이와 같다. 먼저 두 사람의 말을 살피고 뒤에 공자의 말씀을 살피니 [공자는] 분명한 천지의 기상[자연스러움]이다. 무릇 ≪논어≫를 읽을 때에는 비단 글자를 이해하고자 할 뿐만이 아니고 성현의 기상을 알 수 있어야 한다."

공야장5 제26장

05-26 ◉子曰이라. 已矣乎라. 吾未見能見其過而內自訟者也로라.

●已矣乎者는 恐其終不得見而歎之也라. 內自訟者는 口不言而心自咎也라. 人有過而能自知者가 鮮矣요 知過而能內自訟者는 爲尤鮮이라. 能內自訟이면 則其悔悟가 深切而能改는 必矣라. 夫子自恐終不得見而歎之하니 其警學者가 深矣라.

한자 訟 논쟁할 송·송사할 송·**책망할 송**, 咎 재앙 구·**허물 구**

공자가 말씀하였다. "그만이로다! 나는 아직 자기 잘못을 알고서 안으로 자신을 책망할 수 있는 자를 보지 못하였다."

58) 타고난 바에 따라 거기에 맞게 조치가 된 것이니 바로 천리(天理)임을 가리킨다.

○'이의호(已矣乎)'라는 것은 자신이 끝내 만나지 못할 것을 염려하여 탄식한 것이다. '내자송(內自訟)'이라는 것은 입으로 말하지 않고 마음으로 자신을 허물하는 것이다. 사람이 잘못이 있고서 스스로 알 수 있는 이가 드물고, 잘못을 알고서 안으로 자신을 책망할 수 있는 자는 더욱 드물다. 안으로 자신을 책망할 수 있으면 그 뉘우침과 깨달음이 깊고 간절하여 제대로 고칠 수 있는 것은 필연적이다. 공자가 끝내 만나지 못할 것을 스스로 염려하여 탄식하였으니 배우는 자들을 일깨운 것이 깊다.

공야장5 제27장

05-27 ◉子曰이라. 十室之邑에 必有忠信이 如丘者焉이어니와 不如丘之好學也니라.

●十室은 小邑也라. 忠信如聖人이면 生質之美者也라. 夫子生知而未嘗不好學이라. 故로 言此以勉人이라. 言美質易得이나 至道難聞이니 學之至則可以爲聖人이요 不學則不免爲鄕人而已라. 可不勉哉아.

공자가 말씀하였다. "10호의 마을에도 반드시 충실과 신의가 나와 같은 자가 있겠지만, 내가 배우기를 좋아하는 것만은 못할 것이다."

○'십실(十室)'은 작은 고을이다. 충실과 신의가 공자와 같다면 타고난 자질이 아름다운 자이다. 공자는 태어나면서부터 아는 이였는데도 일찍이 배우기를 좋아하지 않은 적이 없었다. 그러므로 이것을 말씀하여 사람들을 힘쓰게 한 것이다. 아름다운 자질은 얻기 쉬우나 지극한 도리는 듣기 어려우니, 배우는 것이 지극해지면 성인이 될 수 있고 배우지 않으면 촌놈이 되는 것을 면치 못할 뿐임을 말씀한 것이다. 힘쓰지 않을 수 있겠는가.

옹야(雍也) 제육(第六)

●凡二十八章이라.
篇內第十四章以前은 大意與前篇同이라.

○모두 28장이다.
편 안에서 14장 이전까지는 대체적인 뜻이 앞 편과 같다.[1]

1) '옛날 사람들과 당시 사람들의 훌륭함 여부와 잘잘못을 논평(論古今人物賢否得失)'한 내용을 말한다.

옹야6 제1장

06-01-1 ◉子曰이라. 雍[2]也는 可使南面[3]이로다.

◉南面者는 人君聽治之位라. 言仲弓寬洪簡重하여 有人君之度也라.

공자가 말씀하였다. "염옹(冉雍)은 군주 노릇하게 할 만하다."

○'남면(南面)'이라는 것은 군주가 정사를 다스리는 자리이다. 중궁은 너그럽고 원대하며 소탈하고 중후하여 군주의 도량이 있다고 말씀한 것이다.

06-01-2 ◉仲弓이 問子桑伯子한대 子曰이라. 可也가 簡이니라.[4]

◉子桑伯子는 魯人이라. 胡氏以爲疑卽莊周所稱子桑戶[5]者가 是也라. 仲弓以夫子許己南面故로 問伯子如何라. 可者는 僅可而有所未盡之辭요 簡者는 不煩之謂라.

중궁이 자상백자에 대하여 물으니 공자가 말씀하였다. "괜찮은 점이 소탈함이다."

○자상백자는 노나라 사람이다. 호씨[호인(胡寅)[6]]는, 아마도 바로 장주가

---

2) 옹(雍) : 염옹(冉雍 : B.C. 522-?)으로 자가 중궁(仲弓)이다. 덕행으로 뛰어났다.
3) 남면(南面) : 군주의 지위에 올라 나라를 다스리는 것을 가리킨다.
4) 율곡(栗谷)은 "可也니 簡이니라."라고 현토하여 '可'를 "可使南面"의 '可'로 본 듯하다. 그러면 자상백자도 "군주 노릇하게 할 만하니 소탈하기 때문이다."로 해석된다. 주자가 자상백자의 괜찮은 점은 소탈함일 뿐이라서 군주 노릇하기에는 미진하다고 본 것에 비해 원뜻에 가깝다고 여겨지지만 우선은 주자의 관점에 따라 번역하였다.
5) 자상호(子桑戶) : ≪장자(莊子)·대종사(大宗師)≫편에 보이는 인물로 공자(孔子)와 같은 시대를 살았다고 한다.
6) 호인(胡寅) : 남송 초기의 학자로 자가 명중(明仲)이다. ≪논어상설(論語詳說)≫을 저술

일컬은 자상호(子桑戶)라는 자가 그 사람일 것이라고 하였다. 중궁은 공자가 자신을 군주 노릇할 만하다고 인정하였기 때문에 자상백자는 어떤지를 물었다. '가(可)'라는 것은 겨우 괜찮을 뿐이라서 미진한 바가 있다는 말이고 '간(簡)'이라는 것은 번잡하지 않음을 이른다.

06-01-3 ◉仲弓이 曰이라. 居敬[7]而行簡[8]하여 以臨其民이면 不亦可乎잇가. 居簡而行簡이면 無乃大簡乎잇가.

●言自處以敬이면 則中有主而自治嚴이라. 如是而行簡以臨民이면 則事不煩而民不擾리니 所以爲可라. 若先自處以簡이면 則中無主而自治疎矣라. 而所行又簡이면 豈不失之太簡而無法度之可守乎아. 家語에 記伯子不衣冠而處한대 夫子譏其欲同人道於牛馬라.[9] 然則伯子는 蓋太簡者리니 而仲弓이 疑夫子之過許與라.

한자 擾 번거로울 요·어지럽힐 요, 疎 트일 소·나눌 소·소원할 소·성길 소

중궁이 말하였다. "경건함에 마음을 두고 소탈함을 행함으로써 백성을 대한다면 또한 괜찮지 않겠습니까. 소탈함에 마음을 두고 소탈함을 행한다면 너무 소탈한 것이 아니겠습니까."

○"경건함으로 스스로 처신한다면 마음속에 주관이 있어 스스로를 다스리

하였다.

7) ≪논어(論語)·안연(顔淵)≫에서 말한, "중궁이 인에 대하여 묻자 공자가 말씀하였다. '문을 나가서는 큰 손님을 만나듯이 하고, 백성을 부리면서 큰 제사를 받들 듯이 하라'(仲弓問仁, 子曰. 出門如見大賓, 使民如承大祭.)"는 것이 거경(居敬)의 한 예이다.

8) ≪논어·자로(子路)≫에서 말한, "중궁이 계씨의 가신이 되어 정치에 대하여 묻자 공자가 말씀하였다. '담당자를 앞세우고 작은 허물을 용서해주어라.'(仲弓, 爲季氏宰, 問政, 子曰. 先有司, 赦小過)"는 것이 행간(行簡)의 한 예이다.

9) ≪공자가어(孔子家語)≫에는 보이지 않고 유향(劉向)의 ≪설원(說苑)·수문(修文)≫편에 보인다.

는 것이 엄격합니다. 이와 같이 하고 소탈함을 행함으로써 백성을 대한다면 일이 번잡하지 않고 백성들이 번거롭지 않을 것이니 괜찮은 것입니다. 만약 먼저 소탈함으로 스스로 처신한다면 마음속에 주관이 없어 자신을 다스리는 것이 엉성해집니다. 그런데 행하는 것도 또 소탈하다면 혹시 너무 소탈함에서 잘못되어 지킬 만한 법도가 없지 않겠습니까."라는 말이다. ≪가어(家語)≫에 기록하기를, "자상백자가 의관을 갖추지 않고 지내자 공자는 그가 사람의 도리를 소나 말과 같게 하려 한다고 비판하였다.'라고 하였다. 그렇다면 자상백자는 아마 너무 소탈한 자였을 것이니 그래서 중궁은 공자가 지나치게 인정하였다고 의심한 것이다.

06-01-4 ◉子曰이라. 雍之言이 然[10]하다.

●仲弓은 蓋未喩夫子可字之意나 而其所言之理는 有默契焉者라. 故로 夫子然之라.

●程子曰이라. 子桑伯子之簡은 雖可取而未盡善故로 夫子云可也라. 仲弓이 因言內主於敬而簡이면 則爲要直이나 內存乎簡而簡이면 則爲疏略이라하니 可謂得其旨矣라.

●又曰이라. 居敬則心中無物故로 所行自簡이나 居簡則先有心於簡하여 而多一簡字矣라. 故로 曰大簡이라.

한자 喩 알릴 유·**분명하게 알 유**·깨달을 유, 契 부절 계·계약 계·**맞을 계**·체득할 계·소원할 결·부족 이름 글·사람 이름 설

공자가 말씀하였다. "염옹의 말이 옳다."

○중궁은 아직 공자가 말씀한 '가(可)'자의 뜻을 깨닫지는 못했으나 그가 말한 이치는 은연중에 일치하는 것이 있었다. 그래서 공자가 옳다고 한

10) ≪광운(廣韻)·선운(先韻)≫, "'연(然)'은 시(是)이다.(然, 是也.)"

것이다.[11)]

○정자가 말하였다. "자상백자의 소탈함은 비록 취할 만하나 지극히 좋지는 않았기 때문에 공자가 괜찮다고 말씀하였다. 중궁이 그래서 '마음속으로 경건함을 위주로 하면서 소탈하면 요점적이고 바르지만 마음속으로 소탈함을 간직한 채 소탈하면 엉성합니다.'라고 말하였으니 그 뜻을 터득하였다고 이를 만하다."

○또 말하였다. "경건함에 마음을 두면 마음속에 다른 것[사의(私意)]이 없기 때문에 행하는 것이 자연 소탈하지만, 소탈함에 마음을 두면 먼저 소탈함에 마음이 있어 '간(簡)'자 하나가 지나치게 된다. 그러므로 너무 소탈하다고 한 것이다."

옹야6 제2장

06-02 ◉哀公이 問弟子孰爲[12)]好學이니잇고? 孔子對曰이라. 有顔回者가 好學하여 不遷怒하며 不貳過하더니 不幸短命死矣라. 今也則亡하니 未聞好學者也니이다.

●遷은 移也요 貳는 復(부)也니 怒於甲者를 不移於乙하고 過於前者를 不復於後라. 顔子는 克己之功이 至於如此하니 可謂眞好學矣라. 短命者는 顔子가 三十二而卒也라. 旣云今也則亡하고 又言未聞好學者하니 蓋深惜之하고 又以見眞好學者之難得也라.

●程子曰이라. 顔子之怒는 在物不在己故로 不遷이라. 有不善이면 未嘗不知

---

11) 주자는, 공자가 '가(可)'라고 대답한 것은 자상백자의 괜찮은 점이 소탈함뿐이라서 "군주 노릇하게 할 만하지 않다."고 말씀한 것인데, 중궁이 '가(可)'자의 뜻을 깨닫지 못하여 자상백자도 "군주 노릇하게 할 만하니 소탈하기 때문이다."로 이해하여 문제를 제기했다고 본 것이다. 그러나 전체적인 맥락으로 볼 때 공자는 원래 "군주 노릇하게 할 만하니 소탈하기 때문이다."로 대답하였다가 중궁의 반박을 듣고 자신의 말이 잘못되었음을 인정한 것으로 봐야 할 듯하다.

12) 위(爲) : 비교하는 의미의 문장에서 '가장[最]', '더욱[更]'의 뜻을 가진 강조용법이다.

하고 知之면 未嘗復行[13]하니 不貳過也라.

●又曰이라. 喜怒在事니 則理之當喜怒者也요 不在血氣니 則不遷이라. 若舜之誅四凶也[14]에 可怒在彼하니 己何與焉이리오. 如鑑之照物에 姸媸在彼하여 隨物應之而已니 何遷之有리오.

●又曰이라. 如顔子地位면 豈有不善이리오. 所謂不善은 只是微有差失이니 纔差失이면 便能知之요 纔知之면 便更不萌作이라.

●張子曰이라. 慊於己者를 不使萌於再라.

●或曰이라. 詩書六藝를 七十子가 非不習而通也로되 而夫子獨稱顔子爲好學이라. 顔子之所好는 果何學歟아? 程子曰이라. 學以至乎聖人之道也니라. 學之道는 奈何오? 曰天地儲精에 得五行之秀者가 爲人[15]이니 其本也는 眞而靜이라. 其未發也에 五性이 具焉하니 曰仁義禮智信이라. 形旣生矣에 外物觸其形而動於中矣라. 其中動而七情이 出焉하니 曰喜怒哀懼愛惡欲이라. 情旣熾而益蕩하면 其性鑿矣라. 故로 覺者는 約其情하여 使合於中하고 正其心하여 養其性而已라. 然이나 必先明諸心하여 知所往이니 然後力行以求至焉[16]이라. 若顔子之非禮勿視聽言動[17]과 不遷怒貳過者는 則其好之

---

13) ≪주역(周易)·계사전하(繫辭傳下)≫, "공자가 말씀하였다. '안씨(顔氏)의 아들은 거의 (도에) 가까워졌구나. 선하지 못한 것이 있으면 일찍이 알지 못한 적이 없었고, 알았으면 일찍이 다시 행한 적이 없었다.'(子曰. 顔氏之子, 其殆庶幾乎. **有不善, 未嘗不知, 知之, 未嘗復行也.**)"

14) ≪서경(書經)·순전(舜典)≫, "공공(共工)을 유주에 유배하였고 환도(驩兜)를 숭산으로 추방하였으며, 삼묘(三苗)를 삼위로 쫓아냈고 곤(鯀)을 우산에 가둬 두어 네 가지로 죄를 내리니 천하 사람들이 모두 복종하였다.(流共工于幽洲, 放驩兜于崇山, 竄三苗于三危, 殛鯀于羽山. 四罪而天下咸服.)"

15) ≪예기(禮記)·예운(禮運)≫, "사람이라는 것은 하늘과 땅의 덕이고 음과 양의 교합이며, 귀신의 만남이고 오행의 빼어난 정기이다.(人者, 其天地之德, 陰陽之交, 鬼神之會, **五行之秀氣也.**)"

16) ≪대학(大學)·경1장≫에서, "≪대학≫의 길은, 밝은 덕을 밝히는 데에 있고 백성을 새롭게 하는 데에 있으며, 최선의 경지에 머무는 데에 있다. 머물 곳[목표]을 안 뒤에 (뜻이) 정해짐이 있다. 정해진 뒤에 안정될 수 있고 안정된 뒤에 자연스러울 수 있으며, 자연스러운 뒤에 제대로 생각할 수 있고 제대로 생각한 뒤에 (목표를) 얻을 수 있다.(大學之道, 在明明德, 在新民, 在止於至善. 知止而后有定, 定而后能靜, 靜而后能安, 安而后能慮, 慮而后能得.)"라고 한 내용을 요약한 것이다.

17) ≪논어(論語)·안연(顔淵)≫, "예가 아니면 보지 말고 예가 아니면 듣지 말며, 예가 아니면 말하지 말고 예가 아니면 움직이지 말라.(**非禮勿視, 非禮勿聽, 非禮勿言, 非禮勿動.**)"

篤而學之得其道也라. 然이나 其未至於聖人者는 守之也요 非化之也[18]니 假之以年이면 則不日而化矣리라. 今人은 乃謂聖本生知요 非學可至라하여 而所以爲學者가 不過記誦文辭之間하니 其亦異乎顔子之學矣로다.

한자 貳 두 이·**거듭할 이**·도울 이, 凶 흉할 흉·재앙 흉·**악할 흉**, 姸 슬기로울 연·**고울 연**, 媸 추할 치, 纔 겨우 재·**막 재**, 萌 싹 맹, 慊 **유감스러울 겸**·불만스러울 겸·부족할 겸, 儲 쌓을 저, 觸 닿을 촉, 熾 성할 치, 鑿 끌 착·뚫을 착·**침식할 착**

애공이 묻기를, "제자 중에서 누가 배우기를 가장 좋아합니까?"라고 하자 공자가 대답하였다. "안회라는 자가 배우기를 좋아하여 화를 (남에게) 옮기지 않았고 잘못을 거듭하지 않았는데 불행하게도 단명하여 죽었습니다. 지금은 없으니 아직 배우기를 좋아하는 자에 대하여 듣지 못했습니다."

○'천(遷)'은 '옮기다'이고 '이(貳)'는 '거듭하다'이니 갑에게 화난 것을 을에게 옮기지 않고 전에 잘못했던 것을 뒤에 거듭하지 않는 것이다. 안자는 사욕을 이긴 성과가 이와 같은 경지에 이르렀으니 참으로 배우기를 좋아했다고 할 만하다. 단명했다는 것은 안자가 32세가 되어 죽은 것이다. 지금은 없다고 이른 뒤에 또 아직 배우기를 좋아하는 자에 대하여 듣지 못했다고 말씀하였으니 깊이 애석해하고, 또 참으로 배우기를 좋아하는 자를 얻기가 어려움을 보인 것이다.

○정자가 말하였다. "안자의 화냄은 상대에게 달려있고 자신에게 달려있지 않았으므로 옮기지 않았다. 선하지 않은 것이 있으면 알지 못한 적이 없었고, 알았으면 다시 행한 적이 없었으니 잘못을 거듭하지 않은 것이다."

○또 말하였다. "기뻐하거나 화내는 것은 일에 달려있으니 이치상 마땅히 기뻐하거나 화내야 할 것이고 혈기에 달려있지 않으니 옮기지 않는다.

---

18) ≪맹자(孟子)·진심하(盡心下)≫, "꽉 차서 빛이 있는 것을 '크다[大]'라 하고 크면서 변화된 것을 '성스럽다[聖]'라고 한다.(充實而有光輝之謂大, 大而化之之謂聖.)"

예를 들면 순임금이 사흉을 처벌할 때에 화낼 만한 것이 그들에게 있었으니 자신이 어찌 거기에 관계되었겠는가. 마치 거울이 물건을 비출 때 아름다움과 추함이 그들에게 있어 대상에 따라 호응할 뿐인 것과 같으니 무슨 옮기는 것이 있겠는가."

○또 말하였다. "안자의 경지 같다면 어찌 선하지 않은 것이 있었겠는가. 이른바 선하지 않다는 것은 단지 약간 과실이 있었던 것이니, 막 과실이 생기면 바로 알 수 있었고 막 알았으면 바로 다시 싹터 나오지 않게 하였다."

○장자[장재(張載)[19)]]가 말하였다. "자신에게 만족스럽지 못한 것을 다시는 싹트지 않게 하였다."

○어떤 사람이 말하였다. "≪시경≫, ≪서경≫ 등 육경을 70제자가 익혀서 통달하지 않은 것이 아닌데 공자는 유독 안자만이 배우기를 가장 좋아했다고 칭찬하였습니다. 안자가 좋아한 것은 과연 어떤 배움입니까?" 정자가 말하였다. "배워서 성인에 이르는 길이었다." "배움의 길은 어떻게 하는 것입니까?" "천지가 정기를 쌓음에 오행의 빼어난 정기를 얻은 것이 사람이니 그 본질은 참되고 고요하다. 그것이 아직 드러나지 않았을 때에는 다섯 가지 본성이 구비되어 있으니 인·의·예·지·신이다. 몸체가 이미 생겨나면 외적인 것이 그 몸체에 접촉되면서 마음을 움직이게 된다. 그 마음이 움직여 일곱 가지 감정이 나오니 희·노·애·구·애·오·욕이다. 감정이 이미 세차지고 더욱 동요되면 그 본성이 침식된다. 그러므로 깨달은 이들은 그 감정을 단속하여 중용에 맞게 하고 그 마음을 바르게 하여 그 본성을 기를 뿐이다. 그러나 반드시 먼저 마음을 밝혀서 갈 곳[목표]을 알고 그런 뒤에 힘써 행하여 그곳에 이르기를 구해야 한다. 예를 들어 안자가 예가 아니면 보고 듣고 말하고 행동하지 않은 것과, 화를 남에게 옮기거나 잘못을 되풀이하지 않았던 것은, 바로 그가 좋아함이 독실하였고 배움이 올바른 방법을 얻은 것이다. 그러나 그가 성인에 이르지 못한

19) 장재(張載) : 송(宋) 봉상(鳳翔) 출신으로 자가 자후(子厚)이고 횡거진(橫渠鎭)에 거주하여 횡거선생(橫渠先生)으로 불렸다. 숭문원교서(崇文院校書)를 역임하였으나 병을 핑계로 그만두고 남산에 은거하면서 독서(讀書)와 강학(講學)을 일삼았다. ≪정몽(正蒙)≫, ≪역설(易說)≫ 등을 저술하였다.

것은 지킨 것이고 변화된 것이 아니었기 때문이니, 그에게 햇수를 빌려 주었더라면 얼마 지나지 않아서 변화되었을 것이다. 지금 사람들은 마침내 이르기를, '성인은 본래 태어나면서부터 아는 자이니 배워서 도달할 수 있는 것이 아니다.'라고 하면서 배움을 하는 것이 외우거나 글 짓는 사이를 넘어서지 못하니 그 또한 안자의 배움과는 다르구나."

옹야6 제3장

06-03-1 ◉子華[20]가 使於齊러니 冉子爲其母請粟한대 子曰이라. 與之釜하라. 請益한대 曰與之庾하여시늘 冉子與之粟五秉이라.

●子華는 公西赤也라. 使는 爲孔子使也라. 釜는 六斗四升이요 庾는 十六斗며 秉은 十六斛[21]이라.

한자 釜 가마솥 부·**용기**(6말 4되의 용량) **부**, 庾 노적가리 유·곳집 유·**용량 단위**(16말) **유**, 秉 볏단 병·잡을 병·**용량 단위**(16섬) **병**, 斛 **휘**(10말의 용기) **곡**

자화가 제나라에 심부름을 갔는데 염유가 그의 어머니를 위하여 곡식을 줄 것을 요청하자 공자가 말씀하였다. "그에게 1부(釜)를 주어라." 더 줄 것을 요청하자, "그에게 1유(庾)를 주어라."라고 하였는데 염유가 그에게 5병(秉)을 주었다.

○자화는 공서적(公西赤)이다. '시(使)'는 공자를 위하여 심부름을 간 것이다. '부(釜)'는 6말 4되이고 '유(庾)'는 16말이며 '병(秉)'은 16섬이다.

20) 자화(子華) : 춘추시대 노(魯)나라 사람인 공서적(公西赤)으로 공자의 제자이다. 자가 자화(子華)이다.
21) 곡(斛) : 10말이다.

06-03-2 ◉子曰이라. 赤之適齊也에 乘肥馬하며 衣輕裘라. 吾聞之也하니 君子는 周急이요 不繼富라호라.

●乘肥馬하고 衣輕裘는 言其富也라. 急은 窮迫也라. 周者는 補不足이요 繼者는 續有餘라.

한자 裘 갖옷 구, 周 두루 주·**진휼할 주**(賙와 통용)

공자가 말씀하였다. "공서적이 제나라에 갈 때 살진 말을 타고 가벼운 갖옷을 입었다. 내가 다음과 같은 말을 들었으니, '군자는 궁핍한 자를 도와주고 부유한 자를 보태주지 않는다.'고 하였다."

○살진 말을 타고 가벼운 갖옷을 입었다는 것은 그가 부유하다는 말씀이다. '급(急)'은 '궁핍하다'이다. '주(周)'라는 것은 '부족한 이를 도와주다'이고 '계(繼)'라는 것은 '넉넉한 이를 보태주다'이다.

06-03-3 ◉原思[22]가 爲之宰러니 與之粟九百이어늘 辭라.

●原思는 孔子弟子로 名이 憲이라. 孔子爲魯司寇時에 以思爲宰라. 粟은 宰之祿也라. 九百은 不言其量하여 不可考라.

한자 憲 법 헌·모범 헌, 寇 약탈할 구·**도둑 구**

원사가 그[공자]의 가신이 되었는데 그에게 곡식 9백을 주자 사양하였다.

22) 원사(原思) : 춘추시대 노(魯)나라 출신의 원헌(原憲)으로 자가 자사(子思)라서 원사(原思)로도 불린다. 공자의 제자였는데 공자가 세상을 떠나자 초야에 은거하였다.

○원사는 공자 제자로 이름이 헌(憲)이다. 공자가 노나라 사구일 때에 원사를 가신으로 삼았다. '속(粟)'은 가신의 녹봉이다. 9백은 그 용량 단위를 말하지 않아서 고찰할 수 없다.

06-03-4 ◉子曰이라. 毋하여 以與爾隣里鄕黨乎인저.

●毋는 禁止辭라. 五家爲隣이요 二十五家爲里요 萬二千五百家爲鄕이요 五百家爲黨이라. 言常祿不當辭니 有餘어든 自可推之하여 以周貧乏이라. 蓋隣里鄕黨은 有相周之義라.

●程子曰이라. 夫子之使子華와 子華之爲夫子使는 義也어늘 而冉有가 乃爲之請에 聖人寬容하여 不欲直拒人이라. 故로 與之少하니 所以示不當與也요 請益而與之가 亦少하니 所以示不當益也라. 求未達而自與之多하니 則已過矣라. 故로 夫子非之라. 蓋赤苟至乏이면 則夫子必自周之요 不待請矣리라. 原思爲宰하니 則有常祿이어늘 思辭其多라. 故로 又教以分諸隣里之貧者하니 蓋亦莫非義也라.

●張子曰이라. 於斯二者에 可見聖人之用財矣라.

한자 推 밀 추(퇴)·옮길 추·천거할 추

공자가 말씀하였다. "그러지 말고 너의 이웃과 고을 사람들에게 주어라."

○'무(毋)'는 금지하는 말이다. 5호가 '인(隣)'이고 25호가 '리(里)'이며 1만 2천5백 호가 '향(鄕)'이고 5백 호가 '당(黨)'이다. 일상적인 녹봉은 사양하지 않아야 하니 남는 것이 있으면 직접 건네주어 가난한 사람들을 도우면 된다고 말씀한 것이다. 이웃과 고을은 서로 도와주는 도리가 있다.

○정자가 말하였다. "공자가 자화를 심부름 보낸 것과 자화가 공자를 위해 심부름 간 것은 도리인데, 염유가 그를 위해 요청하자 공자는 너그러워 곧바로 남의 말을 거절하고 싶지 않았다. 그래서 그에게 조금 주도록 하

였으니 주지 않아야 함을 보인 것이고, 더 줄 것을 요청하자 그에게 주도록 한 것이 역시 적었으니 더 주지 않아야 함을 보인 것이다. 염유가 깨닫지 못하고 직접 그에게 많이 주었으니 너무 지나쳤다. 그래서 공자가 그르다고 한 것이다. 공서적이 만일 지극히 궁핍하였다면 공자는 반드시 직접 그를 도와주었을 것이고 요청을 기다리지 않았을 것이다. 원사는 가신이 되었으니 일상적인 녹봉이 있는데 그는 그것이 많다고 사양하였다. 그래서 다시 이웃과 마을의 가난한 이들에게 나누어주라고 가르쳤으니 역시 도리가 아닌 것이 없다."

○장자[장재(張載)]가 말하였다. "이 두 가지에서 공자의 재물 씀씀이를 볼 수 있다."

옹야6 제4장

06-04 ◉子謂仲弓曰이라. 犂牛之子가 騂且角이면 雖欲勿用이나 山川其舍諸아.

●犂은 雜文이오 騂은 赤色이라. 周人尙赤하여 牲用騂이라. 角은 角周正하여 中犧牲也라. 用은 用以祭也요 山川은 山川之神也라. 言人雖不用이나 神必不舍也라. 仲弓은 父賤而行惡故로 夫子以此譬之하여 言父之惡이 不能廢其子之善하니 如仲弓之賢은 自當見用於世也라. 然이나 此論仲弓云爾요 非與仲弓言也라.

●范氏曰이라. 以瞽叟爲父而有舜하고 以鯀爲父而有禹하니 古之聖賢이 不係於世類가 尙矣라. 子能改父之過하여 變惡以爲美면 則可謂孝矣라.

한자 犂 **얼룩소 리**·쟁기 려·무서워서 떨 류, 騂 붉은 말 성·**붉은색 성**, 牲 희생 생, 犧 희생 희, 瞽 소경 고, 叟 늙은이 수, 鯀 물고기 이름 곤, 係 묶을 계·**맬 계**

공자가 중궁에 대하여 말씀하였다. "얼룩소의 새끼가 색이 붉고 또 뿔이 반듯하면 비록 쓰지 않으려 해도 산천(의 신)이 어찌 그것을 버려두겠는가."

○'이(犁)'는 얼룩무늬이고 '성(騂)'은 붉은색이다. 주나라 사람들은 붉은색을 숭상하여 희생에 붉은색을 썼다. '각(角)'은 뿔이 온전하고 반듯하여 희생에 알맞은 것이다. '용(用)'은 '써서 제사하다'이고 '산천(山川)'은 산천의 신이다. 사람들이 비록 쓰지 않더라도 신은 반드시 버려두지 않을 것이라는 말씀이다. 중궁은 아버지가 미천하였고 행실이 나빴기 때문에 공자가 이것으로 비유하여 말씀하기를, "아버지의 악이 그 자식의 선을 없앨 수 없으니 중궁의 훌륭함 같은 경우는 자연히 장차 세상에 쓰일 것이다."라고 한 것이다. 그러나 이것은 중궁에 대하여 논평한 것일 뿐이고 중궁에게 말씀한 것은 아니다.

○범씨[범조우(范祖禹)]가 말하였다. "고수를 아버지로 하였지만 순임금이 있었고, 곤을 아버지로 하였지만 우임금이 있었으니, 옛 성현들이 출신에 매이지 않은 것이 오래되었다. 자식이 아버지의 허물을 고쳐 악을 변화시켜 아름다움으로 만들 수 있다면 효라고 이를 만하다."

옹야6 제5장

06-05 ◉子曰이라. 回也는 其心이 三月不違仁이오 其餘則日月至焉而已矣니라.

●三月은 言其久라. 仁者는 心之德이니 心不違仁者는 無私欲而有其德也라. 日月至焉者는 或日一至焉하고 或月一至焉하여 能造其域而不能久也라.

●程子曰이라. 三月은 天道小變之節이니 言其久也요 過此則聖人矣라. 不違仁은 只是無纖毫私欲이니 少有私欲이면 便是不仁이라.

●尹氏曰이라. 此는 顔子가 於聖人에 未達一間者也라. 若聖人則渾然無間斷

矣라.

●張子曰이라. 始學之要는 當知三月不違와 與日月至焉에 內外賓主之辨하여 使心意勉勉循循而不能已23)라. 過此면 幾非在我者24)라.

한자 纖 가늘 섬, 渾 흐릴 혼·둥글 혼·**온전할 혼**, 辨 **분별할 변**·논쟁할 변(辯과 통용)

공자가 말씀하였다. "안회는 그 마음이 3개월 동안 인에서 벗어나지 않았고 그 나머지 사람들은 하루나 한 달에 (한 번) 거기에 이를 뿐이다."

○3개월은 그것이 오래임을 말한다. '인(仁)'이라는 것은 마음의 덕이니 '마음이 인에서 벗어나지 않는다.'는 것은 사욕이 없어 그 덕을 간직한 것이다. '하루나 한 달에 (한 번) 거기에 이른다.'는 것은 어떤 이는 하루에 한 번 거기에 이르고 어떤 이는 한 달에 한 번 거기에 이르러, 그 경지에 이를 수는 있지만 오래 갈 수 없는 것이다.

○정자가 말하였다. "3개월은 하늘의 운행이 조금 변하는 단계이니 그것이 오래임을 말한 것이고 이것을 넘어서면 성인이 된다. 인에서 벗어나지 않는 것은 단지 털끝만한 사욕도 없음이니 조금이라도 사욕이 있으면 곧 인이 아닌 것이다."

○윤씨[윤돈(尹焞)]가 말하였다. "이는 안자가 성인의 경지에 한 칸을 도달하지 못한 것이다. 성인 같은 경우는 온전하여 틈이 나거나 끊어짐이 없다."

○장자[장재(張載)]가 말하였다. "배움을 시작하는 요점은, 3개월 동안 (인에서) 벗어나지 않는다는 것과 하루나 한 달에 (한 번) 거기에 이른다는 것에서의, 안과 밖, 손님과 주인의 구분을 알아 생각으로 하여금 힘쓰고

---

23) ≪논어(論語)·자한(子罕)≫에서 말한, "그만두려고 해도 그럴 수 없어 이미 나의 재능을 다한다.(欲罷不能, 旣竭吾才.)"는 단계이다.

24) 장재(張載)의 설명은, 우선은 3개월 동안 인에서 벗어나지 않는 단계를 중간 목표로 삼아 정진할 것이며, 이 경지를 넘어서면 자연스럽게 성인(聖人)의 경지에 이르게 된다는 것이다. 세주에서 주자는, 3개월 동안 인에서 벗어나지 않는 단계는 인(仁)이 안에 있어 내가 주인이 되는 것이고, 하루나 한 달에 한 번 거기에 이르는 단계는 인이 밖에 있어 내가 손님이 되는 것이라고 설명하였다.

따르게 하여 그칠 수 없도록 해야 한다. 이를 넘어서면 거의 자신에게 달려있는 것이 아니다."

옹야6 제6장

06-06 ◉季康子問이라. 仲由는 可使從政也與잇가? 子曰이라. 由也는 果하니 於從政乎에 何有리오. 曰賜也는 可使從政也與잇가? 曰賜也는 達하니 於從政乎에 何有리오. 曰求也는 可使從政也與잇가? 曰求也는 藝하니 於從政乎에 何有리오.

●從政은 謂爲大夫라. 果는 有決斷이요 達은 通事理요 藝는 多才能이라.
●程子曰이라. 季康子가 問三子之才가 可以從政乎한대 夫子答以各有所長이라. 非惟三子라 人各有所長하니 能取其長이면 皆可用也라.

한자 藝 심을 예·**재주 예**·경전 예

계강자가 물었다. "중유는 정치에 종사하게 할 만합니까?" 공자가 말씀하였다. "중유는 과감하니 정치에 종사하는 데 무슨 어려움이 있겠습니까." "사는 정치에 종사하게 할 만합니까?" "사는 사리에 밝으니 정치에 종사하는 데 무슨 어려움이 있겠습니까." "구는 정치에 종사하게 할 만합니까?" "구는 재능이 많으니 정치에 종사하는 데 무슨 어려움이 있겠습니까."

○'종정(從政)'은 대부가 되는 것을 이른다. '과(果)'는 결단성이 있는 것이고, '달(達)'은 사리에 통달한 것이고, '예(藝)'는 재능이 많은 것이다.
○정자가 말하였다. "계강자가 세 사람의 재능이 정치에 종사할 만한지를 묻자 공자가 각기 뛰어난 점을 지닌 것으로 대답하였다. 단지 세 사람뿐

만이 아니라 사람마다 각기 뛰어난 점을 지니고 있으니 그 뛰어난 점을 잘 취한다면 모두가 쓸 만하다."

옹야6 제7장

06-07 ◉季氏가 使閔子騫으로 爲費宰하니 閔子騫이 曰이라. 善爲我辭焉하라. 如有復[25]我者면 則吾必在汶上矣리라.

●閔子騫은 孔子弟子로 名이 損이라. 費는 季氏邑이라. 汶은 水名으로 在齊南魯北竟上이라. 閔子가 不欲臣季氏하여 令使者善爲已辭라. 言若再來召我면 則當去之齊라.

●程子曰이라. 仲尼之門에 能不仕大夫之家者는 閔子曾子數人而已라.

●謝氏曰이라. 學者가 能少知內外之分이면 皆可以樂道而忘人之勢라. 況閔子는 得聖人爲之依歸하니 彼其視季氏不義之富貴를 不啻犬彘어늘 又從而臣之가 豈其心哉리오. 在聖人則有不然者니 蓋居亂邦하고 見惡人은 在聖人則可커니와 自聖人以下는 剛則必取禍하고 柔則必取辱이라. 閔子가 豈不能早見而豫待之乎아. 如由也不得其死[26]하고 求也는 爲季氏附益[27]하나 夫豈其本心哉리오. 蓋既無先見之知하고 又無克亂之才故也라. 然則閔子는 其賢乎인저.

---

25) 부(復) : 대동사로 '다시 하다.(再也, 重也)'이다.[≪맹자(孟子)·진심하(盡心下)≫, "제나라가 흉년이 들자 진진이 말하였다. '나라 사람들이 모두 선생님께서 장차 다시 당읍(棠邑)의 창고를 열어 주게 하실 것이라고 생각하는데 아마도 다시 하실 수는 없겠지요.(齊饑, 陳臻曰. 國人皆以夫子將復爲發棠, 殆不可**復**.)"]

26) ≪논어(論語)·선진(先進)≫, "자로 같은 경우는 제대로 된 죽음을 얻지 못할 듯하다.(**若由也, 不得其死然.**)"의 주에서 윤돈(尹焞)이 설명하기를, "자로는 굳세어 제대로 된 죽음을 얻지 못할 이치가 있었기 때문에 그래서 경계한 것이다. 그 뒤에 자로는 결국 위(衛)나라 공회(孔悝)의 난에 죽었다.(子路剛强, 有不得其死之理故, 因以戒之. 其後子路, 卒死於衛孔悝之難.)"라고 하였다.

27) ≪논어·선진≫, "계씨가 주공보다 부유하였는데도 염구가 그를 위해 세금을 거두어 더 보태주었다.(季氏富於周公, 而**求也, 爲之聚斂而附益之.**)"

한자 騫 이지러질 건·높을 건, 汶 물 이름 문·더러울 문, 復 돌아올 복·되풀이할 복·실천할 복·다시 부·**다시 할 부**, 啻 뿐 시, 彘 돼지 체

계씨가 민자건으로 비읍(費邑)의 읍재를 삼으려 하자 민자건이 말하였다. "나를 위해 잘 말해 주시오. 만일 나를 다시 부르는 일이 있으면 나는 틀림없이 문수 가에 있을 것이오."

○민자건은 공자 제자로 이름이 손(損)이다. '비(費)'는 계씨의 읍이다. '문(汶)'은 강 이름으로 제나라 남쪽과 노나라 북쪽의 경계에 있다. 민자건이 계씨에게 신하 노릇하고 싶지 않아 심부름 온 사람으로 하여금 자기를 위해 잘 말해주도록 한 것이다. 만일 다시 자신을 부르러 온다면 장차 떠나서 제나라로 가겠다는 말이다.

○정자가 말하였다. "공자의 문하에, 대부의 집안에서 벼슬하지 않을 수 있는 자는 민자건·증자 등 몇 사람뿐이었다."

○사씨[사양좌(謝良佐)]가 말하였다. "학자가 조금이라도 안팎의 구분을 알 수 있으면 모두가 도를 즐기면서 남의 권세를 잊을 수 있다. 하물며 민자건은 공자를 만나 자신의 돌아갈 곳으로 삼았으니 그는 아마 계씨의 의롭지 못한 부귀 보기를 단지 개돼지처럼 보았을 뿐만이 아니었을 텐데 더 나아가 그에게 신하 노릇하는 것이 어찌 그의 마음이었겠는가. 성인에게 있어서는 그렇지 않은 것이 있으니, 어지러운 나라에 살면서 악한 사람을 만나는 것은 성인에게 있어서는 괜찮지만, 성인으로부터 아래로는 강직하면 반드시 화를 초래하고 유약하면 반드시 모욕을 초래한다. 민자건이 어찌 일찌감치 보고 미리 대비할 수 없었겠는가.[28] 자로 같은 경우는 제대로 된 죽음을 얻지 못하였고, 염구는 계씨를 위해 재산을 더 보태 주었지만 어찌 그들의 본심이었겠는가. 이미 앞을 내다보는 지혜가 없었고 또 어지러움을 극복할 재능도 없었기 때문이다. 그렇다면 민자건은 정말로 훌륭했도다."

---

28) 자신은 성인이 아니라서 화와 모욕을 피할 수 없으리라는 것을 알고 거절하였다는 뜻이다.

옹야6 제8장

06-08 ◉伯牛가 有疾이어늘 子問之하실새 自牖로 執其手曰이라. 亡之러니 命矣夫인저. 斯人也而有斯疾也라니 斯人也而有斯疾也라니.

● 伯牛는 孔子弟子로 姓이 冉이고 名이 耕이라. 有疾은 先儒以爲癩也라. 牖는 南牖也라. 禮에 病者는 居北牖下한대 君視之면 則遷於南牖下하여 使君得以南面視己[29]라. 時에 伯牛家에 以此禮로 尊孔子하니 孔子不敢當故로 不入其室하고 而自牖로 執其手하니 蓋與之永訣也라. 命은 謂天命이라. 言此人이 不應有此疾이어늘 而今乃有之하니 是乃天之所命也라. 然則非其不能謹疾而有以致之를 亦可見矣라.

● 侯氏曰이라. 伯牛以德行稱이 亞於顔閔이라.[30] 故로 其將死也에 孔子尤痛惜之라.

한자 牖 창문 유·인도할 유, 癩 문둥병 라, 訣 고별할 결·비결 결

백우가 병이 나자 공자가 문병하였는데 창문을 통해 그의 손을 잡고 말씀하였다. "이럴 리가 없는데 운명인가보다. 이런 사람인데 이런 병이 있다니, 이런 사람인데 이런 병이 있다니."

---

29) ≪예기(禮記)·상대기(喪大記)≫의, "병이 위독해지면 안팎을 모두 청소한다. 군주와 대부는 악기틀을 치우고 사(士)는 거문고를 치운다. 눕히는 것은 북쪽 창 아래에 머리를 동쪽으로 향하게 한다.(疾病, 外內皆埽. 君大夫徹縣, 士去琴瑟. 寢東首於北牖下.)"라는 기록에 대한 소(疏)이다.

30) ≪논어(論語)·선진(先進)≫, "공자가 말씀하였다. '진(陳)나라와 채(蔡)나라에서 나를 따르던 자들이 모두 문하에 있지 않구나. 덕행에는 안연·민자건·염백우·중궁이었고, 언어에는 재아·자공이었으며, 정사에는 염유·계로였고, 문학에는 자유·자하였다.'(子曰. 從我於陳蔡者, 皆不及門也. **德行, 顔淵·閔子騫·冉伯牛·仲弓**, 言語, 宰我·子貢, 政事, 冉有·季路, 文學, 子游·子夏.)"

○백우는 공자 제자로 성이 염(冉)이고 이름이 경(耕)이다. 병이 난 것은 옛 학자들이 문둥병이라고 하였다. '유(牖)'는 남쪽 창이다. 예법에, "병자는 북쪽 창 아래에 머무는데 군주가 보러 오면 남쪽 창 아래로 옮겨 군주가 남쪽으로 향하여 자신을 볼 수 있게 한다."라고 하였다. 당시 백우의 집안에서 이 예로 공자를 높이자 공자는 감당할 수 없었기 때문에 그 방에 들어가지 않고 창문을 통해 그의 손을 잡았으니 그와 영결한 것이다. '명(命)'은 천명을 이른다. 이 사람이 이런 병이 있을 리가 없는데 지금 오히려 있으니 이는 바로 하늘이 명한 것이라는 말씀이다. 그렇다면 그가 병을 조심하지 못해서 불러오게 된 것이 아님을 또한 알 수 있다.

○후씨[후중량(侯仲良)31)]가 말하였다. "백우가 덕행으로 일컬어진 것이 안자와 민자건 다음이었다. 그래서 그가 장차 죽게 되었을 때 공자가 더욱 애통해 한 것이다."

옹야6 제9장

06-09 ◉子曰이라. 賢哉라 回也여. 一簞食와 一瓢飮으로 在陋巷을 人不堪其憂어늘 回也不改其樂하니 賢哉라 回也여!

●簞은 竹器요 食는 飯也요 瓢는 瓠也라. 顔子之貧이 如此로되 而處之泰然하여 不以害其樂이라. 故夫子再言賢哉回也하여 以深嘆美之라.

●程子曰이라. 顔子之樂은 非樂簞瓢陋巷也요 不以貧窶累其心而改其所樂也라. 故로 夫子稱其賢이라.

●又曰이라. 簞瓢陋巷이 非可樂이요 蓋自有其樂爾라. 其字當玩味니 自有深意라.

●又曰이라. 昔受學於周茂叔32)할새 每令尋仲尼顔子樂處한대 所樂何事오.

---

31) 후중량(侯仲良) : 북송(北宋) 하동(河東) 출신으로 자가 사성(師聖)이다. 주돈이(周敦頤), 정이(程頤)를 사사하였고 저서에 ≪논어설(論語說)≫이 있다.

●愚按컨대 程子之言은 引而不發33)하니 蓋欲學者深思而自得之라. 今亦不敢妄爲之說이라. 學者는 但當從事於博文約禮之誨34)니 以至於欲罷不能而竭其才35)면 則庶乎有以得之矣리라.

한자 簞 대그릇 단, 瓢 바가지 표, 陋 좁을 루·**누추할 루**, 堪 견딜 감, 瓠 **표주박 호**·병 호, 窶 **가난할 구**·낡을 구, 茂 우거질 무

공자가 말씀하였다. "훌륭하구나 안회여. 밥 한 그릇과 물 한 바가지로 누추한 골목에 사는 것을 남들은 그 근심을 견뎌내지 못하는데 안회는 자신의 즐거움을 바꾸지 않으니 훌륭하구나 안회여."

○'단(簞)'은 대나무 그릇이고 '사(食)'는 밥이며 '표(瓢)'는 바가지이다. 안자의 가난함이 이와 같았으나 처신하는 것이 태연하여 자신의 즐거움을 해치지 않았다. 그래서 공자가 "훌륭하구나 안회여."라고 거듭 말씀하여 깊이 칭찬한 것이다.

○정자가 말하였다. "안자의 즐거움은 밥 한 그릇과 물 한 바가지, 누추한 골목을 즐긴 것이 아니었고, 가난에 그 마음을 얽매지 않아 자신이 즐기

---

32) 주무숙(周茂叔) : 북송(北宋)의 유학자로 원명(原名)은 돈실(敦實)이고 자는 무숙(茂叔)이며 호는 염계(濂溪)이다. 도주(道州) 출신으로 여러 지방관을 거치면서 치적을 남겼다. 만년에는 여산(廬山) 기슭의 염계서당(濂溪書堂)에서 은거하였다. <태극도설(太極圖說)>을 지어 도학(道學), 즉 성리학의 이론을 마련하였다. 주희(朱熹)가 그를 도학(道學)의 개조라고 칭하였다.

33) ≪맹자(孟子)·진심상(盡心上)≫, "군자는 활을 당기고 쏘지 않으나 (도리가) 튀어나오듯 하여 중간에 서 있으면 할 수 있는 자는 따른다.(君子, **引而不發**, 躍如也, 中道而立, 能者從之.)"

34) 세주에서 진덕수(陳德秀)는, "박문(博文)이라는 것은 격물치지(格物致知)의 일이고 약례(約禮)라는 것은 극기복례(克己復禮)의 일이다.(博文者, 格物致知之事也, 約禮者, 克己復禮之事也.)"라고 설명하였다.

35) ≪논어(論語)·자한(子罕)≫, "선생님께서는 차근차근 사람을 잘 이끄시어 글로 나를 넓혀주시고 예로 나를 단속해주신다. 그만두려고 해도 그럴 수 없어 이미 나의 재능을 다하니, (선생님의 도가) 마치 서있는 것이 우뚝함이 있는 듯하여 그것을 따르려고 하지만 방법이 없다.(夫子, 循循然善誘人, 博我以文, 約我以禮. **欲罷不能, 旣竭吾才**, 如有所立, 卓爾, 雖欲從之, 末由也已.)"

는 것을 바꾸지 않은 것이다. 그래서 공자가 그의 훌륭함을 칭찬한 것이다."

○또 말하였다. "밥 한 그릇과 물 한 바가지, 누추한 골목이 즐길 만한 것이 아니고 본디 자신의 즐거움이 있었을 뿐이다. '기(其)'자를 잘 음미해야 하니 자체에 깊은 뜻이 있다."36)

○또 말하였다. "옛날에 주무숙께 가르침을 받을 때 매번 공자와 안자가 즐기던 곳을 찾게 하셨는데, 즐긴 것은 어떤 것이었을까?"

○내가 살펴보건대, 정자의 말씀은 활시위를 당기기만 하고 쏘지 않은 것이니 배우는 자들이 깊이 생각하여 스스로 터득하기를 바란 것이다. 지금 (나도) 역시 감히 함부로 그에 대하여 설명하지 않겠다. 배우는 자들은 다만 '박문약례'의 가르침에 힘써야 할 것이니 그만두려고 하여도 그럴 수 없어 자신의 재능을 다하는 데에 이른다면 거의 터득하는 것이 있을 것이다.

옹야6 제10장

06-10 ◉冉求曰이라. 非不說子之道언마는 力不足也로이다. 子曰이라. 力不足者는 中道而廢하나니 今女畫이로다.

●力不足者는 欲進而不能이요 畫者는 能進而不欲이라. 謂之畫者는 如畫地以自限也라.

●胡氏曰이라. 夫子稱顔回不改其樂에 冉求聞之故로 有是言이라. 然이나 使求說夫子之道가 誠如口之說芻豢37)이면 則必將盡力以求之리니 何患力之

36) 안자의 이 경지는 바로 공자가, "거친 밥을 먹고 물을 마시며 팔을 굽혀 베더라도 즐거움이 역시 그 가운데에 있으니 의롭지 못하면서 부유하고 또 존귀한 것은 나에게 뜬구름과 같다.(飯疏食飮水, 曲肱而枕之, 樂亦在其中矣, 不義而富且貴, 於我, 如浮雲)[≪논어(論語)·술이(述而)≫]"라고 한 말씀과 같다고 하겠다.

37) ≪맹자(孟子)·고자상(告子上)≫, "이치와 도리가 내 마음을 즐겁게 하는 것은 고기가 내 입을 즐겁게 하는 것과 같다.(理義之悅我心, 猶芻豢之悅我口.)"

不足哉리오. 畫而不進하면 則日退而已矣라. 此冉求之所以局於藝也라.

한자 畫 그림 화·**그을 획**, 芻 풀 벨 추·꼴 추·**풀을 먹는 가축 추**, 豢 기를 환·**곡식을 먹는 가축 환**

염구가 말하였다. "선생님의 도를 좋아하지 않는 것은 아니지만 힘이 부족합니다." 공자가 말씀하였다. "힘이 부족한 자는 중도에 가서 그만두는데 지금 너는 (힘이 부족한 것이 아니고 스스로) 선을 긋는 것이다."

○힘이 부족한 자는 나아가고자 하나 할 수 없고 선을 긋는 자는 나아갈 수 있으나 하려 하지 않는다. 그것을 '획(畫)'이라고 이른 것은 마치 땅에 선을 그어 스스로를 한계 짓는 것과 같다는 것이다.

○호씨[호인(胡寅)]가 말하였다. "공자가, 안회는 자신의 즐거움을 바꾸지 않는다고 칭찬하자 염구가 그것을 들었기 때문에 이 말이 있게 된 것이다. 그러나 가령 염구가 공자의 도를 좋아하는 것이 진실로 입이 고기를 좋아하듯이 하였다면 반드시 힘을 다하여 그것을 추구했을 것이니 어찌 힘이 부족한 것을 근심하겠는가. 선을 긋고 나아가지 않으면 날마다 퇴보할 뿐이다. 이것이 염구가 재능에 국한된 이유이다."

옹야6 제11장

06-11 ◉子謂子夏曰이라. 女爲君子儒요 無爲小人儒하라.

●儒는 學者之稱이라.

●程子曰이라. 君子儒는 爲己요 小人儒는 爲人[38]이라.

---

38) ≪논어(論語)·헌문(憲問)≫, "옛날의 배우는 자들은 자기 수양을 위해 공부했는데 오늘날의 배우는 자들은 남이 알아주기를 위해 공부한다.(子曰. 古之學者爲己, 今之學者爲人.)"

●謝氏曰이라. 君子小人之分은 義與利之間而已라. 然이나 所謂利者는 豈必殖貨財之謂리오. 以私滅公하고 適己自便하여 凡可以害天理者는 皆利也라. 子夏가 文學雖有餘나 然意其遠者大者에 或昧焉이라. 故로 夫子語之以此라.

한자 殖 쌓을 식·**불릴 식**·번식할 식, 昧 **어두울 매**·어리석을 매

공자가 자하에게 말씀하였다. "너는 군자다운 학자가 될 것이지 소인 같은 학자가 되지 말라."

○'유(儒)'는 배우는 자의 칭호이다.
○정자가 말하였다. "군자다운 학자는 자기 수양을 위해 공부하고, 소인 같은 학자는 남이 알아주기를 위해 공부한다."
○사씨[사양좌(謝良佐)]가 말하였다. "군자와 소인의 구분은 도리와 이익의 사이일 뿐이다. 그러나 이른바 이익이라는 것이 어찌 반드시 재물을 불리는 것만을 말하겠는가. 사욕으로 공정함을 없애고 자신에게 맞추어 스스로 편하게 함으로써 무릇 천리를 해칠 수 있는 것이 모두 이익이다. 자하가 문학에서는 비록 넉넉함이 있었으나 그 원대한 것에는 혹 어두웠던가 여겨진다. 그래서 공자가 이것으로 그에게 말씀해주신 것이다."

옹야6 제12장

06-12 ◉子游爲武城宰러니 子曰이라. 女得人焉[39]爾乎[40]아. 曰有澹臺滅明者하니 行不由徑하며 非公事어든 未嘗至於偃之室也니이다.

39) 언(焉) : '於是', '於此'의 용법이다. ≪논어(論語)·양화(陽貨)≫에서, "공자가 무성에 가서 금슬에 맞추어 노래 부르는 소리를 들었다.(子之武城, 聞弦歌之聲.)"라고 하였는데 이 때의 일로 여겨져 '언(焉)'을, '거기에서'가 아닌 '여기에서'로 번역하였다.
40) 이호(爾乎) : 의문의 어조사이다.

●武城은 魯下邑이라. 澹臺는 姓이요 滅明은 名이며 字子羽라. 徑은 路之小而捷者라. 公事는 如飮射讀法[41]之類라. 不由徑이면 則動必以正而無見小欲速[42]之意를 可知요 非公事어든 不見邑宰면 則其有以自守而無枉己徇人之私를 可見矣라.

●楊氏曰이라. 爲政은 以人才爲先故로 孔子以得人爲問이라. 如滅明者는 觀其二事之小하고 而其正大之情을 可見矣라. 後世엔 有不由徑者면 人必以爲迂하고 不至其室이면 人必以爲簡하니 非孔氏之徒면 其孰能知而取之리오.

●愚謂컨대 持身에 以滅明爲法이면 則無苟賤之羞요 取人에 以子游爲法이면 則無邪媚之惑이라.

한자 澹 출렁거릴 담·담박할 담, 徑 **지름길 경**·곧을 경, 偃 쓰러질 언·누울 언, 捷 이길 첩·**빠를 첩**, 枉 굽을 왕, 迂 구불구불할 우·멀 우·**사리에 어두울 우**, 簡 대쪽 간·간단할 간·**소홀히 할 간**·대범할 간

자유가 무성의 읍재가 되었는데 공자가 말씀하였다. "너는 여기에서 사람을 얻었느냐?" "담대멸명이라는 자가 있는데 길을 다닐 적에 지름길로 가지 않고 공적인 일이 아니면 제 방[집무실]에 온 적이 없습니다."

○'무성(武城)'은 노나라의 지방 고을이다. '담대(澹臺)'는 성이고 '멸명(滅明)'은 이름이며 자는 자우(子羽)이다. '경(徑)'은 길이 작고 빠른 것이다. '공사(公事)'는 향음주(鄕飮酒)·향사례(鄕射禮)·독법(讀法) 등과 같은 것이다. 지름길로 가지 않는다면 움직임이 반드시 정도를 따르고 작은 이익을 추구하거나 빨리 하기를 바라는 뜻이 없음을 알 수 있고, 공적인 일이 아니면 읍재를 만나보지 않는다면 그가 스스로를 지킴이 있어서 자기

41) 독법(讀法) : 정월(正月)에 주민을 모아놓고 법령을 알리던 제도이다. ≪주례(周禮)·지관(地官)·주장(州長)≫에 보인다.

42) ≪논어(論語)·자로(子路)≫, "자하가 거보의 읍재가 되어 정치에 대하여 묻자 공자가 말씀하였다. '빨리 하기를 바라지 말고 작은 이익을 추구하지 말라. 빨리 하기를 바라면 달성하지 못하고 작은 이익을 추구하면 큰 일이 이루어지지 않는다.'(子夏爲莒父宰, 問政, 子曰. **無欲速, 無見小利.** 欲速則不達, 見小利則大事不成.)"

를 굽혀 남을 따르는 사사로움이 없음을 알 수 있다.

○양씨[양시(楊時)]가 말하였다. "정치를 하는 것은 인재를 우선으로 삼기 때문에 공자가 사람을 얻은 것으로 질문하였다. 담대멸명 같은 자는 이 두 가지의 작은 일을 보고 그의 바르고 큰 실상을 알 수 있다. 후세에는 지름길로 가지 않는 자가 있으면 사람들은 반드시 답답하다고 하고, 자기 방에 오지 않으면 사람들은 반드시 소홀히 한다고 하니 공자의 제자가 아니면 누가 그런 자를 알아보고 취할 수 있었겠는가."

○내가 생각하건대, 몸가짐에 담대멸명을 본보기로 삼는다면 구차하고 천박한 부끄러움이 없고, 사람을 취함에 자유를 본보기로 삼는다면 간사함과 아첨하는 데에 미혹됨이 없을 것이다.

옹야6 제13장

06-13 ◉子曰이라. 孟之反은 不伐이로다. 奔而殿43)하여 將入門할새 策其馬曰非敢後也라 馬不進也라하니라.

●孟之反은 魯大夫로 名이 側이라. 胡氏曰反은 卽莊周所稱孟子反44)者가 是也라. 伐은 誇功也요 奔은 敗走也라. 軍後曰殿이요 策은 鞭也라. 戰敗而還에 以後爲功한대 反奔而殿故로 以此言으로 自揜其功也라. 事在哀公十一年45)이라.

●謝氏曰이라. 人能操無欲上人之心이면 則人欲日消하고 天理日明하여 而凡可以矜己誇人者가 皆無足道矣라. 然이나 不知學者는 欲上人之心이 無時而忘也니 若孟之反은 可以爲法矣라.

---

43) 전(殿) : 후미의 부대[후군(後軍)]를 가리키는 말로 퇴각할 때 뒤에서 엄호하는 일을 맡는다.

44) 맹자반(孟子反) : ≪장자(莊子)·대종사(大宗師)≫에 보인다.

45) ≪춘추좌전(春秋左傳)·애공(哀公)·11년≫, "맹지측이 뒤처져 들어오며 후군이 되었는데 화살을 뽑아 말을 채찍질하면서 말했다. '말이 나아가지 않았다.'(孟之側後入, 以爲殿, 抽矢策其馬, 曰馬不進也.)"

한자 伐 칠 벌·자랑할 벌, 殿 큰 집 전, 誇 자랑할 과, 還 돌아올 환·돌 선, 揜 가릴 엄, 操 잡을 조, 矜 엄숙할 긍·자랑할 긍·불쌍히 여길 긍

공자가 말씀하였다. "맹지반은 자랑하지 않는다. 패주하면서 후군이 되었는데 막 성문을 들어가려 할 때, 말을 채찍질하면서 '감히 뒤처지려는 것이 아니었고 말이 나아가지 않았다.'라고 하였다."

○맹지반은 노나라 대부로 이름이 측(側)이다. 호씨[호인(胡寅)46)]가 말하기를, "'반(反)'은 바로 장주가 일컬은 맹자반(孟子反)이라는 자가 그 사람이다."라고 하였다. '벌(伐)'은 '공을 과시하다'이고 '분(奔)'은 '패주하다'이다. 군대의 후미를 '전(殿)'이라 하고 '책(策)'은 '채찍질하다'이다. 전쟁에 패하여 돌아올 때에 뒤를 맡는 것을 공으로 삼는데, 맹지반이 패주하면서 후군이 되었기 때문에 이 말로 자신의 공을 스스로 가린 것이다. 일이 ≪좌전·애공≫ 11년(B.C. 484) 조에 있다.

○사씨[사양좌(謝良佐)]가 말하였다. "사람이 남보다 앞서고자 함이 없는 마음을 지닐 수 있다면, 사람의 욕심이 날로 사라지고 하늘의 이치가 날로 밝아져 자기를 자랑하고 남에게 과시할 만한 것이 모두가 족히 말할 것이 없게 된다. 그러나 배움을 알지 못하는 자는 남보다 앞서고자 하는 마음이 어느 때이든 잊히지 않으니 맹지반과 같은 이는 본보기로 삼을 만하다."

옹야6 제14장

06-14 ◉子曰이라. 不有祝鮀之佞이며 而有宋朝之美면 難乎免於今之世矣니라.

---

46) 호인(胡寅) : 남송 초기의 학자로 자가 명중(明仲)이다. ≪논어상설(論語詳說)≫을 저술하였다.

●祝은 宗廟之官이라. 鮀는 衛大夫[47]로 字가 子魚요 有口才라. 朝는 宋公子로 有美色이라. 言衰世好諛悅色하여 非此면 難免하니 蓋傷之也라.

한자 祝 **축관 축**·빌 축, 鮀 메기 타·모래무지 타, 佞 **말재주 있을 녕**·아첨할 녕, 諛 아첨할 유, 悅 기쁠 열·기뻐할 열·**사랑할 열**

공자가 말씀하였다. "축관인 타(鮀)의 말재주가 없고 송나라 조(朝)의 미모가 없으면 지금 세상에서 화를 벗어나기가 어렵다."

○'축(祝)'은 종묘의 관원이다. 타는 위나라 대부로 자가 자어(子魚)이고 말재주가 있었다. 조는 송나라 공자로 미모가 있었다. 쇠퇴한 세상에서는 아첨을 좋아하고 미모를 사랑하여 이것이 아니면 화를 벗어나기가 어렵다고 말씀한 것이니 (세태를) 가슴아파한 것이다.

옹야6 제15장

06-15 ◉子曰이라. 誰能出不由戶리오마는 何莫由斯道也오.

●言人不能出不由戶언마는 何故로 乃不由此道耶하니 怪而歎之之辭라.
●洪氏曰이라. 人知出必由戶로되 而不知行必由道하니 非道遠人이요 人自遠爾라.[48]

---

47) ≪논어(論語)·헌문(憲問)≫, "공자가 위나라 영공의 무도함을 말씀하자 계강자가 말하였다. '이와 같은데도 어찌하여 (지위를) 잃지 않습니까?' 공자가 말씀하였다. '중숙어는 빈객을 다스리고, 축타는 종묘를 다스리며, 왕손가는 군대를 다스리고 있습니다. 이와 같으니 어찌 그가 지위를 잃겠습니까.'(子言衛靈公之無道也, 康子曰. 夫如是, 奚而不喪? 孔子曰. 仲叔圉治賓客, **祝鮀治宗廟**, 王孫賈治軍旅, 夫如是, 奚其喪.)"
48) ≪중용(中庸)·제13장≫, "도는 사람에게서 멀지 않으니, 사람이 도를 행하면서 사람에게서 멀리한다면 도라고 할 수 없다.(**道不遠人, 人之爲道而遠人,** 不可以爲道.)"

공자가 말씀하였다. "누가 나가면서 문을 지나지 않을 수 있겠느냐마는, 어찌 이 도를 따르지 않는가."

○"사람이 나가면서 문을 지나지 않을 수 없는데 무슨 까닭으로 오히려 이 도를 따르지 않는가."라고 말씀한 것이니 괴이하게 여겨 탄식한 말씀이다.

○홍씨[홍흥조(洪興祖)]가 말하였다. "사람이 나가면서 반드시 문을 지나야 함을 알면서도 행동하면서 반드시 도를 따라야 함을 알지 못하니, 도가 사람에게서 먼 것이 아니고 사람이 스스로 멀리할 뿐이다."

옹야6 제16장

06-16 ◉子曰이라. 質勝文則野요 文勝質則史라. 文質이 彬彬然後에 君子니라.

●野는 野人이니 言鄙略也요 史掌文書하니 多聞習事而誠或不足也라.[49] 彬彬은 猶班班이니 物相雜而適均之貌라. 言學者當損有餘하고 補不足이니 至於成德이면 則不期然而然矣라.

●楊氏曰이라. 文質은 不可以相勝이라. 然이나 質之勝文은 猶之甘可以受和요 白可以受采也[50]어니와 文勝而至於滅質이면 則其本이 亡矣니 雖有文이나 將安施乎아. 然則與其史也론 寧野니라.

한자 史 역사 사·**보좌관 사**·수식이 지나칠 사, 彬 **문질을 겸비할 빈**·아름다울 빈·문채 날 빈, 鄙 교외 비·**거칠 비**·인색할 비, 班 나눌 반·얼룩질 반·**얼룩무늬 반**(斑과 통용)

49) 세주에서 주자는, '사(史)'에 대하여 좀 더 구체적으로 '문서를 담당하는 관리(掌文籍之官)'라고 설명하였다. 따라서 서기(書記)로 번역하는 것이 좋겠다.

50) ≪예기(禮記)·예기(禮器)≫, "단맛[순수한 맛]이 조화를 받아들이고, 흰색이 채색을 받아들이며, 충실하고 신의로운 사람이 예를 배울 수 있다.(甘受和, 白受采, 忠信之人, 可以學禮.)"

공자가 말씀하였다. "바탕이 문채를 넘어서면 촌사람이고, 문채가 바탕을 넘어서면 서기(書記)이다. 문채와 바탕이 잘 조화된 뒤에라야 군자이다."

○'야(野)'는 촌사람이니 거칠고 소략하다는 말이고, '사(史)'는 문서를 담당하니 들은 것이 많고 일에 익숙하나 참됨이 간혹 부족하다. '빈빈(彬彬)'은 '반반(班班)'과 같으니 물건이 서로 섞여 고른 모습이다. 배우는 자는 넉넉한 것은 덜어내고 부족한 것은 보충해야 하니, 덕을 이루게 되면 그렇기를 기약하지 않아도 그렇게 됨을 말씀한 것이다.

○양씨[양시(楊時)]가 말하였다. "문채와 바탕은 서로 넘어서면 안 된다. 그러나 바탕이 문채를 넘어서는 것은 단맛[순수한 맛]이 조화를 받아들일 수 있고 흰색이 채색을 받아들일 수 있는 것과 같지만 문채가 넘쳐서 바탕을 없애는 데에 이르면 그 근본이 없어지게 되니 비록 문채가 있더라도 장차 어디에 펼치겠는가. 그러니 서기보다는 차라리 촌사람이 낫다."

옹야6 제17장

06-17 ◉子曰이라. 人之生也는 直하니 罔[51]之生也는 幸而免이라.

●程子曰이라. 生理는 本直이라. 罔은 不直也로되 而亦生者는 幸而免耳니라.

한자 罔 그물 망·**없을 망**·속일 망

공자가 말씀하였다. "사람의 삶은 정직함이니(정직함이 본질이니) 그것이 없는 삶은 요행으로 화를 벗어나는 것이다."

---

51) 망(罔) : 무(無)로 '정직함이 없다[무직(無直)]'의 뜻이다.

○정자가 말하였다. “삶의 이치는 본래 정직함이다. ‘망(罔)’은 정직하지 않음인데 그런데도 역시 사는 것은 요행으로 화를 벗어나는 것일 뿐이다.”

옹야6 제18장

06-18 ◉子曰이라. 知之者는 不如好之者요 好之者는 不如樂之者라.

●尹氏曰이라. 知之者는 知有此道也요 好之者는 好而未得也요 樂之者는 有所得而樂之也라.

●張敬夫曰이라. 譬之五穀하면 知者는 知其可食者也요 好者는 食而嗜之者也요 樂者는 嗜之而飽者也라. 知而不能好면 則是知之未至也요 好之而未及於樂이면 則是好之未至也라. 此가 古之學者가 所以自強而不息52)者與인저.

한자 嗜 즐길 기, 飽 **배부를 포**·만족할 포, 强 굳셀 강·**힘쓸 강**

공자가 말씀하였다. “아는 자는 좋아하는 자만 못하고 좋아하는 자는 즐기는 자만 못하다.”

○윤씨[윤돈(尹焞)]가 말하였다. “‘지지(知之)’라는 것은 이런 도리가 있음을 아는 것이고, ‘호지(好之)’라는 것은 좋아하지만 아직 체득하지 못한 것이고, ‘낙지(樂之)’라는 것은 체득한 것이 있어서 즐기는 것이다.”

○장경부(張敬夫)53)가 말하였다. “이를 오곡에 비유하자면, 아는 자는 그것

52) ≪주역(周易)·건괘(乾卦)·상전(象傳)≫, “하늘의 운행이 굳세니 군자가 (그 도리를) 써서 스스로 힘쓰고 쉬지 않는다.(天行健, 君子以**自强不息**.)”

53) 장경부(張敬夫) : 송(宋) 면죽(綿竹) 출신의 장식(張栻)으로 자가 경부(敬夫)이고 호(號)는 남헌(南軒)이다. 당시에 주희(朱熹), 여조겸(呂祖謙)과 함께 동남삼현(東南三賢)으로 일컬어졌다. ≪논어해(論語解)≫를 저술하였다.

이 먹을 수 있다는 것을 아는 자이고 좋아하는 자는 그것을 먹고 좋아하는 자이며, 즐기는 자는 그것을 좋아하여 배불러진 자이다. 알지만 좋아하지 못하면 이는 앎이 지극하지 않은 것이고, 좋아하지만 즐기는 데에 이르지 못하면 이는 좋아함이 지극하지 않은 것이다. 이것이 옛날의 배우는 자들이 스스로 힘쓰면서 쉬지 않았던 까닭이리라."

옹야6 제19장

06-19 ◉子曰이라. 中人以上은 可以語上也어니와 中人以下는 不可以語上也니라.

●語는 告也라. 言敎人者는 當隨其高下而告語之니 則其言易入하여 而無躐等之弊也라.

●張敬夫曰이라. 聖人之道는 精粗가 雖無二致나 但其施敎는 則必因其材而篤焉[54]이라. 蓋中人以下之質은 驟而語之太高면 非惟不能以入이요 且將妄意躐等하여 而有不切於身之弊하여 亦終於下而已矣라. 故로 就其所及而語之니 是乃所以使之切問近思[55]하여 而漸進於高遠也라.

한 자 躐 밟을 렵·넘을 렵·**건너뛸 렵**, 致 보낼 치·바칠 치·다할 치·뜻 치·**이치 치**, 驟 내달릴 취·**서두를 취**·갑작스러울 취, 弊 엎어질 폐·해질 폐·**폐단 폐**, 精 쓿은 쌀 정, 粗 거칠 조, 篤 도타울 독

공자가 말씀하였다. "중간 단계의 사람 이상으로는 높은 것을 말해 줄 수 있으나 중간 단계의 사람 이하로는 높은 것을 말해 줄 수 없다."

---

54) ≪중용(中庸)·제17장≫, "하늘이 만물을 냄에 반드시 그 재질에 따라 심화시킨다.(天之生物, **必因其材而篤焉**.)"

55) ≪논어(論語)·자장(子張)≫, "자하가 말하였다. '배우기를 널리 하면서 뜻을 독실하게 하고, 절실하게[절실한 것으로] 물으면서 가까이 생각하면 인은 그 가운데에 있다.'(子夏曰. 博學而篤志, **切問而近思**, 仁在其中矣.)"

○‘어(語)’는 ‘말해 주다’이다. 사람을 가르치는 자는 그의 높고 낮음[수준]에 따라 말해 주어야 함을 말씀한 것이니, 그러면 그 말이 쉽게 받아들여져 등급을 건너뛰는 폐단이 없다.

○장경부(張敬夫)가 말하였다. “성인의 도는 정밀한 것과 거친 것이 비록 두 가지 이치가 없으나, 다만 그 가르침을 베푸는 것은 반드시 그의 재질에 따라서 심화시킨다. 중간 단계의 사람 이하의 자질은 서둘러서 그에게 너무 높은 것을 말해 주면 제대로 받아들일 수 없을 뿐만 아니라, 또한 장차 제멋대로 등급을 건너뛰어 자신에게 절실하게 하지 못하는 폐단이 있어 역시 낮은 데에 그치고 말뿐이다. 그러므로 그가 도달한 바에 따라서 말해 주니 이것이 바로 그로 하여금 간절히 묻고 가까이 생각하여 점차 고원한 데로 나아가게 하는 방법이다.”[56]

옹야6 제20장

06-20 ◉樊遲問知한대 子曰이라. 務民之義[57]요 敬鬼神而遠之면 可謂知矣니라. 問仁한대 曰이라. 仁者는 先難而後獲하니 可謂仁矣니라.

●民은 亦人也라. 獲은 謂得也라. 專用力於人道之所宜하고 而不惑於鬼神之不可知가 知者之事也라. 先其事之所難하고 而後其效之所得은 仁者之心也라. 此는 必因樊遲之失而告之리라.

●程子曰이라. 人이 多信鬼神은 惑也요 而不信者는 又不能敬하니 能敬能遠이면 可謂知矣라.

●又曰이라. 先難이 克己也라. 以所難爲先而不計所獲이 仁也라.

---

56) ‘중인(中人)’에 대하여 주자는 단계를 기준으로 풀이한 반면, 장경부는 자질을 기준으로 말하다가 뒤에서는 단계를 언급하고 있어 일관성을 잃고 있다.

57) 민지의(民之義) : ≪시경(詩經)·대아(大雅)·증민(烝民)≫에서, “하늘이 뭇 백성을 내시니 만물이 있음에 법칙이 있도다. 백성이 지닌 본성인지라 이 아름다운 덕을 좋아하도다. (天生烝民, 有物有則. 民之秉彝, 好是懿德.)”라고 읊은 바의 ‘병이(秉彝)’를 가리킨다.

●呂氏曰이라. 當務爲急58)이요 不求所難知하며 力行所知요 不憚所難爲라.

한자 樊 울 번, 憚 꺼릴 탄

번지가 지혜에 대하여 묻자 공자가 말씀하였다. "사람의 도리를 힘쓰고 귀신을 공경하되 멀리한다면 지혜라고 이를 만하다." 인에 대하여 묻자 말씀하였다. "인한 자는 어려운 것을 먼저 하고 얻는 것을 뒤로 하니 인이라고 할 만하다."

○'민(民)'은 역시 사람이다. '획(獲)'은 얻음을 이른다. 오로지 사람의 도리라는 마땅한 것에 힘을 쓰고 귀신이라는 알 수 없는 것에 미혹되지 않는 것이 지혜로운 자의 일이다. 일이라는 어려운 것을 먼저 하고 성과라는 소득을 뒤로 하는 것이 인한 자의 마음이다. 이것은 틀림없이 번지의 잘못에 근거하여 말씀해준 것이리라.

○정자가 말하였다. "사람이 귀신을 많이 믿는 것은 미혹된 것이고 믿지 않는 것은 또한 경건하지 못함이니, 경건할 수 있으면서 멀리할 수 있다면 지혜라고 이를 만하다."

○또 말하였다. "어려운 것을 먼저 하는 것이 사욕을 이기는 것이다. 어려운 것을 우선으로 하고 얻는 것을 계산하지 않는 것이 인이다."

○여씨[여대림(呂大臨)59)]가 말하였다. "힘써야 할 것을 급선무로 삼고 알기 어려운 것[귀신]을 추구하지 않으며, 아는 것을 힘써 행하고 하기 어려운 것을 꺼리지 말 것이다."

---

58) ≪맹자(孟子)·진심상(盡心上)≫, "지혜로운 자는 알지 못하는 것이 없으나 힘써야 할 일을 급선무로 여기고, 인한 자는 사랑하지 않는 것이 없으나 어진이를 친히 하기를 다급히 하는 것을 일로 여긴다.(知者無不知也, **當務之爲急**, 仁者無不愛也, 急親賢之爲務.)"

59) 여대림(呂大臨) : 송(宋) 남전(藍田) 출신으로 자가 여숙(與叔)이다. 장재(張載)와 이정(二程)을 사사하여 정문사선생(程門四先生)의 칭호가 있었다. 비서성정자(祕書省正字)를 지냈고 ≪고고도(攷古圖)≫를 저술하였다.

옹야6 제21장

06-21 ◉子曰이라. 知者는 樂水하고 仁者는 樂山이니 知者는 動하고 仁者는 靜하며 知者는 樂하고 仁者는 壽니라.

●樂는 喜好也라. 知者는 達於事理而周流無滯하여 有似於水故로 樂水하고 仁者는 安於義理而厚重不遷하여 有似於山故로 樂山이라. 動靜은 以體言이요 樂壽는 以效言也라. 動而不括60)故로 樂이요 靜而有常故로 壽라.

●程子曰이라. 非體仁知之深者면 不能如此形容之라.

한 자 滯 막힐 체, 括 묶을 괄·막힐 괄

공자가 말씀하였다. "지혜로운 자는 물을 좋아하고 인한 자는 산을 좋아하니, 지혜로운 자는 동적이고 인한 자는 정적이며, 지혜로운 자는 즐겁고 인한 자는 장수한다."

○'요(樂)'는 '좋아하다'이다. 지혜로운 자는 사리를 잘 알아 두루 통하고 막힘이 없어 물과 비슷한 점이 있기 때문에 물을 좋아하고, 인한 자는 도리에 편안하여 중후하고 바뀌지 않아 산과 비슷한 점이 있기 때문에 산을 좋아한다. 동적인 것과 정적인 것은 본질로 말한 것이고 즐거움과 장수함은 효과로 말한 것이다. 움직이면서 매이지 않기 때문에 즐겁고 고요하면서 한결같음이 있기 때문에 장수한다.

○정자가 말하였다. "인과 지를 체득한 것이 깊은 이가 아니라면 이와 같이 형용할 수 없다."

---

60) ≪주역(周易)·계사전하(繫辭傳下)≫, "군자가 몸에 기량(器量)을 간직하고 때를 기다려 움직이면 무슨 불리함이 있겠는가. 움직이면서 매이지 않아 이 때문에 나가면 얻음이 있다.(君子藏器于身, 待時而動, 何不利之有. **動而不括**, 是以出而有獲.)"

옹야6 제22장

06-22 ◉子曰이라. 齊一變이면 至於魯하고 魯一變이면 至於道리라.

●孔子之時에 齊俗은 急功利하고 喜夸詐하니 乃霸政之餘習이라. 魯則重禮教하고 崇信義하여 猶有先王之遺風焉이라. 但人亡政息61)하니 不能無廢墜耳라. 道는 則先王之道也라. 言二國之政은 俗有美惡故로 其變而之道에 有難易라.

●程子曰이라. 夫子之時에 齊强魯弱하니 孰不以爲齊勝魯也리오. 然이나 魯猶存周公之法制하고 齊由桓公之霸하여 爲從簡尙功之治하여 太公之遺法이 變易盡矣라. 故로 一變乃能至魯요 魯則修擧廢墜而已니 一變則至於先王之道也리라.

●愚謂컨대 二國之俗은 惟夫子爲能變之而不得試라. 然이나 因其言以考之면 則其施爲에 緩急之序를 亦略可見矣라.

한자 夸 사치할 과·자랑할 과·**과장할 과**, 墜 떨어질 추

공자가 말씀하였다. "제나라가 한 번 변하면 노나라에 이르고, 노나라가 한 번 변하면 (선왕의) 도에 이를 것이다."

○공자의 시대에 제나라의 풍속은 공로와 이익을 급선무로 여기고 과장과 속임수를 좋아했으니 바로 패도정치의 남겨진 습속이었다. 노나라는 예교를 중시하고 신의를 숭상하여 그래도 선왕의 유풍이 있었다. 다만 사람이 없어져 정치가 종식되었으니 폐지되고 실추된 것이 없을 수 없었을

61) ≪중용(中庸)·제20장≫, "애공이 정치에 대해 묻자 공자가 말씀하였다. '문왕과 무왕의 정사가 책에 실려 있습니다. 그런 분이 있으면 그런 정치가 거행되고, 그런 분이 없으면 그런 정치가 종식됩니다.'(哀公問政, 子曰 文武之政, 布在方策. 其人存則其政擧, 其人亡則其政息.)"

뿐이었다. 도(道)는 선왕의 도이다. 두 나라의 정치는 풍속에 아름다움과 추함이 있었기 때문에 그들이 변하여 도로 나아감에 어려움과 쉬움이 있음을 말씀한 것이다.

○정자가 말하였다. “공자의 시대에 제나라는 강하고 노나라는 약했으니 누구인들 제나라가 노나라보다 낫다고 생각하지 않았겠는가. 그러나 노나라는 아직도 주공의 법률과 제도를 보존하였고, 제나라는 환공의 패도로 말미암아 간략함을 따르고 공로를 숭상하는 다스림을 행하여 태공이 남긴 법도가 다 바뀌었다. 그러므로 한 번 변해야 비로소 노나라에 이를 수 있었고, 노나라는 폐지되고 실추된 것을 닦아 거행할 뿐이니 한 번 변하면 선왕의 도에 이르렀을 것이다.”

○내가 생각하건대, 두 나라의 풍속은 오직 공자만이 변화시킬 수 있었는데 시도할 수가 없었다. 그러나 이 말씀에 근거하여 살펴본다면 그 시행에서 완급의 순서를 또한 대략 알 수 있다.

옹야6 제23장

06-23 ◉子曰이라. 觚不觚면 觚哉觚哉아.

●觚는 稜也니 或曰酒器요 或曰木簡이라한대 皆器之有稜者也라. 不觚者는 蓋當時失其制而不爲稜也라. 觚哉觚哉는 言不得爲觚也라.

●程子曰이라. 觚而失其形制면 則非觚也라. 擧一器나 而天下之物이 莫不皆然이라. 故로 君而失其君之道면 則爲不君이요 臣而失其臣之職이면 則爲虛位라.

●范氏曰이라. 人而不仁이면 則非人이요 國而不治면 則不國矣라.

한 자 觚 (네 모서리가 있는) 술잔 고·모서리 고, 稜 모서리 릉 공자가 말씀하였다. "모난 술그릇이 모나지 않았으면 모난 술그릇이겠는가, 모난 술그릇이겠는가."62)

○'고(觚)'는 모서리이니 어떤 사람은 술그릇이라 하였고 어떤 사람은 목간(木簡)이라 하였는데 모두가 기물 중에 모서리가 있는 것이다. '모나지 않았다'는 것은 당시에 그 제도를 잃어 모서리를 만들지 않은 것이다. '고재고재(觚哉觚哉)'는 모난 술그릇이 될 수 없다는 말씀이다.

○정자가 말하였다. "모난 술그릇인데 그 격식을 잃었으면 모난 술그릇이 아니다. 하나의 기물을 예로 들었지만 천하의 만물이 모두 그렇지 않은 것이 없다. 그러므로 군주이면서 군주의 도리를 잃으면 군주답지 않음이 되고 신하이면서 신하의 직분을 잃으면 헛된 자리가 된다."

○범씨[범조우(范祖禹)]가 말하였다. "사람이면서 인하지 않으면 사람이 아니고 나라이면서 다스려지지 않으면 나라가 되지 못한다."

옹야6 제24장

06-24 ◉宰我問曰이라. 仁者는 雖告之曰井有仁焉이라도 其從之也로소이다. 子曰이라. 何爲其然也리오. 君子는 可逝也언정 不可陷也며 可欺也언정 不可罔也63)니라.

●劉聘君曰有仁之仁은 當作人이라하니 今從之라. 從은 謂隨之於井而救之也라. 宰我信道不篤64)하여 而憂爲仁之陷害故로 有此問이라. 逝는 謂使之往

62) 이름에 맞는 모습을 갖추고 그 역할을 해야 함을 강조한 것으로, 공자의 명분론의 구체적인 예라 하겠다.[≪논어(論語)·안연(顔淵)≫, "제나라 경공(景公)이 공자에게 정치에 대하여 묻자 공자가 대답하였다. '군주는 군주답고, 신하는 신하다우며, 아버지는 아버지답고, 자식은 자식다운 것입니다.'(齊景公, 問政於孔子, 孔子對曰. 君君, 臣臣, 父父, 子子.)"]

63) ≪맹자(孟子)·만장상(萬章上)≫, "군자는 올바른 이치로 속일 수는 있지만 올바른 도가 아닌 것으로 미혹시키기는 어렵다.(君子可欺以其方, 難罔以非其道.)"

64) ≪논어·자장(子張)≫, "자장이 말하였다. '덕을 지키는 것이 넓지 못하고 도를 믿는 것

救요 陷은 謂陷之於井이라. 欺는 謂誑之以理之所有요 罔은 謂昧之以理之所無라. 蓋身在井上이라야 乃可以救井中之人이니 若從之於井이면 則不復能救之矣라. 此理甚明하여 人所易曉니 仁者는 雖切於救人而不私其身이나 然不應如此之愚也니라.

한자 逝 갈 서, 陷 **빠질 함**·함정 함, 罔 그물 망·없을 망·**속일 망**, 聘 찾아갈 빙·**초빙할 빙**, 誑 속일 광

재아가 물었다. "인한 자는 비록 그에게 우물에 사람이 있다고 알려주더라도 아마 따라 들어가겠군요." 공자가 말씀하였다. "어찌 그렇겠는가. 군자는 가게 할 수는 있으나 빠지게 할 수는 없으며, 속일 수는 있으나 미혹시킬 수는 없다."

○유빙군(劉聘君)65)이 말씀하기를, "'유인(有仁)'의 '인(仁)'은 '인(人)'으로 해야 한다."라고 하였는데 지금 그것을 따른다. '종(從)'은 우물에 그를 따라 들어가 구함을 이른다. 재아는 도를 믿는 것이 독실하지 못하여 인을 실천하는 것이 해에 빠질까를 염려했기 때문에 이런 질문을 하였다. '서(逝)'는 그로 하여금 구하러 가게 함을 이르고, '함(陷)'은 그를 우물에 빠지게 함을 이른다. '기(欺)'는 이치에 있는 것으로 속임을 이르고, '망(罔)'은 이치에 없는 것으로 미혹시킴을 이른다. 몸이 우물가에 있어야 우물 속의 사람을 구할 수 있으니 만일 우물에 그를 따라 들어간다면 더 이상 그를 구할 수 없게 된다. 이 이치는 매우 분명하여 사람들이 깨닫기 쉬운 것이니, 인한 자는 비록 사람을 구하는 데에 간절하여 자기 몸을 아끼지 않지만 응당 이와 같이 어리석지는 않다.

이 독실하지 못하면, (이런 사람은) 어찌 있다고 할 수 있으며 어찌 없다고 할 수 있겠는가.'(子張曰. 執德不弘, **信道不篤**, 焉能爲有, 焉能爲亡.)"

65) 유빙군(劉聘君) : 송(宋) 건주(建州) 출신의 유면지(劉勉之)로 자가 치중(致中)이고 호가 백수(白水)이다. 초정(譙定)의 제자로 정이(程頤)를 사사하였고 주희(朱熹)의 부친인 주송(朱松)과 교류하였으며 주희를 사위로 삼았다. 빙군(聘君)은 '징사(徵士)'의 뜻으로 조정에서 초빙하였으나 응하지 않은 은사(隱士)를 가리키는 말이다.

옹야6 제25장

06-25 ◉子曰이라. 君子가 博學於文이요 約之以禮면 亦可以弗畔矣夫인저.

●約은 要也요 畔은 背也라. 君子는 學欲其博故로 於文無不考요 守欲其要故로 其動必以禮라. 如此則可以不背於道矣라.

●程子曰이라. 博學於文而不約之以禮면 必至於汗漫66)이니 博學矣하고 又能守禮而由於規矩면 則亦可以不畔道矣라.

한자 畔 두둑 반·물가 반·**배반할 반**, 汗 땀 한, 漫 질펀할 만, 規 법 규, 矩 곱자 구

공자가 말씀하였다. "군자가 글에서 널리 배우고 예로 요약한다면 또한 (도에서) 어긋나지 않을 수 있다."

○'약(約)'은 '요약하다'이고 '반(畔)'은 '어긋나다'이다. 군자는 배움에서 그것이 넓기를 바라기 때문에 글에서 고찰하지 않는 것이 없고, 지킴에서 그것이 요점적이기를 바라기 때문에 그 행동은 반드시 예에 따른다. 이와 같이 하면 도에서 어긋나지 않을 수 있다.

○정자가 말하였다. "글에서 널리 배우고서 예로 요약하지 않으면 반드시 방만함에 이르니, 널리 배우고 또 능히 예를 지켜서 표준을 따르면 또한 도에서 어긋나지 않을 수 있다."

66) 한만(汗漫) : 아득한 모습, 퍼져있는 모습, 즉 체계가 없는 상태를 가리킨다.

옹야6 제26장

06-26 ◉子見南子한대 子路不說이어늘 夫子矢之曰이라. 予所否者[67]인댄 天厭之시리라. 天厭之시리라.

●南子는 衛靈公之夫人으로 有淫行이라. 孔子至衛에 南子請見한대 孔子辭謝라가 不得已而見之[68]라. 蓋古者에 仕於其國이면 有見其小君之禮어늘 而子路는 以夫子見此淫亂之人爲辱故로 不悅이라. 矢는 誓也요 所는 誓辭也[69]니 如云所不與崔慶者[70]之類라. 否는 謂不合於禮하고 不由其道也라. 厭은 棄絶也라. 聖人道大德全하여 無可不可[71]하니 其見惡人에 固謂在我有可見之禮면 則彼之不善을 我何與焉이리오. 然이나 此豈子路所能測哉리오. 故로 重言以誓之하니 欲其姑信此而深思以得之也라.

한자 矢 화살 시·곧을 시·**맹세할 시**, 所 나무 베는 소리 소·처소 소·**만약 소**, 否 아닐 부·**옳지 않을 부**·막힐 비, 厭 **싫어할 염**·배부를 염·누를 압, 淫 젖을 음·지나칠 음·**음란할 음**, 測 잴 측·**헤아릴 측**

---

67) 자(者) : '즉(則)'의 용법이다.

68) ≪사기(史記)·공자세가(孔子世家)≫, "위 영공의 부인에 남자라는 이가 있었는데, 사람을 시켜 공자에게 이르기를, '사방의 군자들이 욕되게 여기지 않고 우리 군주와 형제가 되고 싶은 생각이 있으면 반드시 군부인을 만납니다. 군부인께서 뵙기를 원합니다.'라고 하였다. 공자가 사양하며 거절하다가 부득이하여 만났다.(靈公夫人有南子者, 使人謂孔子曰. 四方之君子不辱欲與寡君爲兄弟者, 必見寡小君. **寡小君願見. 孔子辭謝, 不得已而見之.**)"

69) 所는 誓辭也 : '所'는 '만약'의 뜻이다. '만약 … 한다면, … 하겠다.'라는 맹세의 용법으로 쓰이는 말이다.

70) ≪춘추좌전(春秋左傳)·양공(襄公)·25년≫, "최저(崔杼)가 [경공(景公)을] 세우고 재상을 맡았으며 경봉이 좌상이 되어 나라 사람들과 종묘에서 맹세하기를, '만약 (우리) 최저·경봉과 함께하지 않는다면….'(崔杼立而相之, 慶封爲左相, 盟國人於大宮曰. **所不與崔慶者**….)"

71) ≪논어(論語)·미자(微子)≫, "나는 이와 달라서 (이래야) 된다고 고집함도 없고 (이러면) 안 된다고 고집함도 없다.(我則異於是, 無可無不可.)"

공자가 남자(南子)를 만났는데 자로가 기뻐하지 않자 공자가 맹세하여 말씀하였다. "내가 만약 옳지 않다면 하늘이 나를 싫어할 것이다. 하늘이 나를 싫어할 것이다."

○남자는 위(衛)나라 영공의 부인으로 음란한 행실이 있었다. 공자가 위나라에 갔을 때 남자가 만나기를 요청하자 공자가 사양하며 거절하다가 부득이하여 만났다. 옛날에는 그 나라에서 벼슬하면 그 군부인을 만나는 예가 있었는데 자로는 공자가 이런 음란한 사람을 만난 것을 치욕으로 여겼기 때문에 기뻐하지 않은 것이다. '시(矢)'는 '맹세하다'이고 '소(所)'는 맹세의 말이니 예를 들어 "만약 (우리) 최저(崔杼)·경봉(慶封)과 함께 하지 않는다면…"이라고 말한 것과 같은 종류이다. '부(否)'는 예에 합당하지 않고 도리를 따르지 않는 것을 이른다. '염(厭)'은 '버리고 끊다'이다. 공자는 도가 크고 덕이 온전하여 (이래야) 된다고 고집함도 없고 (이러면) 안 된다고 고집함도 없었으니 그가 악한 사람을 만날 때에 본디, "나에게 만날 만한 예가 있다면 그의 선하지 못함을 내가 어찌 관여하겠는가."라고 여긴 것이다. 그러나 이것이 어찌 자로가 헤아릴 수 있는 것이었겠는가. 그러므로 거듭 말씀하여 맹세하였으니 그가 우선 이 말을 믿고 깊이 생각하여 터득하기를 바란 것이다.

옹야6 제27장

06-27 ◉子曰이라. 中庸之爲德也는 其至矣乎인저. 民鮮이 久矣니라.

●中者는 無過不及之名也요 庸은 平常也라. 至는 極也라. 鮮은 少也니 言民少此德이 今已久矣라.

●程子曰이라. 不偏之謂中이요 不易之謂庸이니 中者는 天下之正道요 庸者는 天下之定理라. 自世敎衰로 民不興於行하여 少有此德이 久矣라.

한자 庸 쓸 용·평소 용·**항상 용**·어찌 용, 偏 치우칠 편

공자가 말씀하였다. "중용의 덕은 아마 지극할 것이다. 백성들이 (이 덕이) 적어진 것이 오래되었다."

○'중(中)'이라는 것은 지나침과 미치지 못함이 없음의 명칭이고, '용(庸)'은 '보편적이고 한결같다'이다. '지(至)'는 '지극하다'이다. '선(鮮)'은 '적다'이니 백성들이 이 덕이 적어진 것이 이제 너무 오래되었다는 말씀이다.

○정자가 말하였다. "치우치지 않음을 '중(中)'이라 하고 바뀌지 않음을 '용(庸)'이라 하니, 중이라는 것은 천하의 바른 도리이고 용이라는 것은 천하의 정해진 이치이다. 세상의 교화[유교]가 쇠퇴하면서 백성들이 행실을 힘쓰지 않아 이 덕을 지닌 이가 적어진 것이 오래되었다."

옹야6 제28장

06-28-1 ◉子貢이 曰如有博施於民而能濟衆[72]이면 何如하니잇고? 可謂仁乎잇가? 子曰이라. 何事於仁이리오. 必也聖乎인저. 堯舜도 其猶病諸시리라.

●博은 廣也라. 仁은 以理言이니 通乎上下나 聖은 以地言이니 則造其極之名也라. 乎者는 疑而未定之辭이고 病은 心有所不足也라. 言此何止於仁이리오. 必也聖人能之乎니 則雖堯舜之聖이라도 其心에 猶有所不足於此也라.

72) 박시어민이능제중(博施於民而能濟衆) : 언해본에서는 "民의게 施홈을 너비 ᄒᆞ고 能히 濟홈이 衆혼댄"이라고 하여 "백성들에게 베풀기를 널리 하고 구제할 수 있는 이들이 많다면"으로 풀었고, 십삼경본 ≪논어주소(論語注疏)≫에서는 "廣施恩澤於民, 而能振濟衆民於患難者"라고 하여 "백성들에게 널리 은택을 베풀고 근심과 재난에서 많은 백성들을 구제할 수 있다면"으로 풀었다. 뜻은 비슷하지만 문장 구조상 십삼경본 ≪논어주소≫의 견해를 따르는 것이 좋겠다.

以是求仁이면 愈難而愈遠矣라.

한자 病 병 병·앓을 병·근심할 병·**부족하게 여길 병**

자공이 말하기를, "만일 백성들에게 널리 베풀고 많은 이들을 구제할 수 있다면 어떻습니까? 인이라고 할 만합니까?"라고 하자 공자가 말씀하였다. "어찌 인에만 해당되는 일이겠는가. 반드시 성인(聖人)일 것이다. 요임금과 순임금도 아마 그것에 대해서는 오히려 부족하게 여기셨을 것이다.

○'박(博)'은 '넓다'이다. '인(仁)'은 이치로 말한 것이니 상하에 통하지만[73] [자공이 말한] '성(聖)'은 지위로 말한 것이니[74] 그 극치에 도달한 것의 명칭이다. '호(乎)'라는 것은 의심하여 확정짓지 않은 말이고 '병(病)'은 마음에 부족하게 여기는 바가 있는 것이다. "이것이 어찌 인에만 그치겠는가. 반드시 성인이라야 제대로 할 수 있을 것이니 비록 요순 같은 성인이라도 그 마음에 오히려 이에 대해서는 부족하게 여기는 바가 있었을 것이다."라고 말씀한 것이다. 이것으로 인을 추구한다면 더욱 어려워지고 더욱 멀어진다.

06-28-2 ◉夫仁者는 己欲立而立人하며 己欲達[75]而達人이니라.

●以己及人은 仁者之心也라. 於此觀之면 可以見天理之周流而無間矣라. 狀仁之體가 莫切於此라.

---

73) 인(仁)에는 성인(聖人)의 인도 있고 현인(賢人)의 인도 있으며 중인(衆人)의 인도 있기 때문에 상하에 통하는 것이라는 의미이다. 그러나 성(聖)은 그 극치에 이른 것이다.

74) 널리 베풀어 많은 이들을 구제할 수 있는 것은 성인(聖人)의 덕이 있고 천자(天子)의 지위가 있어야 감당할 수 있는 일임을 밝힌 것이다.

75) 달(達) : 마음 공부나 학문, 또는 지위나 부귀를 막론하고 바라는 바에 도달하는 것을 가리킨다.

인한 자는 자신이 서고자 하면 남을 세워 주고, 자신이 도달하고자 하면 남을 도달하게 해준다.

○자기[의 마음으]로 상대에게 이르는 것이 인자(仁者)의 마음이다. 여기에서 살피면 천리가 두루 흘러 간격이 없음을 볼 수 있다. 인의 본질을 형용한 것이 이보다 절실한 것이 없다.

06-28-3 ◉能近取譬면 可謂仁之方也已니라.

●譬는 喩也요 方은 術也라. 近取諸身하여 以己所欲으로 譬之他人이면 知其所欲이 亦猶是也라. 然後推其所欲하여 以及於人이 則恕之事而仁之術也라. 於此勉焉이면 則有以勝其人欲之私而全其天理之公矣라.

●程子曰이라. 醫書에 以手足痿痺로 爲不仁76)이라하니 此言이 最善名狀77)이라. 仁者는 以天地萬物爲一體하니 莫非己也라. 認得爲己면 何所不至리오. 若不屬己면 自與己不相干이니 如手足之不仁이면 氣已不貫하여 皆不屬己라. 故로 博施濟衆은 乃聖人之功用이라. 仁至難言故로 止曰己欲立而立人하고 己欲達而達人이니 能近取譬면 可謂仁之方也已하여 欲令如是觀仁하여 可以得仁之體니라.

●又曰이라. 論語에 言堯舜其猶病諸者가 二라.78) 夫博施者가 豈非聖人之所欲이리오만 然必五十乃衣帛하고 七十乃食肉79)이라. 聖人之心에 非不欲少

---

76) ≪소문(素問)·비론(痺論)≫, "그것이 통하지 않고 마비된 것은 병이 오래 되어 깊이 파고든 것이다.(其不通**不仁**者, 病久入深.)"

77) 명상(名狀) : 형용하다, 묘사하다.

78) 이곳과 ≪논어(論語)·헌문(憲問)≫에 보인다.["자로가 군자에 대하여 묻자 공자가 말씀하였다. '경건함으로 자신을 수양한다.' '이와 같을 뿐입니까?' '자신을 수양하여 남을 편안하게 한다.' '이와 같을 뿐입니까?' '자신을 수양하여 백성들을 편안하게 하니 자신을 수양하여 백성들을 편안하게 하는 것은 요임금과 순임금도 아마 그것에 대해서는 오히려 부족하게 여기셨을 것이다.'(子路問君子, 子曰. 修己以敬. 曰如斯而已乎? 曰修己以安人. 曰如斯而已乎? 曰修己以安百姓, 修己以安百姓, **堯舜其猶病諸.**)"]

79) ≪맹자(孟子)·양혜왕상(梁惠王上)≫, "5무의 택지에 뽕나무를 심으면 50세 된 자가 비단옷을 입을 수 있고, 개와 작은 돼지, 닭과 큰 돼지를 기르는 데에 새끼칠 때를 잃지 않으면 70세 된 자가 고기를 먹을 수 있다.(五畝之宅, 樹之以桑, **五十者可以衣帛矣,** 鷄豚

者도 亦衣帛食肉也언마는 顧其養有所不贍爾라. 此病其施之不博也라. 濟衆者가 豈非聖人之所欲이리오만 然治不過九州라. 聖人이 非不欲四海之外도 亦兼濟也언마는 顧其治有所不及爾라. 此病其濟之不衆也라. 推此以求하면 修己以安百姓이 則爲病可知라. 苟以吾治已足이면 則便不是聖人이라.

●呂氏曰이라. 子貢有志於仁이나 徒事高遠하여 未知其方일새 孔子教以於己取之하니 庶近而可入이라. 是乃爲仁之方이니 雖博施濟衆도 亦由此進이라.

한자 喩 알릴 유·깨달을 유·**비유할 유**, 痿 바람맞을 위·**마비될 위**, 痺 암메추라기 비·**마비될 비**(痹와 통용), 帛 비단 백, 贍 넉넉할 섬

가까이[자신]에서 취해 (남에게) 견주어 볼 수 있다면 인을 이루는 방법이라고 할 만하다."

○'비(譬)'는 '비유하다'이고 '방(方)'은 방법이다. 가까이 자신에게서 취하여 자기가 바라는 것으로 다른 사람에게 견주어 보면 그가 바라는 것도 이와 같음을 알 수 있다. 그런 뒤에 자기가 바라는 것을 확충하여 남에게 미치는 것이 서(恕)의 일이고 인(仁)의 방법이다. 여기에 힘쓴다면 사람의 욕심이라는 사사로움을 이겨내어 천리라는 공정함을 온전히 할 수 있게 된다.

○정자가 말하였다. "의학서에 손발이 마비되는 것을 '불인(不仁)'이라 하는데 이 말이 (인을) 가장 잘 형용하였다. 인한 자는 천지의 만물을 한몸으로 여기니 자기 아닌 것이 없다. 자기임을 인식할 수 있으면 어느 곳인들 이르지 않겠는가. 만약 자기에게 속하지 않는다면 자연 자기와는 서로 관련되지 않으니 마치 손발이 마비되면 기가 이미 통하지 않아 모두가 자기에게 속하지 않는 것과 같다. 그러므로 널리 베풀고 많은 이들을 구제하는 것은 바로 성인의 일이다. 인은 말하기가 지극히 어렵기 때문에 다만, '자신이 서고자 하면 남을 세워 주고 자신이 도달하고자 하면 남을 도달하게 해주니, 가까이에서 취해 견주어 볼 수 있다면 인을 이루

狗彘之畜, 無失其時, **七十者可以食肉矣.**)"

는 방법이라고 할 수 있다.'라고 말씀하여 이와 같이 인을 관찰함으로써 인의 본질을 터득할 수 있기를 바란 것이다."

○또 말하였다. "≪논어≫에서, '요임금과 순임금도 아마 그것에 대해서는 오히려 부족하게 여기셨을 것이다.(堯舜其猶病諸)'라고 말씀한 것이 두 군데이다. 널리 베푸는 것이 어찌 성인이 바라는 바가 아니었겠느냐만 그러나 반드시 50세가 되어야 비단옷을 입고 70세가 되어야 고기를 먹었다. 성인의 마음에 젊은이들 역시 비단옷을 입고 고기를 먹기를 바라지 않은 것이 아니었으나 다만 그 봉양에 넉넉하지 못한 바가 있었을 뿐이다. 이것이 그 베풂이 넓지 못함을 부족하게 여긴 것이다. 많은 이들을 구제하는 것이 어찌 성인이 바라는 바가 아니었겠느냐만 그러나 다스림이 구주(九州)를 넘지 못하였다. 성인이 사해 밖까지도 함께 구제하기를 바라지 않은 것이 아니었으나 다만 그 다스림에 미치지 못한 바가 있었을 뿐이다. 이것이 그 구제함이 많지 못함을 부족하게 여긴 것이다. 이것을 미루어 추구하면 자신을 수양하여 백성을 편안하게 하는 것이 부족하게 여길 것임을 알 수 있다. 만약 나의 다스림이 이미 충분하다고 여긴다면 곧 성인이 아니다."

○여씨[여대림(呂大臨)80)]가 말하였다. "자공은 인에 뜻을 두었으나 그저 높고 원대한 것을 일삼아 그 방법을 알지 못하였기 때문에 공자가 자신에게서 취하는 것으로 가르쳐 주셨으니 가까이 하여(가까이에서 취하여) 들어갈 수 있기를 바란 것이다. 이것이 바로 인을 실천하는 방법이니 비록 널리 베풀고 많은 이들을 구제하는 것도 또한 이로부터 말미암아 진행된다."

---

80) 여대림(呂大臨) : 송(宋) 남전(藍田) 출신으로 자가 여숙(與叔)이다. 장재(張載)와 이정(二程)을 사사하여 정문사선생(程門四先生)의 칭호가 있었다. 비서성정자(祕書省正字)를 지냈고 ≪고고도(攷古圖)≫를 저술하였다.

술이(述而) 제칠(第七)

●此篇은 多記聖人謙己誨人之辭와 及其容貌行事之實이라.
凡三十七章이라.

○이 편은 공자가 자신을 낮추고 남을 가르친 말씀과 그 모습이나 행한 일의 실상을 기록한 것들이 많다.
모두 37장이다.

술이7 제1장

07-01 ◉子曰이라. 述而不作하며 信而好古를 竊比於我老彭[1]하노라.

●述은 傳舊而已요 作은 則創始也라. 故로 作은 非聖人不能이나 而述은 則賢者도 可及이라. 竊比는 尊之之辭요 我는 親之之辭라. 老彭은 商賢大夫로 見大戴禮[2]한대 蓋信古而傳述者也라. 孔子刪詩書하고 定禮樂하며 贊周易하고 修春秋한대 皆傳先王之舊요 而未嘗有所作也라. 故로 其自言이 如此라. 蓋不惟不敢當作者之聖이요 而亦不敢顯然自附於古之賢人하니 蓋其德愈盛而心愈下하여 不自知其辭之謙也라. 然이나 當是時하여는 作者略備하여 夫子蓋集群聖之大成而折衷之니 其事雖述이나 而功則倍於作矣니 此又不可不知也니라.

한자 彭 북소리 팽·성 팽·곁 방, 戴 일 대, 刪 깎을 산, 贊 **도울 찬**·알릴 찬·찬미할 찬, 附 의지할 부·따를 부·붙을 부·**붙일 부**, 衷 속마음 충

공자가 말씀하였다. "전하기만 하고 창작하지 않으며, 옛것을 믿고 좋아하는 것을 은근히 우리 노팽에게 비긴다."

○'술(述)'은 '옛것을 전하기만 하다'이고 '작(作)'은 '창작하다'이다. 그러므로 창작은 성인이 아니면 할 수 없지만 전하는 것은 현자도 미칠 수 있다. '절비(竊比)'는 그를 높이는 말이고 '아(我)'는 그를 친근하게 여기는 말이다. 노팽은 상나라의 훌륭한 대부로 ≪대대례(大戴禮)≫에 보이는데 아마도 옛것을 믿고 전한 자인 듯하다. 공자는 ≪시경≫과 ≪서경≫을 정리하고 ≪예경≫과 ≪악경≫을 확정하였으며 ≪주역≫을 부연하고

---

1) 노팽(老彭) : 은나라의 대부로, 옛것을 믿고 좋아했던 사람이다.
2) ≪대대례기(大戴禮記)·우대덕(虞戴德)≫

≪춘추≫를 편찬하였는데, 모두 선왕의 옛것을 전한 것이고 일찍이 창작한 것이 있지 않았다. 그러므로 그가 스스로 말씀한 것이 이와 같았다. 감히 창작자인 성인을 자처하지 않았을 뿐만 아니라 또한 감히 드러내놓고 자신을 옛 현인에게 잇지도 않았으니, 그 덕이 더욱 성대할수록 마음이 더욱 낮아져 그 말씀이 겸손함을 자신도 알지 못한 것이다. 그러나 이때에는 창작한 것이 대략 갖추어져 공자가 여러 성인들이 크게 이룬 것들을 모아 절충하였으니 그 일은 비록 전한 것이지만 공로는 창작보다 배가 되니 이 또한 알지 않으면 안 된다.

술이7 제2장

07-02 ◉子曰이라. 默而識之[3]하며 學而不厭하며 誨人不倦이 何有於我哉오.

●識는 記也니 默識는 謂不言而存諸心也라. 一說에 識은 知也니 不言而心解也라하니 前說이 近[4]是라. 何有於我는 言何者能有於我也라. 三者는 已非聖人之極至로되 而猶不敢當하니 則謙而又謙之辭也라.

한 자 識 알 식·깃발 지·기억할 지

공자가 말씀하였다. "말하지 않고 기억하며, 배우면서 싫증내지 않고, 남을 가르치기를 게을리 하지 않는 것이 어느 것이 나에게 있겠는가."

---

3) '묵이지지(默而識之)'와 반대가 되는 행위가 도청도설(道聽塗說)이다.[≪논어(論語)·양화(陽貨)≫, "이 길에서 듣고 다른 길에서 말하면 덕을 버리는 것이다.(道聽而塗說, 德之棄也.)"] '도청도설'은 좋은 말을 들으면 실천하여 자기 것으로 만들지 않고 바로 말해 버리는 것으로 순자(荀子)는 그것을 '이구지학(口耳之學)'이라고 하였다.[≪순자(荀子)·권학(勸學)≫, "소인들의 배움은 귀로 들어가 입으로 나온다.(小人之學也, 入乎耳, 出乎口.)"]
4) 근(近) : 아마도, 거의.[태야(殆也)]

○'지(識)'는 '기억하다'이니 '말하지 않고 기억함'은 말하지 않고 마음에 간직함을 이른다. 일설에 '식(識)'은 '알다'이니 말하지 않고 마음으로 이해하는 것이라고 하였는데 앞의 해설이 아마 옳을 듯하다. '하유어아(何有於我)'는 어느 것이 나에게 있을 수 있겠는가라는 말씀이다. 세 가지는 이미 성인의 지극한 것이 아닌데도 오히려 감히 자처하지 않았으니 겸손하고도 또 겸손한 말씀이다.

술이7 제3장

07-03 ◉子曰이라. 德之不修와 學之不講[5]과 聞義不能徙[6]와 不善不能改가 是吾憂也니라.

●尹氏曰이라. 德必修而後成하고 學必講而後明하며 見善能徙하고 改過不吝이니 此四者는 日新之要也[7]라. 苟未能之면 聖人猶憂어든 況學者乎아.

한자 講 강론할 강·**익힐 강**·추구할 강

공자가 말씀하였다. "덕을 닦지 않는 것과 배운 것을 익히지 않는 것과 도리를 듣고 바뀌지 못하는 것과 선하지 못한 것을 고치지 못하는 것이 나의 근심이다."

○윤씨[윤돈(尹焞)]가 말하였다. "덕은 반드시 닦은 뒤에 이루어지고 배운 것은 반드시 익힌 뒤에야 밝아지며, 선을 보면 잘 바뀌고 허물을 고침에

5) 강(講) : '배우고서 때때로 그것을 익히다.(學而時習之)'의 습(習)의 의미이다.
6) 사(徙) : 이전의 생각이나 행동을 바꾸어 새로운 상태로 옮겨 가는 것을 가리킨다.
7) ≪대학(大學)·전2장≫, "탕임금의 대야에 새긴 글에서 말하였다. '진실로 어느 날 새로워졌으면, 나날이 새롭게 하고 또 날로 새롭게 하라.'(湯之盤銘曰. 苟日新, 日日新, 又日新.)"

인색하지 않음이니, 이 네 가지는 나날이 새롭게 하는 요점이다. 만일 이것들을 제대로 할 수 없으면 공자도 근심하였으니 하물며 배우는 자들이겠는가."

술이7 제4장

07-04 ◉子之燕居에 申申[8]如也하시며 夭夭[9]如也러시다.

●燕居는 閒暇無事之時라.

●楊氏曰이라. 申申은 其容舒也요 夭夭는 其色愉也라.

●程子曰이라. 此弟子善形容聖人處也라. 爲申申字說不盡故로 更著夭夭字라. 今人은 燕居之時에 不怠惰放肆면 必太嚴厲라. 嚴厲時에 著此四字不得이요 怠惰放肆時에도 亦著此四字不得이라. 惟聖人이 便自有中和[10]之氣라.

한자 燕 제비 연·잔치 연·편안할 연·**한가로울 연**, 夭 초목이 무성한 모양 요·**얼굴을 활짝 편 모양 요**·아리따울 요·일찍 죽을 요, 愉 즐거울 유, 惰 게으를 타, 肆 뚜렷할 사·**방자할 사**·베풀 사

공자가 한가로이 계실 적에는 편안하였고 즐거워하였다.

○'연거(燕居)'는 한가하여 일이 없을 때이다.

○양씨[양시(楊時)]가 말하였다. "'신신(申申)'은 그 모습이 펴진 것이고 '요요(夭夭)'는 그 안색이 즐거운 것이다."

---

8) 신신(申申) : 느긋하고 편안한 모습이다.

9) 요요(夭夭) : 얼굴이 활짝 펴진 모습이다.

10) 중화(中和) : ≪중용(中庸)·제1장≫, "기뻐하고 노하고 슬퍼하고 즐거워함이 발동하지 않은 것을 '중(中)'이라 이르고, 발동하여 모두 절도에 맞는 것을 '화(和)'라 이른다. 중이라는 것은 천하의 큰 근본이고, 화라는 것은 천하의 공통된 도이다.(喜怒哀樂之未發, 謂之中, 發而皆中節, 謂之和. 中也者, 天下之大本也, 和也者, 天下之達道也.)"

○정자가 말하였다. "이것은 제자가 공자를 잘 표현한 부분이다. '신신(申申)'이라는 글자가 다 설명할 수 없었기 때문에 다시 '요요(夭夭)'라는 글자를 두었다. 요즘 사람들은 한가로이 있을 때에는 나태하거나 방자하지 않으면 반드시 지나치게 엄숙하다. 엄숙할 때에 이 네 글자를 쓸 수 없고 나태하거나 방자할 때에도 이 네 글자를 쓸 수 없다. 오직 공자만이 본디 중용과 조화의 기상이 있었다."

술이7 제5장

07-05 ◉子曰이라. 甚矣라 吾衰也여. 久矣라 吾不復夢見周公이로다.

●孔子盛時에 志欲行周公之道故로 夢寐之間에 如或見之나 至其老而不能行也하니 則無復[11]是心而亦無復是夢矣라. 故로 因此而自歎其衰之甚也라.

●程子曰이라. 孔子盛時에 寤寐常存行周公之道나 及其老也하니 則志慮衰而不可以有爲矣라. 蓋存道者는 心이니 無老少之異어니와 而行道者는 身이니 老則衰也라.

공자가 말씀하였다. "심하구나 나의 노쇠함이여. 오래되었구나 내가 다시는 꿈에서 주공을 뵙지 못하였구나."

○공자가 한창때에는 뜻이 주공의 도를 행하고자 하였기 때문에 꿈속에서 간혹 뵌 듯하나, 노쇠함에 이르러 (도를) 행할 수 없자 이런 마음을 다시 갖지 못해 역시 이런 꿈을 다시 꾸지 못하게 된 것이다. 그러므로 이 일로 자신의 노쇠함이 심함을 스스로 탄식한 것이다.

---

11) 부(復) : 대동사 용법으로 여기서는 '다시 가지다.'의 뜻이다. 뒤에 나오는 '無復是夢'의 부(復)도 같은 용법으로 '다시 꿈꾸다.'의 뜻이다.[다른 예 : ≪논어(論語)·옹야(雍也)≫, "만일 나를 다시 부르는 경우가 있으면 나는 틀림없이 문수 가에 있을 것이오.(如有復我者, 則吾必在汶上矣.)"]

○정자가 말하였다. "공자가 한창때에는 자나 깨나 항상 주공의 도를 행할 것을 마음에 간직하고 있었는데, 노쇠함에 이르니 의지가 쇠약해지고 성취가 있을 수 없게 되었다. 도를 간직하는 것은 마음이니 노소의 차이가 없지만 도를 행하는 것은 몸이니 늙으면 쇠약해진다."

술이7 제6장

07-06-1 ◉子曰이라. 志於道하고,

●志者는 心之所之之謂요 道는 則人倫日用之間所當行者가 是也라. 知此而心必之焉이면 則所適者正하여 而無他岐之惑矣라.

공자가 말씀하였다. "도에 뜻을 두고,

○'지(志)'라는 것은 마음이 향하는 것[지향(志向)]을 이르고, 도는 곧 인륜으로서 일상생활 가운데 실천해야 할 것이 그것이다. 이를 알아 마음이 반드시 그곳으로 향한다면 나아가는 것이 반듯하여 다른 갈림길의 미혹이 없게 된다.

07-06-2 ◉據[12]於德하며,

●據者는 執守之意요 德은 則行道而有得於心者也라. 得之於心而守之不失이면 則終始惟一하여 而有日新之功矣[13]라.

한 자 據 의지할 거·근거할 거·**점거할 거**

12) 거(據) : 점거(占據)의 뜻으로 차지한 채 잃지 않는 것이다.
13) ≪서경(書經)·상서(商書)·함유일덕(咸有一德)≫, "시종 한결같이 하는 것, 이것이 바로 날로 새로워지는 것입니다.(**終始惟一, 時乃日新.**)"

덕을 굳게 지키며,

○'거(據)'라는 것은 잡아 지킨다는 뜻이고 '덕(德)'은 곧 도를 실천하여 마음에 터득함이 있는 것이다. 마음에서 터득하고 그것을 지켜서 잃지 않는다면 처음과 끝이 한결같아 날마다 새로워지는 성과가 있게 된다.

07-06-3 ◉依[14]於仁하고,

●依者는 不違之謂요 仁은 則私欲盡去而心德之全也라. 工夫至此而無終食之違면 則存養[15]之熟하여 無適而非天理之流行矣라.

인에 의존하고,

○'의(依)'라는 것은 벗어나지 않는 것을 이르고 '인(仁)'은 바로 사욕이 모두 없어져 마음의 덕이 온전한 것이다. 공부가 여기에 이르러서 식사를 마치는 동안에도 벗어남이 없다면 '마음을 보존하여 본성을 기름'이 원숙해져 가는 곳마다 천리가 두루 행해짐이 아닌 것이 없게 된다.

07-06-4 ◉游[16]於藝니라.

●游者는 玩物適情之謂요 藝는 則禮樂之文과 射御書數之法[17]이니 皆至理

14) 의(依) : 사람의 몸과 옷처럼 함께 있어 떨어지지 않는 것이다. 바로 '인한 자는 인을 편안히 여긴다.(仁者安仁)'[≪논어(論語)·이인(里仁)≫]의 경지로 인이 일상화된 것이다.

15) 존양(存養) : 존심양성(存心養性)의 줄임말로 마음을 잘 보존하여 타고난 본성을 기르는 것이다.

16) 유(游) : 물에 잠겨서 수영하듯이 즐기는 것이다. 따라서 세주에서 진식(陳埴)은 '유어예(游於藝)'를 설명하여 '덕을 이룬 자의 여가의 일(成德之餘功)'이라 하였고, 반면에 '육예를 익히는 것[습예(習藝)]'은 '소학에서의 초보적인 일(小學之初事)'이라고 하였다.

17) ≪주례(周禮)·지관(地官)·보씨(保氏)≫에, "보씨(保氏)는 왕의 잘못을 간언하고 공경대부의 자제를 도로써 교육하는 것을 맡는다. 바로 그들에게 육예(六藝)를 가르치니, 첫째가 오례(五禮)이고, 둘째가 육악(六樂)이며, 셋째가 오사(五射)이고, 넷째가 오어(五馭)이며, 다섯째가 육서(六書)이고, 여섯째가 구수(九數)이다.(保氏, 掌諫王惡, 而養國子以道. 乃敎

所寓而日用之不可闕者也라. 朝夕游焉하여 以博其義理之趣면 則應務有餘하고 而心亦無所放矣라. 此章은 言人之爲學이 當如是也라. 蓋學莫先於立志18)하니 志道則心存於正而不他라. 據德則道得於心而不失이라. 依仁則德性常用而物欲不行이라. 游藝則小物不遺而動息有養이라. 學者가 於此에 有以不失其先後之序와 輕重之倫焉이면 則本末兼該하고 內外交養하리니 日用之間에 無少間隙而涵泳從容하여 忽不自知其入於聖賢之域矣리라.

한자 游 헤엄칠 유·**노닐 유**·다닐 유(遊와 통용), 玩 음미할 완·놀 완·**애호할 완**, 闕 궁문(宮門) 궐·궁궐 궐·**빌 궐**, 該 **갖출 해**·모두 해·그 해, 隙 틈 극, 涵 젖을 함·**잠길 함**

육예에 노닐 것이다."

○'유(游)'라는 것은 사물[육예(六藝)]을 즐기면서 감정에 적합하게 하는 것을 이르고, '예(藝)'는 곧 예악(禮樂)의 꾸밈과 사어서수(射御書數)의 법도이니 모두 지극한 이치가 들어있어 일상에서 빼놓을 수 없는 것이다. 아침저녁으로 여기에 노닐어 그 도리와 이치의 뜻을 넓혀나가면 일에 대응하는 것이 여유롭고 마음도 방자해짐이 없게 된다. 이 장은 사람이 학문

之六藝, 一曰五禮, 二曰六樂, 三曰五射, 四曰五馭, 五曰六書, 六曰九數.)"라 하였고 십삼경본 ≪논어주소(論語注疏)≫에서, "오례(五禮)는 길례(吉禮)·흉례(凶禮)·빈례(賓禮)·군례(軍禮)·가례(嘉禮)이다. 육악(六樂)은 운문(雲門)·대함(大咸)·대소(大韶)·대하(大夏)·대호(大濩)·대무(大武)이다. 정사농[鄭司農, 후한 정중(鄭衆)]이 말하였다. '오사(五射)는 백시(白矢)·참연(參連)·섬주(剡注)·양척(襄尺)·정의(井儀)이다. 오어(五馭)는 명화란(鳴和鸞)·축수곡(逐水曲)·과군표(過軍表)·무교구(舞交衢)·축금좌(逐禽左)이다. 육서(六書)는 상형(象形)·회의(會意)·전주(轉注)·처사(處事)·가차(假借)·해성(諧聲)이다. 구수(九數)는 방전(方田)·속미(粟米)·차분(差分)·소광(少廣)·상공(商功)·균수(均輸)·방정(方程)·영부족(贏不足)·방요(旁要)이다.'(五禮, 吉·凶·賓·軍·嘉也. 六樂, 雲門·大咸·大韶·大夏·大濩·大武也. 鄭司農云, 五射, 白矢·參連·剡注·襄尺·井儀也. 五馭, 鳴和鸞·逐水曲·過軍表·舞交衢·逐禽左. 六書, 象形·會意·轉注·處事·假借·諧聲也. 九數, 方田·粟米·差分·少廣·商功·均輸·方程·贏不足·旁要.)"라고 설명하였다.

18) ≪대학(大學)·경1장≫에, "물건에는 근본과 말단이 있고 일에는 처음과 끝이 있으니, 먼저 하고 뒤에 할 것을 알면 도에 가깝게 된다.(物有本末, 事有終始, 知所先後, 則近道矣.)"라고 하였듯이 '입지(立志)'가 우선이라는 말이다.

을 하는 것이 이와 같아야 함을 말씀한 것이다. 학문은 뜻을 세우는 것보다 우선시할 것이 없으니 도에 뜻을 두면 마음이 바름을 간직하여 다른 데로 가지 않는다. 덕을 굳게 지키면 도가 마음에 터득된 채 방실되지 않는다. 인에 의존하면 덕성이 항상 작용하여 물질에 대한 욕심이 행해지지 않는다. 육예에 노닐면 작은 일도 버려지지 않아 움직임에 수양이 있다. 배우는 자들이 여기에서 선후의 순서와 경중의 등급을 잃지 않을 수 있으면 본말이 두루 갖추어지고 안팎이 모두 수양될 것이니 일상생활 중에 약간의 빈틈도 없이 깊이 잠기고 차분해져 어느덧 자신이 성현의 경지에 들어간 것을 스스로 알지 못하게 될 것이다.

술이7 제7장

07-07 ◉子曰이라. 自行束脩[19]以上은 吾未嘗無誨焉이라.

●脩는 脯也니 十脡爲束이라. 古者相見에 必執贄以爲禮하니 束脩는 其至薄者라. 蓋人之有生에 同具此理故로 聖人之於人에 無不欲其入於善이라. 但不知來學[20]이면 則無往敎[21]之禮故로 苟以禮來면 則無不有以敎之也라.

한자 脩 포 수·닦을 수(修와 통용)·길 수, 脯 포 포, 脡 길쭉한 포 정, 贄 폐백 지

---

19) 속수(束脩) : 열 마리로 된 육포 한 단이다. 후에는 가르침을 청할 때 바치는 예물을 가리키게 되었다.

20) 자포자기(自暴自棄)하는 자의 경우이다.[≪맹자(孟子)·이루상(離婁上)≫, "자신을 해치는 자는 더불어 말할 수 없고, 자신을 버리는 자는 더불어 성취가 있을 수 없다. 말할 때에 예의를 비방하는 것을 '자신을 해친다.'고 이르고, 내 몸은 인에 머물고 의를 따를 수 없다고 하는 것을 '자신을 버린다.'라고 이른다.(自暴者, 不可與有言也, 自棄者, 不可與有爲也. 言非禮義, 謂之自暴也, 吾身不能居仁由義, 謂之自棄也.)"]

21) ≪예기(禮記)·곡례상(曲禮上)≫, "예에서, 와서 배운다는 것은 들었고, 가서 가르친다는 것은 듣지 못했다.(禮聞來學, 不聞往敎.)"

공자가 말씀하였다. "속수의 예를 행한 자로부터 그 이상은 내가 일찍이 가르쳐 주지 않은 적이 없었다."

○'수(脩)'는 포(脯)이니 포 10개가 한 속(束)이다. 옛날에 서로 만날 때에는 반드시 예물을 지니고 예를 행했는데, 한 속의 포는 그 중에서 지극히 소박한 것이다. 사람이 태어날 때에 똑같이 이 이치[선성(善性)]를 갖추었기 때문에 공자는 사람에 대하여 그가 선에 들기를 바라지 않은 적이 없었다. 다만 와서 배울 줄 모르면 가서 가르치는 예는 없기 때문에 만일 예를 갖추어 찾아오면 그를 가르쳐 주지 않은 적이 없었다.

술이7 제8장

07-08 ◉子曰이라. 不憤이어든 不啓하며 不悱어든 不發호되 擧一隅에 不以三隅反이어든 則不復也니라.

●憤者는 心求通而未得之意요 悱者는 口欲言而未能之貌라. 啓는 謂開其意요 發은 謂達其辭라. 物之有四隅者는 擧一이면 可知其三이라. 反者는 還以相證之義요 復는 再告也라. 上章에 已言聖人誨人不倦之意[22]라. 因幷記此하여 欲學者勉於用力以爲受敎之地也라.

●程子曰이라. 憤悱는 誠意之見於色辭者也니 待其誠至而後告之요 旣告之에 又必待其自得하여 乃復告爾니라.

●又曰이라. 不待憤悱而發이면 則知之不能堅固요 待其憤悱而後發이면 則沛然矣라.

---

22) ≪논어(論語)·술이(述而)≫, "공자가 말씀하였다. '말하지 않고 기억하며, 배우면서 싫증내지 않고, 남들을 가르치기를 게을리 하지 않는 것이 어느 것이 나에게 있겠는가.'(子曰. 默而識之, 學而不厭, **誨人不倦**, 何有於我哉.)"

한자 憤 분노할 분·**우울할 분**, 啓 열 계, 悱 표현 못해 답답해 할 비, 復 돌아올 복·되풀이할 복·실천할 복·다시 부·**다시 할 부**, 沛 **성대할 패**·빠를 패·늪 패·넘어질 패

공자가 말씀하였다. "(알지 못해) 속상해하지 않으면 열어 주지 않고 (표현하지 못해) 답답해하지 않으면 드러내 주지 않지만, (속상해하고 답답해하여) 한 모퉁이를 들어주었는데 세 모퉁이를 돌이키지 않으면 다시 말해주지 않는다."

○'분(憤)'이라는 것은 마음으로 알기를 구하는데 터득하지 못하는 뜻이고, '비(悱)'라는 것은 입으로 말하고자 하는데 하지 못하는 모습이다. '계(啓)'는 그 뜻을 열어줌을 이르고, '발(發)'은 그 말을 통하게 함을 이른다. 물건 중에 네 모퉁이가 있는 것은 하나를 들어주면 그 셋을 알 수 있다. '반(反)'이라는 것은 돌이켜 서로 증명한다는 뜻이고, '부(復)'는 '다시 말해주다'이다. 앞 장에서 이미 공자가 사람들을 가르치기를 게을리하지 않았던 뜻을 말씀하였다. 그 때문에 아울러 이것을 기록하여 배우는 자들이 힘쓰기를 부지런히 하여 가르침을 받을 바탕을 만들기를 바란 것이다.

○정자가 말하였다. "속상해하고 답답해함은 성의가 안색과 말에 나타난 것이니 그의 성의가 지극하기를 기다린 뒤에 일러주고, 일러준 뒤에 또 반드시 그가 스스로 터득하기를 기다려 다시 일러주어야 할 뿐이다."

○또 말하였다. "속상해하고 답답해함을 기다리지 않고 드러내 주면 아는 것이 견고해질 수 없고, 그가 속상해하고 답답해함을 기다린 뒤에 드러내 주면 (아는 것이) 성대해진다."

술이7 제9장

07-09-1 ◉子食於有喪者之側에 未嘗飽也러시다.

●臨喪哀하여 不能甘也라.

공자는 상을 당한 사람의 곁에서 식사할 때에는 일찍이 배불리 먹은 적이 없었다.

○상을 만나 슬퍼서 맛있을 수 없었다.

07-09-2 ◉子於是日에 哭則不歌러시다.

●哭은 謂弔哭이라. 一日之內에 餘哀未忘하여 自不能歌也라.

●謝氏曰이라. 學者는 於此二者에 可見聖人情性之正也니 能識聖人之情性然後에 可以學道라.

공자는 이 날에 곡을 했으면 노래 부르지 않았다.

○'곡(哭)'은 조문하면서 곡하는 것을 이른다. 하루 이내에는 남은 슬픔이 잊히지 않아 자연 노래 부를 수 없었다.

○사씨[사양좌(謝良佐)]가 말하였다. "배우는 자들은 이 두 가지에서 성인의 성정이 바름을 볼 수 있으니 성인의 성정을 제대로 안 뒤에 도를 배울 수 있다."

술이7 제10장

07-10-1 ◉子謂顏淵曰이라. 用之則行하고 舍之則藏은 惟我與爾有是夫인저.[23]

23) ≪맹자(孟子)·공손추상(公孫丑上)≫, "벼슬할 만하면 벼슬하였고 그만둘 만하면 그만두었으며, 오래 머물 만하면 오래 머물렀고 빨리 떠날 만하면 빨리 떠난 것은 공자였다. (可以仕則仕, 可以止則止, 可以久則久, 可以速則速, 孔子也.)"

●尹氏曰이라. 用舍는 無與於己요 行藏은 安於所遇니 命不足道也라. 顔子는 幾於聖人故로 亦能之라.

공자가 안연에게 말씀하였다. "써주면 (자신의 도를) 행하고 버리면 물러나 있는 것은 오직 나와 너만이 이런 점이 있다."

○윤씨[윤돈(尹焞)]가 말하였다. "써주는 것과 버리는 것은 나와 관계가 없고, 행하는 것과 물러나 있는 것은 만난 바에 편안함이니 운명은 말할 것이 못된다. 안자는 성인에 가까웠기 때문에 역시 이것이 가능하였다."

07-10-2 ◉子路曰이라. 子行三軍24)則誰與시리잇고?

●萬二千五百人爲軍이니 大國三軍이라. 子路는 見孔子獨美顔淵하고 自負其勇하여 意夫子若行三軍이면 必與己同이라.

한자 負 짐 질 부·**믿을 부**·어길 부

자로가 말하였다. "선생님께서 3군을 움직이신다면 누구와 함께하시겠습니까?"

○12,500명이 1군(軍)인데 큰 제후국은 3군이다. 자로는 공자가 유독 안연만을 칭찬하는 것을 보고 자신의 용맹을 자부하여, 공자가 만약 3군을 움직인다면 반드시 자기와 함께할 것이라고 생각한 것이다.

07-10-3 ◉子曰이라. 暴虎馮河25)하여 死而無悔者를 吾不與也라.

---

24) 3군(三軍) : 주(周)나라 때 군대의 편제 단위로 1군은 군사가 12,500명이었다. 천자는 6군, 제후는 작위에 따라 3군·2군·1군을 거느렸다.

25) ≪시경(詩經)·소아(小雅)·소민(小旻)≫, "감히 범을 맨손으로 잡지 않고 감히 황하를 맨몸으로 건너지 않는 것을, 사람들은 그 한 가지만 알고 그 다른 것은 알지 못하는구나.

必也臨事而懼하며 好謀而成者也니라.

●暴虎는 徒搏이오 馮河는 徒涉이라. 懼는 謂敬其事요 成은 謂成其謀라. 言此는 皆以抑其勇而敎之라. 然이나 行師之要가 實不外此한대 子路蓋不知也라.

●謝氏曰이라. 聖人於行藏之間에 無意無必[26]하니 其行이 非貪位요 其藏이 非獨善也라. 若有欲心이면 則不用而求行하고 舍之而不藏矣리라. 是以로 惟顔子爲[27]可以與於此라. 子路는 雖非有欲心者나 然이나 未能無固必也요 至以行三軍爲問하니 則其論益卑矣라. 夫子之言은 蓋因其失而救之라. 夫不謀無成이요 不懼必敗니 小事尙然이어든 而況於行三軍乎아.

한자 暴 햇볕 쬘 포·드러낼 포·사나울 포·**맨손으로 칠 포**, 馮 말이 빨리 달릴 빙·**맨몸으로 강을 건널 빙**·성 풍, 搏 잡을 박·칠 박

공자가 말씀하였다. "범을 맨손으로 잡고 황하를 맨몸으로 건너다가 죽어도 후회가 없는 자를 나는 함께하지 않겠다. 반드시 일을 대하여 두려워하고 계획하기를 좋아하여 이루는 자라야 한다."

○'포호(暴虎)'는 맨손으로 잡는 것이고, '빙하(馮河)'는 맨몸으로 건너는 것이다. '구(懼)'는 그 일을 조심함을 이르고, '성(成)'은 그 계획을 이룸을 이른다. 이것을 말씀한 것은 모두 그의 용맹을 억제하여 가르친 것이다. 그러나 군대를 움직이는 요점이 실로 여기에서 벗어나지 않는데 자로는 알지 못한 것이다.

○사씨[사양좌(謝良佐)]가 말하였다. "공자는 도를 행하거나 물러나 있는 사이에 사사로운 뜻이 없었고 기필함이 없었으니, 도를 행함이 자리를

두려워하고 조심하여 깊은 연못에 다가선 듯이 하고, 얇은 얼음을 밟듯이 하라.(不敢**暴虎**, 不敢**馮河**, 人知其一, 莫知其他. 戰戰兢兢, 如臨深淵, 如履薄冰.)"

26) ≪논어(論語)·자한(子罕)≫, "공자는 네 가지가 전혀 없었으니, 사사로운 뜻이 없었고 기필함이 없었으며, 고집함이 없었고 사욕이 없었다.(子絶四, **毋意**, **毋必**, 毋固, 毋我.)"

27) 위(爲) : 유(惟)와 호응하여 강조용법으로 쓰였다.

탐한 것이 아니었고, 물러나 있음이 오직 자신만을 선하게 한 것이 아니었다. 만약 욕심이 있었다면, 써주지 않는데도 도를 행하기를 추구하고 버리는데도 물러나 있지 않았을 것이다. 이 때문에 안자만이 이에 참여할 수 있었다. 자로는 비록 욕심이 있는 자는 아니었으나 고집함과 기필함이 없을 수 없었고, 3군을 움직이는 것으로 질문을 하는 데에까지 이르렀으니 그 논조가 더욱 비루하다. 공자의 말씀은 그의 잘못에 따라 바로잡은 것이다. 계획하지 않으면 이룸이 없고 두려워하지 않으면 반드시 실패하니, 작은 일도 오히려 그러하거늘 하물며 3군을 움직임에 있어서랴."

술이7 제11장

07-11 ◉子曰이라. 富而[28]可求也인댄 雖執鞭之士라도 吾亦爲之어니와 如不可求인댄 從吾所好하리라.

●執鞭은 賤者之事라. 設言하여 富若可求인댄 則雖身爲賤役以求之도 亦所不辭나 然有命焉하여 非求之可得也니 則安於義理而已矣요 何必徒取辱哉리오.

●蘇氏曰이라. 聖人은 未嘗有意於求富也시니 豈問其可不可哉리오. 爲此語者는 特以明其決不可求爾니라.

●楊氏曰이라. 君子는 非惡富貴而不求요 以其在天[29]하여 無可求之道也니라.

한자 鞭 채찍 편

공자가 말씀하였다. "부유함이 만일 구할 수 있다면 채찍을 잡는 마부

---

28) 이(而) : '약(若)'과 같은 용법으로 가정의 접속사이다.

29) ≪논어(論語)·안연(顔淵)≫, "자하가 말하였다. '내가 다음과 같은 말씀을 들었으니, 생사는 천명이 있고 부귀는 하늘에 달려 있다고 하였다.'(子夏曰. 商聞之矣, 死生有命, **富貴在天**.)"

라도 내가 역시 하겠지만 (구해서 얻을 수 있는 것이 아니니) 만일 구할 수 없다면 내가 좋아하는 것을 따르겠다."

○채찍을 잡는 것은 천한 자의 일이다. 가설하여 말씀하기를, "부유함이 만일 구할 수 있다면 비록 몸소 천한 일을 해서 구하는 것도 역시 사양하지 않겠으나, 거기에는 운명이 있어 구해서 얻을 수 있는 것이 아니니 그렇다면 의리에 편안해 할뿐이지 어찌 꼭 부질없이 모욕을 취하리오." 라고 한 것이다.

○소씨[소식(蘇軾)]가 말하였다. "공자는 일찍이 부유함을 구하는 데에 뜻을 둔 적이 없었으니 어찌 그 가부를 따졌겠는가. 이 말씀을 한 것은 다만 그것이 결코 구할 수 없음을 밝혔을 뿐이다."

○양씨[양시(楊時)]가 말하였다. "군자는 부귀를 싫어해서 구하지 않는 것이 아니고, 그것이 하늘에 달려 있어서 구할 수 있는 방법이 없기 때문이다."

술이7 제12장

07-12 ◉子之所愼은 齊戰疾이러시다.

●齊之爲言은 齊也라. 將祭而齊其思慮之不齊者30)하여 以交於神明也라. 誠之至與不至와 神之享與不享이 皆決於此라. 戰은 則衆之死生과 國之存亡이 繫焉이요 疾은 又吾身之所以死生存亡者니 皆不可以不謹也라.

●尹氏曰이라. 夫子無所不謹한대 弟子記其大者耳라.

한 자 齊 **재계할 재**·엄숙할 제·**가지런할 제**·옷자락 자

30) ≪예기(禮記)·제통(祭統)≫, "때가 되어 장차 제사를 지내려 할 때 군자는 이에 재계를 한다. 재계라는 말뜻은 '가지런하게 하다'이다. 가지런하지 않은 것을 가지런하게 하여 가지런함을 이루는 것이다.(及時將祭, 君子乃齊. **齊之爲言, 齊也. 齊不齊以致齊者也.**)"

공자가 조심한 것은 재계와 전쟁과 질병이었다.

○‘재(齊)’의 말뜻은 ‘가지런하게 하다’이다. 장차 제사 지내려 하면서 생각이 가지런하지 않은 것을 가지런하게 하여 신과 교류하는 것이다. 정성이 지극하고 지극하지 않음과 신이 흠향하고 흠향하지 않음이 모두 여기에서 결정된다. 전쟁은 많은 사람의 생사와 나라의 존망이 걸려 있고 질병은 또한 내 몸이 그것으로 살고 죽으며 존재하고 없어지는 것이니, 모두 조심하지 않을 수 없다.

○윤씨[윤돈(尹焞)]가 말하였다. “공자는 삼가지 않은 것이 없었는데 제자들이 그 중의 큰 것을 기록했을 뿐이다.”

술이7 제13장

07-13 ◉子在齊聞韶[31]하시고 三月을 不知肉味하사 曰不圖爲樂之至於斯也호라.

●史記에 三月上에 有學之二字라. 不知肉味는 蓋心一於是而不及乎他也라. 曰不意舜之作樂이 至於如此之美니 則有以極其情文[32]之備하여 而不覺其歎息之深也라. 蓋非聖人이면 不足以及此리라.

●范氏曰이라. 韶는 盡美又盡善[33]하여 樂之無以加此也라. 故로 學之三月에 不知肉味하고 而歎美之如此하니 誠之至요 感之深也라.

한자 韶 풍류 이름 소·순임금의 음악 소, 圖 그림 도·헤아릴 도

31) 소(韶) : 순임금의 음악 이름이다.

32) ≪예기(禮記)·악기(樂記)≫, “예악의 내용을 아는 사람은 창작할 수 있고, 예악의 형식을 아는 사람은 전달할 수 있다.(知禮樂之情者能作, 識禮樂之文者能述.)”

33) ≪논어(論語)·팔일(八佾)≫, “공자가 소(韶)에 대해, ‘지극히 아름답고 지극히 선하다.’라 하였고, 무(武)에 대해, ‘지극히 아름답지만 지극히 선하지는 못하다’라고 하였다.(子謂韶, 盡美矣, 又盡善也, 謂武, 盡美矣, 未盡善也.)”

공자가 제나라에서 순임금의 음악을 듣고서 (배우는) 3개월 동안 고기 맛을 모르면서 말씀하기를, "음악을 만든 것이 이 정도에 이르렀을 줄을 헤아리지 못했다."라고 하였다.

○≪사기≫에 '삼월(三月)' 앞에 '학지(學之)' 두 글자가 있다. 고기 맛을 모른 것은 마음이 여기에 전일하여 다른 데에 이르지 않은 것이다. "순임금이 음악을 만든 것이 이와 같은 아름다움에 이르렀을 줄을 생각하지 못했다."라고 말씀하였으니 내용과 형식의 구비를 지극하게 한 것이 있어 자신도 모르게 그 감탄이 깊었던 것이다. 아마도 공자가 아니면 여기에 이를 수 없었을 것이다.

○범씨[범조우(范祖禹)]가 말하였다. "순임금의 음악은 (형식이) 지극히 아름답고 또 (내용이) 지극히 좋아 음악은 여기에 더할 것이 없다. 그러므로 그것을 배우는 3개월 동안 고기 맛을 몰랐고 감탄한 것이 이와 같았으니, 정성을 들인 것이 지극하였고 감동한 것이 깊었던 것이다."

술이7 제14장

07-14-1 ◉冉有曰夫子爲衛君乎아? 子貢曰諾다. 吾將問之호리라.

●爲는 猶助也라. 衛君은 出公輒也라. 靈公逐其世子蒯聵러니 公薨에 而國人이 立蒯聵之子輒하다. 於是에 晉納蒯聵而輒拒之라. 時孔子居衛한대 衛人以蒯聵得罪於父니 而輒嫡孫當立이라. 故로 冉有疑而問之라. 諾은 應辭也라.

한자 諾 동의의 대답 소리 낙·허락할 낙, 輒 문득 첩, 蒯 기름새 괴·지푸라기 괴, 聵 배냇귀머거리 외, 薨 죽을 훙, 嫡 정실 적

염유가 "선생님께서 위나라 군주를 도우실까?"라고 말하자, 자공이 "좋습니다. 내가 장차 여쭈어보지요."라고 하였다.34)

○'위(爲)'는 '돕다'와 같다. 위나라 군주는 출공(出公) 첩(輒)이다. 영공(靈公)이 세자 괴외(蒯聵)를 내쫓았는데 영공이 죽자 나라 사람들이 괴외의 아들 첩을 세웠다. 이에 진(晉)나라가 괴외를 들여보내니 첩이 그를 막았다. 당시에 공자가 위나라에 있었는데 위나라 사람들은 괴외가 부왕에게 죄를 얻었으니 첩이 장손으로 마땅히 즉위해야 한다고 여겼다. 그러므로 염유가 의심이 생겨 물은 것이다. '낙(諾)'은 승낙하는 말이다.

07-14-2 ◉入하여 曰伯夷叔齊는 何人也잇고? 曰古之賢人也니라. 曰怨乎잇가? 曰求仁而得仁이어니 又何怨이리오. 出曰이라. 夫子不爲也시리라.

●伯夷叔齊는 孤竹君之二子라. 其父將死에 遺命立叔齊러니 父卒에 叔齊遜伯夷라. 伯夷曰父命也라하고 遂逃去라. 叔齊亦不立而逃之하니 國人立其中子라. 其後武王伐紂에 夷齊扣馬而諫이나 武王滅商하니 夷齊恥食周粟하여 去隱于首陽山이라가 遂餓而死라. 怨은 猶悔也라. 君子居是邦에 不非其大夫35)어든 況其君乎아. 故로 子貢不斥衛君하고 而以夷齊爲問이어늘 夫子告之如此하니 則其不爲衛君을 可知矣라. 蓋伯夷以父命爲尊하고 叔齊以天倫爲重하니 其遜國也는 皆求所以合乎天理之正而卽乎人心之安이라. 旣而各得其志焉하여는 則視棄其國을 猶敝蹝爾니 何怨之有리오. 若衛輒之據國拒父而唯恐失之는 其不可同年而語가 明矣라.

●程子曰이라. 伯夷叔齊가 遜國而逃하고 諫伐而餓호되 終無怨悔하니 夫子以爲賢이라. 故로 知其不與輒也니라.

한자 扣 두드릴 구·**당길 구**, 斥 물리칠 척·**직접 가리킬 척**, 敝 해질 폐, 蹝 **짚신 사**[사(躧)와 같은 자]·신 끌 사·밟을 사

34) 염유는 B.C. 522년생이고 자공은 B.C. 520년생으로 자공이 2년 아래이다.
35) ≪순자(荀子)·자도(子道)≫, "예에, 어떤 고을에 머물면 그 대부를 비방하지 않는다고 하였습니다.(禮, 居是邑, 不非其大夫.)"

들어가서 "백이와 숙제는 어떤 사람이었습니까?"라고 물었다. "옛날의 현인이었다." "(즉위하지 않은 것을) 원통해하였습니까?" "인을 구하여 인을 얻었으니 다시 무엇을 원통해하였겠는가." (자공이) 나와서 말하였다. "선생님께서는 돕지 않으실 것입니다."

○백이와 숙제는 고죽국 군주의 두 아들이다. 그들의 부왕이 장차 죽게 되었을 때 명을 남겨 숙제를 세우도록 하였는데 부왕이 죽자 숙제는 백이에게 양보하였다. 백이는 부왕의 명이라 하고 마침내 도망갔다. 숙제도 역시 즉위하지 않고 도망가니 나라 사람들이 둘째 아들을 세웠다. 그 뒤에 무왕이 주왕을 정벌할 때 백이와 숙제는 말고삐를 당기며 간언하였지만 무왕이 상나라를 멸망시키자 백이와 숙제는 주나라의 곡식 먹는 것을 부끄럽게 여기고 떠나서 수양산에 은거하다가 마침내 굶어 죽었다. '원(怨)'은 '후회하다'와 같다. 군자가 어떤 나라에 머물 때에는 그 나라의 대부를 비난하지 않는데 하물며 그 나라의 군주이겠는가. 그러므로 자공이 위나라 군주를 직접 지적하지 않고 백이·숙제로 질문을 하였는데 공자가 말씀한 것이 이와 같았으니 그가 위나라 군주를 돕지 않을 것임을 알 수 있었다. 백이는 부왕의 명을 높게 여겼고 숙제는 천륜을 중요하게 여겼으니, 그들이 나라를 사양한 것은 모두 천리의 바름에 합당하고 사람 마음의 편안함에 부합하기를 추구한 것이다. 이윽고 각각 자신의 뜻을 얻고는 그 나라를 버리기를 헌신짝처럼 보았으니 무슨 원통함이 있었겠는가. 위나라 첩이 나라를 차지하고 부친을 막으면서 오직 잃을까를 두려워한 것과 같은 일은 정녕 때를 같이하여 논할 수 없음이 분명하다.
○정자가 말하였다. "백이·숙제는 나라를 사양하여 도망하였고 정벌을 말리다가 굶어 죽었으나 끝내 후회가 없었으니 공자가 훌륭하게 여겼다. 그러므로 그가 첩을 돕지 않을 것을 안 것이다."

술이7 제15장

07-15 ◉子曰이라. 飯疏食飮水하며 曲肱而枕之라도 樂亦在其中矣니 不義而富且貴는 於我如浮雲이니라.

●飯은 食之也요 疏食는 麤飯也라. 聖人之心은 渾然天理니 雖處困極이나 而樂亦無不在焉이라. 其視不義之富貴를 如浮雲之無有하여 漠然[36]無所動於其中也라.

●程子曰이라. 非樂疏食飮水也라. 雖疏食飮水라도 不能改其樂也니 不義之富貴는 視之에 輕如浮雲然이라.

●又曰이라. 須知所樂者가 何事니라.

한자 疏 트일 소·소원할 소·성길 소·**거칠 소**, 肱 팔뚝 굉, 麤 거칠 추, 渾 흐릴 혼·둥글 혼·**온전할 혼**, 漠 사막 막·넓을 막·쓸쓸할 막·**담박할 막**

공자가 말씀하였다. "거친 밥을 먹고 물을 마시며 팔을 굽혀 베더라도 즐거움은 역시 그 가운데에 있으니, 의롭지 못하면서 부유하고 또 존귀한 것은 나에게는 뜬구름과 같다."

○'반(飯)'은 '먹다'이고 '소사(疏食)'는 거친 밥이다. 공자의 마음은 온전한 천리라서 비록 곤궁함에 머물더라도 즐거움이 또한 거기에 있지 않은 적이 없었다. 그는 의롭지 못한 부귀를 마치 뜬구름이 덧없는 것처럼 보아서 고요히 그 마음속에 동요되는 바가 없었다.

○정자가 말하였다. "거친 밥과 물 마시는 것을 즐거워한 것이 아니다. 거친 밥에 물을 마시더라도 그 즐거움을 바꿀 수 없었음이니 의롭지 못한 부귀는 보기에 가볍기가 뜬구름과 같았던 것이다."

○또 말하였다. "모름지기 즐긴 것이 무슨 일이었던가를 알아야 한다."

---

36) 막연(漠然) : 담담하고 고요한 모습이다.

술이7 제16장

07-16 ◉子曰이라. 加我數年하여 五十以學易이면 可以無大過矣리라.

●劉聘君이 見元城劉忠定公한대 自言嘗讀他論하니 加作假요 五十作卒이라. 蓋加假는 聲相近而誤讀이요 卒與五十은 字相似而誤分也라.

●愚按컨대 此章之言은 史記에 作假我數年하여 若是면 我於易則彬彬矣하여 加正作假하고 而無五十字라.[37] 蓋是時에 孔子年已幾七十矣리니 五十字誤는 無疑也라. 學易則明乎吉凶消長之理와 進退存亡之道[38]故로 可以無大過라. 蓋聖人深見易道之無窮하고 而言此以教人하니 使知其不可不學이요 而又不可以易而學也니라.

한자 聘 찾아갈 빙·초빙할 빙, 彬 문질[형식과 내용]을 겸비할 빈·아름다울 빈·문채 날 빈

공자가 말씀하였다. "나에게 몇 년을 빌려주어 마침내 ≪주역≫을 공부한다면 큰 허물이 없을 수 있을 것이다."

○유빙군(劉聘君)[39]이 원성(元城) 유충정공(劉忠定公)[40]을 만났는데 (유충

---

37) ≪사기(史記)·공자세가(孔子世家)≫, "공자가 만년이 되면서 ≪주역≫을 좋아하여 <단전>, <계사전>, <상전>, <설괘전>, <문언전>을 정리하였고 ≪주역≫을 읽다가 가죽으로 묶은 것이 세 번이나 끊어졌다. 말씀하기를, '만약 나에게 몇 년의 수명을 빌려주어 이와 같이 한다면 나는 ≪주역≫에 대하여 문질[형식과 내용]을 겸비할 것이다.'라고 하였다.(孔子晩而喜易, 序彖·繫·象·說卦·文言, 讀易, 韋編三絶. 曰. 假我數年, 若是, 我於易則彬彬矣.)"

38) ≪주역(周易)·건괘(乾卦)·문언전(文言傳)≫, "나아가고 물러남과, 남아있고 없어지는 도리를 알아 정도를 잃지 않는 자는, 아마도 성인뿐일 것이다.(知進退存亡, 而不失其正者, 其唯聖人乎.)"

39) 유빙군(劉聘君) : 송(宋) 건주(建州) 출신의 유면지(劉勉之)로 자가 치중(致中)이고 호가 백수(白水)이다. 초정(譙定)의 제자로 정이(程頤)를 사사하였고 주희(朱熹)의 부친인 주송(朱松)과 교류하였으며 주희를 사위로 삼았다. 빙군(聘君)은 '징사(徵士)'의 뜻으로 조

정공이) 직접 말하기를, "일찍이 다른 본의 ≪논어≫를 읽어보니 '가(加)'는 '가(假)'로 되어 있고 '오십(五十)'은 '졸(卒)'로 되어 있었다. '가(加)'와 '가(假)'는 음이 서로 가까워 잘못 읽은 것이고, '졸'과 '오십'은 글자가 서로 비슷하여 잘못 나눈 것이다."라고 하였다.

○내가 살펴보건대, 이 장의 글은 ≪사기≫에서, "나에게 몇 년의 수명을 빌려주어 이와 같이 한다면 나는 ≪주역≫에 대하여 문질[형식과 내용]이 조화될 것이다."라고 하여 '가(加)'는 바로 '가(假)'로 되어 있고 '오십(五十)'이라는 글자는 없다. 아마 이때에 공자는 나이가 이미 거의 70이 되었을 것이니 '오십'이라는 글자가 잘못된 것은 의심의 여지가 없다. ≪주역≫을 배우면 길하고 흉함과 사라지고 자라나는 이치, 나아가고 물러남과 남아있고 없어지는 도리에 밝아지기 때문에 큰 허물이 없을 수 있다. 공자는 주역의 도리가 무궁함을 깊이 알고 이것을 말씀하여 사람을 가르친 것이니, 그것은 배우지 않으면 안 되고 또 쉽게 여기고 배워서도 안 됨을 알게 하신 것이다.

술이7 제17장

07-17 ◉子所雅言은 詩書執禮니 皆雅言也러시다.

●雅는 常也요 執은 守也라. 詩以理情性하고 書以道政事하고 禮以謹節文하니 皆切於日用之實故로 常言之라. 禮獨言執者는 以人所執守而言이니 非徒誦說而已也라.

●程子曰이라. 孔子雅素之言이 止於如此요 若性與天道는 則有不可得而聞者하니 要在默而識之也[41]니라.

정에서 초빙하였으나 응하지 않은 은사(隱士)를 가리키는 말이다.

40) 유충정공(劉忠定公) : 송(宋) 대명(大明) 출신의 유안세(劉安世)로 자가 기지(器之)이고 호가 원성(元城)이며 시호가 충정(忠定)이다. 사마광(司馬光)을 사사하였고 그의 추천으로 비서성정자(祕書省正字)가 되었으며 좌간의대부(左諫議大夫), 추밀도승지(樞密都承旨) 등을 역임하였다.

◉謝氏曰이라. 此는 因學易之語而類記之니라.

한 자 雅 바를 아·우아할 아·**평소 아**

공자가 일상적으로 말씀한 것은 ≪시경≫과 ≪서경≫ 그리고 예를 지키는 것이었으니 모두 일상의 말씀이었다.

○'아(雅)'는 일상이고 '집(執)'은 '지키다'이다. ≪시경≫은 그것으로 성정을 다스리고, ≪서경≫은 그것으로 정사를 말하며, '예(禮)'는 그것으로 조절과 수식을 신중히 하니, 모두 일상의 실제에 절실하기 때문에 그것을 일상적으로 말씀하였다. 예에서 유독 지킨다고 말한 것은 사람이 견지하여 지킬 것을 가지고 말씀한 것이니, 단지 외우고 말할 뿐만이 아니었기 때문이다.

○정자가 말하였다. "공자 일상의 평소 말씀이 이와 같은 데에 그쳤고 본성과 천도의 경우는 들을 수 없는 자가 있었으니, 요점은 말없이 아는 데에 달려 있다."

○사씨[사양좌(謝良佐)]가 말하였다. "이것은 ≪주역≫을 배운다는 말씀에 기인하여 종류별로 기록한 것이다."

술이7 제18장

07-18-1 ◉葉公이 問孔子於子路어늘 子路不對라.

◉葉公은 楚葉縣尹沈諸梁으로 字子高니 僭稱公也라. 葉公이 不知孔子하여

41) ≪논어(論語)·술이(述而)≫, "공자가 말씀하였다. '말하지 않고 기억하며, 배우면서 싫증내지 않고, 남들을 가르치기를 게을리 하지 않는 것이, 어느 것이 나에게 있겠는가.'(子曰. **默而識之**, 學而不厭, 誨人不倦, 何有於我哉.)"

必有非所問而問者故로 子路不對라. 抑亦以聖人之德은 實有未易名言者與인저.

섭공이 자로에게 공자에 대해 물었는데 자로가 대답하지 않았다.

○섭공은 초나라 섭현의 현윤(縣尹)인 심제량(沈諸梁)으로 자가 자고(子高)인데 '공(公)'을 참칭하였다. 섭공이 공자를 알지 못하여 틀림없이 물을 것이 아닌데 물은 것이 있었기 때문에 자로가 대답하지 않았을 것이다. 아니면 또는 공자의 덕은 실로 쉽게 형언하기 어려운 것이 있었기 때문이었을 것이다.

07-18-2 ◉子曰이라. 女奚不曰其爲人也가 發憤忘食하고 樂以忘憂하여 不知老之將至云爾오.

●未得則發憤而忘食하고 已得則樂之而忘憂라. 以是二者로 俛焉하여 日有孶孶하니 而不知年數之不足42)이라. 但自言其好學之篤爾나 然深味之면 則見其全體至極하여 純亦不已43)之妙는 有非聖人不能及者라. 蓋凡夫子之自言이 類如此하니 學者宜致思焉이라.

한자 俛 **힘쓸 면**·숙일 부, 孶 번식할 자·자랄 자·**부지런할 자**(孜와 통용)

공자가 말씀하였다. "너는 어찌 '그의 사람됨이 (알지 못하면) 분발하

42) ≪예기(禮記)·표기(表記)≫에, "몸이 늙는 것도 잊고 (남은) 햇수가 부족함도 알지 못한다. 힘써 날마다 노력함이 있으니 죽은 뒤에야 그만둔다.(忘身之老也, **不知年數之不足**也. 俛焉日有孶孶, 斃而后已.)"라고 하였다.

43) ≪중용(中庸)·제26장≫, "≪시경≫에 이르기를, '하늘의 명이 아, 심원하여 그치지 않는다.'라고 하였으니 하늘이 하늘인 까닭을 말한 것이고 '아, 드러나지 않는가. 문왕(文王)의 덕의 순수함이여.'라고 하였으니 문왕이 문(文)인 까닭을 말한 것이니 순수함이 또한 그치지 않음이다.(詩云, 維天之命, 於穆不已. 蓋曰天之所以爲天也, 於乎不顯, 文王之德之純. 蓋曰文王之所以爲文也, **純亦不已**.)"

여 먹는 것을 잊고, (알게 되면) 즐거워하여 근심을 잊어 늙음이 장차 이르는 것도 알지 못합니다.'라고 하지 않았느냐."

○터득하지 못했으면 분발하여 먹는 것을 잊고 터득한 뒤에는 즐거워하여 근심을 잊었다. 이 두 가지로 힘써 날마다 노력함이 있으니 (남은) 햇수가 부족함도 알지 못하였다. 단지 자신이 배우기를 좋아하는 것이 독실함을 스스로 말씀했을 뿐이지만, 깊이 음미해보면 그 전체가 지극하여 순수함이 또한 그치지 않는 오묘함은 성인이 아니면 도달할 수 없는 것이 있음을 볼 수 있다. 공자가 스스로 말씀한 것은 대개 이와 같았으니 배우는 자들은 마땅히 생각을 지극하게 해야 하겠다.

술이7 제19장

07-19 ◉子曰이라. 我非生而知之者라. 好古敏以求之者也로라.

●生而知之者는 氣質淸明하고 義理昭著하여 不待學而知也라. 敏은 速也니 謂汲汲也라.

●尹氏曰이라. 孔子以生知之聖으로 每云好學者는 非惟勉人也라. 蓋生而可知者는 義理爾니 若夫禮樂名物古今事變은 亦必待學而後에 有以驗其實也라.

한자 敏 **빠를 민**·힘쓸 민, 昭 밝을 소, 汲 물 길을 급·이끌 급·**서두를 급**(急과 통용)

공자가 말씀하였다. "나는 나면서부터 아는 자가 아니다. 옛것을 좋아하여 서둘러 그것을 구하는 자이다."

○'생이지지(生而知之)'라는 것은 기질이 맑고 총명하며 의리가 밝고 뚜렷하여 배우기를 기다리지 않고도 아는 것이다. '민(敏)'은 '빠르다'이니 서

두르는 것을 이른다.

○윤씨[윤돈(尹焞)]가 말하였다. "공자는 나면서부터 아는 성인이면서도 매번 배우기를 좋아한다고 말씀한 것은 단지 사람들을 힘쓰게 한 것만은 아니었다. 나면서부터 알 수 있는 것은 의리일 뿐이니 예악과 사물의 이름과 고금의 사건 같은 것은 역시 반드시 배우기를 기다린 뒤에야 그 실상을 확인할 수 있다."

술이7 제20장

07-20 ◉子不語怪力亂神이러시다.

●怪異·勇力·悖亂之事는 非理之正이니 固聖人所不語라. 鬼神은 造化之迹이니 雖非不正이나 然非窮理之至면 有未易明者라. 故로 亦不輕以語人也라.

●謝氏曰이라. 聖人은 語常而不語怪하고 語德而不語力하고 語治而不語亂하고 語人而不語神이라.

한자 悖 어지러울 패·거스를 패

공자는 괴이함과 완력, 난동과 귀신에 대하여 말씀하지 않았다.

○괴이함, 용기와 힘, 난동의 일은 이치의 바른 것이 아니니 본래 공자가 말씀하지 않은 것이다. 귀신은 조화의 자취이니 비록 바르지 않은 것은 아니지만 이치를 추구함이 지극한 이가 아니라면 쉽게 알 수 없는 것이 있다. 그러므로 또한 사람들에게 가볍게 말씀하지 않았다.

○사씨[사양좌(謝良佐)]가 말하였다. "공자는 일상에 대하여 말씀하고 괴이함에 대하여 말씀하지 않았으며, 덕에 대하여 말씀하고 완력에 대하여 말씀하지 않았으며, 다스림에 대하여 말씀하고 난동에 대하여 말씀하지 않았으며, 사람에 대하여 말씀하고 귀신에 대하여 말씀하지 않았다."

술이7 제21장

07-21 ◉子曰이라. 三人行에 必有我師焉이니 擇其善者而從之요 其不善者而改之니라.

●三人同行에 其一은 我也오 彼二人者가 一善一惡이어든 則我從其善而改其惡焉이라. 是二人者가 皆我師也라.

●尹氏曰이라. 見賢思齊하고 見不賢而內自省[44]이면 則善惡이 皆我之師니 進善이 其有窮乎아.

한자 齊 **가지런할 제**·엄숙할 제·재계할 재·옷자락 자, 省 **살필 성**·문안할 성·깨달을 성·줄일 생

공자가 말씀하였다. "세 사람이 길을 가는데 반드시 거기에는 나의 스승이 있으니, 그 중의 선한 자를 택하여 따르고 그 중의 선하지 못한 자를 택하여 고친다."

○세 사람이 함께 길을 가는데 그 중의 하나는 나이고, 나머지 두 사람이 하나는 선하고 하나는 악하다면, 나는 그 선을 따르고 그 악을 고친다. 이것은 두 사람이 모두 나의 스승인 것이다.

○윤씨[윤돈(尹焞)]가 말하였다. "훌륭한 사람을 보고 같아지기를 생각하고 훌륭하지 못한 사람을 보고 안으로 자신을 살핀다면, 선과 악이 모두 나의 스승이니 선으로 나아감이 어찌 끝남이 있겠는가."

---

44) ≪논어(論語)·이인(里仁)≫

술이7 제22장

07-22 ◉子曰이라. 天生德於予시니 桓魋가 其如予何리오.

●桓魋는 宋司馬向魋也니 出於桓公故로 又稱桓氏라. 魋欲害孔子[45]한대 孔子言天旣賦我以如是之德하니 則桓魋가 其奈我何리오하여 言必不能違天害己라.

한자 桓 푯말 환·굳셀 환·**성 환**, **魋** 짐승 이름 퇴·추할 퇴·북상투 추

공자가 말씀하였다. "하늘이 나에게 덕을 내려주었으니 환퇴가 장차 나를 어찌하겠는가."

○환퇴는 송나라 사마인 상퇴(向魋)인데 환공(桓公)에게서 나왔기 때문에 또 환씨(桓氏)라고도 일컫는다. 환퇴가 공자를 해치려 하자 공자가 말씀하기를, "하늘이 이미 나에게 이와 같은 덕을 부여하였으니 환퇴가 장차 나를 어찌하겠는가."라고 하여 반드시 하늘의 뜻을 어기고 자신을 해칠 수 없을 것이라고 말씀한 것이다.

술이7 제23장

07-23 ◉子曰이라. 二三子는 以我爲隱乎아? 吾無隱乎爾[46]로라.

---

45) ≪맹자(孟子)·만장상(萬章上)≫, "공자가 노나라와 위나라에서 (머물기를) 좋아하지 않아 (떠났는데) 송나라 환사마가 기다렸다가 죽이려 하는 일을 만나자 미복을 입고 송나라를 지났다.(孔子不悅於魯衛, **遭宋桓司馬將要而殺之**, 微服而過宋.)"

46) 이(爾) : 언해본에 '네게'로 언해하였다.

吾無行而不與二三子者니 是丘也니라.

●諸弟子以夫子之道高深하여 不可幾及이라. 故로 疑其有隱하여 而不知聖人作止語默이 無非教也라. 故로 夫子以此言曉之라. 與는 猶示也라.

●程子曰이라. 聖人之道는 猶天然[47]하여 門弟子親炙[48]而冀及之然後에 知其高且遠也라. 使誠以爲不可及이면 則趨向之心이 不幾於怠乎아. 故로 聖人之教는 常俯而就之가 如此하니 非獨使資質庸下者로 勉思企及이요 而才氣高邁者도 亦不敢躐易而進也니라.

●呂氏曰이라. 聖人은 體道無隱이라. 與[49]天象昭然하여 莫非至教니 常以示人이로되 而人自不察이라.

한자 幾 기미 기·시기 기·은미할 기·거의 기·**미칠 기**, 炙 구울 자(적)·구이 자(적)·**가르침 받을 자**, 趨 달릴 추·추구할 추·**향할 추**·독촉할 촉, 怠 게으를 태, 俯 구부릴 부, 邁 갈 매, 躐 밟을 렵·넘을 렵·**건너뛸 렵**

공자가 말씀하였다. "너희들은 내가 숨긴다고 여기느냐? 나는 너희들에게 숨기는 것이 없다. 나는 행동하면서 너희들에게 보여주지 않은 것이 없으니 그것이 나이다."

---

47) ≪맹자(孟子)·진심상(盡心上)≫, "공손추가 말하였다. '도가 높고 아름다우나 마치 하늘에 오르는 것과 같아 따라갈 수 없을 듯합니다. 어찌 그것을 도달할 수 있다고 여겨서 날마다 힘쓰게 하지 않습니까?' 맹자가 말하였다. '큰목수가 서툰 목수를 위하여 먹줄을 고치거나 없애지 않으며, (명사수인) 예가 서툰 사수를 위하여 활 당기는 기준을 변경하지 않는다.'(公孫丑曰. 道則高矣美矣, **宜若似登天然**, 似不可及也. 何不使彼爲可幾及而日孶孶也. 孟子曰. 大匠不爲拙工改廢繩墨, 羿不爲拙射變其彀率.)"

48) ≪맹자·진심하(盡心下)≫, "백이의 풍모를 들은 자는 탐욕스런 사나이가 청렴해지고 나약한 사나이가 뜻을 세우게 되며, 유하혜의 풍모를 들은 자는 경박한 사나이가 돈후해지고 인색한 사나이가 너그러워진다. 백 대의 위에서 떨치니 백 대의 아래에서 들은 자가 분발하지 않는 이가 없으니 성인이 아니고서 이와 같을 수 있겠는가. 하물며 직접 가르침을 받은 자에 있어서랴.(聞伯夷之風者, 頑夫廉, 懦夫有立志, 聞柳下惠之風者, 薄夫敦, 鄙夫寬. 奮乎百世之上, 百世之下, 聞者莫不興起也, 非聖人而能若是乎. 而況於**親炙**之者乎.)"

49) 여(與) : '여(如)'와 같다.

○여러 제자들이 공자의 도가 높고 깊어 도달할 수가 없다고 여겼다. 그러므로 혹시 숨기는 것이 있는가 하고 의심하면서 성인의 움직임과 말씀이 가르침이 아닌 것이 없음을 알지 못하였다. 그러므로 공자가 이 말씀으로 깨우쳐 준 것이다. '여(與)'는 '보이다'와 같다.

○정자가 말하였다. "공자의 도는 하늘과 같아서 문하의 제자들이 직접 가르침을 받고 도달하기를 바란 뒤에야 그것이 높고 원대함을 알았다. 가령 진실로 도달할 수 없다고 여긴다면 지향하는 마음이 나태해짐에 가까워지지 않겠는가. 그러므로 공자의 가르침은 늘 낮추어 다가감이 이와 같았으니 비단 자질이 처지는 자로 하여금 힘쓰고 생각하여 따라가게 하였을 뿐만이 아니라, 재질이 뛰어난 자에게도 역시 감히 등급을 건너뛰거나 쉽게 여기고 나아가도록 하지 않았다."

○여씨[여대림(呂大臨)]가 말하였다. "공자는 도를 몸소 실천하면서 숨김이 없었다. 마치 천체의 현상처럼 분명하여 지극한 가르침이 아닌 것이 없었으니 항상 사람들에게 보여주지만 사람들이 스스로 살피지 못한 것이다."

술이7 제24장

07-24 ◉子以四教하니 文行忠信이러시다.

●程子曰이라. 教人以學文修行而存忠信也니 忠信이 本也라.

공자는 네 가지로 가르쳤으니 글·행실·충실·신의였다.

○정자가 말하였다. "글을 배우고 행실을 닦으며 충실과 신의를 지니는 것으로 사람을 가르쳤는데, 충실과 신의가 근본이었다."

술이7 제25장

07-25-1 ◉子曰이라. 聖人을 吾不得而見之矣어든 得見君子者면 斯可矣니라.

●聖人은 神明不測之號요 君子는 才德出衆之名이라.

공자가 말씀하였다. "성인(聖人)을 내가 만날 수 없다면 군자다운 자를 만날 수 있으면 좋겠다."

○'성인(聖人)'은 신령스러워 헤아릴 수 없는 이의 호칭이고, 군자는 재능과 덕성이 무리에서 뛰어난 이의 명칭이다.

07-25-2 ◉子曰이라. 善人을 吾不得而見之矣어든 得見有恒者면 斯可矣니라.

●子曰字는 疑衍文이라. 恒은 常久之意라.
●張子曰이라. 有恒者는 不二其心하고 善人者는 志於仁而無惡[50]이라.

한자 衍 퍼질 연·넘칠 연·**군더더기 연**

공자가 말씀하였다. "선한 사람을 내가 만날 수 없다면 한결같음을 지닌 자를 만날 수 있으면 좋겠다.

○'자왈(子曰)'이란 글자는 아마 연문(衍文)인 듯하다. '항(恒)'은 '한결같다'

50) ≪논어(論語)·이인(里仁)≫, "공자가 말씀하였다. '진실로 인에 뜻을 두게 되면 악은 없다.'(子曰. 苟志於仁矣, 無惡也.)"

는 뜻이다.

○장자[장재(張載)]가 말하였다. "한결같음을 지닌 자는 그 마음을 두 가지로 하지 않고, 선한 사람은 인에 뜻을 두어 악이 없다."

07-25-3 ◉亡而爲有하며 虛而爲盈하며 約而爲泰면 難乎有恒矣니라.

●三者는 皆虛夸之事니 凡若此者는 必不能守其常也라.

●張敬夫曰이라. 聖人君子는 以學言이요 善人有恒者는 以質言이라.

●愚謂컨대 有恒者之與聖人은 高下가 固懸絶矣나 然未有不自有恒而能至於聖者也라. 故로 章末에 申言有恒之義하니 其示人入德之門이 可謂深切而著明矣로다.

한자 夸 자랑할 과, 懸 매달 현·멀 현

없는데도 있는 체하고 비었는데도 찬 체하며 곤궁한데도 넉넉한 체한다면, 한결같음을 지니기가 어렵다."

○이 세 가지는 모두 헛되게 과장하는 일이니 이와 같은 자는 반드시 그 한결같음을 지킬 수 없다.

○장경부(張敬夫)51)가 말하였다. "성인과 군자는 학문으로 말한 것이고, 선한 사람과 한결같음을 지닌 자는 자질로 말한 것이다."

○내가 생각하건대 한결같음을 지닌 자와 성인은 높낮이가 진실로 현격하지만, 자신에게 한결같음을 지니지 않고서 성인의 경지에 이를 수 있는 자는 아직 없었다. 그러므로 장(章)의 끝에 한결같음을 지닌다는 의미를 거듭 말씀하였으니 사람들에게 덕으로 들어가는 문을 보여준 것이 심히 간절하고 분명하다고 할 만하다.

---

51) 장경부(張敬夫) : 송(宋) 면죽(綿竹) 출신의 장식(張栻)으로 자가 경부(敬夫)이고 호(號)는 남헌(南軒)이다. 당시 주희(朱熹), 여조겸(呂祖謙)과 함께 동남삼현(東南三賢)으로 일컬어졌다. ≪논어해(論語解)≫를 저술하였다.

술이7 제26장

07-26 ◉子는 釣而不綱하며 弋不射宿이라.

◉綱은 以大繩屬網하여 絶流而漁者也요 弋은 以生絲繫矢而射也라. 宿은 宿鳥라.

◉洪氏曰이라. 孔子가 少貧賤하여 爲養與祭하여 或不得已而釣弋하니 如獵較[52]이 是也라. 然이나 盡物取之와 出其不意[53]는 亦不爲也니 此可見仁人之本心矣라. 待物如此하니 待人可知요 小者如此하니 大者可知라.

한자 綱 벼리 강·**그물 강**, 弋 주살 익, 射 쏠 사·**맞힐 석**·벼슬 이름 야·싫어할 역, 屬 무리 속·속할 속·**이을 촉**·부탁할 촉·글 지을 촉, 較 견줄 교·**경쟁할 각**

공자는 낚시질은 하였지만 그물질은 하지 않았고, 주살질은 하였지만 잠자는 새를 쏘아 맞히지는 않았다.

○'강(綱)'은 큰 줄을 그물에 이어 물줄기를 가로질러 물고기를 잡는 것이고, '익(弋)'은 생사를 화살에 매어 쏘는 것이다. '숙(宿)'은 잠자는 새이다.

○홍씨[홍흥조(洪興祖)]가 말하였다. "공자가 젊어서 가난하여 봉양과 제사를 위해 간혹 어쩔 수 없이 낚시질과 주살질을 하였으니 엽각(獵較) 같은 것이 그것이다. 그러나 동물을 싹쓸이하여 잡거나 뜻하지 않는 곳으

52) 엽각(獵較) : 사냥하여 잡은 것을 비교하여 빼앗는 것이라고 한다.[참고 : ≪맹자(孟子)·만장하(萬章下)≫, "공자가 노나라에서 벼슬하실 때에 노나라 사람들이 엽각을 하였는데 공자도 역시 엽각을 하셨다.(孔子之仕於魯也, 魯人獵較, 孔子亦獵較.)"]

53) ≪손자(孫子)·계편(計篇)≫, "전쟁은 속임수이다. … 그들이 방비가 없는 곳을 공격하고 그들이 뜻하지 않는 곳으로 나아간다. 이것이 병가에서 뛰어난 것이니 먼저 (말로) 전해서는 안 된다.(兵者, 詭道也. … 攻其無備, **出其不意**. 此兵家之勝, 不可先傳也.)"

로 나가는 일은 또한 하지 않았으니 여기에서 인한 사람의 본심을 알 수 있다. 동물을 대함이 이와 같았으니 사람 대하는 것을 알 수 있고, 작은 것이 이와 같았으니 큰 것을 알 수 있다.”

술이7 제27장

07-27 ◉子曰이라. 蓋有不知而作54)之者아? 我無是也55)로라. 多聞하여 擇其善者而從之하며 多見而識之가 知56)之次也니라.

●不知而作은 不知其理而妄作也라. 孔子自言未嘗妄作하니 蓋亦謙辭라. 然이나 亦可見其無所不知也라. 識는 記也라. 所從을 不可不擇이니 記則善惡을 皆當存之하여 以備參考라. 如此者는 雖未能實知其理라도 亦可以次於知之者也라.

공자가 말씀하였다. “혹시 (이치를) 알지도 못하면서 창작하는 이가 있는가? 나는 이런 일이 없다. 많이 들어 그 중의 좋은 것을 택하여 따르고 많이 보아 기억하는 것이 (이치를) 아는 것의 다음이다.”

○‘부지이작(不知而作)’은 그 이치를 알지 못하고서 함부로 창작하는 것이

54) 작(作) : <술이(述而)·제1장>에서, “전하기만 하고 창작하지 않으며, 옛것을 믿고 좋아하는 것을 은근히 우리 노팽에게 비긴다.(述而不作, 信而好古, 竊比於我老彭.)”라고 말씀한 (성인으로서의) ‘작(作)’이다.

55) <술이·제19장>에서, “나는 나면서부터 아는 자가 아니다. 옛것을 좋아하여 서둘러 그것을 구하는 자이다.(我非生而知之者. 好古敏以求之者也.)”라고 말씀한 (현인으로서의) ‘學而知之者’를 자처한 것이다.

56) 지(知) : 양백준(楊伯峻)은 ‘생이지지(生而知之)’를 가리키는 것으로 설명하여, 공자가 ≪논어(論語)·계씨(季氏)≫에서, “나면서부터 아는 자는 상등이고, 배워서 아는 자는 다음이다.(生而知之者, 上也, 學而知之者, 次也.)”라고 하였듯이 ‘知之次’는 “學而知之者, 次也.”의 의미라고 하였다.[≪논어역주(論語譯注)≫, p.74.]

다. 공자가 스스로 말씀하기를, "나는 일찍이 함부로 창작한 적이 없었다."라고 하였으니 역시 겸사이다. 그러나 또한 그가 알지 못하는 것이 없었음을 알 수 있다. '지(識)'는 '기억하다'이다. 따를 바를 택하지 않을 수 없으니 기억하고 있으면 선과 악을 모두 당연히 보존하여 참고거리를 갖추게 된다. 이와 같은 자는 비록 실제로 그 이치를 아직은 알 수 없더라도 아는 자의 다음이 될 수 있다.

술이7 제28장

07-28-1 ◉互鄕은 難與言이러니 童子見커늘 門人惑이라.

●互鄕은 鄕名이라. 其人이 習於不善하여 難與言善이라. 惑者는 疑夫子不當見之也라.

호향 사람들은 더불어 말하기 어려웠는데 동자가 (공자를) 뵙자 제자들이 의아해하였다.

○호향은 고을 이름이다. 그곳 사람들이 선하지 못한 일에 습관이 들어 함께 선을 말하기 어려웠다. '혹(惑)'이라는 것은 공자가 그를 만나지 않아야 했다고 의심한 것이다.

07-28-2 ◉子曰이라. 與其進也요 不與其退也니 唯何甚이리오. 人潔己以進이어든 與其潔也요 不保其往也며 [人潔己以進이어든 與其潔也요 不保其往也며 與其進也요 不與其退也니 唯何甚이리오.]

●疑此章有錯簡하니 人潔至往也十四字는 當在與其進也之前이라. 潔은 修治也요 與는 許也요 往은 前日也라. 言人潔己而來면 但許其能自潔耳요 固不能保其前日所爲之善惡也며 但許其進而來見耳요 非許其旣退而爲不善也

라. 蓋不追其旣往하고 不逆其將來하여 以是心至면 斯受之耳[57]라. 唯字上下에 疑又有闕文한대 大抵亦不爲已甚[58]之意리라.

●程子曰이라. 聖人이 待物之洪이 如此라.

한자 潔 깨끗할 결·**깨끗이 할 결**·청렴할 결, 保 기를 보·지킬 보·**지닐 보**, 闕 궁문(宮門) 궐·궁궐 궐·**뺄 궐**

공자가 말씀하였다. "사람이 자신을 깨끗이 하여 다가오면 그의 깨끗함을 인정하고 그의 과거를 마음에 두지 않으며, 그의 다가옴을 인정하고 그가 물러간 뒤를 인정[59]하지 않으니, 유독 어찌 심하게만 하겠는가."

○아마도 이 장에는 착간(錯簡)이 있는 듯하니 '인결(人潔)'에서 '왕야(往也)'까지 14자는 '여기진야(與其進也)'의 앞에 있어야 한다. '결(潔)'은 '닦다'이고 '여(與)'는 '인정하다'이며 '왕(往)'은 지난날이다. 사람이 자신을 깨끗이 하고 오면 다만 그가 자신을 깨끗이 할 수 있었음을 인정할 뿐이고 진실로 지난날에 행했던 선악을 마음에 둘 수 없으며, 다만 그가 다가와서 뵙는 것을 인정할 뿐이고 그가 물러간 뒤에 선하지 못한 일을 하리라고 인정할 것이 아님을 말씀한 것이다. 이미 지나간 것을 추궁하지 않고 장래를 억측하지 않아, 이러한 마음으로 이르면 그를 받아줄 뿐이었다. '유(唯)'자의 위와 아래에 아마도 또 빠진 글자가 있는 듯한데 대체로 또한 "너무 심한 것을 하지 않았다."는 뜻일 것이다.

○정자가 말하였다. "공자가 상대를 대하는 너그러움이 이와 같았다."

57) ≪맹자(孟子)·진심하(盡心下)≫, "선생님께서 교과(敎科)를 설치함은 가는 자를 붙잡지 않고 오는 자를 막지 않아, 만일 이 배우려는 마음을 가지고 오면 받아주실 뿐입니다.(夫子之設科也, 往者不追, 來者不拒, 苟**以是心至**, **斯受之**而已矣.)"

58) ≪맹자·이루하(離婁下)≫, "맹자가 말하였다. '공자는 너무 심한 것을 하지 않으셨다.'(孟子曰. 仲尼, **不爲已甚**者.)"

59) 물러간 뒤에 다시 불선을 행할 것이라 하여 만나주지 않음을 가리킨다.

술이7 제29장

07-29 ◉子曰이라. 仁遠乎哉아. 我欲仁이면 斯仁至矣니라.

●仁者는 心之德이니 非在外也로되 放而不求60)라. 故로 有以爲遠者하니 反而求之면 則卽此而在矣니 夫豈遠哉리오.

●程子曰이라. 爲仁由己61)라. 欲之則至니 何遠之有리오.

한자 卽 음식 먹을 즉·나아갈 즉·이를 즉·맞출 즉

공자가 말씀하였다. "인이 멀겠는가. 내가 인을 원하면 인은 이르게 된다."

○'인(仁)'이라는 것은 마음의 덕이니 밖에 있는 것이 아닌데 잃고서 찾지 않는다. 그러므로 멀다고 여기는 자가 있는데 돌이켜 찾는다면 곧 이에 따라[찾는 대로] 있게 되니 어찌 멀겠는가.

○정자가 말하였다. "인을 실천하는 것은 자신에게서 비롯된다. 그것을 원하면 이르니 무슨 먼 것이 있겠는가."

술이7 제30장

07-30-1 ◉陳司敗問昭公知禮乎잇가? 孔子曰知禮시니라.

60) ≪맹자(孟子)·고자상(告子上)≫, "맹자가 말하였다. '인은 사람의 마음이고 의는 사람의 길이다. 그 길을 버리고 따르지 않고 그 마음을 잃고 찾을 줄을 모르니, 애처롭다.'(孟子曰. 仁人心也, 義人路也. 舍其路而不由, **放其心而不知求**, 哀哉.)"

61) ≪논어(論語)·안연(顔淵)≫, "안연이 인을 묻자 공자가 말씀하였다. '사욕을 이겨 예로 돌아가는 것이 인을 실천하는 것이다. 하루라도 사욕을 이겨 예로 돌아간다면 천하 사람들이 그에게 인을 돌릴(인정할) 것이니, 인을 실천하는 것이 자신에게서 비롯되지 남에게서 비롯되겠는가.'(顔淵問仁, 子曰. 克己復禮爲仁, 一日克己復禮, 天下歸仁焉, **爲仁由己**而由人乎哉.)"

●陳은 國名이요 司敗는 官名이니 卽司寇也라. 昭公은 魯君으로 名이 裯니 習於威儀[62]之節하여 當時以爲知禮라. 故로 司敗以爲問에 而孔子答之如此라.

한자 寇 약탈할 구·**도둑 구**, 裯 빽빽할 조(주)·고를 조

진(陳)나라 사패가 묻기를, "소공이 예를 아셨습니까?"라고 하자 공자가 "예를 아셨습니다."라고 하였다.

○'진(陳)'은 나라 이름이고 '사패(司敗)'는 관직명이니 바로 사구(司寇)이다. '소공(昭公)'은 노나라 군주로 이름이 주(裯)인데 세부적인 예의 절차에 익숙하여 당시 사람들이 예를 안다고 하였다. 그러므로 사패가 이것으로 질문하자 공자가 이와 같이 대답한 것이다.

07-30-2 ◉孔子退어시늘 揖巫馬期而進之하여 曰吾聞君子는 不黨이라하니 君子亦黨乎아? 君取於吳하여 爲同姓이라 謂之吳孟子라하니 君而知禮면 孰不知禮리오.

●巫馬는 姓이요 期는 字니 孔子弟子로 名이 施라. 司敗揖而進之也라. 相助匿非曰黨이라. 禮에 不取同姓[63]이어늘 而魯與吳는 皆姬姓이라. 謂之吳孟子者는 諱之하여 使若宋女子姓者然이라.

한자 匿 달아날 닉·숨을 닉·**숨길 닉**, 諱 **감출 휘**·꺼릴 휘·피할 휘

---

62) ≪중용(中庸)·제27장≫, "넉넉하게 위대하다. 기본적인 예가 3백 가지이고 세부적인 예가 3천 가지이다.(優優大哉. 禮儀三百, **威儀**三千.)"

63) ≪예기(禮記)·방기(坊記)≫, "아내를 맞이함에 동성을 맞이하지 않는 것은 분별을 신중하게 하는 것이다.(取妻, **不取同姓**, 以厚別也.)"

공자가 물러나자 무마기에게 읍하고 그를 다가오게 하여 말하기를, "내가 들으니 군자는 편들지 않는다고 하였는데 군자도 역시 편을 듭니까? 소공이 오나라에서 부인을 맞이하여 같은 성이었는데, 그녀를 오맹자라고 불렀으니 그런 군주인데 예를 알았다면 누가 예를 모르겠습니까."

○'무마(巫馬)'는 성이고 '기(期)'는 자인데 공자 제자로 이름이 시(施)이다. 사패가 읍하고 그를 다가오게 한 것이다. 서로 도와 잘못을 숨겨주는 것을 '당(黨)'이라고 한다. ≪예기≫에 의하면, 같은 성씨를 부인으로 맞이하지 않는데 노나라와 오나라는 모두 희(姬)씨 성이었다. 그녀를 오맹자라고 이른 것은 감추어서 마치 송나라 여자인 자(子)씨 성인 것처럼 한 것이다.64)

07-30-3 ◉巫馬期以告한대 子曰이라. 丘也는 幸이로다. 苟有過어든 人必知之온여.

●孔子不可自謂諱君之惡이요 又不可以取同姓爲知禮라. 故로 受以爲過而不辭라.

●吳氏曰이라. 魯는 蓋夫子父母之國이요 昭公은 魯之先君也라. 司敗又未嘗顯言其事하고 而遽以知禮爲問하니 其對之가 宜如此也라. 及司敗以爲有黨에 而夫子受以爲過하니 蓋夫子之盛德은 無所不可也라. 然이나 其受以爲過也에 亦不正言其所以過하여 初若不知孟子之事者하니 可以爲萬世之法矣로다.

한자 遽 갑자기 거

무마기가 이를 아뢰자 공자가 말씀하였다. "나는 운이 좋구나. 만일 잘못이 있으면 남들이 반드시 그것을 아는구나."

---

64) '오맹희(吳孟姬)'라고 불러야 한다는 뜻이다.

○공자는 군주의 악행을 감췄다고 직접 말할 수도 없고 또 같은 성씨를 맞이한 것을 예를 알았다고 할 수도 없었다. 그래서 받아들여 잘못이라 하고 변명하지 않았다.

○오씨[오역(吳棫)]가 말하였다. "노나라는 공자의 모국이고 소공은 노나라의 선대 군주이다. 사패 또한 그 일을 드러내어 말하지 않고 갑자기 '예를 아셨습니까?'로 질문하였으니 그에게 대답한 것이 이와 같았던 것은 마땅하다. 사패가 편드는 것이 있다고 하자 공자가 받아들여 잘못이라고 하였으니 공자의 성대한 덕은 옳지 않은 것이 없다. 그러나 받아들여 잘못이라고 하면서도 잘못된 것을 바로 말씀하지 않아 애당초 오맹자의 일을 알지 못한 이와 같이 하였으니 만세의 법이 될 만하다."

술이7 제31장

07-31 ◉子는 與人歌而善이어든 必使反之하고 而後和之러시다.

●反은 復也라. 必使復歌者는 欲得其詳而取其善也요 而後和之者는 喜得其詳而與其善也라. 此見聖人氣象從容하고 誠意懇至하며 而其謙遜審密이 不掩人善이 又如此라. 蓋一事之微나 而衆善之集을 有不可勝旣者焉이니 讀者는 宜詳味之라.

한자 懇 정성 간, 掩 가릴 엄, 旣 전부 침식할 기·**다할 기**·이미 기

공자는 남과 함께 노래를 부르다가 잘하면 반드시 다시 부르게 하고 뒤에 따라 불렀다.

○'반(反)'은 '거듭하다'이다. 반드시 다시 노래 부르게 한 것은 그 자세한

것을 얻어 좋은 점을 취하려는 것이었고, 뒤에 따라 부른 것은 그 자세한 것을 얻어 좋은 점을 함께 함을 기뻐한 것이었다. 이것은 공자의 기상이 차분하고 성의가 간절하며 그의 겸손함과 자세한 살핌이 남의 좋은 점을 가리지 않은 것이 또한 이와 같았음을 보인 것이다. 한 가지 사소한 일이지만 온갖 선이 모여 있음을 이루 다 말할 수 없는 것이 있으니 읽는 자는 마땅히 자세히 음미해야 한다.

술이7 第32장

07-32 ◉子曰이라. 文莫吾猶人也나 躬行君子는 則吾未之有得호라.

●莫은 疑辭라. 猶人은 言不能過人而尙可以及人이요 未之有得은 則全未有得이라. 皆自謙之辭로되 而足以見言行之難易緩急이니 欲人之勉其實也라.

●謝氏曰이라. 文은 雖聖人이라도 無不與人同故로 不遜이요 能躬行君子면 斯可以入聖故로 不居라. 猶言君子道者三에 我無能焉이라.[65]

한자 躬 몸 궁·자신 궁·**몸소 궁**, 緩 헐거울 완·너그러울 완·느릴 완·**느긋할 완**

공자가 말씀하였다. "글은 내가 남들만 하지 않겠느냐마는 군자(의 도)를 몸소 실천하는 것은 내가 아직 얻지 못했다."

○'막(莫)'은 의문으로 쓰인 말이다. '남들만 하다'는 것은 남들보다 낫지는 못하나 그래도 남들에게 미칠 수 있다는 말씀이고 '아직 얻지 못했다'는 것은 전혀 얻은 것이 없다는 말씀이다. 모두 스스로 겸양한 말씀이지만 말과 실천 중에서 어렵고 쉬움과 느긋하고 다급함을 볼 수 있으니 사람

---

65) ≪논어(論語)·헌문(憲問)≫, "군자의 도라는 것이 세 가지인데 나는 거기에서 잘하는 것이 없다. 인한 자는 근심하지 않고, 지혜로운 자는 미혹되지 않으며, 용감한 자는 두려워하지 않는다.(子曰. **君子道者三, 我無能焉.** 仁者不憂, 知者不惑, 勇者不懼.)"

들이 그 실제에 힘쓰기를 바란 것이다.

○사씨[사양좌(謝良佐)]가 말하였다. "글은 비록 성인이라도 남들과 같지 않을 것이 없기 때문에 겸양하지 않았고, 군자(의 도)를 몸소 실천할 수 있으면 성인의 경지에 들어갈 수 있기 때문에 자처하지 않은 것이다. '군자의 도라는 것이 세 가지인데 나는 거기에서 잘하는 것이 없다.'라고 말씀한 것과 같다."

술이7 제33장

07-33 ◉子曰이라. 若聖與仁은 則吾豈敢이리오. 抑爲之不厭하며 誨人不倦은 則可謂云爾已矣니라. 公西華曰이라. 正唯弟子가 不能學也로소이다.

●此亦夫子之謙辭也라. 聖者는 大而化之[66]요 仁은 則心德之全而人道之備也라. 爲之는 謂爲仁聖之道요 誨人은 亦謂以此敎人也라. 然이나 不厭不倦은 非己有之면 則不能이니 所以弟子不能學也라.

●晁氏曰이라. 當時에 有稱夫子聖且仁者라. 以故로 夫子辭之나 苟辭之而已焉이면 則無以進天下之材하고 率天下之善하여 將使聖與仁爲虛器하여 而人終莫能至矣리라. 故로 夫子雖不居仁聖이나 而必以爲之不厭과 誨人不倦으로 自處也라. 可謂云爾已矣者는 無他之辭也라. 公西華가 仰而歎之하니 其亦深知夫子之意矣라.

---

66) ≪맹자(孟子)·진심하(盡心下)≫, "'무엇을 선(善)이라고 하고 무엇을 신(信)이라 합니까?' '바람직한 것을 선(善)이라 하고 그것을 자신에게 소유한 것을 신(信)이라 한다. (그것이) 꽉 찬 것을 미(美)라 하고 꽉 차서 빛남이 있는 것을 대(大)라 한다. 크면서 변화된 것을 성(聖)이라 하고 성스러우면서 알 수 없는 것을 신(神)이라 한다.'(何謂善, 何謂信? 曰可欲之謂善, 有諸己之謂信, 充實之謂美, 充實而有光輝之謂大, **大而化之之謂聖**, 聖而不可知之之謂神.)"

한자 鼂 벌레 이름 조·아침 조(朝와 통용)·**성 조**(晁와 통용)

공자가 말씀하기를, "만약 성(聖)과 인(仁) 같은 것은 내가 어찌 감당하겠는가. 그러나 그것을 배우기를 싫어하지 않고 (그것으로) 남을 가르치기를 게을리 하지 않는 것은 그렇다고 이를 수 있을 뿐이다."라고 하였다. 공서화가 말하였다. "바로 (그것을) 제자들이 배울 수 없습니다."

○이것도 역시 공자의 겸사이다. '성(聖)'이라는 것은 크면서 변화된 것이고 '인(仁)'은 마음의 덕이 온전해진 것이고 사람의 도리가 갖추어진 것이다. '위지(爲之)'는 인과 성의 도리를 배우는 것을 이르고 '회인(誨人)'은 또한 그것으로 남을 가르치는 것을 이른다. 그러나 싫어하지 않고 게을리 하지 않음은 자신이 그것을 소유한 이가 아니라면 할 수 없으니 그래서 제자들이 배울 수 없는 것이다.

○조씨[조열지(鼂說之)67)]가 말하였다. "당시에 공자를 성스럽고 인하다고 일컫는 자가 있었다. 그 때문에 공자가 사양하였으나 만일 사양하기만 한다면, 천하의 인재들을 진작시키고 천하의 선한 자를 이끌 수 없어 장차 성과 인을 공허한 것이 되게 하여 사람들 중에 끝내 이를 수 있는 이가 없게 될 것이다. 그러므로 공자가 비록 인과 성을 자처하지 않았으나 반드시 '그것을 배우기를 싫어하지 않고 (그것으로) 남을 가르치기를 게을리 하지 않는 것'으로 자처한 것이다. '그렇다고 이를 수 있을 뿐'이라는 것은 다른 것이 없다는 말씀이다. 공서화가 우러러 탄식하였으니 그 역시 공자의 뜻을 깊이 안 것이다."

---

67) 조열지(鼂說之) : 송(宋) 청풍(淸豐) 출신으로 자가 이도(以道)이다. 휘유각대제(徽猷閣待制)를 지냈고 <역전(易傳)>에 정통하였다. ≪유언(儒言)≫, ≪조씨객어(鼂氏客語)≫ 등을 저술하였다. 조(鼂)는 조(晁)로도 쓴다.

※ 술이7 제34장

07-34 ◉子疾病이어시늘 子路請禱한대 子曰有諸아? 子路對曰有之니이다. 誄에 曰禱爾于上下神祇라하니이다. 子曰이라. 丘之禱는 久矣니라.

●禱는 謂禱於鬼神이라. 有諸는 問有此理否라. 誄者는 哀死而述其行之辭也라. 上下는 謂天地니 天曰神이요 地曰祇라. 禱者는 悔過遷善으로 以祈神之佑也라. 無其理면 則不必禱요 旣曰有之면 則聖人未嘗有過하여 無善可遷하니 其素行이 固已合於神明故로 曰丘之禱는 久矣라. 又士喪禮에 疾病에 行禱五祀[68]하니 蓋臣子迫切之至情에 有不能自已者요 初不請於病者而後禱也라. 故로 孔子之於子路에 不直拒之하고 而但告以無所事禱之意하니라.

한자 誄 애도할 뢰·**뇌문(誄文) 뢰**, 祇 **토지 신 기**(示와 통용)·다만 지

공자가 병이 심해져 자로가 기도할 것을 청하자 공자가 "그런 도리가 있는가?"라고 물었다. 자로가 대답하기를, "있습니다. 뇌문(誄文)[69]에 '그대를 천지의 신명에게 기도한다.'라고 하였습니다." 공자가 말씀하였다. "나의 기도는 오래되었느니라."

---

68) ≪의례(儀禮)·사상례(士喪禮)≫에는 이런 기록이 없고 ≪의례·기석례(旣夕禮)≫에, "병이 심해지면 안팎을 모두 청소한 뒤 내복을 벗기고 새옷을 입힌다. 시중드는 사람 네 명이 모두 앉아 몸을 잡고 (코에) 솜을 대고 숨이 멈추는 것을 살핀다. 남자는 부인의 손에서 숨을 거두지 않고, 부인은 남편의 손에서 숨을 거두지 않는다. 이윽고 오사에 기도를 행한다.(疾病, 外內皆掃, 徹褻衣, 加新衣. 御者四人皆坐持體, 屬纊以俟絶氣. 男子不絶于婦人之手, 婦人不絶于男子之手. 乃行禱于五祀.)"라고 하였다.

69) 뇌문(誄文) : 죽은 이를 애도하는 글이다.

○'도(禱)'는 귀신에게 비는 것을 이른다. '유저(有諸)'는 "그런 도리가 있는가?"라고 물은 것이다. '뇌(誄)'라는 것은 죽은 이를 애도하면서 그의 행적을 서술한 글이다. '상하(上下)'는 하늘과 땅을 이르니 하늘의 신을 '신(神)'이라 하고 땅의 신을 '기(祇)'라고 한다. 기도라는 것은 잘못을 뉘우치고 선하게 바뀌겠다는 것을 가지고 신의 도움을 비는 것이다. 그런 도리가 없다면 기도할 필요가 없고 이미 그런 도리가 있다고 한다면 공자는 일찍이 잘못이 있지 않아 바꿀 만한 선이 없었으니 그의 평소 행실이 본디 이미 신명에 합치하였기 때문에 "나의 기도는 오래되었다."라고 말씀한 것이다. 또 (≪의례≫) <사상례>에, "병이 심해지면 오사에 기도를 한다."라고 하였는데 신하의 절박한 지극정성에 스스로 그만둘 수 없는 것이 있었던 것이지 당초에 병자에게 청한 뒤에 기도하지는 않았다. 그러므로 공자는 자로에게 직접적으로 거절하지 않고 다만 기도를 일삼을 것이 없다는 뜻으로 알린 것이다.

술이7 제35장

07-35 ◉子曰이라. 奢則不孫하고 儉則固니 與其不孫也론 寧固니라.

●孫은 順也요 固는 陋也라. 奢儉俱失中이나 而奢之害가 大라.
●鼂氏曰이라. 不得已而救時之弊也니라.

공자가 말씀하였다. "사치스러우면 공손하지 않고 검소하면 고루한데, 공손하지 않은 것보다 차라리 고루한 것이 낫다."

○'손(孫)'은 '공손하다'이고 '고(固)'는 '고루하다'이다. 사치와 검소가 모두 중도를 잃었으나 사치의 해가 크다.
○조씨[조열지(鼂說之)]가 말하였다. "부득이 하여 당시의 폐단을 구제하려는 것이다."

술이7 제36장

07-36 ◉子曰이라. 君子는 坦蕩蕩이요 小人은 長戚戚이니라.

●坦은 平也라. 蕩蕩은 寬廣貌라.
●程子曰이라. 君子循理故로 常舒泰하고 小人役於物故로 多憂戚이라.
●程子曰이라. 君子坦蕩蕩은 心廣體胖70)이라.

한자 坦 **평탄할 탄**·너그러울 탄, 蕩 흔들 탕·방탕할 탕·씻을 탕·**드넓을 탕**, 戚 도끼 척·슬퍼할 척·**근심할 척**·친척 척, 胖 희생의 반쪽 반·**편안할 반**·살찔 반

공자가 말씀하였다. "군자는 평탄하게 드넓고 소인은 내내 근심한다."

○'탄(坦)'은 '평탄하다'이다. '탕탕(蕩蕩)'은 넉넉하고 드넓은 모습이다.
○정자가 말하였다. "군자는 이치를 따르기 때문에 항상 펴지고, 소인은 외물(外物)에 부림을 당하기 때문에 근심이 많다."
○정자가 말하였다. "'군자는 평탄하게 드넓다.'는 마음이 넓어져 몸이 펴진 것이다."

술이7 제37장

07-37 ◉子는 溫而厲하시며 威而不猛하시며 恭而安이러시다.

---

70) ≪대학(大學)·전6장≫, "부유함은 집을 윤택하게 하고 덕은 몸을 윤택하게 하니, <덕이 있으면> 마음이 넓어져 몸이 펴진다. 그러므로 군자는 반드시 그 뜻을 참되게 하는 것이다.(富潤屋, 德潤身, **心廣體胖**. 故君子, 必誠其意.)"

●厲는 嚴肅也라. 人之德性이 本無不備로되 而氣質所賦는 鮮有不偏이라. 惟聖人은 全體渾然하여 陰陽[71]合德이라. 故로 其中和之氣가 見於容貌之間者가 如此러니 門人熟察而詳記之하니 亦可見其用心之密矣라. 抑非知足以知聖人[72]而善言德行者면 不能記라. 故로 程子以爲曾子之言이라하니 學者所宜反復而玩心也라.

한자 厲 숫돌 려·갈 려·**엄할 려**·분발할 려, 渾 흐릴 혼·둥글 혼·**온전할 혼**

공자는 온화하면서도 엄숙하였고, 위엄스러우면서도 사납지 않았으며, 공손하면서도 편안하였다.

○'려(厲)'는 '엄숙하다'이다. 사람의 덕성은 본래 갖추어지지 않은 것이 없으나 기질로 부여받은 것은 치우치지 않은 것이 드물다. 오직 공자만은 전체가 온전하여 음적(陰的)인 것과 양적(陽的)인 것이 덕에 합치되었다. 그러므로 그 중화의 기상이 용모의 사이에 나타난 것이 이와 같았는데 제자들이 정밀하게 살피고 상세하게 기록하였으니 또한 그 마음 씀씀이가 치밀하였음을 알 수 있다. 그러나 지혜가 족히 성인을 알고 덕행을 잘 말할 수 있는 자가 아니라면 기록할 수 없다. 그래서 정자는 증자의 말이라고 하였으니 배우는 자들이 거듭하여 마음을 기울여야 할 것이다.

---

71) 음양(陰陽) : 기질(氣質) 면에서 온(溫)·위(威)·공(恭)과 려(厲)·불맹(不猛)·안(安)을, 양적(陽的)인 특성과 음적(陰的)인 특성으로 구분한 것이다.

72) ≪맹자(孟子)·공손추상(公孫丑上)≫, "재아와 자공과 유약은 지혜가 족히 성인을 알 만하였다.(宰我·子貢·有若, 智足以知聖人.)"

태백(泰伯) 제팔(第八)

●凡二十一章이라.

○모두 21장이다.

태백8 제1장

08-01 ◉子曰이라. 泰伯은 其可謂至德也已矣로다. 三以天下讓하되 民無得而稱焉이온여.

●泰伯은 周大王之長子라. 至德은 謂德之至極하여 無以復加者也라. 三讓은 謂固遜也라. 無得而稱은 其遜隱微하여 無迹可見也라. 蓋大王은 三子니 長泰伯이요 次仲雍이요 次季歷이라. 大王之時에 商道浸衰하고 而周日彊大하며 季歷이 又生子昌하니 有聖德이라. 大王이 因有翦商之志나 而泰伯이 不從하니 大王遂欲傳位季歷하여 以及昌이라. 泰伯知之하고 卽與仲雍逃之荊蠻[1]하다. 於是에 大王乃立季歷하여 傳國하고 至昌하여 而三分天下에 有其二하니 是爲文王이라. 文王崩하고 子發立하여 遂克商而有天下하니 是爲武王이라. 夫以泰伯之德으로 當商周之際하여 固足以朝諸侯有天下矣[2]어늘 乃棄不取하고 而又泯其迹焉하니 則其德之至極이 爲如何哉아. 蓋其心은 卽夷齊扣馬之心이나 而事之難處는 有甚焉者하니 宜夫子之歎息而贊美之也라. 泰伯不從은 事見春秋傳[3]이라.

한자 雍 화락할 옹·화목할 옹·학교 옹, 浸 담글 침·가라앉을 침·**점차 침**, **翦** 가위 전·자를 전, 荊 싸리나무 형·가시나무 형, 崩 무너질 붕, 泯 망할 민·**없앨 민**·어지럽힐 민, 扣 두드릴 구·**당길 구**

공자가 말씀하였다. "태백은 아마도 지극한 덕이었다고 이를 만하겠다. 세 번이나 천하를 사양하였지만 (드러나지 않아) 백성들이 칭송할 수가 없었으니."

---

1) 형만(荊蠻) : 중원(中原) 사람들이 초(楚), 월(越) 등의 남방 지역을 일컫던 말이다.
2) ≪맹자(孟子)·공손추상(公孫丑上)≫, "무정이 제후들에게 조회 받고 천하를 소유하였다.(武丁, **朝諸侯, 有天下.**)"
3) ≪춘추좌전(春秋左傳)·희공(僖公)·5년≫, "태백과 우중은 태왕의 아들인데 태백이 따르지 않아 이 때문에 계승하지 않았습니다.(大伯·虞仲, 大王之昭也, **大伯不從,** 是以不嗣.)"

○'태백(泰伯)'은 주나라 태왕(大王)의 큰 아들이다. '지덕(至德)'은 덕이 지극하여 다시 더할 것이 없는 것을 이른다. '세 번 사양한 것'은 굳게 사양한 것을 이른다. '칭송할 수 없었음'은 그의 양보가 은미하여 볼 수 있는 자취가 없었던 것이다. 태왕은 아들이 셋이었는데 맏이가 태백이고, 다음이 중옹(仲雍)이고, 다음이 계력(季歷)이었다. 태왕의 시기에 상나라의 도는 점점 쇠약해지고 주나라는 날로 강대해졌으며, 계력이 더구나 아들 창(昌)을 낳았는데 성덕(聖德)이 있었다. 태왕은 그래서 상나라를 칠 생각이 있었는데 태백이 따르지 않으니 태왕은 마침내 계력에게 왕위를 전하여 창에게 이르게 하기를 바랐다. 태백은 그것을 알고 즉시 중옹과 형만(荊蠻) 지역으로 도망하였다. 이에 태왕이 마침내 계력을 세워 나라를 물려주었고 창에게 이르러 천하의 3분의 2를 소유하였으니 이 사람이 문왕이다. 문왕이 죽고 아들 발(發)이 즉위하여 마침내 상나라를 이기고 천하를 소유하였으니 이 사람이 무왕이다. 태백의 덕으로 상나라와 주나라의 교체기를 만나 진실로 제후들에게 조회를 받고 천하를 소유할 수 있었는데도 버리고 취하지 않았으며 또 그 자취마저 없앴으니, 그 덕의 지극함이 어떠한가. 그 마음은 바로 백이와 숙제가 (무왕의) 말고삐를 당겼던 마음이었으나, 일이 대처하기 어려웠음은 그보다 더 심한 것이 있었으니 공자가 감탄하고 찬미한 것은 당연하다. 태백이 (태왕의 뜻을) 따르지 않은 것은 사적이 ≪춘추좌전(春秋左傳)≫에 보인다.

태백8 제2장

08-02-1 ◉子曰이라. 恭而無禮則勞하고 愼而無禮則葸하며 勇而無禮則亂하고 直而無禮則絞[4]니라.[5]

---

4) '곧으면서 예가 없어 각박함(直而無禮則絞)'의 예가 다음과 같은 것이다. : ≪논어(論語)·자로(子路)≫, "섭공이 공자에게 말하였다. '우리 고을에 행실이 정직한 자가 있으니 그의 아버지가 양을 훔치자 아들이 고발하였습니다.' 공자가 말씀하였다. '우리 고을의 정직한 자는 이와 다릅니다. 아버지는 아들을 위해 숨겨주고 아들은 아버지를 위해 숨겨주니, 정직은 그 가운데에 있습니다.'(葉公語孔子曰. 吾黨, 有直躬者, 其父攘羊, 而子證

●葸는 畏懼貌요 絞는 急切也라. 無禮則無節文故로 有四者之弊라.

한자 葸 두려워할 시·**두려울 시**·풀 이름 시, 絞 감을 교·목맬 교·**급박할 교**

공자가 말씀하였다. "공손하면서 예가 없으면 힘들고 삼가면서 예가 없으면 두려우며, 용감하면서 예가 없으면 난폭하고 곧으면서 예가 없으면 각박하다."

○'시(葸)'는 두려워하는 모습이고, '교(絞)'는 다급하고 박절한 것이다. 예가 없으면 조절과 수식이 없기 때문에 네 가지의 폐단이 있다.

08-02-2 ◉君子가 篤於親이면 則民興於仁[6]하고 故舊를 不遺면 則民不偸[7]니라.

●君子는 謂在上之人也라. 興은 起也요 偸는 薄也라.

●張子曰이라. 人道에 知所先後[8]면 則恭不勞하고 愼不葸하며 勇不亂하고 直不絞하니 民化而德厚矣라.

●吳氏曰이라. 君子以下는 當自爲一章이니 乃曾子之言也라.

●愚按컨대 此一節은 與上文不相蒙하고 而與首篇謹終追遠之意로 相類하니

之. 孔子曰. 吾黨之直者, 異於是, 父爲子隱, 子爲父隱, 直在其中矣.)"

5) 여러 덕목들이 예로 조절되어야 할 필요성을 제시한 것이다.

6) ≪중용(中庸)·제20장≫, "어버이를 사랑하면 숙부와 형제들이 원망하지 않는다.(親親, 則諸父昆弟不怨.)";≪맹자(孟子)·진심상(盡心上)≫, "어버이를 사랑하는 것이 인이고, 어른을 공경하는 것은 의이다. 다른 이유가 없으니 천하 사람들에게 공통되기 때문이다.(**親親, 仁也,** 敬長, 義也. 無他, 達之天下也.)"

7) ≪논어(論語)·미자(微子)≫, "주공이 노공에게 말하였다. '군자는 그 친척을 버리지 않고 대신으로 하여금 (건의한 말을) 써주지 않는 것을 원망하게 하지 않으며, 친구가 큰 연고가 없으면 버리지 않고 한 사람에게 갖추기를 요구하지 않는다.'(周公謂魯公曰. 君子, 不施其親, 不使大臣, 怨乎不以, 故舊, 無大故則不棄也, 無求備於一人.)"

8) ≪대학(大學)·경1장≫, "물건에는 근본과 말단이 있고 일에는 처음과 끝이 있으니, 먼저 하고 뒤에 할 것을 알면 도에 가깝게 된다.(物有本末, 事有終始, **知所先後,** 則近道矣.)"

吳說近是라.

한 자 偸 구차할 투·**가벼울(경박할) 투**·훔칠 투, 蒙 입을 몽·받을 몽·**이을 몽**

"위정자가 어버이에게 돈독하게 하면 백성들이 인을 일으키고, 친구를 버리지 않으면 백성들이 야박하지 않다."

○'군자(君子)'는 윗자리에 있는 사람을 이른다. '흥(興)'은 '일으키다'이고, '투(偸)'는 '야박하다'이다.

○장자[장재(張載)]가 말하였다. "사람의 도리에서 먼저 하고 뒤에 할 것을 알면 공손해도 힘들지 않고 삼가도 두렵지 않으며, 용감해도 난폭하지 않고 곧아도 각박하지 않으니, 백성들이 교화되어 덕이 두터워지게 된다."

○오씨[오역(吳棫)]가 말하였다. "군자 이하는 별도로 한 장이 되어야 하니 바로 증자의 말이다."

○내가 살펴보건대, 이 한 구절은 윗글과 서로 이어지지 않고 첫 편의 "장례를 신중하게 하고 멀리 계신 조상을 추모한다.(愼終追遠.)"는 뜻과 서로 유사하니 오씨의 말이 아마 옳을 듯하다.

태백8 제3장

08-03 ◉曾子有疾하사 召門弟子曰이라. 啓予足하며 啓予手하라. 詩云戰戰兢兢하여 如臨深淵하며 如履薄氷[9]이라하니 而今[10]而後에야 吾知免夫라. 小子아.

---

9) ≪시경(詩經)·소아(小雅)·소민(小旻)≫, "감히 범을 맨손으로 잡지 않고 감히 황하를 맨몸으로 건너지 않는 것을, 사람들은 그 한 가지만 알고 그 다른 것은 알지 못하도다. 두려워하고 조심하여 깊은 연못에 다가선 듯이 하고 얇은 얼음을 밟듯이 하라.(不敢暴虎, 不敢馮河. 人知其一, 莫知其他. **戰戰兢兢, 如臨深淵, 如履薄冰.**)"

10) 이금(而今) : 지금, 현재.

●啓는 開也라. 曾子가 平日에 以爲身體受於父母하니 不敢毁傷[11]故로 於此에 使弟子開其衾而視之라. 詩는 小旻之篇이라. 戰戰은 恐懼요 兢兢은 戒謹이라. 臨淵이면 恐墜요 履氷이면 恐陷也라. 曾子以其所保之全으로 示門人하고 而言其所以保之之難이 如此하여 至於將死而後에 知其得免於毁傷也라. 小子는 門人也라. 語畢而又呼之하여 以致反復丁寧之意하니 其警之也가 深矣라.

●程子曰이라. 君子曰終이요 小人曰死[12]니 君子保其身은 以沒爲終其事也라. 故로 曾子가 以全歸爲免矣라.

●尹氏曰이라. 父母가 全而生之하시니 子全而歸之[13]라. 曾子가 臨終而啓手足은 爲是故也니 非有得於道면 能如是乎아.

●范氏曰이라. 身體도 猶不可虧也온 況虧其行하여 以辱其親乎아.

한자 啓 열 계, 兢 삼갈 긍, 旻 하늘 민, 墜 떨어질 추, 陷 빠질 함·함정 함, 虧 이지러질 휴

---

11) ≪효경(孝經)·개종명의(開宗明義)≫, "몸과 사지와 머리털과 피부는 부모에게 받았으니 감히 손상시키지 않는 것이 효도의 시작이다.(**身體髮膚, 受之父母, 不敢毁傷,** 孝之始也.)"

12) ≪예기(禮記)·단궁상(檀弓上)≫, "자장이 병이 심해지자 신상을 불러 말하였다. '군자의 경우는 마친다고 하고 백성의 경우는 죽는다고 하는데, 내가 오늘에야 거의 (마치는 것에) 가깝게 되었구나.'(子張病, 召申祥而語之曰. **君子曰終, 小人曰死.** 吾今日其庶幾乎.)"

13) ≪예기·제의(祭義)≫, "악정자춘이 마루에서 내려오다 발을 다쳤는데 몇 달 동안 밖에 나오지 않으면서 오히려 근심스러운 안색이 있었다. 제자가 말하기를, '선생님의 발은 다 나았는데 몇 달 동안 밖에 나오지 않으시면서 오히려 근심스러운 안색이 있으니 무슨 일이신지요?'라고 하자 악정자춘이 말하였다. '좋구나, 너의 질문이. 좋구나, 너의 질문이. 나는 증자에게서 들었고 증자는 공자에게서 들었는데 말씀하기를, '하늘이 내고 땅이 기르는 것 중에서 사람만큼 위대한 것이 없다. 부모가 온전하게 하여 낳아 주셨으니 자식이 온전하게 하여 돌아가야 효도라고 할 수 있다. 육체를 손상시키지 않고 몸을 욕되게 하지 않는 것이 온전하게 하는 것이라 할 수 있다.'라고 하셨다. 그러므로 군자는 반걸음을 가면서도 감히 효를 잊지 않는데 지금 나는 효의 도리를 잊었다. 내가 이 때문에 근심스러운 안색이 있는 것이다.'(樂正子春下堂而傷其足, 數月不出, 猶有憂色. 門弟子曰. 夫子之足瘳矣, 數月不出, 猶有憂色, 何也? 樂正子春曰. 善如爾之問也. 善如爾之問也. 吾聞諸曾子, 曾子聞諸夫子, 曰. 天之所生, 地之所養, 無人爲大. **父母全而生之, 子全而歸之,** 可謂孝矣. 不虧其體, 不辱其身, 可謂全矣. 故君子頃步而不敢忘孝也, 今予忘孝之道. 予是以有憂色也.)"

증자가 병이 나자 문하의 제자들을 불러서 말하였다. "(이불을) 열어서 나의 발을 보고 (이불을) 열어서 나의 손을 보아라. ≪시경≫에 이르기를, '두려워하고 조심하여 깊은 연못에 다가선 듯이 하고 얇은 얼음을 밟듯이 하라'고 하였는데, 지금 이후에야 나는 (몸을 손상시키는 데에서) 벗어나게 되었음을 알겠다. 제자들아."

○'계(啓)'는 '열다'이다. 증자가 평소에, "신체는 부모에게서 받았으니 감히 손상시키지 않는다."라고 여겼기 때문에 이때에 제자들로 하여금 이불을 열고 보게 한 것이다. 시는 (≪시경·소아(小雅)≫) <소민(小旻)>편이다. '전전(戰戰)'은 '두려워하다'이고, '긍긍(兢兢)'은 '조심하다'이다. 연못에 다가서면 떨어질까 두려워하고, 얼음을 밟으면 빠질까 두려워한다. 증자는 자신이 보전한 바가 온전함을 제자들에게 보여주고 그 보전하기가 어려운 것이 이와 같아 장차 죽음에 이른 뒤에야 손상시키는 데에서 벗어날 수 있음을 알겠다고 말한 것이다. '소자(小子)'는 제자이다. 말이 끝나고 다시 그들을 불러 거듭 간곡한 뜻을 지극하게 하였으니 그들을 경계한 것이 깊다.

○정자가 말하였다. "군자의 경우는 '종(終)'이라 하고 백성의 경우는 '사(死)'라고 하니 군자가 자신의 몸을 보전하는 것은 죽음으로써 그 일을 마치는 것으로 여긴다. 그러므로 증자가 온전하게 돌아가는 것을 '벗어나게 되었다.'고 한 것이다."

○윤씨[윤돈(尹焞)]가 말하였다. "부모가 온전하게 하여 낳아 주셨으니 자식이 온전하게 하여 돌아가는 것이다. 증자가 임종하면서 (이불을) 열어서 손과 발을 보게 한 것은 이 때문이었으니 도를 터득한 이가 아니라면 이와 같을 수 있겠는가."

○범씨[범조우(范祖禹)]가 말하였다. "몸과 사지도 오히려 손상시킬 수 없는데 하물며 그 행실을 손상시켜 자신의 어버이를 욕되게 하겠는가."

태백8 제4장

08-04-1 ◉曾子有疾이어시늘 孟敬子問之러니

●孟敬子는 魯大夫仲孫氏로 名이 捷이라. 問之者는 問其疾也라.

한자 捷 이길 첩·빠를 첩

증자가 병이 나자 맹경자가 그를 문병하였다.

○맹경자는 노나라 대부인 중손씨로 이름이 첩(捷)이다. '문지(問之)'라는 것은 문병한 것이다.

08-04-2 ◉曾子言曰이라. 鳥之將死에 其鳴也哀하고 人之將死에 其言也善이니라.

●言은 自言也[14]라. 鳥畏死故로 鳴哀하고 人窮反本[15]故로 言善이라. 此는 曾子之謙辭니 欲敬子知其所言之善而識之也라.

증자가 말하였다. "새가 죽을 때에는 그 우는 소리가 슬프고, 사람이

14) ≪예기(禮記)·잡기하(雜記下)≫에서, "3년의 상중에는 홀로 말은 하지만 대화하지 않고 대답하지만 묻지는 않는다.(三年之喪, **言而不語**, 對而不問.)"라고 한 데서 알 수 있듯이, '언(言)'은 대화가 아닌 일방적인 말이고 '어(語)'는 주고받는 대화를 가리킨다.

15) ≪사기(史記)·굴원전(屈原傳)≫, "무릇 하늘은 사람의 시초이며 부모는 사람의 근본이다. 사람이 곤궁해지면 근본을 돌이키기 때문에 힘들거나 지칠 때에는 일찍이 하늘을 찾지 않는 적이 없고, 질병으로 아프거나 괴로울 때에는 부모를 찾지 않는 적이 없다.(夫天者, 人之始也, 父母者, 人之本也. **人窮則反本**, 故勞苦倦極, 未嘗不呼天也, 疾痛慘怛, 未嘗不呼父母也.)"

죽을 때에는 그 말이 선합니다.”

○‘언(言)’은 홀로 말하는 것이다. 새는 죽음을 두려워하기 때문에 우는 소리가 슬프고, 사람이 곤궁해지면 근본을 돌이키기 때문에 말이 선하다. 이것은 증자의 겸사이니, 맹경자가 자신이 하는 말이 선함을 알아서 기억하기를 바란 것이다.

08-04-3 ◉君子所貴乎道者가 三이라. 動容貌에 斯遠暴慢矣며 正顔色에 斯近信矣며 出辭氣에 斯遠鄙倍矣니 籩豆之事則有司存이니라.

●貴는 猶重也라. 容貌는 擧一身而言이라. 暴는 粗厲也요 慢은 放肆也라. 信은 實也니 正顔色而近信은 則非色莊[16]也라. 辭는 言語요 氣는 聲氣也라. 鄙는 凡陋也요 倍는 與背同하니 謂背理也라. 籩은 竹豆요 豆는 木豆라. 言道雖無所不在나 然君子所重者는 在此三事而已라. 是皆修身之要요 爲政之本이니 學者所當操存省察하여 而不可有造次顚沛之違者也라. 若夫籩豆之事는 器數[17]之末이니 道之全體에 固無不該나 然其分則有司之守요 而非君子之所重矣라.

●程子曰이라. 動容貌는 擧一身而言也니 周旋中禮면 暴慢斯遠矣요 正顔色이면 則不妄이니 斯近信矣요 出辭氣에 正由中出이면 斯遠鄙倍라. 三者는 正身而不外求라. 故로 曰籩豆之事則有司存이라.

●尹氏曰이라. 養於中이면 則見於外라. 曾子蓋以修己爲爲政之本이니 若乃器用事物之細는 則有司存焉이니라.

한자 慢 게으를 만, 鄙 교외 비·**저속할 비**·인색할 비, 倍 **배반할 배**(背와 통용)·어긋날 배·곱 배, 籩 제기 이름 변, 顚 꼭대기 전·**뒤집힐 전**, 沛 늪 패·**넘어질 패**

---

16) ≪논어(論語)·선진(先進)≫, “공자가 말씀하였다. ‘말이 진지한 사람을 인정한다면 군자다운 자인가? 안색이 근엄한 자인가?(子曰. 論篤, 是與, 君子者乎, 色莊者乎.)”

17) 기수(器數) : 예기(禮器)와 예절(禮節)에 대한 각종 규정을 가리킨다.

"군자가 도리에서 귀하게 여기는 것이 세 가지입니다. 몸을 움직일 때에는 거칢과 태만을 멀리하고, 안색을 바르게 할 때에는 진실함에 가깝게 하며, 말을 꺼낼 때에는 저속함과 (이치에) 어긋남을 멀리 할 것이니 제사의 일은 담당자가 있습니다."

○'귀(貴)'는 '중하게 여기다'와 같다. 용모는 온몸을 들어 말한 것이다. '포(暴)'는 '거칠다'이며 '만(慢)'은 '방자하다'이다. '신(信)'은 '진실하다'이니 안색을 바르게 하면서 진실함에 가깝게 하는 것은 안색이 근엄한 것이 아니다. '사(辭)'는 말이고 '기(氣)'는 말투이다. '비(鄙)'는 '용렬하고 비루하다'이며 '배(倍)'는 '배(背)'와 같으니 이치에 어긋남을 이른다. '변(籩)'은 대나무 제기이고 '두(豆)'는 나무 제기이다. "도리는 비록 있지 않은 곳이 없지만 군자가 귀하게 여기는 것은 이 세 가지 일에 달려있을 뿐입니다. 이것은 모두 몸을 닦는 요체이고 정치를 하는 근본이니 배우는 자들이 잡아 간직하고 돌이켜 살펴서 다급한 때나 위태로운 때에도 어기는 일이 있으면 안 됩니다. 제사의 일 같은 것은 기물과 규정의 말단이니 도의 전체에서 본래 해당되지 않는 것은 없으나 그 직분은 담당자가 맡는 것이고 군자가 귀하게 여길 것이 아닙니다."라는 말이다.

○정자가 말하였다. "몸을 움직이는 것은 온몸을 들어 말한 것이니 몸가짐이 예에 맞으면 거칢과 태만은 멀어지게 되고, 안색을 바르게 하면 경망스럽지 않으니 진실함에 가까워지며, 말을 꺼낼 때에 바름이 마음속에서 나오면 저속함과 어긋남을 멀리 하게 된다. 세 가지는 자신을 바르게 하고 밖에서 구하지 않는 것이다. 그러므로 '제사의 일은 담당자가 있습니다.'라고 한 것이다."

○윤씨[윤돈(尹焞)]가 말하였다. "내면을 수양하면 밖으로 드러난다. 증자는 자신을 닦는 것을 정치를 하는 근본으로 삼았으니 바로 기물이나 용구, 사물의 세세한 것과 같은 것은 담당자가 있기 때문이다."

태백8 제5장

08-05 ◉曾子曰이라. 以能으로 問於不能하며 以多로 問於寡하며 有若無하며 實若虛하며 犯而不校를 昔者에 吾友가 嘗從事於斯矣러니라.

●校는 計校也라. 友는 馬氏以爲顏淵이 是也라. 顏子之心은 惟知義理之無窮하고 不見物我之有間故로 能如此라.

●謝氏曰이라. 不知有餘在己하고 不足在人하며 不必得爲在己, 失爲在人하여 非幾於無我者[18]면 不能也라.

한자 校 형구(形具) 교·울짱 교·**따질 교**·대들 교·비교할 교·학교 교·급할 교

증자가 말하였다. "능한 이로서 능하지 못한 이에게 묻고 (학식이) 많은 이로서 적은 이에게 물으며, 있어도 없는 듯이 하고 찼어도 빈 듯이 하며, (남에게) 당해도 따지지 않는 것을, 옛날에 내 벗이 일찍이 이것에 힘썼다."

○'교(校)'는 '따지다'이다. 벗은 마씨[마융(馬融)[19]]가 안연(顏淵)이라고 한 것이 그 사람이다. 안자의 마음은 오직 의리가 무궁한 것만을 알고 상대와 나에게 간격이 있음을 알지 못하였기 때문에 이와 같을 수 있었다.

○사씨[사양좌(謝良佐)]가 말하였다. "넉넉함이 자신에게 있고 부족함이 남에게 있다고 알지 않으며, 잘하는 것이 자신에게 있고 잘못하는 것이 남

---

18) ≪논어(論語)·자한(子罕)≫, "공자는 네 가지가 전혀 없었으니 사사로운 뜻이 없었고, 기필함이 없었으며, 고집함이 없었고, 사욕이 없었다.(子絶四, 毋意, 毋必, 毋固, 毋我.)"

19) 마융(馬融) : 동한(東漢) 부풍(扶風) 출신으로 자가 계장(季長)이다. 경학가로서 정현(鄭玄) 등 많은 제자를 배출하였으며 교서랑(校書郎)을 역임하였다.

에게 있다고 단정하지 않아 사욕이 없는 경지에 가까워진 자가 아니면 할 수 없다."

태백8 제6장

08-06 ◉曾子曰이라. 可以託六尺之孤[20]하며 可以寄百里之命[21]이요 臨大節[22]而不可奪也면 君子人與아? 君子人也니라.

●其才가 可以輔幼君하고 攝國政하며 其節이 至於死生之際而不可奪이면 可謂君子矣라. 與는 疑辭요 也는 決辭니 設爲問答은 所以深著其必然也라.

●程子曰이라. 節操如是면 可謂君子矣라.

한자 攝 낄 섭·당길 섭·겸할 섭·**대신할 섭**

증자가 말하였다. "6척의 고아[어린 군주]를 부탁할 만하고 제후국의 국정을 맡길 만하며, 큰 고비를 만나 (절조를) 뺏을 수 없다면 군자다운 사람인가? 군자다운 사람이다."

○그의 재능이 어린 군주를 보필하고 국정을 대행할 만하며, 그 절조가 죽고 사는 때에 이르러서도 빼앗을 수 없다면 군자라고 이를 만하다. '여

---

20) 육척지고(六尺之孤) : 정현(鄭玄)은, "6척의 고아는 나이 15세 이하이다.(六尺之孤, 年十五以下.)"라고 하였다.[십삼경본 ≪논어주소(論語注疏)≫]

21) 백리지명(百里之命) : ≪맹자(孟子)·만장하(萬章下)≫, "천자의 체제는 땅[토지]이 사방 천 리이고 공(公)과 후(侯)는 모두 사방 백 리이며, 백(伯)은 70리이고 자(子)와 남(男)은 50리이니, 모두 네 등급이다.(天子之制, 地方千里, 公侯皆方百里, 伯七十里, 子男五十里, 凡四等.)"

22) 대절(大節) : 큰 고비가 되는 일을 가리킨다. 하안(何晏)은, "대절(大節)은 나라를 편안하게 하고 사직을 안정시키는 것을 이른다.(大節, 謂安國家, 定社稷.)"라고 하였다.[십삼경본 ≪논어주소≫]

(與)'는 의심하는 말이고, '야(也)'는 결단하는 말이니 문답을 설정한 것은 그것이 반드시 그러함을 깊이 드러낸 것이다.

○정자가 말하였다. "절조가 이와 같으면 군자라고 이를 만하다."

태백8 제7장

08-07-1 ◉曾子曰이라. 士不可以不弘毅니 任重而道遠이니라.

●弘은 寬廣也요 毅는 强忍也라. 非弘이면 不能勝其重이요 非毅면 無以致其遠이라.

한자 弘 활 소리 홍·**넓을 홍**, 毅 굳셀 의

증자가 말하였다. "선비는 넉넉하고 굳세지 않으면 안 되니 짐이 무겁고 길이 멀기 때문이다."

○'홍(弘)'은 '넉넉하고 넓다'이며 '의(毅)'는 '강하고 끈질기다'이다. 넉넉하지 않으면 그 무게를 감당할 수 없고, 굳세지 않으면 그 먼 곳에 이를 수 없다.

08-07-2 ◉仁以爲己任이니 不亦重乎아. 死而後已니 不亦遠乎아.

●仁者는 人心之全德으로 而必欲以身體而力行之니 可謂重矣요 一息尙存이면 此志不容少懈니 可謂遠矣라.

●程子曰이라. 弘而不毅면 則無規矩而難立이요 毅而不弘이면 則隘陋而無以居之라.

●又曰이라. 弘大剛毅然後에 能勝重任而遠到라.

한자 懈 게으를 해, 隘 좁을 애, 陋 좁을 루·**누추할 루**

“인을 자기의 짐으로 삼으니 진정 무겁지 않은가. 죽은 뒤에야 끝나니 진정 멀지 않은가.”

○인(仁)이라는 것은 사람 마음의 온전한 덕으로 반드시 몸으로 체득하여 힘써 행하고자 해야 하니 무겁다고 이를 만하고, 한 번의 숨이 아직 남아 있다면 이 뜻이 조금이라도 해이해지는 것을 용납할 수 없으니 멀다고 이를 만하다.

○정자가 말하였다. “넉넉하기만 하고 굳세지 않으면 기준이 없어 (무게를 지탱하여) 서기 어렵고, 굳세기만 하고 넉넉하지 않으면 좁고 비루하여 그것[인]을 머물게 할 수 없다.”

○또 말하였다. “넉넉하고 크며 강하고 굳센 뒤에야 무거운 짐을 감당하여 멀리 이를 수 있다.”

태백8 제8장

08-08-1 ◉子曰이라. 興於詩하고,

●興은 起也라. 詩本性情하여 有邪有正이라. 其爲言이 旣易知요 而吟詠之間에 抑揚反覆하여 其感人이 又易入이라. 故로 學者之初에 所以興起其好善惡惡之心하여 而不能自已者는 必於此而得之니라.

한자 覆 쏟을 복·**뒤집을 복**·뒤집힐 복·넘어질 복·덮을 부

공자가 말씀하였다. “시에서 감흥하고,

○'흥(興)'은 일으키는 것이다. 시는 성정에 근본을 두어 사특한 것도 있고 바른 것도 있다. 그 말뜻은 이미 알기 쉽고 읊는 사이에 오르내리고 반복되어 그것이 사람을 감동시키는 것이 또한 쉽게 스며든다. 그러므로 배우는 자가 처음 단계에서 선을 좋아하고 악을 미워하는 마음을 일으켜 스스로 그만둘 수 없는 것은 반드시 여기에서 얻게 된다.

08-08-2 ◉立於禮하며,

●禮는 以恭敬辭遜爲本하고 而有節文度數之詳하여 可以固人肌膚之會와 筋骸之束이라.[23] 故로 學者之中에 所以能卓然自立하여 而不爲事物之所搖奪者는 必於此而得之니라.

한자 筋 힘줄 근, 骸 뼈 해·몸 해, 卓 높을 탁, 搖 흔들릴 요

예에서 서며,

○예는 공경과 사양을 근본으로 삼고 조절과 수식, 규정과 조목 등의 상세함이 있어 사람의 살과 피부의 결합, 근육과 뼈의 결속을 견고하게 할 수 있다. 이 때문에 배우는 자가 중간 단계에서 우뚝하게 자립하여 외물에 흔들리거나 빼앗기지 않을 수 있는 것은 반드시 여기에서 얻게 된다.

08-08-3 ◉成於樂이니라.

●樂有五聲十二律하여 更唱迭和하여 以爲歌舞八音之節하니 可以養人之性情하여 而蕩滌其邪穢하며 消融其査滓라. 故로 學者之終에 所以至於義精仁

23) ≪예기(禮記)·예운(禮運)≫, "예의라는 것은 사람의 큰 근본이니 신뢰를 다지고 친목을 닦으며 사람의 살과 피부의 결합, 근육과 뼈의 결속을 견고하게 하는 것이다.(禮義也者, 人之大端也, 所以講信修睦, 而固人之肌膚之會, 筋骸之束也.)" 예가 안으로 사람의 심신을 다잡아주는 기능을 말한 것이다.

熟하여 而自和順於道德者[24]는 必於此而得之니 是學之成也니라. 按內則컨대 十歲에 學幼儀하고 十三에 學樂誦詩하고 二十而後에 學禮[25]하니 則此三者는 非小學傳授之次요 乃大學終身所得之難易先後淺深也라.

●程子曰이라. 天下之英才가 不爲少矣로되 特以道學不明故로 不得有所成就라. 夫古人之詩는 如今之歌曲하여 雖閭里童稚라도 皆習聞之而知其說故로 能興起라. 今엔 雖老師宿儒라도 尙不能曉其義온 況學者乎아. 是不得興於詩也라. 古人은 自灑掃應對로 以至冠昏喪祭에 莫不有禮러니 今皆廢壞라. 是以로 人倫不明하고 治家無法하니 是不得立於禮也라. 古人之樂은 聲音은 所以養其耳요 采色은 所以養其目이요 歌詠은 所以養其性情이요 舞蹈는 所以養其血脈이러니 今皆無之라. 是不得成於樂也라. 是以로 古之成材也가 易하고 今之成材也가 難이라.

한자 唱 노래 창, 迭 갈마들 질, 蕩 흔들 탕·방탕할 탕·씻을 탕·드넓을 탕, 滌 씻을 척, 穢 거칠 예·잡초 예·**더러울 예**, 査 사실할 사, 滓 찌끼 재, 灑 뿌릴 쇄

---

24) ≪주역(周易)·설괘전(說卦傳)≫, "옛날 성인이 ≪역≫을 지을 적에 그윽이 신명(神明)을 도와 시초(蓍草)를 만들었고, 하늘에서 셋을 취하고 땅에서 둘을 취하여 수(數)를 의지하였으며, 음양에서 변화를 보아 괘를 확립하였고, 강유에서 발휘하여 효를 만들어 내니, 도덕에 조화되고 도리에 맞았으며, 이치를 끝까지 추구하고 본성을 극진히 하여 천명에 이르렀다.(昔者聖人之作易也, 幽贊於神明而生蓍, 參天兩地而倚數, 觀變於陰陽而立卦, 發揮於剛柔而生爻, **和順於道德**而理於義, 窮理盡性以至於命.)"

25) ≪예기(禮記)·내칙(內則)≫, "10세에는 집을 나가 밖에 있는 스승에게 배우게 하고, 외부에서 지내고 자도록 하며 글자[육서(六書)]와 산술[계산(計算)]을 배우게 한다. 옷은 바지저고리를 비단으로 입히지 않고, 예절은 처음에 배운 것을 따르게 한다. 아침저녁으로 어린이의 예의를 배우게 하고 간결하고 참된 것을 익히게 한다. 13세에는 음악을 배우고 시를 읊으며 작무[勺舞, 피리를 들고 추는 문무(文舞)]를 춘다. 15세가 되면 상무[象舞, 창과 방패를 들고 추는 무무(武舞)]를 추고 활쏘기와 말 몰기를 배운다. 20세가 되어 관례를 하고 비로소 예[길흉빈군가(吉凶賓軍嘉)의 오례(五禮)]를 배우며 갖옷과 비단옷을 입을 수 있고, 대하무[大夏舞, 우(禹)임금의 무악(舞樂)]를 추며 효제의 도리를 독실히 행하고 널리 배우되 (남을) 가르치지 않으며, (덕을) 안으로 간직한 채 밖에 드러내지 않는다.(十年, 出就外傅, 居宿於外, 學書記. 衣不帛襦袴, 禮帥初. 朝夕**學幼儀**, 請肄簡諒. 十有三年, **學樂**, **誦詩**, 舞勺. 成童, 舞象, 學射御. 二十而冠, 始**學禮**, 可以衣裘帛, 舞大夏, 惇行孝弟, 博學不敎, 內而不出.)"

음악에서 완성된다.”26)

○음악에는 오음과 십이율이 있어 번갈아 선창하고 교대로 화답하여 가무와 여덟 가지 악기의 가락을 이루니 사람의 성정을 함양하여 그 사특하고 더러운 것을 씻어내고 그 찌꺼기를 없앨 수 있다. 그러므로 배우는 자가 마지막 단계에서 의리가 정밀해지고 인이 무르익어 저절로 도덕에 조화되는 것은 반드시 여기에서 얻게 되니 이것이 학문의 완성이다. ≪예기(禮記)·내칙(內則)≫을 살펴보면, 10세에 어린이의 예의를 배우고, 13세에 음악을 배우고 시를 외우며, 20세가 된 뒤에야 예를 배우니, 이 세 가지[시·예·악]는 소학에서 가르치는 차례가 아니고 바로 대학에서 종신토록 터득하는 난이도와 순서와 깊이이다.

○정자가 말하였다. “천하의 영재가 적지 않으나 다만 도학이 밝지 않기 때문에 성취하는 바가 있을 수 없다. 옛사람들의 시는 지금의 노래와 같아 비록 마을의 어린아이라도 모두 익히 들어 그 내용을 알았기 때문에 감흥할 수 있었다. 지금은 가르치는 사람과 노숙한 선비들도 오히려 그 뜻을 깨닫지 못하니 하물며 배우는 자이겠는가. 이것이 시에서 감흥하지 못하는 것이다. 옛사람들은 물 뿌리고 쓸며 응대하는 것으로부터 관혼상제에 이르기까지 예가 있지 않은 것이 없었는데, 지금은 모두 없어지고 무너졌다. 이 때문에 인륜이 밝아지지 않고 집안을 다스리는 것이 법도가 없으니 이것이 예에서 서지 못하는 것이다. 옛사람의 음악은, 소리는 그들의 귀를 수양하는 것이었고 채색은 그들의 눈을 수양하는 것이었으며, 노래는 그들의 성정을 수양하는 것이었고 무용은 그들의 혈기를 수양하는 것이었는데, 이제는 모두 없어졌다. 이것이 음악에서 완성되지 못하는 것이다. 이 때문에 옛날에는 인재를 이루기가 쉬웠고, 지금에는 인

---

26) 원(元) 원준옹(袁俊翁)은 ≪사서의절(四書疑節)·논어(論語)≫에서 이상의 세 가지를 포괄하여 다음과 같이 설명하였다. “시는 사람의 성정을 인도할 수 있고, 예는 사람의 성정을 조절할 수 있으며, 악은 더욱이 사람의 성정을 함양할 수 있다. 감흥하고 서고 완성된다는 것은 모두 배우는 자들의 본인에게 절실한 공부면에서 말씀한 것이니, 바로 그 효과를 들어 배우는 자들에게 힘쓰게 한 것이다.(詩, 足以導人之性情, 禮, 足以節人之性情, 樂, 又足以養人之性情. 曰興, 曰立, 曰成, 皆是就學者切己工夫上說, 正所以擧其效, 以為學者勉.)”

재를 이루기가 어렵다.”

※ 태백8 제9장

08-09 ◉子曰이라. 民은 可使由之요 不可使知之니라.

●民은 可使之由於是[27]理之當然이나 而不能使之知其所以然也라.

●程子曰이라. 聖人設教에 非不欲人家喻而戶曉也언마는 然不能使之知요 但能使之由之爾라. 若曰聖人不使民知라하면 則是後世朝四暮三[28]之術也니 豈聖人之心乎아.

한자 喻 알릴 유·깨달을 유·**깨우칠 유**, 曉 새벽 효·밝을 효·**알 효**·깨달을 효·깨우칠 유

공자가 말씀하였다. “백성은 따르게 할 수는 있지만 알게 할 수는 없다.”

○백성은 그들로 하여금 어떤 이치의 마땅함을 따르게 할 수는 있으나 그

---

27) 시(是) : 개괄적인 것을 나타내는 지시형용사이다.[예:≪논어(論語)·학이(學而)≫, “자금이 자공에게 물었다. ‘공자는 어느 나라에 이르시든지 반드시 그 정사를 들으시는데 구하시는 것인지요, 아니면 (군주가) 주는 것인지요?’ 자공이 말하였다. ‘선생님은 온화·양순·공경·검약·겸손으로 그것을 얻으시니 선생님이 그것을 구하시는 것은 아마도 다른 사람들이 그것을 구하는 것과는 다를 것이다.’(子禽, 問於子貢曰. 夫子至於**是**邦也, 必問其政, 求之與, 抑與之與? 子貢曰. 夫子, 溫良恭儉讓以得之, 夫子之求之也, 其諸異乎人之求之與.)”]

28) 조사모삼(朝四暮三) : ≪장자(莊子)·제물론(齊物論)≫에 보이는 조삼모사(朝三暮四)의 변형이다. 얕은 꾀로 어리석은 자를 농락하는 것을 가리킨다.[“무엇을 ‘조삼(朝三)’이라고 하는가. 원숭이를 키우는 사람이 상수리를 주면서 말하였다. ‘아침에 세 개 주고 저녁에 네 개 주겠다.’ (그러자) 여러 원숭이들이 모두 화를 냈다. (그래서) 말하기를, ‘그렇다면 아침에 네 개 주고 저녁에 세 개 주겠다.’라고 하니 여러 원숭이들이 모두 기뻐하였다. 명칭과 실상이 손상되지 않았는데도 기뻐하고 성내는 것이 작용한 것이다.(何謂朝三? 狙公賦芧曰. 朝三而暮四. 衆狙皆怒. 曰然則**朝四而暮三**. 衆狙皆悅. 名實未虧而喜怒爲用.)”]

것이 그러한 까닭을 알게 할 수는 없다.

○정자가 말하였다. "공자가 가르침을 베풀면서 사람들에게 집집마다 깨우쳐 주고자 하지 않은 것이 아니었지만, 그들을 알게 할 수는 없었고 다만 따르게 할 수 있었을 뿐이었다. 만약 말하기를, '공자가 백성을 알게 하지 않았다.'라고 한다면 이는 훗날의 [장자(莊子)가 일컬은] 조삼모사의 술책이니 어찌 공자의 마음이겠는가."

태백8 제10장

08-10 ◉子曰이라. 好勇疾貧이 亂也[29]요 人而不仁을 疾之已甚이 亂也니라.

●好勇而不安分이면 則必作亂이요 惡不仁之人하여 而使之無所容이면 則必致亂이라. 二者之心이 善惡雖殊나 然其生亂則一也라.

한자 亂 다스릴 란·**어지러울 란**·악곡의 마지막 장 란

공자가 말씀하였다. "용기를 좋아하면서 가난을 싫어하는 것이 어지럽게 하는 것이고, 사람으로서 인하지 못한 것을 싫어함이 너무 심한 것이 어지럽게 하는 것이다."

○용기를 좋아하면서 분수에 편안하지 못하면 반드시 난을 일으키고, 어질지 못한 사람을 미워하여 그로 하여금 용납할 곳이 없게 하면 반드시 난을 초래한다. 두 사람의 마음이 선악은 비록 다르나 그것이 난을 발생시키는 것은 마찬가지이다.

---

29) ≪논어(論語)·양화(陽貨)≫, "군자[위정자]가 용기만 있고 의가 없으면 난을 일으키고, 소인[백성]이 용기만 있고 의가 없으면 도둑질을 한다.(君子有勇而無義爲亂, 小人有勇而無義爲盜.)"

태백8 제11장

08-11 ◉子曰이라. 如有周公之才之美라도 使驕且吝이면 其餘는 不足觀也已니라.

●才美는 謂智能技藝之美라. 驕는 矜夸요 吝은 鄙嗇也라.

●程子曰이라. 此는 甚言驕吝之不可也라. 蓋有周公之德이면 則自無驕吝이나 若但有周公之才而驕吝焉이면 亦不足觀矣라.

●又曰이라. 驕는 氣盈[30]이요 吝은 氣歉이라.

●愚謂컨대 驕吝은 雖有盈歉之殊나 然其勢常相因이라. 蓋驕者는 吝之枝葉이요 吝者는 驕之本根이라. 故로 嘗驗之天下之人컨대 未有驕而不吝하고 吝而不驕者也라.

한 자 夸 **잘난 체할 과**·자랑할 과·칭찬할 과, 嗇 거둘 색·**아낄 색**·부족할 색, 歉 주릴 겸·흉년 들 겸·**부족할 겸**·부끄러울 겸

공자가 말씀하였다. "만일 주공과 같은 아름다운 재능을 가지고 있더라도 가령 교만하고 인색하다면 그 나머지는 (더 이상) 보잘것없다."

○'재미(才美)'는 지능과 기예의 아름다움을 말한다. '교(驕)'는 '잘난 체하다'이고 '인(吝)'은 '인색하다'이다.

○정자가 말하였다. "이는 교만과 인색이 옳지 않음을 심하게 말씀한 것이다. 대개 주공과 같은 덕이 있으면 자연 교만과 인색이 없겠지만, 만일 그저 주공과 같은 재능만 있으면서 교만하고 인색하다면 역시 보잘것없다."

○또 말하였다. "'교(驕)'는 기세가 가득한 것이고, '인(吝)'은 기세가 부족한 것이다."

30) 세주에서 진덕수(陳德秀)는, "그릇이 작으면 쉽게 찬다.(器小易盈.)"라고 설명하였다.

○내가 생각하건대, 교만과 인색은 비록 가득하고 부족한 차이가 있으나 그 형세는 항상 서로 이어진다. 교만이라는 것은 인색의 갈래이고 인색이라는 것은 교만의 근본이다. 그러므로 일찍이 천하 사람들에게서 징험해보니, 교만하면서 인색하지 않거나 인색하면서 교만하지 않은 자가 없었다.

태백8 제12장

08-12 ◉子曰이라. 三年學에 不至於穀을 不易得也니라.

●穀은 祿也라. 至는 疑當作志라. 爲學之久而不求祿이니 如此之人은 不易得也라.

●楊氏曰이라. 雖子張之賢으로도 猶以干祿爲問31)하니 況其下者乎아. 然則三年學而不至於穀은 宜不易得也라.

공자가 말씀하였다. "삼년을 공부하고서 녹봉에 뜻을 두지 않는 이를 쉽게 얻을 수 없다."

○'곡(穀)'은 녹봉이다. '지(至)'는 아마도 '지(志)'로 해야 할 듯하다. 공부를 한 것이 오래되었는데도 녹봉을 추구하지 않으니 이런 사람은 쉽게 얻을 수 없다.

○양씨[양시(楊時)]가 말하였다. "비록 자장 같은 훌륭한 이로서도 오히려 녹봉을 구하는 것으로 질문하였으니 하물며 그 아래의 사람이겠는가. 그

---

31) ≪논어(論語)·위정(爲政)≫, "자장이 녹봉을 구하는 것을 배우려 하니 공자가 말씀하였다. '많이 듣고 의심스러운 것은 빼놓은 채 그 나머지[의심스럽지 않은 것]를 조심스럽게 말하면 허물이 적고, 많이 보고서 위태로운 것은 빼놓은 채 그 나머지[위태롭지 않은 것]를 조심스럽게 행하면 후회가 적다. 말에 허물이 적고 행동에 후회가 적으면 녹봉은 그 가운데에 있다.'(子張, **學干祿**, 子曰. 多聞闕疑, 愼言其餘則寡尤, 多見闕殆, 愼行其餘則寡悔, 言寡尤, 行寡悔, 祿在其中矣.)"

렇다면 3년을 공부하고서 녹봉에 뜻을 두지 않는 이는 쉽게 얻을 수 없는 것이 당연하다.”

태백8 제13장

08-13-1 ◉子曰이라. 篤信好學하며 守死善道니라.

●篤은 厚而力也라. 不篤信이면 則不能好學이나 然篤信而不好學이면 則所信이 或非其正이라. 不守死면 則不能以善其道나 然守死而不足以善其道면 則亦徒死而已라. 蓋守死者는 篤信之效요 善道者는 好學之功이라.

공자가 말씀하였다. “독실하게 [도를] 믿으면서도 배우기를 좋아하고 죽음으로 [도를] 지키면서도 도를 잘 행할 것이다.

○‘독(篤)’은 두터이 하고 힘쓰는 것이다. 독실하게 믿지 않으면 배우기를 좋아할 수 없으나 독실하게 믿으면서 배우기를 좋아하지 않는다면 믿는 것이 혹시 바른 것이 아닐 수 있다.32) 죽음으로 지키지 않으면 도를 잘 행할 수 없으나 죽음으로 지키면서 도를 잘 행하지 못한다면 또한 헛되이 죽는 것일 뿐이다.33) 죽음으로 지키는 것은 독실하게 믿은 효과이고, 도를 잘 행하는 것은 배우기를 좋아한 성과이다.

08-13-2 ◉危邦不入하고 亂邦不居하며 天下有道則見하고 無道則隱이니라.

●君子見危授命34)이니 則仕危邦者는 無可去之義니 在外則不入이 可也라.

---

32) 배우기를 좋아해야, 바른 도가 무엇인지를 알아 잘못된 도에 빠지지 않는다는 뜻이다.
33) 바른 도를 향상시키고 그것을 위해 죽어야, 의미 있는 죽음이 된다는 뜻이다.
34) ≪논어(論語)·헌문(憲問)≫, “자로가 완전한 사람에 대하여 물으니 공자가 대답하였다.

亂邦은 未危而刑政紀綱이 紊矣라. 故로 潔其身而去之라. 天下는 擧一世而言이라. 無道則隱其身而不見也니 此는 惟篤信好學하고 守死善道者가 能之라.

한자 紊 어지러울 문·번성할 문

위태로운 나라에 들어가지 않고 어지러운 나라에 머물지 않으며,[35] 천하에 도가 있으면 나타나고 도가 없으면 숨을 것이다.

○군자는 위태로움을 보면 목숨을 바치니 위태로운 나라에서 벼슬하는 자는 떠날 수 있는 의리가 없으니 밖에 있다면 들어가지 않는 것이 좋다. 어지러운 나라는 아직 위태롭지는 않지만 형벌과 기강이 문란해졌다. 그래서 그 자신을 깨끗이 하여 떠나는 것이다. 천하는 온 세상을 들어 말한 것이다. 도가 없으면 자기 몸을 숨기고 나타나지 않으니, 이것은 오직 독실하게 믿으면서도 배우기를 좋아하고 죽음으로 지키면서도 도를 잘 행하는 자만이 그것을 할 수 있다.

08-13-3 ◉邦有道에 貧且賤焉이 恥也며 邦無道에 富且貴焉이 恥也니라.

●世治而無可行之道하고 世亂而無能守之節이면 碌碌[36]庸人이라 不足以爲

'만일 장무중의 지혜와 맹공작의 무욕과 변장자의 용기와 염구의 재능에, 거기에다 예악으로 문채를 낸다면 역시 완전한 사람이 될 수 있다.' 공자가 말씀하였다. '오늘날의 완전한 사람은 어찌 꼭 그러하겠는가. 이익을 보고 도리를 생각하며, 위태로움을 만나 목숨을 바치며, 오래된 약속에 대하여 평소 했던 말을 잊지 않는다면 또한 완전한 사람이 될 수 있다.'(子路問成人, 子曰. 若臧武仲之知, 公綽之不欲, 卞莊子之勇, 冉求之藝, 文之以禮樂, 亦可以爲成人矣. 曰今之成人者, 何必然, 見利思義, **見危授命**, 久要, 不忘平生之言, 亦可以爲成人矣.)"

35) 위태로운 나라에 들어가고 어지러운 나라에 머물면 죽음으로 지키더라도 도를 잘 행할 수 없기 때문이다.

士矣니 可恥之甚也라.

●鼂氏曰이라. 有學有守면 而去就之義가 潔하고 出處之分이 明하니 然後에 爲君子之全德也라.

한자 碌 돌이 많을 록·**무능할 록**·바쁠 록

나라에 도가 있는데 가난하고 비천한 것이 부끄러움이며, 나라에 도가 없는데 부유하고 존귀한 것이 부끄러움이다."

○세상이 다스려지는데 행할 만한 도가 없고 세상이 어지러운데 지킬 수 있는 절개가 없다면, 보잘것없는 용렬한 사람이라서 선비가 될 수 없으니 심히 부끄러워할 만하다.

○조씨[조열지(鼂說之)]가 말하였다. "학문이 있고 지킴이 있으면 떠나거나 나서는 도리가 깨끗하고 출사와 은거의 분별이 밝으니, 그런 뒤에야 군자의 온전한 덕이 된다."

태백8 제14장

08-14 ◉子曰이라. 不在其位하여는 不謀其政이니라.

●程子曰이라. 不在其位는 則不任其事也라. 若君大夫問而告者는 則有矣라.

공자가 말씀하였다. "그 지위에 있지 않으면 그 정사를 논의하지 말 것이다."

○정자가 말하였다. "그 지위에 있지 않음은 그 일을 맡지 않은 것이다. 만

36) 녹록(碌碌) : 무능한 모습이다.

약 군주나 대부가 물어서 말해주는 것 같은 경우는 있다.”

태백8 제15장

08-15 ◉子曰이라. 師摯之始에 關雎之亂이 洋洋乎盈耳哉라.

●師摯는 魯樂師로 名이 摯也라. 亂은 樂之卒章也라. 史記曰關雎之亂을 以爲風始라.[37] 洋洋은 美盛意라. 孔子가 自衛反魯而正樂[38]한대 適師摯在官之初라. 故로 樂之美盛이 如此라.

한자 摯 잡을 지·폐백 지(贄·質과 통용)·성실할 지, 亂 다스릴 란·어지러울 란·**악곡의 마지막 장 란**, 洋 큰 바다 양·넓을 양

공자가 말씀하였다. “악사인 지가 처음 벼슬할 때에 (연주하던) 관저의 마지막 장이 성대하게 귀에 가득 찼었지.”

○‘사지(師摯)’는 노나라 악사로 이름이 지(摯)이다. ‘난(亂)’은 음악의 마지막 장이다. ≪사기≫에, “관저의 마지막 장을 <국풍>의 시작으로 삼았다.”라고 하였다. ‘양양(洋洋)’은 아름답고 성대하다는 뜻이다. 공자가 위나라에서 노나라로 돌아와 음악을 바로잡았는데 마침 악사 지가 관직에 있던 초기였다. 그러므로 음악이 아름답고 성대했음이 이와 같았다.

---

37) ≪사기(史記)·공자세가(孔子世家)≫

38) ≪논어(論語)·자한(子罕)≫, “공자가 말씀하였다. ‘내가 위나라에서 노나라로 돌아온 뒤에 음악이 바르게 되어 아와 송이 각기 제자리를 얻었다.’(子曰. 吾自衛反魯然後, 樂正, 雅頌, 各得其所.)”

태백8 제16장

08-16 ◉子曰이라. 狂而不直하며 侗而不愿하며 悾悾[39]而不信을 吾不知之矣로라.

●侗은 無知貌요 愿은 謹厚也요 悾悾은 無能貌라. 吾不知之者는 甚絶之之辭니 亦不屑之教誨也[40]라.

●蘇氏曰이라. 天之生物에 氣質不齊하여 其中材以下는 有是德이면 則有是病이요 有是病이면 必有是德이라. 故로 馬之蹄齧者는 必善走하고 其不善者는 必馴하나니 有是病而無是德이면 則天下之棄才也니라.

한자 侗 클 통·어릴 동·어린아이 동(僮과 통용)·**지각없을 동**, 愿 **신중할 원**·성실할 원, 悾 정성 공·**텅 빌 공**, 屑 가루 설·**좋게 여길 설**, 蹄 굽 제·**찰 제**, 齧 깨물 설, 馴 길들 순

공자가 말씀하였다. "거칠면서 곧지 않고 무지하면서 신중하지 않으며, 무능하면서 신의롭지 않은 사람을 나는 알지 못하겠다."

○'동(侗)'은 무지한 모습이고 '원(愿)'은 '신중하다'이며 '공공(悾悾)'은 무능한 모습이다. "나는 알지 못하겠다."라는 것은 심하게 그를 끊는 말이니 또한 '좋게 여기지 않는 가르침'이다.

○소씨[소식(蘇軾)]가 말하였다. "하늘이 만물을 내는 데에는 기질이 고르지 않아 그 가운데 중간 재질 이하로는 이런 덕이 있으면 이런 병폐가 있고, 이런 병폐가 있으면 반드시 이런 덕이 있다. 그러므로 말 중에서

---

39) 공공(悾悾) : 무능한 모습이다.

40) ≪맹자(孟子)·고자하(告子下)≫, "가르침이 또한 방법이 많으니 내가 좋게 여기지 않아 가르쳐 주지 않는 것도, 이 또한 그를 가르치는 것일 뿐이다.(教亦多術矣, 予不屑之教誨也者, 是亦教誨之而已矣.)"

발길질하고 무는 놈은 반드시 잘 달리고 그 중에 잘 달리지 못하는 놈은 반드시 순하니, 이런 병폐만 있고 이런 덕이 없다면 천하에 쓸모없는 재질이다."

태백8 제17장

08-17 ◉子曰이라. 學如不及이요 猶恐失之니라.[41)]

●言人之爲學은 旣如有所不及矣요 而其心猶竦然하여 惟恐其或失之니 警學者當如是也라.

●程子曰이라. 學如不及이요 猶恐失之하여 不得放過니 才說姑待明日이라도 便不可也라.

한 자 竦 공경할 송·**두려워할 송**

공자가 말씀하였다. "배움은 따라가지 못할 듯이 하면서도 오히려 놓칠까 염려할 것이다."

○사람이 학문을 하는 것은 이미 따라 가지 못하는 바가 있는 듯이 하면서도 그 마음은 오히려 두려워하여 혹시라도 놓칠까 염려해야 함을 말씀한 것이니, 배우는 자들이 이와 같이 해야 함을 경계한 것이다.

○정자가 말하였다. "배움은 따라 가지 못할 듯이 하면서도 오히려 놓칠까 염려하여 방치할 수 없으니, 단지 우선 내일을 기다린다고만 말해도 곧 안 된다."

---

41) ≪논어(論語)·자장(子張)≫, "자하가 말하였다. '날마다 자신에게 없는 것을 알며[學如不及], 달마다 자신에게 능한 것을 잊지 않으면[猶恐失之] 배움을 좋아한다고 이를 만하다.'(子夏曰. 日知其所亡, 月無忘其所能, 可謂好學也已矣.)"

태백8 제18장

08-18 ◉子曰이라. 巍巍乎舜禹之有天下也而不與焉이여.

●巍巍는 高大之貌라. 不與는 猶言不相關이니 言其不以位爲樂也라.

한자 巍 높을 외·위

공자가 말씀하였다. "드높게도 순임금과 우임금은 천하를 소유하고도 거기에 관여하지 않았도다."

○'외외(巍巍)'는 높고 큰 모습이다. '불여(不與)'는 '상관하지 않았다'는 말과 같으니, 그들이 지위로 즐거움을 삼지 않았다는 말씀이다.

태백8 제19장

08-19-1 ◉子曰이라. 大哉라. 堯之爲君也여. 巍巍乎唯天이 爲大어늘 唯堯則之하니 蕩蕩乎民無能名焉이로다.

●唯는 猶獨也요 則은 猶準也라. 蕩蕩은 廣遠之稱也라. 言物之高大가 莫有過於天者어늘 而獨堯之德이 能與之準이라. 故로 其德之廣遠이 亦如天之不可以言語形容也라.

한자 蕩 흔들 탕·방탕할 탕·씻을 탕·**드넓을 탕**, 準 수평 준·수준기 준·법도 준·**대등할 준**·콧마루 절 공자가 말씀하였다. "위대하구나. 요임금의 군주 됨이여. 드높게도 오직 하늘만이 위대하거늘 오직 요임금만이 그것과 대등하였으니 드넓어서 백성들이 이름붙일 수 없었다.

○'유(唯)'는 '오직'과 같다. '칙(則)'은 '대등하다'와 같다. '탕탕(蕩蕩)'은 넓고 원대함을 칭한다. 만물 가운데 높고 큰 것이 하늘을 넘어서는 것이 없는데 유독 요임금의 덕만이 그와 대등할 수 있었다. 그러므로 그 덕의 넓고 원대함이 또한 하늘이 말로써 형용할 수 없는 것과 같았다.

08-19-2 ◉巍巍乎其有成功也여. 煥乎其有文章이여.

◍成功은 事業也라. 煥은 光明之貌라. 文章은 禮樂法度也라. 堯之德은 不可名이요 其可見者가 此爾라.

◍尹氏曰이라. 天道之大는 無爲而成이어늘 唯堯則之하여 以治天下라. 故로 民無得而名焉이요 所可名者는 其功業文章이 巍然煥然而已니라.

드높게도 그분은 이룬 공이 있었도다. 환하게도 그분은 문채[천도가 구체적으로 드러난 것]가 있었도다."

○'성공(成功)'은 업적이다. '환(煥)'은 빛나고 밝은 모습이다. '문장(文章)'은 예악과 법도이다. 요임금의 덕은 이름붙일 수 없고 그 중에서 볼 수 있는 것이 이것들뿐이다.

○윤씨[윤돈(尹焞)]가 말하였다. "천도의 위대함은 작위함이 없으면서 이루는 것인데 오직 요임금만이 그것을 본받아 천하를 다스렸다. 그러므로 백성들이 이름붙일 수 없었고, 이름붙일 수 있는 것은 그 공적과 문채가 높고 찬란한 것뿐이었다."

태백8 제20장

08-20-1 ◉舜有臣五人而天下治라.

●五人은 禹·稷·契·皐陶·伯益이라.

한자 稷 메기장 직·곡신 직, 契 부절 계·계약 계·맺을 계·체득할 계·소원할 결·부족 이름 글·**사람 이름 설**, 皐 못 고·언덕 고·높을 고

순임금은 신하 다섯 사람이 있어 천하가 다스려졌다.

○다섯 사람은 우·직·설·고요·백익이다.

08-20-2 ◉武王曰이라. 予有亂臣十人호라.

●書泰誓之辭라.

●馬氏曰이라. 亂은 治也라. 十人은 謂周公旦·召公奭·太公望·畢公·榮公·太顚·閎夭·散宜生·南宮适이요 其一人은 謂文母[42]라.

●劉侍讀은 以爲子無臣母之義하니 蓋邑姜[43]也라. 九人은 治外하고 邑姜은 治內라.

●或曰이라. 亂은 本作乿하니 古治字也라.

한자 奭 성할 석·성낼 혁, 閎 마을 문 굉·클 굉, 夭 초목이 무성한 모양 요·아리따울 요·일찍 죽을 요, 适 빠를 괄, 乿 다스릴 치(治와 같은 자)

42) 문모(文母) : 무왕(武王)의 모친인 태사(太姒)이다.
43) 읍강(邑姜) : 무왕(武王)의 왕비로 태공망(太公望)의 딸이다.

무왕이 말씀하였다. “나는 다스리는 신하 열 사람이 있다.”

○≪서경·태서≫편의 글이다.

○마씨[마융(馬融)]가 말하였다. “‘난(亂)’은 ‘다스리다’이다. 열 사람은 주공단·소공석·태공망·필공·영공·태전·굉요·산의생·남궁괄을 이르고 그 가운데 한 사람은 문모를 이른다.”

○유시독(劉侍讀)44)이 말하였다. “자식이 어머니를 신하로 삼는 도리는 없으니 아마도 읍강일 것이다. 아홉 사람은 밖을 다스렸고 읍강은 안을 다스렸다.”

○어떤 사람이 말하였다. “‘난(亂)’은 본래 ‘치(乿)’로 되어있으니, 옛날의 ‘치(治)’자이다.”

08-20-3 ◉孔子曰이라. 才難이 不其45)然乎아. 唐虞46)之際가 於斯爲盛하나 有婦人焉이라 九人而已니라.

●稱孔子者는 上係武王한대 君臣之際이니 記者謹之라. 才難은 蓋古語而孔子然之也라. 才者는 德之用也라. 唐虞는 堯舜有天下之號라. 際는 交會之間이라. 言周室人才之多는 惟唐虞之際가 乃盛於此요 降自夏商으로는 皆不能及이라. 然이나 猶但有此數人爾니 是才之難得也라.

한자 虞 짐승 이름 우·근심할 우·나라 이름 우

공자가 말씀하였다. “인재를 얻기가 어렵다는 것이 정말로 그렇지 않

44) 유시독(劉侍讀) : 송(宋) 신유(新喩) 출신의 유창(劉敞)으로 자가 원보(原父)이다. 집현원 학사(集賢院學士), 판남경어사대(判南京御史臺) 등을 역임하였다. ≪춘추(春秋)≫에 정통하여 ≪춘추권형(春秋權衡)≫, ≪칠경소전(七經小傳)≫ 등을 저술하였다.

45) 기(其) : 강조의 용법이다.

46) 당우(唐虞) : 당(唐)은 요임금이 봉해진 곳이다. 요임금은 당후(唐侯)에서 천자가 되어 당요(唐堯)라고 불린다. 우(虞)는 순임금이 거주하던 곳으로 요가 순을 우후(虞侯)로 봉했다가 천자의 자리를 양보하여 우순(虞舜)으로 불린다.

은가. 요임금과 순임금 때가 이[무왕]보다 성했으나 (주나라 때에는) 거기에 부인이 있었으니 아홉 사람뿐이었다.

○공자를 일컬은 것은, 위로 무왕에 이어졌는데 (무왕과 공자는) 군주와 신하의 관계이기 때문에 기록하는 자가 삼간 것이다. '인재를 얻기가 어렵다[才難]'는 것은 옛말인데 공자가 그것을 옳게 여긴 것이다. '재(才)'라는 것은 덕의 작용이다. '당우(唐虞)'는 요임금과 순임금이 천하를 소유했던 칭호이다. '제(際)'는 서로 만나는 사이이다. 주나라 왕실에 인재가 많았던 것은 오직 요임금과 순임금 때만이 이보다 성하였고 내려오면서 하나라와 상나라부터는 모두 미치지 못하였다. 그러나 오히려 다만 이 몇 사람이 있었을 뿐이니 이것이 인재를 얻기가 어려운 것이다.

08-20-4 ◉三分天下에 有其二하사 以服事殷하니 周之德은 其可謂至德也已矣로다.

●春秋傳에 曰文王率商之畔國하여 以事紂라.[47] 蓋天下에 歸文王者가 六州니 荊·梁·雍·豫·徐·揚也요 惟青·兗·冀가 尙屬紂耳라.

●范氏曰이라. 文王之德이 足以代商하여 天與之요 人歸之로되 乃[48]不取而服事焉하니 所以爲至德也라. 孔子因武王之言하여 而及文王之德하고 且與泰伯으로 皆以至德으로 稱之[49]하니 其指微矣라.

●或曰이라. 宜斷三分以下하여 別以孔子曰로 起之하여 而自爲一章이라.

한자 畔 두둑 반·배반할 반(叛과 같은 자), 兗 내 이름 연·땅 이름 연

---

47) ≪춘추좌전(春秋左傳)·양공(襄公)·4년≫, "문왕이 은나라에 배반한 나라들을 이끌고 주왕을 섬긴 것은 오직 때를 알았기 때문이다.(文王, 帥殷之叛國, 以事紂, 唯知時也.)"

48) 내(乃) : '오히려', '도리어'의 뜻으로 전환(轉換)을 나타내는 부사이다.

49) ≪논어(論語)·태백(泰伯)≫, "태백은 아마도 지극한 덕이었다고 이를 만하겠다. 세 번이나 천하를 사양하였지만 (드러나지 않아) 백성들이 칭송할 수가 없었으니.(泰伯, 其可謂至德也已矣, 三以天下讓, 民無得而稱焉.)"

(문왕은) 천하를 세 등분한 중에 그 둘을 소유하고도 은나라를 섬겼으니 주나라의 덕은 아마도 지극한 덕이었다고 이를 만하겠다."

○≪춘추좌전≫에, "문왕이 상나라에 배반한 나라들을 이끌고 주왕을 섬겼다."라고 하였다. 천하에서 문왕에게 귀의한 것이 여섯 주였으니 형주·양주·옹주·예주·서주·양주였고 오직 청주·연주·기주만이 아직 주왕에게 소속되어 있었을 뿐이다.

○범씨[범조우(范祖禹)]가 말하였다. "문왕의 덕이 상나라를 대신할 만하여 하늘이 그에게 주고 사람들이 그에게 귀의하는데도 오히려 취하지 않고 섬겼으니, 지극한 덕이 되는 이유이다. 공자가 무왕의 말에 이어서 문왕의 덕을 언급하였고 또 태백과 함께 모두 지극한 덕으로 칭송하였으니 그 뜻이 은미하다."

○어떤 사람이 말하였다. "'삼분(三分)' 이하를 끊어 따로 '공자왈(孔子曰)'로 시작하여 자체로 한 개의 장을 만들어야 한다."

태백8 제21장

08-21 ◉子曰이라. 禹는 吾無間然矣로다. 菲飮食而致孝乎鬼神하시고 惡衣服而致美乎黻冕하시며 卑宮室而盡力乎溝洫하시니 禹는 吾無間然矣로다.

◉間은 罅隙也니 謂指其罅隙而非議之也라. 菲는 薄也라. 致孝鬼神은 謂享祀豐潔이라. 衣服은 常服이라. 黻은 蔽膝也니 以韋爲之요 冕은 冠也니 皆祭服也라. 溝洫은 田間水道니 以正疆界하고 備旱潦者也라. 或豐或儉하여 各適其宜하니 所以無罅隙之可議也라. 故로 再言以深美之라.

◉楊氏曰이라. 薄於自奉하되 而所勤者는 民之事요 所致飾者는 宗廟朝廷之禮라. 所謂有天下而不與也[50]니 夫何間然之有리오.

한자 菲 채소 이름 비·무성할 비·**박할 비**, 黻 수 불, 冕 면류관 면, 卑 낮을 비, 溝 봇도랑 구, 洫 봇도랑 혁, 罅 **틈 하**·갈라질 하, 隙 틈 극, 潦 **큰비 료**·장마 료

공자가 말씀하였다. "우임금은 내가 비난할 것이 없다. 음식을 소박하게 들면서 조상신에게 효도를 극진히 하였고, 의복을 거칠게 입으면서 제사복에 아름다움을 극진히 하였으며, 궁실을 낮게 하면서 수로에 힘을 다하였으니, 우임금은 내가 비난할 것이 없다."

○'간(間)'은 틈이니 그 틈을 지적하여 비난함을 이른다. '비(菲)'는 '박하다'이다. 조상신에게 효도를 극진히 한 것은 제사가 풍성하고 깨끗했음을 이른다. 의복은 평상복이다. '불(黻)'은 무릎을 가리는 것인데 가죽으로 만들고 '면(冕)'은 관이니 모두 제사복이다. '구혁(溝洫)'은 전답 사이의 수로이니 경계를 바르게 하고 가뭄과 장마에 대비하는 것이다. 어떤 것은 풍성하게 하고 어떤 것은 검소하게 하여 각각 그 마땅함에 맞게 하였으니 따질 만한 틈이 없는 것이다. 그러므로 두 번 말씀하여 깊이 찬미하였다.

○양씨[양시(楊時)]가 말하였다. "자신을 받드는 데에 소박하게 하면서 부지런하게 한 것은 백성의 일이었고, 꾸밈을 극진하게 한 것은 종묘와 조정의 예였다. 이른바 천하를 소유하고도 거기에 관여하지 않은 것이니 무슨 비난할 것이 있었겠는가."

50) ≪논어(論語)·태백(泰伯)≫, "공자가 말씀하였다. '드높게도 순임금과 우임금은 천하를 소유하고도 거기에 관여하지 않았도다.'(子曰. 巍巍乎, 舜禹之有天下也而不與焉.)" ; ≪맹자(孟子)·등문공상(滕文公上)≫, "군주답다, 순임금이여! 드높아서 천하를 소유하고도 관여하지 않았다.(君哉, 舜也. 巍巍乎, 有天下而不與焉.)"

자한(子罕) 제구(第九)

●凡三十章이라.

○모두 30장이다.

⁂ 자한9 제1장

09-01 ◉子는 罕言利[1]與命[2]與仁[3]이러시다.[4]

●罕은 少也라.

●程子曰이라. 計利則害義요 命之理는 微하며 仁之道는 大하여 皆夫子所罕言也라.

공자는 이익과 천명과 인에 대하여 드물게 말씀하였다.

○'한(罕)'은 '적다'이다.

○정자가 말하였다. "이익을 따지면 의를 해치고 천명의 이치는 은미하며 인의 도는 커서 모두 공자가 드물게 말씀한 것이다."

⁂ 자한9 제2장

09-02-1 ◉達巷黨人曰이라. 大哉라. 孔子여! 博學而無所成名이로다.

---

1) 세주에서 경원 보씨[慶源輔氏, 보광(輔廣, 주자의 문인으로 자가 한경漢卿이다)]는, "의(義)라는 것은 천리(天理)의 공정함이고 이(利)라는 것은 인욕(人欲)의 사사로움이다.(義者, 天理之公也, 利者, 人欲之私也.)"라고 설명하였다.

2) "명(命)이라는 것은 천명(天命)이다.(命者, 天之命也.)"[십삼경본 ≪논어주소(論語注疏)≫]

3) 세주에서 양시(楊時)는, "공자가 인에 대한 질문에 대답한 것이 많은데, 드물게 말씀하였다고 한 것은, 인을 구하는 방법을 말씀한 것뿐이고 인의 본체(本體)에 대해서는 일찍이 말씀한 적이 없었기 때문이다.(夫子對問仁, 多矣, 曰罕言者, 蓋言求仁之方而已, 仁之本體, 則未嘗言.)"라고 설명하였다.

4) ≪논어(論語)·공야장(公冶長)≫, "자공이 말하였다. '선생님의 문장(文章)은 들을 수 있었으나 선생님께서 본성과 천도를 말씀하시는 것은 들을 수 없었다.'(子貢曰. 夫子之文章, 可得而聞也, 夫子之言性與天道, 不可得而聞也.)" ; ≪논어·술이(述而)≫, "공자가 일상적으로 말씀한 것은 ≪시경≫과 ≪서경≫ 그리고 예를 지키는 것이었으니 모두 일상의 말씀이었다.(子所雅言, 詩書執禮, 皆雅言也.)"

●達巷은 黨名이라. 其人姓名은 不傳이라. 博學而無所成名은 蓋美其學之博而惜其不成一藝之名也라.

달항 고을 사람이 말하였다. "위대하도다. 공자여! 널리 배웠으나 명성을 이룬 것이 없구나."

○'달항(達巷)'은 고을 이름이다. 그 사람의 성과 이름은 전해지지 않는다. "널리 배웠으나 명성을 이룬 것이 없다."는 것은 그의 학문이 넓은 것을 아름답게 여기면서 그가 한 가지 기예의 명성도 이루지 못한 것을 애석해 한 것이다.

09-02-2 ◉子聞之하시고 謂門弟子曰이라. 吾何執고? 執御乎아? 執射乎아? 吾執御矣로리라.

●執은 專執也라. 射御는 皆一藝요 而御爲人僕이니 所執尤卑라. 言欲使我何所執以成名乎아. 然則吾將執御矣라하니 聞人譽己하고 承之以謙也라.

●尹氏曰이라. 聖人은 道全而德備하여 不可以偏長目之也라. 達巷黨人이 見孔子之大하고 意其所學者博이나 而惜其不以一善得名於世니 蓋慕聖人而不知者也라. 故로 孔子曰欲使我何所執而得爲名乎아? 然則吾將執御矣라.

한자 御 (수레·말) 몰 어·거느릴 어·모실 어, 僕 종 복·마부 복

공자가 이 말을 듣고 문하의 제자들에게 말씀하였다. "내가 무엇을 잡을까? 수레 몰기를 잡을까? 활쏘기를 잡을까? 나는 수레 몰기를 잡겠다."

○'집(執)'은 전문으로 잡는 것이다. 활쏘기와 수레 몰기는 한 가지 기예인데 수레 몰기는 남의 마부가 되는 것이니 잡는 것이 더욱 낮다. "나로 하여금 어느 것을 잡아 명성을 이루기를 바라는가? 그렇다면 나는 장차

수레 몰기를 잡겠다."라고 말씀한 것이니 남이 자신을 칭찬하는 것을 듣고 겸사로 받은 것이다.

○윤씨[윤돈(尹焞)]가 말하였다. "성인은 도가 온전하고 덕이 갖추어져 한 쪽의 뛰어남으로 지목할 수 없다. 달항 고을 사람이 공자의 위대함을 보고 그가 배운 것이 넓다고 생각하면서, 그가 한 가지 잘하는 것으로 세상에서 명성을 얻지 못했음을 애석하게 여겼으니 성인을 흠모하면서 알지 못한 자이다. 그러므로 공자가 '나로 하여금 어느 것을 잡아 명성을 삼을 수 있기를 바라는가? 그렇다면 나는 장차 수레 몰기를 잡겠다.'라고 말씀한 것이다."

자한9 제3장

09-03-1 ◉子曰이라. 麻冕이 禮也어늘 今也純하니 儉이라. 吾從衆하리라.

●麻冕은 緇布冠也라. 純은 絲也라. 儉은 謂省約이라. 緇布冠[5]은 以三十升布爲之한대 升은 八十縷니 則其經二千四百縷矣라. 細密難成하니 不如用絲之省約이라.

한자 冕 면류관 면, 純 **명주실 순**·순수할 순·어울릴 순, 緇 검을 치·**검은 비단 치**

공자가 말씀하였다. "삼베 면류관이 예인데 지금은 생사로 하니 검소하다. 나는 대중을 따르겠다."

○'마면(麻冕)'은 치포관(緇布冠)이다. '순(純)'은 생사이다. '검(儉)'은 줄여

5) 치포관(緇布冠) : 삼베로 만들어 검게 물들인 관이다.

간략함을 이른다. 치포관은 30승의 베로 만드는데 1승은 80올이니 그 날줄이 2천4백 올이 된다. 세밀하여 만들기가 어려우니 생사를 사용한 것이 줄여 간략한 것만 못하다.

09-03-2 ◉拜下가 禮也어늘 今拜乎上하니 泰也라. 雖違衆이나 吾從下하리라.

●臣與君行禮에 當拜於堂下한대 君辭之면 乃升成拜라. 泰는 驕慢也라.
●程子曰이라. 君子處世에 事之無害於義者는 從俗이라도 可也어니와 害於義면 則不可從也라.

(당) 아래에서 절하는 것이 예인데 지금은 위에서 절하니 교만한 것이다. 비록 대중과 어긋나더라도 나는 아래에서 하는 것을 따르겠다."

○신하가 군주와 예를 행할 때에 당 아래에서 절해야 하는데 군주가 이를 사양하면 비로소 올라가서 절을 마친다. '태(泰)'는 '교만하다'이다.
○정자가 말하였다. "군자가 세상을 살면서 일이 도리에 해가 되지 않는 것은 세속을 따르더라도 괜찮지만 도리에 해가 된다면 따를 수 없다."

자한9 제4장

09-04 ◉子絶四러시니 毋意, 毋必, 毋固, 毋我러시다.

●絶은 無之盡者라. 毋는 史記에 作無하니 是也라. 意는 私意也요 必은 期必也요 固는 執滯也요 我는 私己也라. 四者는 相爲終始하니 起於意하여 遂於必하고 留於固하여 而成於我也라. 蓋意必은 常在事前이오 固我는 常在事後라. 至於我하면 又生意니 則物欲牽引하여 循環不窮矣라.
●程子曰이라. 此毋字는 非禁止之辭라. 聖人絶此四者하니 何用禁止리오.

●張子曰이라. 四者에 有一焉이면 則與天地不相似니라.
●楊氏曰이라. 非知足以知聖人6)하여 詳視而默識之면 不足以記此리라.

공자는 네 가지가 전혀 없었으니 사사로운 뜻이 없었고 단정함이 없었으며, 고집함이 없었고 사욕이 없었다.

○'절(絶)'은 없음이 지극한 것이다. '무(毋)'는 ≪사기≫에 '무(無)'로 되어 있는데 옳다. '의(意)'는 사사로운 뜻이고 '필(必)'은 단정함이며 '고(固)'는 고집함이고 '아(我)'는 사욕이다. 네 가지는 서로 처음과 끝이 되니, 사사로운 뜻에서 시작하여 기필함에서 이루어지고, 고집함에 머물러 사욕에서 완성된다. 사사로운 뜻과 기필함은 항상 사전에 있고 고집함과 사욕은 항상 사후에 있다. 사욕에 이르면 다시 사사로운 뜻을 내게 되니 물욕에 이끌려 순환이 그치지 않게 된다.
○정자가 말하였다. "이 '무(毋)'자는 금지하는 말이 아니다. 성인은 이 네 가지가 전혀 없었으니 어찌 금지할 필요가 있었겠는가."
○장자[장재(張載)]가 말하였다. "네 가지에서 하나라도 있으면 천지와 서로 같지 못하다."
○양씨[양시(楊時)]가 말하였다. "지혜가 족히 성인을 알아, 자세히 보고 묵묵히 기억할 수 있는 자가 아니면 이것을 기록하지 못했을 것이다."

자한9 제5장

09-05-1 ◉子畏於匡이러시니,

●畏者는 有戒心之謂7)라. 匡은 地名이라. 史記에 云陽虎曾暴於匡이러니 夫

6) ≪맹자(孟子)·공손추상(公孫丑上)≫, "재아와 자공과 유약은 지혜가 족히 성인을 알 만하였다.(宰我·子貢·有若, **智足以知聖人.**)"
7) ≪맹자·공손추하(公孫丑下)≫, "설나라에 있을 때에는 내가 경계하는 마음을 지니고 있었다.(當在薛也, 予**有戒心.**)"

子가 貌似陽虎故로 匡人圍之라.8)

공자가 광 지역에서 조심할 일이 있었는데,

○'외(畏)'라는 것은 경계하는 마음이 있음을 이른다. '광(匡)'은 지명이다. ≪사기≫에, "양호가 일찍이 광 지역에서 포악을 부렸는데 공자가 모습이 양호와 유사했기 때문에 광 사람들이 포위했다."라고 하였다.

09-05-2 ◉曰이라. 文王旣沒하시니 文不在玆乎아.

●道之顯者를 謂之文이니 蓋禮樂制度之謂라. 不曰道而曰文은 亦謙辭也라. 玆는 此也니 孔子自謂라.

말씀하였다. "문왕이 이미 돌아가셨으니 문화가 여기에[나에게] 있지 않은가."

○도(道)가 드러난 것을 '문(文)'이라고 하니 예악과 제도를 이른다. '도'라고 하지 않고 '문'이라고 한 것은 또한 겸사이다. '자(玆)'는 여기이니 공자가 자신을 일컬은 것이다.

09-05-3 ◉天之將喪斯文也신댄 後死者가 不得與於斯文也어니와 天之未喪斯文也시니 匡人이 其如予何리오.

●馬氏曰이라. 文王旣沒故로 孔子自謂後死者라.

●言天若欲喪此文인댄 則必不使我得與於此文이라. 今我旣得與於此文하니 則是天未欲喪此文也라. 天旣未欲喪此文하니 則匡人이 其奈我何리오하니 言

8) ≪사기(史記)·공자세가(孔子世家)≫, "양호가 일찍이 광 지역 사람들에게 포악을 부렸는데 광 지역 사람들이 이때에 마침내 공자를 억류하였다. 공자가 모습이 양호와 비슷하였기 때문이었다.(陽虎嘗暴匡人, 匡人於是遂止孔子. 孔子狀類陽虎.)"

必不能違天害己也라.

“하늘이 장차 이 문화를 없애려 하였다면 뒤에 죽는 사람이[내가] 이 문화에 참여하지 못했을 것이지만, 하늘이 아직 이 문화를 없애지 않았으니 광 사람들이 혹시 나를 어떻게 하겠는가.”

○마씨[마융(馬融)]가 말하였다. “문왕이 이미 돌아가셨기 때문에 공자가 자신을 일러 ‘뒤에 죽는 사람’이라고 한 것이다.”

○“하늘이 만약 이 문화를 없애려 하였다면 반드시 나로 하여금 이 문화에 참여할 수 있게 하지 않았을 것이다. 지금 내가 이미 이 문화에 참여할 수 있었으니 이것은 하늘이 아직 이 문화를 없애려고 하지 않는 것이다. 하늘이 이미 이 문화를 없애려고 하지 않았으니 광 사람들이 혹시 나를 어떻게 하겠는가.”라고 말씀한 것이니, 반드시 하늘의 뜻을 어기면서 자신을 해칠 수는 없을 것이라는 말씀이다.

자한9 第6장

09-06-1 ◉大宰問於子貢曰이라. 夫子는 聖者與아. 何其多能也오.

●孔氏曰이라. 大宰는 官名인대 或吳或宋은 未可知也라. 與者는 疑辭라. 大宰는 蓋以多能爲聖也라.

태재가 자공에게 물었다. “공자는 성인이신가요? 어쩌면 그리도 재능이 많으신가요.”

○공씨[공안국(孔安國)9)]가 말하였다. “‘태재(大宰)’는 관직명인데 오나라인

9) 공안국(孔安國) : 한대(漢代) 사람으로 자가 자국(子國)이다. ≪시경(詩經)≫, ≪상서(尙書)≫에 뛰어났던 경학가로 간의대부(諫議大夫), 임회태수(臨淮太守) 등을 역임하였다.

지 혹은 송나라인지는 알 수 없다." '여(與)'라는 것은 의문의 어조사이다. 태재는 재능이 많은 것을 성인이라고 여긴 것이다.

09-06-2 ◉子貢曰이라. 固天縱之將聖이시고 又多能也시니라.

◉縱은 猶肆也니 言不爲限量也라. 將은 殆也니 謙若不敢知之辭라. 聖은 無不通이니 多能은 乃其餘事라. 故로 言又以兼之라.

한자 縱 놓을 종·**풀어놓을 종**·느슨해질 종·세로 종, 肆 뚜렷할 사·방자할 사·**베풀 사**, 殆 위급할 태·가까울 태·**아마도 태**

자공이 말하였다. "진실로 하늘이 베푸신, 아마도 성인이시겠고 또 재능이 많으십니다."

○'종(縱)'은 '베풀다'와 같으니 양을 한정하지 않았음을 말한다. '장(將)'은 '아마도'이니 겸손하여 감히 알지 못하는 듯이 한 말이다. '성(聖)'은 통달하지 않은 것이 없으니 재능이 많은 것은 오히려 부차적인 일이다. 그러므로 '또'라고 말하여 아우른 것이다.

09-06-3 ◉子聞之하고 曰이라. 大宰가 知我乎인저. 吾는 少也에 賤故로 多能鄙事하니 君子는 多乎哉아? 不多也니라.

◉言由少賤故로 多能이나 而所能者는 鄙事爾요 非以聖而無不通也라. 且多能은 非所以率人故로 又言君子不必多能以曉之니라.

공자가 그 말을 듣고 말씀하였다. "태재가 나를 아는구나. 내가 젊어서 빈천했기 때문에 비천한 일을 잘하는 것이 많은데 군자는 재능이 많은

공자(孔子)의 12세손이다.

가? 많지 않다."

○젊어서 빈천했기 때문에 재능이 많지만 잘하는 것은 비천한 일들뿐이고 성인이라서 통달하지 않은 것이 없음이 아니라고 말씀한 것이다. 또 재능이 많은 것이 사람들을 이끄는 것이 아니기 때문에 다시 군자는 재능이 많을 필요가 없다고 말씀하여 깨우쳐준 것이다.

09-06-4 ◉牢曰이라. 子云吾不試故로 藝라하니라.

●牢는 孔子弟子로 姓이 琴이고 字가 子開요 一字는 子張이라. 試는 用也라. 言由不爲世用故로 得以習於藝而通之라.
●吳氏曰이라. 弟子記夫子此言之時에 子牢가 因言昔之所聞에 有如此者하니 其意相近故로 幷記之라.

한자 牢 우리 뢰

금뢰(琴牢)가 말하였다. "선생님께서는, '내가 등용되지 못했기 때문에 기예를 갖췄다.'라고 말씀하셨다."

○뇌는 공자 제자로 성이 금(琴)이고 자가 자개(子開)이며 다른 자는 자장(子張)이다. '시(試)'는 '등용되다'이다. 세상에 등용되지 못했기 때문에 기예를 익혀 통할 수 있었다고 말씀한 것이다.
○오씨[오역(吳棫)]가 말하였다. "제자들이 공자의 이 말씀을 기록할 때 자뢰가 이어서 옛날에 들은 것에 이와 같은 것이 있었다고 말하니 그 뜻이 서로 비슷하였기 때문에 함께 기록한 것이다."

자한9 第7장

09-07 ◉子曰이라. 吾有知乎哉아. 無知也호라. 有鄙夫問於我하되

空空[10]如也라도 我叩其兩端而竭焉하노라.

◉孔子謙言己無知識이나 但其告人에 雖於至愚라도 不敢不盡耳라. 叩는 發動也라. 兩端은 猶言兩頭니 言終始本末上下精粗를 無所不盡이라.

◉程子曰이라. 聖人之教人에 俯就之若此로되 猶恐衆人以爲高遠而不親也라. 聖人之道는 必降而自卑하니 不如此則人不親이라. 賢人之言은 則引而自高하니 不如此則道不尊이라. 觀於孔子孟子면 可見矣라.

◉尹氏曰이라. 聖人之言은 上下兼盡하니 卽其近이면 衆人도 皆可與知요 極其至면 則雖聖人이라도 亦無以加焉이라. 是之謂兩端이라. 如答樊遲之問仁智에 兩端竭盡하여 無餘蘊矣[11]라. 若夫語上而遺下하고 語理而遺物이면 則豈聖人之言哉아.

한자 叩 두드릴 고, 蘊 쌓을 온

공자가 말씀하였다. "내가 아는 것이 있는가? 아는 것이 없다. (그러나) 어떤 촌사람이 나에게 묻는데 아무것도 모르더라도 나는 그 양 끝을 두드려서 다 말해준다."

○공자가 겸사로 말씀하여, 자신은 아는 것이 없지만 다만 자신이 남에게 알려줄 때에는 비록 지극히 어리석은 자에게도 감히 극진하지 않게 하지

---

10) 공공(空空) : 아무것도 (아는 것이·가진 것이) 없는 모습이다.

11) ≪논어(論語)·옹야(雍也)≫, "번지가 지혜에 대하여 묻자 공자가 말씀하였다. '사람의 도리를 힘쓰고 귀신을 공경하되 멀리한다면 지혜라고 이를 만하다.' 인에 대하여 묻자 말씀하였다. '인한 자는 어려운 것을 먼저 하고 얻는 것을 뒤로 하니 인이라고 할 만하다.'(樊遲問知, 子曰. 務民之義, 敬鬼神而遠之, 可謂知矣. 問仁, 曰仁者, 先難而後獲, 可謂仁矣.)" ; ≪논어·안연(顔淵)≫, "번지가 인에 대하여 묻자 공자가 말씀하였다. '사람을 사랑하는 것이다.' 지혜에 대하여 묻자 공자가 말씀하였다. '사람을 아는 것이다.'(樊遲問仁, 子曰. 愛人. 問知, 子曰. 知人.)" ; ≪논어·자로(子路)≫, "번지가 인에 대하여 묻자 공자가 말씀하였다. '평소 생활에 공손하고 일을 처리함에 조심스러우며 남들과 어울림에 충실함이니 비록 오랑캐 지역에 가더라도 버려서는 안 된다.'(樊遲問仁, 子曰. 居處恭, 執事敬, 與人忠, 雖之夷狄, 不可棄也.)"

않을 뿐이라고 한 것이다. '고(叩)'는 '발동시키다'이다. '양단(兩端)'은 '두 끝'이라는 말과 같으니 시종·본말·상하·정밀한 것과 대강의 것을 다 말해 주지 않는 것이 없다는 말씀이다.

○정자가 말하였다. "공자는 사람을 가르칠 때에 낮추어서 그들에게 다가 가기를 이와 같이 하면서도 오히려 보통 사람들이 고원하다고 여겨 가까이 하지 않을까 염려하였다. 성인의 도는 반드시 내려서 스스로를 낮추니 이와 같이 하지 않으면 사람들이 가까이 하지 않는다. 현인의 말은 이끌어 스스로를 높이니 이와 같이 하지 않으면 도가 높아지지 않는다. 공자와 맹자에서 관찰하면 알 수 있다."

○윤씨[윤돈(尹焞)]가 말하였다. "공자의 말씀은 상하를 함께 극진하게 하였으니, 그 비근한 것을 대하면 보통 사람도 모두 아는 데에 참여할 수 있고 그 지극함을 극대화하면 비록 성인이라도 여기에 더할 것이 없다. 이것을 일러 '양단(兩端)'이라고 한다. 번지가 인과 지혜에 대해 질문한 것에 대답할 때 양 끝이 모두 극진해져 남은 것이 없었던 것과 같다. 만약 고원한 것을 말하고 비근한 것을 빠뜨리거나, 이치를 말하고 실체를 빠뜨린다면 어찌 성인의 말씀이겠는가."

자한9 제8장

09-08 ◉子曰이라. 鳳鳥不至하며 河不出圖하니 吾已矣夫인저.

●鳳은 靈鳥니 舜時에 來儀12)하고 文王時에 鳴於岐山13)이라. 河圖는 河中龍馬負圖니 伏羲時에 出이라. 皆聖王之瑞也라. 已는 止也라.

●張子曰이라. 鳳至圖出은 文明之祥이어늘 伏羲舜文之瑞가 不至하니 則夫子之文章은 知其已矣라.

---

12) ≪서경(書經)·우서(虞書)·익직(益稷)≫, "소소[簫韶, 순(舜)임금의 음악]가 아홉 번 연주되자 봉황이 와서 춤을 춥니다.(簫韶九成, **鳳皇來儀.**)"

13) ≪국어(國語)·주어상(周語上)≫, "주(周)나라가 일어날 때 악착[鸑鷟, 봉황의 일종]이 기산에서 울었다.(周之興也, **鸑鷟鳴于岐山.**)"

한자 儀 법도 의·본보기 의·**모습 의**, 岐 갈림길 기·**주(州) 이름 기**, 羲 기운 희·**복희 희**, 祥 상서로울 상·**징조 상**, 瑞 상서 서

공자가 말씀하였다. "봉황이 이르지 않고 황하에서 그림이 나오지 않으니 나는 끝났구나."

○'봉(鳳)'은 신령스러운 새인데 순임금 때에 와서 춤추었고 문왕 때에 기산에서 울었다. '하도(河圖)'는 황하 속의 용마가 지고 나온 그림인데 복희 때에 나왔다. 모두가 성왕(聖王)의 상서로움이다. '이(已)'는 '그치다'이다.

○장자[장재(張載)]가 말하였다. "봉황이 이르고 하도가 나오는 것은 문명의 징조인데 복희와 순임금과 문왕의 상서로움이 이르지 않으니, 공자의 문장[천도가 구체적으로 드러난 것으로, 예악을 가리킨다.]은 그것이 끝났음을 알게 된 것이다."

자한9 제9장

09-09 ◉子見齊衰者와 冕衣裳者와 與瞽者면 見之에 雖少나 必作하시며 過之에 必趨러시다.

●齊衰는 喪服이라. 冕은 冠也요 衣는 上服이요 裳은 下服이니 冕而衣裳은 貴者之盛服也라. 瞽는 無目者라. 作은 起也요 趨는 疾行也라. 或曰少는 當作坐라.

●范氏曰이라. 聖人之心은 哀有喪하고 尊有爵하고 矜不成人하니 其作與趨는 蓋有不期然而然者라.

●尹氏曰이라. 此는 聖人之誠心이 內外一者也라.

한자 齊 가지런할 제·엄숙할 제·재계할 재·**옷자락 자**, 冕 면류관 면, 瞽 소경 고, 趨 달릴 추·추구할 추·향할 추·**빨리 걸을 추**

공자는 상복을 입은 자와 관을 쓰고 의상을 갖춘 자와 눈먼 자를 만나면, 그들을 볼 때에 비록 젊더라도 반드시 일어났고, 지나갈 때에 반드시 빨리 걸었다.

○'자최(齊衰)'는 상복이다. '면(冕)은' 관이고 '의(衣)'는 상의이고 '상(裳)'은 하의이니 관을 쓰고 의상을 갖춘 것은 존귀한 자의 성대한 복장이다. '고(瞽)'는 눈이 없는 자이다. '작(作)'은 '일어나다'이고 '추(趨)'는 '빨리 걷다'이다. 어떤 사람이 말하기를, "'소(少)'는 '좌(坐)'로 해야 한다."라고 하였다.

○범씨[범조우(范祖禹)]가 말하였다. "성인의 마음은 상을 당한 이를 슬퍼하고 작위가 있는 이를 높이며 불구자를 가엾게 여겼으니, 일어나고 빨리 걸은 것은 그렇기를 기약하지 않았는데도 그러함이 있었던 것이다."

○윤씨[윤돈(尹焞)]가 말하였다. "이것은 성인의 참된 마음이 안과 밖으로 한결같았던 것이다."

자한9 제10장

09-10-1◉顔淵이 喟然歎曰이라. 仰之彌高하며 鑽之彌堅하며 瞻之在前이러니 忽焉在後로다.

●喟는 歎聲이라. 仰彌高는 不可及이요 鑽彌堅은 不可入이라. 在前在後는 恍惚不可爲象이라. 此는 顔淵이 深知夫子之道가 無窮盡하고 無方體하여 而歎之也라.

한자 喟 탄식할 위·**탄식하는 소리 위**, 彌 활시위 부릴 미(弭와 같은 자)·퍼질 미·**더욱 미**, 鑽 끌 찬·**뚫을 찬**, 瞻 볼 첨, 恍 황홀할 황, 惚 황홀할 홀

안연이 "아!"하고 감탄하며 말하였다. "(선생님의 도는) 우러러볼수록 더욱 높고 뚫을수록 더욱 견고하며, 바라보니 앞에 있다가 홀연 뒤에 있도다.

○'위(喟)'는 감탄하는 소리이다. 우러러볼수록 더욱 높음은 미칠 수 없는 것이고, 뚫을수록 더욱 견고함은 들어갈 수 없는 것이다. 앞에 있다가 뒤에 있음은 황홀하여 형상화할 수 없는 것이다. 이것은 안연이 공자의 도가 무한하고 방향과 형체가 없음을 깊이 알고서 감탄한 것이다.

09-10-2 ◉夫子循循然善誘人하사 博我以文하시고 約我以禮[14]하니라.

●循循은 有次序貌라. 誘는 引進也라. 博文約禮는 敎之序也라. 言夫子道가 雖高妙나 而敎人有序也라.
●侯氏曰이라. 博我以文은 致知格物也요 約我以禮는 克己復禮也라.
●程子曰이라. 此는 顔子稱聖人에 最切當處라. 聖人敎人은 唯此二事而已라.

한자 循 좇을 순·차례 있을 순

선생님께서는 차근차근 사람을 잘 이끄시어, 글로 나를 넓혀주시고 예로 나를 단속해주신다.

○'순순(循循)'은 차례가 있는 모습이다. '유(誘)'는 '이끌어 나아가게 하다'이다. 글로 넓혀주고 예로 단속해줌은 가르침의 순서이다. 공자의 도가

---

14) 세주에서 각헌 채씨[覺軒蔡氏, 채모(蔡模)]는, "이(理)를 말하지 않고 단지 예(禮)를 말하였으니 바로 극기복례(克己復禮)의 예(禮)와 같다. 이 예(禮)자는 더욱이 검속(檢束)의 뜻이 있으니 바로 규구준승(規矩準繩)이 있는 것이다. 만약 이(理)만을 말한다면 곧 공허해진다.(不說理, 只說禮, 便是與復禮之禮同. 此禮字更有檢束, 便有規矩準繩. 若只說理, 便泛了.)"라고 설명하였다.

비록 높고 오묘하지만 사람을 가르치는 데에 순서가 있음을 말한 것이다.

○후씨[후중량(侯仲良)15)]가 말하였다. "글로 나를 넓혀주는 것은 앎을 지극하게 하고 사물의 이치를 추구하게 함이고, 예로 나를 단속해주는 것은 사욕을 이겨 예로 돌아가게 함이다."

○정자가 말하였다. "이는 안자가 공자를 칭송한 것에서 가장 적절하고 합당한 곳이다. 공자가 사람을 가르친 것은 오직 이 두 가지뿐이었다."

09-10-3 ◉欲罷不能하여 旣竭吾才하니 如有所立이 卓爾라 雖欲從之나 末由也已로다.

●卓은 立貌요 末은 無也라. 此는 顔子自言其學之所至也니 蓋悅之深而力之盡하여 所見益親이나 而又無所用其力也라.

●吳氏曰이라. 所謂卓爾는 亦在乎日用行事之間이니 非所謂窈冥昏默16)者라.

●程子曰이라. 到此地位면 工夫尤難하여 直是峻絶이니 又大段著力不得17)이라.

●楊氏曰이라. 自可欲之謂善으로 充而至於大는 力行之積也어니와 大而化之18)는 則非力行所及矣라. 此가 顔子所以未達一間也라.

●程子曰이라. 此가 顔子所以爲深知孔子而善學之者也라.

●胡氏曰이라. 無上事而喟然歎하니 此는 顔子學旣有得故로 述其先難之故와 後得之由하여 而歸功於聖人也라. 高堅前後는 語道體也요 仰鑽瞻忽은 未

---

15) 후중량(侯仲良) : 북송(北宋) 하동(河東) 출신으로 자가 사성(師聖)이다. 주돈이(周敦頤), 정이(程頤)를 사사하였고 저서에 ≪논어설(論語說)≫이 있다.

16) ≪장자(莊子)·재유(在宥)≫, "지극한 도의 정수는 깊고 그윽하며, 지극한 도의 극치는 어둡고 고요합니다.(至道之精, **窈窈冥冥**, 至道之極, **昏昏默默**.)"

17) 세주에서 주자는, "여기에 이르면 단지 그것이 저절로 익기를 기다릴 뿐이다.(到這裏, 直待他自熟.)"라고 설명하였다.

18) ≪맹자(孟子)·진심하(盡心下)≫, "바람직한 것을 선(善)이라 하고 그것을 자신에게 소유한 것을 신(信)이라 한다. (그것이) 꽉 찬 것을 미(美)라 하고 꽉 차서 빛남이 있는 것을 대(大)라 한다. 크면서 변화된 것을 성(聖)이라 하고 성스러우면서 알 수 없는 것을 신(神)이라 한다.(可欲之謂善, 有諸己之謂信. 充實之謂美, 充實而有光輝之謂大. **大而化之**之謂聖, 聖而不可知之之謂神.)"

領其要也라. 惟夫子循循善誘하여 先博我以文하여 使我知古今하고 達事變하며 然後約我以禮하여 使我尊所聞하고 行所知라. 如行者之赴家와 食者之求飽라. 是以로 欲罷而不能하여 盡心盡力하여 不少休廢하니 然後에 見夫子所立之卓然하고 雖欲從之나 末由也已라. 是는 蓋不怠所從하여 必求至乎卓立之地也라. 抑斯歎也는 其在請事斯語[19]之後와 三月不違[20]之時乎인저.

한자 竭 다할 갈, 卓 높을 탁, 窈 심원할 요, 冥 어두울 명, 峻 높을 준·가파를 준

그만두려고 해도 그럴 수 없어 이미 나의 재능을 다하니, (선생님의 도가) 마치 서있는 것이 우뚝함이 있는 듯하여 그것을 따르려고 하지만 방법이 없다."

○'탁(卓)'은 서있는 모습이고 '말(末)'은 '없다'이다. 이것은 안자가 자신의 배움이 이른 경지를 스스로 말한 것이니, 기뻐함이 깊고 힘씀이 극진하여 본 것이 더욱 가까우나 더 이상 그 힘을 쓸 곳이 없는 것이다.

○오씨[오역(吳棫)]가 말하였다. "이른바 '탁이(卓爾)'라는 것은 일상의 행위 사이에 있는 것이니 이른바 '깊고 그윽하며 어둡고 고요한 것'이 아

19) ≪논어(論語)·안연(顔淵)≫, "안연이 인에 대하여 묻자 공자가 말씀하였다. '사욕을 이겨 예로 돌아가는 것이 인을 실천하는 것이다. 하루라도 사욕을 이겨 예로 돌아간다면 천하 사람들이 그에게 인을 돌릴(인정할) 것이니 인을 실천하는 것이 자신에게서 비롯되지 남에게서 비롯되겠는가.' 안연이 '그 조목을 묻겠습니다.'라고 하자 공자가 말씀하였다. '예가 아니면 보지 말고, 예가 아니면 듣지 말며, 예가 아니면 말하지 말고, 예가 아니면 움직이지 말 것이다.' 안연이 말하였다. '제가 비록 총명하지 못하지만 이 말씀을 일삼겠습니다.'(顔淵問仁, 子曰. 克己復禮爲仁, 一日克己復禮, 天下歸仁焉, 爲仁由己而由人乎哉. 顔淵曰. 請問其目, 子曰. 非禮勿視, 非禮勿聽, 非禮勿言, 非禮勿動, 顔淵曰. 回雖不敏, **請事斯語**矣.)"

20) ≪논어·옹야(雍也)≫, "공자가 말씀하였다. "안회는 그 마음이 3개월 동안 인에서 벗어나지 않았고 그 나머지 사람들은 하루나 한 달로 거기에 이를 뿐이다.(子曰. 回也, 其心**三月不違**仁, 其餘則日月至焉而已矣.)"

니다.”

○정자가 말하였다. “이 경지에 이르면 공부가 더욱 어려워져 바로 깎아지른 곳이니 더 이상 크게 힘을 쓸 수가 없다.[힘쓰는 것으로 되는 것이 아니다.]”

○양씨[양시(楊時)]가 말하였다. “바람직한 것을 일컫는 ‘선(善)’으로부터 확충하여 ‘대(大)’에 이르는 것은 힘써 행하는 것의 축적이지만 크면서 변화됨은 힘써 행하는 것으로 미칠 바가 아니다. 이것이 안자가 (성인의 경지에) 한 칸을 이르지 못한 것이다.”

○정자가 말하였다. “이것이 안자가 공자를 깊이 알아서 그를 잘 배운 자인 이유이다.”

○호씨[호인(胡寅)]가 말하였다. “앞서의 일이 없이 ‘아!’하고 감탄을 하였으니, 이는 안자가 배움에서 이미 터득한 바가 있었기 때문에 그 먼저 어려웠던 까닭과 뒤에 터득한 연유를 기술하여 공자에게 공을 돌린 것이다. 높고 견고하며 앞에 있다가 뒤에 있다는 것은 도의 본체를 말한 것이고, 우러러보고 뚫으며 바라보고 홀연하다는 것은 그 요점을 파악하지 못한 것이다. 오직 공자가 차근차근 잘 이끌어 먼저 글로 나를 넓혀주어 나로 하여금 옛날과 지금을 알게 하고 일의 변화를 깨닫게 해준 뒤에, 나를 예로 단속해주어 나로 하여금 배운 것을 높이게 하고 아는 것을 행하게 하셨을 뿐이다. 마치 길을 가는 자가 집에 이르고, 밥을 먹는 자가 배부름을 구하는 것과 같았다. 이 때문에 그만두려고 하여도 그럴 수 없어 마음을 다하고 힘을 다하여 조금도 멈추거나 그만두지 않았으니, 그런 뒤에 공자가 세운 것[도]이 우뚝함을 보고 비록 따르고자 하였지만 방법이 없었던 것이다. 이것은 따르는 것을 게을리 하지 않아 반드시 우뚝하게 서는 경지에 이르기를 구한 것이다. 혹여 이 감탄은 아마도 ‘이 말씀을 힘쓰겠습니다’라고 한 뒤와 ‘3개월 동안 인에서 벗어나지 않았다’는 때에 있었을 것이다.”

⊠ 자한9 제11장

09-11-1 ◉子가 疾病이어시늘 子路가 使門人爲臣이라.

●夫子가 時已去位하여 無家臣이어늘 子路가 欲以家臣治其喪하니 其意는 實尊聖人이나 而未知所以尊也라.

공자가 병이 심해지자 자로가 제자로 가신을 삼았다.

○공자가 당시에 이미 벼슬자리를 떠나 가신이 없었는데 자로가 가신으로 공자의 상을 치르려고 하였으니, 그 뜻은 실로 성인을 높였지만 높이는 방법을 알지 못한 것이다.

09-11-2 ◉病間曰이라. 久矣哉라, 由之行詐也여. 無臣而爲有臣하니 吾誰欺오? 欺天乎인저.

●病間은 少差[21]也라. 病時不知라가 旣差에 乃知其事라. 故로 言我之不當有家臣을 人皆知之하여 不可欺也어늘 而爲有臣하니 則是欺天而已라. 人而欺天은 莫大之罪어늘 引以自咎하니 其責子路深矣라.

병이 차도가 있자 말씀하였다. "오래되었구나, 자로가 속임수를 쓴 것이. 가신이 없는데 가신이 있게 하였으니 내가 누구를 속인 것인가? 하늘을 속였구나.

○'병간(病間)'은 '약간 차도가 있다'이다. 병이 심할 때에 알지 못했다가 차도가 있은 뒤에 비로소 그 일을 알았다. 그러므로 말씀하기를, "내가 가

21) 차(差) : 차도가 있다. 뒤에는 차(瘥)로도 썼다.

신이 있어서는 안 된다는 것을 사람들이 모두 알고 있어 속일 수 없는데, 가신이 있게 하였으니 이것은 하늘을 속인 것일 뿐이다."라고 한 것이다. 사람으로서 하늘을 속이는 것은 막대한 죄인데 이끌어 자신을 허물하였으니 자로를 깊이 꾸짖은 것이다.

09-11-3 ◉且予與其死於臣之手也론 無寧死於二三子之手乎아. 且予縱不得大葬이나 予死於道路乎아.

●無寧은 寧也라. 大葬은 謂君臣禮葬이요 死於道路는 謂棄而不葬이니 又曉之以不必然之故라.

●范氏曰이라. 曾子將死에 起而易簀曰吾得正而斃焉이면 斯已矣라.22) 子路欲尊夫子로되 而不知無臣之不可爲有臣이라. 是以로 陷於行詐하여 罪至欺天하니 君子之於言動에 雖微나 不可不謹이라. 夫子深懲子路는 所以警學者也라.

●楊氏曰이라. 非知至而意誠23)이면 則用智自私하여 不知行其所無事24)라.

---

22) ≪예기(禮記)·단궁상(檀弓上)≫, "증자(曾子)가 병으로 누웠는데 위독하였다. 악정자춘(樂正子春)이 침상 아래에 앉아 있고 증원(曾元)과 증신(曾申)이 발치에 앉아 있었으며 동자(童子)가 구석에 앉아 촛불을 들고 있었다. 동자가 말하기를 '(대자리가) 아름답고 곱습니다. 대부의 대자리입니다.'라고 하자 악정자춘이 '그만두어라.'라고 하였다. 증자가 그 말을 듣고 놀라서 '허!'하고 탄식하니 (동자가) 말하기를, '아름답고 곱습니다. 대부의 대자리입니다.'라고 하였다. 증자가 말하기를, '그렇다. 이것은 계손(季孫)이 준 것인데 내가 아직 바꾸지 못했다. 증원아, 일어나서 대자리를 바꾸어라.'라고 하였다. 증원이 말하기를, '아버님의 병환이 위중하여 움직이실 수 없습니다. 바라옵건대 내일 아침에 가서 바꿔드리겠습니다.'라고 하자 증자가 말하기를, '네가 나를 사랑하는 것이 저 아이만 못하구나. 군자는 남을 사랑하기를 덕으로 하고, 소인은 남을 사랑하기를 임시방편으로 한다. 내가 무엇을 구하겠느냐. 나는 바름을 얻고 죽으면 그뿐이다.'라고 하였다. 부축하여 대자리를 바꾸고 자리로 돌아와 안정되기도 전에 숨을 거두었다.(曾子寢疾, 病. 樂正子春坐於牀下, 曾元曾申坐於足, 童子隅坐而執燭. 童子曰. 華而睆. 大夫之簀與. 子春曰止. 曾子聞之, 瞿然曰呼. 曰華而睆, 大夫之簀與. 曾子曰然. 斯季孫之賜也, 我未之能易也. 元, **起易簀**. 曾元曰夫子之病, 革矣, 不可以變. 幸而至於旦, 請敬易之. 曾子曰. 爾之愛我也, 不如彼. 君子之愛人也, 以德, 細人之愛人也, 以姑息. 吾何求哉. **吾得正而斃焉, 斯已矣**. 擧扶而易之, 反席未安而沒.)"

23) ≪대학(大學)·경1장≫, "사물의 이치가 끝까지 추구된 뒤에 앎이 지극해지고, 앎이 지극해진 뒤에 뜻이 진실되어진다.(物格而后知至, **知至而后意誠**.)"

往往自陷於行詐欺天而莫之知也하니 其子路之謂乎인저.

한자 簀 대자리 책, 斃 넘어질 폐·실패할 폐·**죽을 폐**, 懲 **징계할 징**·경고할 징·경계할 징

또 내가 가신의 손에서 죽기보다는 차라리 너희들의 손에서 죽는 것이 낫지 않겠느냐. 또 내가 비록 큰 장례는 얻지 못하더라도 내가 길거리에서 죽기야 하겠느냐.”

○‘무녕(無寧)’은 ‘낫다’이다. ‘대장(大葬)’은 군주나 신하의 예장(禮葬)을 이르고 ‘길거리에서 죽는다’는 것은 버려져 장례를 치르지 않음을 이르니, 반드시 그렇게 할 필요는 없다는 이유로 다시 그를 깨우쳐 준 것이다.

○범씨[범조우(范祖禹)]가 말하였다. “증자가 장차 죽게 되었을 때 일어나서 대자리를 바꾸게 하면서 이르기를, ‘내가 바름을 얻고 죽으면 그뿐이다.’라고 하였다. 자로는 공자를 높이고자 하였으나 가신이 없는데 가신이 있게 하면 안 된다는 것을 알지 못하였다. 이 때문에 속임수를 쓰는 데에 빠져 죄가 하늘을 속이는 지경에 이르렀으니 군자는 말과 행동에 있어 비록 사소하더라도 삼가지 않을 수 없다. 공자가 자로를 깊이 경고한 것은 배우는 자들을 경계한 것이다.”

○양씨[양시(楊時)]가 말하였다. “앎이 지극하고 뜻이 참된 이가 아니면 지혜를 쓰는 것이 자연 사사롭게 되어 일없는 바를 행할 줄 모른다. 왕왕 자신이 속임수를 쓰고 하늘을 속이는 데에 빠지면서도 그것을 알지 못하니 아마 자로를 이른 것이리라.”

---

24) 무사(無事) : 인위(人爲)를 가하지 않고 자연스럽게 하는 것을 가리킨다. 무위(無爲)와 통한다. ≪맹자(孟子)·이루하(離婁下)≫에, “우임금이 물을 흘러가게 한 것은 그 일없는 바를 행한 것이다.(禹之行水也, **行其所無事**也.)”라고 하였다.

자한9 제12장

09-12 ◉子貢曰有美玉於斯하니 韞匵而藏諸잇가? 求善賈而沽諸잇가? 子曰이라. 沽之哉라, 沽之哉라. 我는 待賈者也로라.

●韞은 藏也요 匵은 匱也라. 沽는 賣也라. 子貢은 以孔子有道不仕故로 設此二端以問也라. 孔子言固當賣之나 但當待賈요 而不當求之耳라.

●范氏曰이라. 君子는 未嘗不欲仕也언마는 又惡不由其道[25]하니 士之待禮는 猶玉之待賈也라. 若伊尹之耕於野[26]와 伯夷太公之居於海濱[27]에 世無成湯文王이면 則終焉而已요 必不枉道以從人하고 衒玉而求售也리라.

한자 韞 쌀 온·**간직할 온**, 匵 궤 독(櫝과 통용), 賈 장사할 고·상인 고·값 가(價의 고자), 沽 팔 고, 匱 **함 궤**(櫃와 같은 자)·다할 궤, 濱 물가 빈, 枉 굽을 왕

자공이 말하기를, "여기에 아름다운 옥이 있는데 궤 속에 넣어 보관하시겠습니까? 좋은 값을 구하여 파시겠습니까?"라고 하자 공자가 말씀하였다. "팔아야지, 팔아야지. (그러나) 나는 값을 (구하는 것이 아니라) 기다리는 자이다."

---

25) ≪맹자(孟子)·등문공하(滕文公下)≫, "옛사람들이 일찍이 벼슬을 하고자 하지 않은 것은 아니었으나 또한 올바른 도리를 따르지 않는 것을 싫어하였다. 올바른 도를 따르지 않고 찾아가는 것은 구멍을 뚫고 만나는 자들과 동류이다.(古之人, **未嘗不欲仕也, 又惡不由其道**. 不由其道而往者, 與鑽穴隙之類也.)"

26) ≪맹자·만장상(萬章上)≫, "이윤이 유신의 들에서 농사를 지으면서 요임금과 순임금의 도를 즐겼다.(**伊尹耕於有莘之野**, 而樂堯舜之道焉.)"

27) ≪맹자·이루상(離婁上)≫, "백이가 주왕을 피하여 북쪽 바닷가에 살았는데 문왕이 일어났다는 말을 듣고 말하기를, '내가 어찌 돌아가지 않겠는가. 내가 들으니, 서백은 늙은이를 잘 봉양한다.'라고 하였으며, 태공이 주왕을 피하여 동쪽 바닷가에 살았는데 문왕이 일어났다는 말을 듣고 말하기를, '내가 어찌 돌아가지 않겠는가. 내가 들으니, 서백은 늙은이를 잘 봉양한다.'라고 하였다.(伯夷辟紂, **居北海之濱**, 聞文王作興, 曰盍歸乎來. 吾聞西伯善養老者. 太公辟紂, **居東海之濱**, 聞文王作興, 曰盍歸乎來. 吾聞西伯, 善養老者.)"

○'온(韞)'은 '보관하다'이고 '독(匵)'은 궤이다. '고(沽)'는 '팔다'이다. 자공은 공자가 도를 지니고 있으면서 벼슬하지 않기 때문에 이 두 가지를 가설하여 물은 것이다. 공자는 말씀하기를, 진실로 팔아야 하겠으나 다만 값을 기다려야 하고 구해서는 안 될 뿐이라고 한 것이다.

○범씨[범조우(范祖禹)]가 말하였다. "군자는 일찍이 벼슬하려고 하지 않은 것은 아니었지만 또 올바른 도리를 따르지 않는 것을 싫어하였으니, 선비가 예우를 기다리는 것은 옥이 값을 기다리는 것과 같다. 만약 이윤이 들에서 농사를 지을 때와 백이와 태공이 바닷가에서 살 때, 세상에 탕임금과 문왕이 없었더라면 그곳에서 일생을 마쳤을 뿐이지 반드시 도를 굽혀 남을 따르고 옥을 자랑하여 팔기를 구하지 않았을 것이다."

자한9 제13장

09-13-1 ◉子欲居九夷러시니,

◉東方之夷에 有九種이라. 欲居之者는 亦乘桴浮海[28]之意라.

한자 桴 마룻대 부·떼목 부

공자가 구이(九夷) 지역에 살려고 하니,

○동방의 이족(夷族)에 아홉 종족이 있었다. 그곳에 살려고 한 것은 또한 '뗏목을 타고 바다로 떠가려는' 뜻이었다.

09-13-2 ◉或曰陋커니 如之何잇고? 子曰이라. 君子居之면 何陋之

28) ≪논어(論語)·공야장(公冶長)≫, "도가 행해지지 않아 뗏목을 타고 바다로 떠가리니, 나를 따를 자는 아마 자로일 것이다.(道不行, 乘桴, 浮于海, 從我者, 其由與.)"

有리오.

●君子所居則化[29]니 何陋之有리오.

어떤 사람이 말하기를, "누추한데 어찌 하시렵니까?"라고 하니 공자가 말씀하였다. "군자가 살게 되면 무슨 누추함이 있겠는가."

○군자가 사는 곳은 교화되니 무슨 누추함이 있겠는가.

자한9 제14장

09-14 ◉子曰이라. 吾自衛反魯然後에 樂正하여 雅頌이 各得其所하니라.

●魯哀公十一年[30]冬에 孔子自衛反魯한대 是時에 周禮在魯라. 然이나 詩樂이 亦頗殘缺失次라. 孔子가 周流四方에 參互考訂하여 以知其說이러시니 晩知道終不行故로 歸而正之라.

한자 殘 **파괴할 잔**·해칠 잔·잔인할 잔, 缺 **깨질 결**·이지러질 결·유감스러울 결

공자가 말씀하였다. "내가 위나라에서 노나라로 돌아온 뒤에 음악이 바르게 되어 아와 송이 각기 제자리를 얻었다."

29) ≪맹자(孟子)·진심상(盡心上)≫, "군자는 지나는 곳은 교화되고 마음에 간직한 것은 신묘하다.(夫君子所過者化, 所存者神.)"
30) 노(魯) 애공(哀公) 11년 : B.C. 484년으로 공자의 나이 68세였다.

○노나라 애공 11년 겨울에 공자가 위나라에서 노나라로 돌아왔는데 이때에 주나라의 예가 노나라에 있었다. 그러나 시와 음악은 역시 상당히 손상되었고 순서를 잃었다. 공자가 사방을 두루 다닐 때에 참조하고 대조하였으며 고찰하고 바로잡으면서 그 내용을 알았는데, 만년에 도가 끝내 행해지지 않을 것을 알았기 때문에 돌아와 바로잡은 것이다.

자한9 第15장

09-15 ◉子曰이라. 出則事公卿하고 入則事父兄하며 喪事를 不敢不勉하고 不爲酒困이 何有於我哉오.

●說見第七篇이라.[31] 然이나 此則其事愈卑而意愈切矣라.[32]

공자가 말씀하였다. "나가서는 공경(公卿)을 섬기고 들어와서는 부형을 섬기며, 장례를 감히 힘쓰지 않음이 없고 술에 의해 곤란해지지 않는 것이 어느 것이 나에게 있겠는가."

○해설이 제7편[<술이>편]에 보인다. 그러나 이것은 그 일이 더욱 비근하여 뜻이 더욱 절실하다.

---

31) ≪논어(論語)·술이(述而)≫에서, "공자가 말씀하였다. '말하지 않고 기억하며, 배우면서 싫증내지 않고, 남들을 가르치기를 게을리 하지 않는 것이 어느 것이 나에게 있겠는가.'(子曰. 默而識之, 學而不厭, 誨人不倦, **何有於我**哉.)"라고 하였는데 그 주에, "'하유어아(何有於我)'는 '어느 것이 나에게 있을 수 있겠는가'라는 말씀이다. 세 가지는 이미 성인의 지극한 것이 아닌데도 오히려 감히 자처하지 않았으니 겸손하고도 또 겸손한 말씀이다.(**何有於我**, 言何者能有於我也. 三者, 已非聖人之極至, 而猶不敢當, 則謙而又謙之辭也.)"라고 하였다.

32) 세주에서 남헌 장씨[南軒張氏, 장경부(張敬夫)]는, "이 장은 보기에는 잘하기가 쉬울 듯하지만 그러나 실천하면서 유감이 없기는 쉽지 않다.(此章, 視之若易能, 然行之無憾, 則未易也.)"라고 설명하였다.

자한9 제16장

09-16 ◉子在川上曰이라. 逝者는 如斯夫인저. 不舍晝夜로다.

●天地之化는 往者過하고 來者續하여 無一息之停하니 乃道體之本然也라. 然이나 其可指而易見者는 莫如川流라. 故로 於此에 發以示人하니 欲學者時時省察하여 而無毫髮之間斷也라.

●程子曰이라. 此가 道體也라. 天運而不已하니 日往則月來하고 寒往則暑來[33]하며 水流而不息하고 物生而不窮이라. 皆與道爲體하여 運乎晝夜하여 未嘗已也라. 是以로 君子法之하여 自强不息[34]하나니 及其至也엔 純亦不已焉[35]이라.

●又曰이라. 自漢以來로 儒者가 皆不識此義라. 此見聖人之心이 純亦不已也니 純亦不已는 乃天德也라. 有天德이라야 便可語王道니 其要只在謹獨[36]이라.

●愚按컨대 自此至終篇은 皆勉人進學不已之辭라.

---

33) ≪주역(周易)·계사전하(繫辭傳下)≫, “해가 가면 달이 오고 달이 가면 해가 와서, 해와 달이 서로 바뀌면서 밝음이 생긴다. 추위가 가면 더위가 오고 더위가 가면 추위가 와서, 추위와 더위가 서로 바뀌면서 해가 이루어진다.(**日往則月來**, 月往則日來, 日月相推而明生焉. **寒往則暑來**, 暑往則寒來, 寒暑相推而歲成焉.)”

34) ≪주역·건괘(乾卦)·상전(象傳)≫, “하늘의 운행이 굳세니 군자가 (그 도리를) 따라 스스로 힘쓰고 쉬지 않는다.(天行健, 君子以**自强不息**.)”

35) ≪중용(中庸)·제26장≫, “≪시경≫에 이르기를, ‘하늘의 명이 아! 심원하여 그치지 않는다.’라고 하였으니 이는 하늘이 하늘인 까닭을 말한 것이고 ‘아! 드러나지 않는가. 문왕(文王)의 덕의 순수함이여.’라고 하였으니 이는 문왕이 문(文)인 까닭을 말한 것이니 순수함이 또한 그치지 않음이다.(詩云, 維天之命, 於穆不已. 蓋曰天之所以爲天也, 於乎不顯, 文王之德之純. 蓋曰文王之所以爲文也, **純亦不已**.)”

36) ≪대학(大學)·전6장≫, “소인은 혼자 있을 때에 선하지 못한 짓을 하면서 이르지 않는 것이 없다가 군자를 본 뒤에 몰래 그 선하지 못함을 가리고 선을 드러낸다. 남들이 자기를 보는 것이 그의 폐와 간을 보듯이 하는데 무엇이 유익하겠는가. 이것을 일러, ‘마음속에서 참되면 외면에 나타난다.’고 하는 것이다. 그러므로 군자는 반드시 자기 혼자만이 아는 경지를 삼간다.(小人閒居爲不善, 無所不至, 見君子而后, 厭然揜其不善, 而著其善. 人之視己, 如見其肺肝然, 則何益矣. 此謂誠於中, 形於外. 故君子**必愼其獨**也.)”

공자가 냇가에 계시면서 말씀하였다. "가는 것은 이와 같구나. 밤낮을 그치지 않는구나."

○천지의 변화는 가는 것이 지나고 오는 것이 이어져 한순간의 멈춤도 없으니 바로 도의 본질의 원래 그러함이다. 그러나 그 중에서 가리켜서 쉽게 볼 수 있는 것은 내의 흐름만한 것이 없다. 그러므로 여기에서 드러내어 사람들에게 보여주었으니, 배우는 자들이 항상 성찰하여 털끝만한 끊김도 없기를 바란 것이다.

○정자가 말하였다. "이것이 도의 본질이다. 하늘이 운행하면서 그치지 않으니, 해가 지면 달이 뜨고 추위가 가면 더위가 오며, 물은 흐르면서 쉬지 않고 만물은 생겨나면서 끝나지 않는다. 모두 도와 일체가 되어 밤낮으로 운행하여 일찍이 그친 적이 없다. 이 때문에 군자는 그것을 본받아 스스로 힘쓰고 쉬지 않으니, 그 지극함에 이르면 순수함이 또한 그치지 않는다."

○또 말하였다. "한(漢)나라 이래로 유학자들이 모두 이 뜻을 알지 못하였다. 여기에서 공자의 마음이, 순수함이 또한 그침이 없음을 볼 수 있으니, 순수함이 또한 그침이 없음은 바로 하늘의 덕이다. 하늘의 덕이 있어야 곧 왕천하의 도리를 말할 수 있으니 그 요점은 오직 '근독(謹獨)'에 있다."

○내가 살펴보건대, 여기서부터 편을 마치기까지는 모두가 사람들에게 학업을 진전시키면서 그치지 않도록 권면한 말씀이다.

자한9 제17장

09-17 ◉子曰이라. 吾未見好德이 如好色者也라.

●謝氏曰이라. 好好色하고 惡惡臭는 誠也[37]니 好德이 如好色이면 斯誠好德

37) ≪대학(大學)·전6장≫, "이른바 '그 뜻을 참되게 한다'라는 것은 자신을 속이지 않는

矣라. 然이나 民鮮能之라.

●史記에 孔子居衛에 靈公이 與夫人同車하고 使孔子爲次乘하여 招搖38)市過之하니 孔子醜之39)한대 故로 有是言이라.

한 자 招 부를 초, 搖 흔들릴 요, 醜 추할 추

공자가 말씀하였다. "나는 아직 덕을 좋아하는 것이 여색을 좋아하는 것과 같은 자를 보지 못하였다."

○사씨[사양좌(謝良佐)]가 말하였다. "아름다운 여색을 좋아하고 나쁜 냄새를 싫어하는 것은 참됨이니, 덕을 좋아하는 것이 여색을 좋아하는 것과 같다면 참으로 덕을 좋아하는 것이다. 그러나 백성들은 이것을 할 수 있는 이가 드물다."

○≪사기≫에서, 공자가 위나라에 머물 때 영공이 부인과 수레를 함께 타고 공자로 하여금 뒷수레에 타게 한 채 으스대며 시내로 지나가니 공자가 그것을 추하게 여겼다고 했는데 그래서 이 말씀이 있었다.

자한9 제18장

09-18 ◉子曰이라. 譬如爲山에 未成一簣하고 止도 吾止也며 譬如

것이다. (악을 미워하기를) 마치 나쁜 냄새를 싫어하는 것과 같이 하고 (선을 좋아하기를) 마치 아름다운 여색을 좋아하는 것과 같이 함이니 이것을 '자겸(自謙)'이라고 한다. 그러므로 군자는 반드시 자기 혼자만이 아는 경지를 삼간다.(所謂誠其意者, 毋自欺也. **如惡惡臭, 如好好色**, 此之謂自謙. 故君子, 必愼其獨也.)"

38) 초요(招搖) : 자랑함, 또는 떠벌리는 것이다.

39) ≪사기(史記)·공자세가(孔子世家)≫, "위나라에 머문 지 한 달여 되었을 때 영공이 부인과 수레를 함께 타고 환관인 옹거를 옆에 태우고 출행하면서 공자로 하여금 뒷수레에 타게 한 채 으스대며 시내로 지나갔다. 공자가 말씀하기를, '나는 아직 덕을 좋아하는 것이 여색을 좋아하는 것과 같은 자를 보지 못하였다.'라고 하면서 이에 추하게 여겼다.(居衛月餘, 靈公與夫人同車, 宦者雍渠參乘, 出, 使孔子爲次乘, 招搖市過之. 孔子曰. '吾未見好德如好色者也.' 於是醜之.)"

平地에 雖覆一簣나 進도 吾往也니라.

●簣는 土籠也라. 書曰爲山九仞에 功虧一簣40)라하니 夫子之言은 蓋出於此라. 言山成而但少一簣하여 其止者도 吾自止耳요 平地而方覆一簣하여 其進者도 吾自往耳라. 蓋學者가 自强不息이면 則積少成多나 中道而止면 則前功盡棄라. 其止其往이 皆在我而不在人也라.

한자 簣 삼태기 궤, 覆 쏟을 복·뒤집을 복·뒤집힐 복·넘어질 복·덮을 부, 籠 대그릇 롱, 虧 이지러질 휴

공자가 말씀하였다. "비유하자면 산을 만드는데 흙 한 삼태기를 완성하지 못하고 멈추더라도 내가 멈추는 것과 같으며, 비유하자면 평지에 흙 한 삼태기를 붓더라도 나아감도 내가 가는 것과 같다."

○'궤(簣)'는 삼태기이다. ≪서경≫에 "산을 아홉 길 만드는데 공적이 흙 한 삼태기에서 어그러진다."라고 하였으니 공자의 말씀은 여기에서 나온 것이다. 산이 완성되는데 단지 흙 한 삼태기가 모자란 채 멈추는 것도 내가 스스로 멈춘 것일 뿐이고, 평지에다가 막 흙 한 삼태기를 부었는데 나아간 것도 내가 스스로 간 것일 뿐이라는 말씀이다. 배우는 자들이 스스로 힘쓰고 쉬지 않으면 적은 것을 쌓아 많은 것을 이루지만, 중도에서 그만두면 이전의 노력이 모두 버려진다. 그 멈춤과 그 전진이 모두 나에게 달려 있지 남에게 달려 있지 않다.

자한9 제19장

09-19 ◉子曰이라. 語之而不惰者는 其回也與인저.

40) ≪서경(書經)·주서(周書)·여오(旅獒)≫

●惰는 懈怠也라.

●范氏曰이라. 顏子는 聞夫子之言하고 而心解力行하여 造次顚沛에 未嘗違之라. 如萬物得時雨之潤41)하여 發榮滋長하니 何有於惰리오. 此群弟子所不及也라.

한자 惰 게으를 타, 懈 게으를 해, 顚 꼭대기 전·**뒤집힐 전**, 沛 늪 패·**넘어질 패**, 榮 꽃 영

공자가 말씀하였다. "말해 주어 게으름피우지 않는 자는 아마도 안회일 것이다."

○'타(惰)'는 '게으름피우다'이다.

○범씨[범조우(范祖禹)]가 말하였다. "안자는 공자의 말씀을 듣고서 마음으로 이해하고 힘써 행하여, 다급한 때나 위태로운 때에도 일찍이 어긴 적이 없었다. 마치 만물이 제때의 비에 적셔짐을 받아 꽃을 피우고 자라나는 것과 같았으니 어찌 게으름피우는 일이 있었겠는가. 이것이 여러 제자들이 미치지 못한 것이다."

자한9 제20장

09-20 ◉子謂顏淵曰이라. 惜乎라. 吾見其進也요 未見其止也로라.

●進止二字는 說見上章42)이라. 顏子旣死에 而孔子惜之하사 言其方進而未已

41) ≪맹자(孟子)·진심상(盡心上)≫, "맹자가 말하였다. '군자가 가르치는 방법이 다섯 가지이다. 제때의 비가 변화시켜주듯이 하는 경우가 있고 덕을 이루게 하는 경우가 있으며, 재질을 통달하게 하는 경우가 있고 물음에 답하는 경우가 있으며, 개인적으로 선으로써 (자신을) 다스리는 경우가 있다. 이 다섯 가지가 군자가 가르치는 방법이다.'(孟子曰. 君子之所以敎者, 五. 有如**時雨化之**者, 有成德者, 有達財者, 有答問者, 有私淑艾者. 此五者, 君子之所以敎也.)"

42) ≪논어(論語)·자한(子罕)≫

也라.

공자가 안연에 대하여 말씀하였다. "(그의 죽음이) 애석하구나. 나는 그가 나아가는 것을 보았고 그가 멈추는 것을 보지 못하였다."

○'진(進)'과 '지(止)' 두 글자는 설명이 앞 장에 보인다. 안자가 죽은 뒤에 공자가 애석해하면서 그가 그저 나아가기만 하고 그치지 않았다고 말씀한 것이다.

자한9 제21장

09-21 ◉子曰이라. 苗而不秀者가 有矣夫며 秀而不實者가 有矣夫인저.

●穀之始生曰苗요 吐華曰秀요 成穀曰實이라. 蓋學而不至於成이 有如此者라. 是以로 君子貴自勉也니라.

공자가 말씀하였다. "싹이 났으나 꽃을 피우지 못하는 것도 있고, 꽃을 피웠으나 열매 맺지 못하는 것도 있다."

○곡식이 처음 나온 것을 '묘(苗)'라 하고, 꽃을 피우는 것을 '수(秀)'라 하며, 곡식을 이루는 것을 '실(實)'이라고 한다. 배우면서 완성에 이르지 못함이 이와 같은 자들이 있다. 그러므로 군자는 스스로 힘쓰는 것을 귀하게 여긴다.

※ 자한9 제22장

09-22 ◉子曰이라. 後生可畏니 焉知來者之不如今也리오. 四十五十而無聞焉이면 斯亦不足畏也已니라.

●孔子言後生은 年富力彊하니 足以積學而有待하여 其勢可畏라. 安知其將來不如我之今日乎아. 然이나 或不能自勉하여 至於老而無聞이면 則不足畏矣라. 言此以警人하여 使及時勉學也니라.

●曾子曰이라. 五十而不以善聞이면 則不聞矣43)라하니 蓋述此意라.

●尹氏曰이라. 少而不勉하여 老而無聞이면 則亦已矣어니와 自少而進者는 安知其不至於極乎아. 是可畏也라.

공자가 말씀하였다. "후배들이 두려워할 만하니 어찌 (그들의) 장래가 지금(의 나)보다 못할 것이라고 알겠는가. (그러나) 40 · 50이 되어도 알려짐이 없다면 이는 역시 두려워할 만하지 않다."

○공자가 말씀하기를, "후배들은 나이가 창창하고 힘이 강하므로 족히 학문을 쌓아 기대할 것이 있어 그 형세가 두려워할 만하다. 어찌 그들의 장래가 나의 오늘보다 못하리라고 알겠는가. 그러나 혹시 스스로 힘쓰지 못하여 늙음에 이르렀는데도 알려짐이 없다면 두려워할 만하지 않다."라고 한 것이다. 이것을 말씀하여 사람들을 경계함으로써 때에 미쳐 학문에 힘쓰도록 한 것이다.

○증자가 말하기를, "50이 되어서도 선으로 알려지지 않으면 알려지지 못하게 된다."라고 하였는데 이 뜻을 서술한 것이다.

○윤씨[윤돈(尹焞)]가 말하였다. "젊어서 노력하지 않아 늙어서 알려짐이 없다면 또한 끝난 것이지만, 젊어서부터 나아가는 자는 어찌 그가 지극함에 이르지 못하리라고 알겠는가. 이것이 두려워할 만한 것이다."

---

43) ≪대대례기(大戴禮記)·증자입사(曾子立事)≫

자한9 제23장

09-23 ◉子曰이라. 法語之言은 能無從乎아. 改之爲貴니라. 巽與之言은 能無說乎아. 繹之爲貴니라. 說而不繹하며 從而不改면 吾末如之何也已矣니라.

●法語者는 正言之也요 巽言者는 婉而導之也라. 繹은 尋其緖也라. 法言은 人所敬憚故로 必從이나 然不改면 則面從而已라. 巽言은 無所乖忤故로 必說이나 然不繹이면 則又不足以知其微意之所在也라.

●楊氏曰이라. 法言은 若孟子論行王政之類가 是也요 巽言은 若其論好貨好色之類가 是也라.44) 語之而不達하고 拒之而不受는 猶之可也라. 其或喩焉이면 則尙庶幾其能改繹矣라. 從且說矣요 而不改繹焉이면 則是終不改繹也已니 雖聖人이라도 其如之何哉리오.

한자 巽 부드러울 손·사양할 손, 繹 실 뽑을 역·이어질 역·찾을 역·풀 역, 婉 아름다울 완·순할 완·은근할 완, 憚 꺼릴 탄, 喩 알릴 유·깨달을 유

공자가 말씀하였다. "법도에 맞게 해주는 말은 따르지 않을 수 있겠는가. (그러나 따르기만 할 것이 아니라 잘못을) 고치는 것이 중요하다. 부드럽게 해주는 말은 기뻐하지 않을 수 있겠는가. (그러나 그 속에서 단서를) 찾는 것이 중요하다. 기뻐하면서 찾지 않고 따르면서 고치지 않는다면, 나는 그를 어떻게 할 수 없다."

○'법어(法語)'라는 것은 바르게 말해 주는 것이고, '손언(巽言)'이라는 것은 완곡하게 이끌어 주는 것이다. '역(繹)'은 그 단서를 찾는 것이다. '법언(法言)'은 사람들이 조심하고 꺼리는 것이므로 반드시 따르지만, 잘못을

44) ≪맹자(孟子)·양혜왕하(梁惠王下)≫

고치지 않는다면 면전에서 따르는 것일 뿐이다. '손언(巽言)'은 어긋나고 거슬리는 것이 없으므로 반드시 기뻐하지만, 단서를 찾지 않는다면 또한 은미한 뜻이 있는 곳을 알 수 없다.

○양씨[양시(楊時)]가 말하였다. "'법언'은 맹자가 왕도정치를 행할 것에 대하여 논한 것과 같은 것이 그것이고, '손언'은 그가 재물을 좋아하고 여색을 좋아하는 것에 대하여 논한 것과 같은 것이 그것이다. 말해주는데도 깨닫지 못하고 거절하여 받아들이지 않는 것은 그래도 괜찮다. 혹시라도 깨달으면 오히려 그가 고치고 찾기를 기대할 수 있기 때문이다. 따르고 또 기뻐하면서 고치거나 찾지 않는다면 이는 끝내 고치거나 찾지 않을 뿐이니, 비록 공자라도 장차 그를 어떻게 할 수 있겠는가."

자한9 제24장

09-24 ◉子曰이라. 主忠信하며 毋友不如己者요 過則勿憚改니라.

●重出而逸其半45)이라.

공자가 말씀하였다. "충실과 신의를 위주로 하며, 자기만 못한 자를 사귀지 말고, 잘못하였으면 고치기를 꺼리지 말라."

○거듭 나왔는데 그 반이 없어졌다.

45) ≪논어(論語)·학이(學而)≫, "공자가 말씀하였다. '군자는 중후하지 않으면 위엄스럽지 못하니 배워도 견고해지지 않는다. 충실과 신의를 위주로 하며, 자기만 못한 자를 사귀지 말고, 잘못하였으면 고치기를 꺼리지 말라.'(子曰. 君子不重則不威, 學則不固. 主忠信, 無友不如己者, 過則勿憚改.)"

자한9 제25장

09-25 ◉子曰이라. 三軍[46]은 可奪帥也어니와 匹夫는 不可奪志也니라.

◉侯氏曰이라. 三軍之勇은 在人하고 匹夫之志는 在己라. 故로 帥可奪이나 而志不可奪이라. 如可奪이면 則亦不足謂之志矣니라.

공자가 말씀하였다. "제후국의 군대에서 장수를 빼앗을 수는 있으나 필부에게서 뜻을 빼앗을 수는 없다."

○후씨[후중량(侯仲良)]가 말하였다. "제후국 군대의 용맹은 남[사병]에게 달려 있고, 필부의 뜻은 자신에게 달려 있다. 그러므로 장수는 빼앗을 수 있으나 뜻은 빼앗을 수 없다. 만약 빼앗을 수 있다면 또한 그것을 뜻이라고 이를 수 없다."

자한9 제26장

09-26-1 ◉子曰이라. 衣敝縕袍하여 與衣狐貉者로 立而不恥者는 其由也與인저.

◉敝는 壞也요 縕은 枲著也라. 袍는 衣有著者也니 蓋衣之賤者라. 狐貉은 以狐貉之皮爲裘니 衣之貴者라. 子路之志가 如此니 則能不以貧富로 動其心하여 而可以進於道矣라. 故로 夫子稱之라.

46) 삼군(三軍) : 주(周)나라 때 군대의 편제 단위로, 1군은 군사가 12,500명이었다. 천자는 6군, 제후는 작위에 따라 3군·2군·1군을 거느렸다.

한자 敝 해질 폐, 縕 헌솜 온·**삼 지스러기 온**, 袍 **겉옷 포**·솜옷 포, 貉 오랑캐 맥·**담비 학**, 枲 모시풀 시, 著 드러날 저·이름날 저·기록할 저·붙일 저·**채울 저**(褚와 통용)·붙을 착, 裘 갖옷 구

공자가 말씀하였다. "해진 삼베옷을 입고서, 여우 갖옷이나 담비 갖옷을 입은 자와 함께 서있으면서도 부끄러워하지 않을 자는 아마도 중유일 것이다."

○'폐(敝)'는 '해지다'이고, '온(縕)'은 삼 지스러기이다. '포(袍)'는 옷에 안을 채운 것이니 옷 중에서 천한 것이다. '호학(狐貉)'은 여우나 담비의 가죽으로 갖옷을 만든 것이니 옷 중에서 귀한 것이다. 자로의 뜻이 이와 같았으니 가난과 부귀로 마음을 동요시키지 않을 수 있어 도에 나아갈 수 있었다. 그러므로 공자가 그를 칭찬한 것이다.

09-26-2 ◉不忮不求면 何用不臧이리오.

●忮는 害也요 求는 貪也요 臧은 善也라. 言能不忮不求면 則何爲不善乎리오. 此는 衛風雄雉之詩니 孔子引之하여 以美子路也라.
●呂氏曰이라. 貧與富交에 彊者必忮하고 弱者必求니라.

한자 忮 해칠 기, 臧 **착할 장**·노비 장·성 장, 雉 꿩 치

(남을) 해치지 않고 (남의 것을) 탐하지 않는다면 어찌 좋지 않겠는가.

○'기(忮)'는 '해치다'이고 '구(求)'는 '탐하다'이며 '장(臧)'은 '좋다'이다. 해치지 않으며 탐하지 않을 수 있다면 어찌 좋지 않겠는가라고 말씀한 것이다. 이는 (≪시경≫) <위풍(衛風)·웅치(雄雉)>편의 시인데 공자가 이를 인용하여 자로를 칭찬한 것이다.

○여씨[여대림(呂大臨)]가 말하였다. "가난한 자가 부유한 자와 사귈 때 (가난한 자 가운데) 강한 자는 반드시 (부자를) 해치고, (가난한 자 가운데) 약한 자는 반드시 탐한다."

09-26-3 ◉子路가 終身誦之한대 子曰이라. 是道也가 何足以臧이리오.

◉終身誦之면 則自喜其能하여 而不復求進於道矣라. 故로 夫子復言此以警之라.
◉謝氏曰이라. 恥惡衣惡食[47]은 學者之大病이니 善心不存이 蓋由於此라. 子路之志가 如此하니 其過人이 遠矣라. 然이나 以衆人而能此면 則可以爲善矣어니와 子路之賢은 宜不止此어늘 而終身誦之하니 則非所以進於日新也라. 故로 激而進之하니라.

자로가 (이 시구를) 내내 읊조리자 공자가 말씀하였다. "이 방법이 어찌 좋을 수 있겠는가."

○내내 읊조리면 스스로 자신의 능력을 기뻐하여 더 이상 도에 나아가기를 추구하지 않게 된다. 그러므로 공자가 다시 이를 말씀하여 경계한 것이다.
○사씨[사양좌(謝良佐)]가 말하였다. "나쁜 옷과 나쁜 음식을 부끄러워하는 것은 배우는 자의 큰 병폐이니, 선한 마음이 보존되지 않는 것이 여기에서 비롯된다. 자로의 뜻이 이와 같았으니 그가 남들보다 뛰어난 것이 월등하다. 그러나 보통 사람으로서 이것을 할 수 있다면 좋을 수 있지만 자로의 훌륭함은 여기에서 그치지 않아야 하는데, 내내 읊조리고 있었으니 날로 새롭게 하는 데로 나아가는 방법이 아니었다. 그러므로 그를 격려하여 나아가게 한 것이다."

---

47) ≪논어(論語)·이인(里仁)≫, "공자가 말씀하였다. '선비가 도에 뜻을 두고서 나쁜 옷과 나쁜 음식을 부끄러워한다면 함께 (도를) 이야기할 만하지 못하다.'(子曰. 士志於道, 而**恥惡衣惡食**者, 未足與議也.)"

자한9 第27장

09-27 ◉子曰이라. 歲寒然後에 知松柏之後彫也니라.

●范氏曰이라. 小人之在治世엔 或與君子無異라. 惟臨利害하고 遇事變然後에 君子之所守를 可見也라.

●謝氏曰이라. 士窮에 見節義하고 世亂에 識忠臣이니 欲學者必周于德이라.

한자 柏 측백나무 백, 彫 새길 조·시들 조(凋와 통용)

공자가 말씀하였다. "날씨가 추워진 뒤에 소나무와 측백나무가 늦게 시드는 것을 안다."

○범씨[범조우(范祖禹)]가 말하였다. "소인은 잘 다스려지는 세상에 있을 때에는 간혹 군자와 다를 것이 없다. 오직 이해관계에 마주치고 변고를 만난 뒤에 군자가 지키는 바를 볼 수 있다."

○사씨[사양좌(謝良佐)]가 말하였다. "선비가 궁할 때에 절의를 보게 되고 세상이 어지러울 때에 충신을 알게 되니, 배우는 자들이 반드시 덕을 갖추기를 바란 것이다."

자한9 第28장

09-28 ◉子曰이라. 知者는 不惑하고 仁者는 不憂하고 勇者는 不懼니라.

●明足以燭理故로 不惑이요 理足以勝私故로 不憂48)요 氣足以配道義49)故로

不懼라. 此는 學之序也라.

공자가 말씀하였다. "지혜로운 자는 미혹되지 않고, 인한 자는 근심하지 않으며, 용감한 자는 두려워하지 않는다."

○총명이 사리를 밝힐 수 있기 때문에 미혹되지 않고, 천리가 사욕을 이길 수 있기 때문에 근심하지 않으며, 용기가 도의에 합치될 수 있기 때문에 두려워하지 않는다. 이것이 학문의 순서이다.

자한9 제29장

09-29◉子曰이라. 可與共學이라도 未可與適道며 可與適道라도 未可與立이며 可與立이라도 未可與權이니라.

●可與者는 言其可與共爲此事也라.

●程子曰이라. 可與共學은 知所以求之也요 可與適道는 知所往也요 可與立者는 篤志固執而不變也라. 權은 稱錘也니 所以稱物而知輕重者也라. 可與權은 謂能權輕重하여 使合義也라.

●楊氏曰이라. 知爲己[50]면 則可與共學矣요 學足以明善然後에 可與適道요 信道篤然後에 可與立이요 知時措之宜[51]然後에 可與權이라.

---

48) 이(理)라는 기준이 서 있기 때문에 근심하지 않는다.

49) 맹자(孟子)가 말한 '호연지기(浩然之氣)'이다.[≪맹자(孟子)·공손추상(公孫丑上)≫, "그 기 됨됨이가 의와 도에 배합한다.(其爲氣也, **配義與道.**)"

50) ≪논어(論語)·헌문(憲問)≫, "옛날의 배우는 자들은 자기 수양을 위해 공부했는데 오늘날의 배우는 자들은 남이 알아주기를 위해 공부한다.(子曰. 古之學者**爲己**, 今之學者爲人.)"

51) ≪중용(中庸)·제25장≫, "성(誠)이라는 것은 스스로 자기를 이룰 뿐만이 아니고 상대를 이루어 주는 것이니, 자기를 이루는 것은 인이고 상대를 이루어 주는 것은 지이다. 성(性)의 덕성으로 내외를 합한 도이다. 그러므로 때에 따른 조치가 마땅한 것이다.(誠者, 非自成己而已也, 所以成物也, 成己仁也, 成物知也. 性之德也, 合內外之道也. 故**時措之宜**也.)"

●洪氏曰이라. 易九卦가 終於巽以行權[52]하니 權者는 聖人之大用[53]이니 未能立而言權은 猶人未能立而欲行이니 鮮不仆矣라.

●程子曰이라. 漢儒以反經合道爲權[54]이라. 故로 有權變權術之論한대 皆非也라. 權은 只是經也니 自漢以下는 無人識權字라.

●愚按컨대 先儒誤以此章으로 連下文偏其反而하여 爲一章이라. 故로 有反經合道之說이라. 程子非之는 是矣라. 然이나 以孟子嫂溺援之以手[55]之義로 推之면 則權與經은 亦當有辨이라.

한자 錘 저울 추, 措 둘 조·**시행할 조**·뒤섞일 착(錯과 통용), 巽 손괘 손, 仆 **엎어질 부**·넘어질 부, 嫂 형수 수, 溺 빠질 닉

공자가 말씀하였다. "함께 배울 수 있어도 함께 도에 나아갈 수 없으며, 함께 도에 나아갈 수 있어도 함께 설 수 없으며, 함께 설 수 있어도 함께 권도를 행할 수 없다."

○'가여(可與)'라는 것은 그 사람이 함께 같이서 이 일들을 할 수 있다는 말씀이다.

○정자가 말하였다. "함께 배울 수 있음은 추구할 바[목표]를 아는 것이고, 함께 도에 나아감은 나아갈 바[방향]를 아는 것이며, 함께 선다는 것은 뜻을 독실하게 하고 굳게 지켜 변하지 않는 것이다. '권(權)'은 저울추이

52) ≪주역(周易)·계사전하(繫辭傳下)≫, "이(履)로써 행실을 온화하게 하고 겸(謙)으로 예를 따르며, 복(復)으로 스스로 알고 항(恒)으로 덕을 한결같이 하며, 손(損)으로 해로움을 멀리하고 익(益)으로 이로움을 일으키며, 곤(困)으로 원망을 적게 하고 정(井)으로 도리를 구분하며, 손(巽)으로 권도를 행한다.(履以和行, 謙以制禮, 復以自知, 恒以一德, 損以遠害, 益以興利, 困以寡怨, 井以辯義, **巽以行權**.)"

53) 세주에서 잠실 진씨[蠶室陳氏, 진식(陳埴)]는, "권(權)이라는 것은 성인(聖人)의 마지막 일이다.(權者, 聖人之終事.)"라고 설명하였다.

54) ≪춘추공양전(春秋公羊傳)·환공(桓公)·11년≫, "권(權)이라는 것은 원칙에 반하지만 그런 뒤에 선(善)이 있는 것이다.(權者, **反於經**, 然後有善者也.)"

55) ≪맹자(孟子)·이루상(離婁上)≫, "남녀가 주고받기를 직접 하지 않는 것은 예이고, 형수가 물에 빠졌으면 손으로 잡아당기는 것은 권도이다.(男女授受不親, 禮也, **嫂溺, 援之以**手者, 權也.)"

니 물건을 저울질하여 무게를 아는 것이다. 함께 권도를 행할 수 있음은 무게를 저울질하여 의리에 맞게 할 수 있음을 이른다."

○양씨[양시(楊時)]가 말하였다. "위기지학[자기 수양 공부]을 알면 함께 배울 수 있고, 배움이 족히 선을 밝힐 수 있게 된 뒤에 함께 도에 나아갈 수 있으며, 도를 믿는 것이 독실한 뒤에 함께 설 수 있고, 때에 따라 조치하는 마땅함을 안 뒤에 함께 권도를 행할 수 있다."

○홍씨[홍흥조(洪興祖)]가 말하였다. "≪주역≫의 아홉 괘가 '손(巽)으로 권도를 행한다.'에서 끝났으니 권도는 성인의 위대한 응용이다. 아직 서지 못하고서 권도를 말하는 것은 사람이 아직 서지 못하고서 걸으려고 하는 것과 같으니 엎어지지 않는 경우가 드물다."

○정자가 말하였다. "한대(漢代) 유학자들은 원칙에 반하지만 도에 부합하는 것을 권도라고 하였다. 그러므로 임기응변·권모술수의 논의가 있었는데 모두가 잘못이다. 권도는 다만 원칙일 뿐이니 한대(漢代) 이후로는 '권(權)'자를 아는 사람이 없다."

○내가 살펴보건대, 이전의 학자들이 잘못하여 이 장을 아래의 글인 '편기번이(偏其反而)'와 연결하여 한 장(章)으로 만들었기 때문에 '원칙에 반하지만 도에 부합한다.'는 말이 있게 되었다. 정자가 이를 잘못되었다고 한 것은 옳다. 그러나 ≪맹자≫의 "형수가 물에 빠졌으면 손으로 잡아당긴다."는 뜻으로 미루어 본다면 권도와 원칙은 또한 구분이 있어야 한다.

자한9 제30장

09-30-1 ◉唐棣之華여 偏其反而로다. 豈不爾思리오마는 室是遠而니라.

◉唐棣는 郁李也라. 偏은 晉書作翩이라. 然則反도 亦當與翻同이니 言華之搖動也라. 而는 助語也라. 此는 逸詩也니 於六義에 屬興하여 上兩句는 無意義요 但以起下兩句之辭耳라. 其所謂爾는 亦不知其何所指也라.

한자 棣 **산앵두나무 체**·점잖은 모양 태, 偏 기울 편·**날 편**(翩과 통용), 反 반대할 반·돌아갈 반·바로잡을 번·**뒤집힐 번**(翻과 통용), 郁 성할 욱·**산앵두나무 욱**, 翩 **날 편**·나부낄 편, 飜 날 번·**뒤집힐 번**(翻과 통용), 逸 달릴 일·달아날 일·**잃을 일**·숨을 일·편안할 일

산앵두나무의 꽃이여! 나부끼어 뒤집힌다. 어찌 그대를 생각하지 않으리오만 집이 멀구나.

○'당체(唐棣)'는 산앵두나무이다. '편(偏)'은 ≪진서(晉書)≫에는 '편(翩)'으로 되어 있다. 그렇다면 '번(反)'도 또한 당연히 '번(飜)'과 같아야 하니 꽃이 흔들린다는 말이다. '이(而)'는 어조사이다. 이것은 ≪시경(詩經)≫에 수록되지 않은 시[일시(逸詩)]인데 육의(六義)에서 흥(興)에 속하여 위의 두 구절은 뜻이 없고 다만 아래 두 구절의 가사를 일으킬 뿐이다. '너'라고 이른 것은 또한 그것이 무엇을[누구를] 가리키는지를 알 수 없다.

09-30-2 ◉子曰이라. 未之思也언정 夫何遠之有리오.

●夫子가 借其言而反之하니 蓋前篇仁遠乎哉56)之意라.

●程子曰이라. 聖人은 未嘗言易以驕人之志하고 亦未嘗言難以阻人之進이라. 但曰未之思也언정 夫何遠之有리오하니 此言이 極有涵蓄하여 意思深遠이라.

한자 阻 험할 조·막힐 조·**막을 조**, 涵 젖을 함·잠길 함

공자가 말씀하였다. "생각하지 않은 것이지 무슨 먼 곳이 있겠는가."

○공자가 그 말을 빌어서 반박한 것이니 앞 편의 "인이 멀겠는가."의 뜻

56) ≪논어(論語)·술이(述而)≫, "공자가 말씀하였다. '인이 멀겠는가. 내가 인을 원하면 인은 이르게 된다.'(子曰. **仁遠乎哉.** 我欲仁, 斯仁至矣.)"

이다.

○정자가 말하였다. “공자는 일찍이 쉽다고 말씀하여 사람들의 뜻을 교만하게 한 적이 없고, 또한 어렵다고 말씀하여 사람들의 전진을 막은 적이 없다. 단지 ‘생각하지 않은 것이지 무슨 먼 곳이 있겠는가.’라고 말씀하였으니 이 말이 지극히 함축성이 있으며 뜻이 깊고 원대하다.”

향당(鄕黨) 제십(第十)

●楊氏曰이라. 聖人之所謂道者는 不離乎日用之間也라. 故로 夫子之平日의 一動一靜을 門人이 皆審視而詳記之라.

●尹氏曰이라. 甚矣라. 孔門諸子之嗜學也여. 於聖人之容色言動에 無不謹書而備錄之하여 以貽後世라. 今讀其書하고 卽其事하면 宛然如聖人之在目也라. 雖然이나 聖人이 豈拘拘[1]而爲之者哉리오. 蓋盛德之至에 動容周旋이 自中乎禮耳라.[2] 學者가 欲潛心[3]於聖人인대 宜於此에 求焉이라.

●舊說에 凡一章이러니 今分爲十七節이라.

○양씨[양시(楊時)]가 말하였다. "성인이 일컬었던 도라는 것은 일상의 사이에서 벗어나지 않는다. 그러므로 공자의 평소의 모든 동정을 제자들이 다 자세히 살피고 상세히 기록하였다."

○윤씨[윤돈(尹焞)]가 말하였다. "대단하구나. 공자 문하의 여러 제자들이 학문을 좋아한 것이. 공자의 모습과 안색, 말씀과 동작에 대하여 삼가 쓰고 두루 기록하여 후세에 남겨 주지 않은 것이 없다. 지금 그 글을 읽고 그 일을 접하면 흡사 공자가 눈앞에 계신 듯하다. 비록 그러하나 공자가 어찌 구애되어 그것을 행한 자이겠는가. 성대한 덕이 지극하여 몸가짐과 움직임이 저절로 예에 맞은 것일 뿐이다. 배우는 자들이 공자에 대하여 마음을 기울이고자 한다면 여기에서 찾아야 할 것이다."

○옛 설명에는 모두 1장이었는데 지금은 나누어서 17절로 한다.

한자 審 살필 심·**자세할 심**, 嗜 **좋아할 기**·탐낼 기, 貽 **줄 이**·끼칠 이, 宛 굽을 완·분명할 완·**비슷할 완**, 拘 잡을 구·**속박할 구**, 旋 돌 선

---

1) 구구(拘拘) : 얽매이는 모습이다.

2) ≪맹자(孟子)·진심하(盡心下)≫, "몸가짐과 움직임이 예에 맞은 것은 성대한 덕이 지극한 것이다.(動容周旋, 中禮者, 盛德之至也.)"

3) 잠심(潛心) : 온 마음을 기울이는 것을 가리킨다.

※ 향당10 제1절

10-01-1 ◉孔子於鄕黨에 恂恂[4]如也하여 似不能言者라.

●恂恂은 信實之貌라. 似不能言者는 謙卑遜順하여 不以賢知先人也라. 鄕黨은 父兄宗族之所在故로 孔子居之에 其容貌辭氣가 如此라.

한 자 恂 성실할 순·공손할 순

공자가 고을에 계실 때에는 공손하여 말을 잘하지 못하는 사람 같았다.

○'순순(恂恂)'은 참된 모습이다. "말을 잘하지 못하는 사람 같았다."는 것은 겸손하고 순종하여 훌륭함과 지혜로움으로 남에게 앞서지 않은 것이다. 고을은 부형과 친족이 계신 곳이기 때문에 공자가 그곳에서 지낼 때에 그 용모와 말투가 이와 같았다.

10-01-2 ◉其在宗廟朝廷하여 便便[5]言이나 唯謹爾라.

●便便은 辯也라. 宗廟는 禮法之所在요 朝廷은 政事之所出이니 言不可以不明辨[6]이라. 故로 必詳問而極言之로되 但謹而不放爾라.[7]

●此一節은 記孔子在鄕黨宗廟朝廷에 言貌之不同이라.

---

4) 순순(恂恂) : 십삼경본 ≪논어주소(論語注疏)≫에서는 "온순하고 공손한 모습이다.(溫恭之貌.)이라 하였고, 주자는 '참된 모습'이라고 하였는데 문맥상 '공손한 모습'으로 보는 것이 좋겠다.

5) 변변(便便) : 말이 명백하고 유창한 모습으로, 변(便)은 변(辯)과 통한다.

6) 명변(明辨) : 명확하게 사리를 분별하다.

7) ≪논어(論語)·팔일(八佾)≫, "공자가 태묘에 들어가서 매사를 물었다.(子入大廟, 每事問.)"

그가 종묘와 조정에 계실 때에는 분명하게 말씀하였지만 다만 삼갔을 뿐이다.

○'변변(便便)'은 '논변하다'이다. 종묘는 예법이 있는 곳이고 조정은 정사가 나오는 곳이니, 말을 명확하게 분별하지 않을 수 없다. 그러므로 반드시 상세하게 묻고 극진하게 말씀하였지만, 다만 삼가면서 함부로 하지 않았을 뿐이다.

○이 한 절은 공자가 고을과 종묘와 조정에 계실 때에 말씀과 모습이 같지 않았던 것을 기록한 것이다.

향당10 제2절

10-02-1 ◉朝에 與下大夫言에 侃侃如也하며 與上大夫言에 誾誾如也라.

●此는 君未視朝時也라. 王制에 諸侯의 上大夫는 卿이고 下大夫는 五人이라. 許氏說文에 侃侃은 剛直也요 誾誾은 和悅而諍也라.

한자 侃 강직할 간, 誾 온화할 은, 諍 간언할 쟁·바른말로 충고할 쟁

조정에서 하대부와 말씀할 때에는 강직하였고, 상대부와 말씀할 때에는 온화하면서도 바른말을 하였다.

○이것은 군주가 아직 조회를 보지 않았을 때이다. (≪예기≫) <왕제(王制)>에, "제후의 상대부는 경이고 하대부는 다섯 사람이다."라고 하였다. 허신(許愼)의 ≪설문(說文)≫에, "'간간(侃侃)'은 '강직하다'이고 '은은(誾誾)'은 '화색을 지니면서도 바른말을 하다'이다."라고 하였다.

10-02-2 ◉君在어든 踧踖如也하며 與與如也라.

●君在는 視朝也라. 踧踖은 恭敬不寧之貌요 與與는 威儀[8]中適之貌라. 張子曰與與는 不忘向君也라한대 亦通이라.

●此一節은 記孔子在朝廷에 事上接下之不同也니라.

한 자 踧 **삼갈 축**·평탄할 척, 踖 **삼갈 척**·밟을 적

군주가 계실 때에는 삼가면서 위의가 있었다.

○'군재(君在)'는 조회를 보는 것이다. '축척(踧踖)'은 공경하면서 편안하지 않은 모습이고 '여여(與與)'는 엄정한 동작이 적절한 모습이다. 장자[장재(張載)]는 "'여여(與與)'는 군주를 우러르는 마음을 잊지 않는 것이다."라고 하였는데 역시 통한다.

○이 한 절은 공자가 조정에서 윗사람을 섬기고 아랫사람을 대함이 같지 않았던 것을 기록한 것이다.

향당10 제3절

10-03-1 ◉君召使擯이어든 色勃如也하며 足躩如[9]也라.

●擯은 主國之君이 所使出接賓者라. 勃은 變色貌요 躩은 盤辟[10]貌니 皆敬君命故也라.

---

8) 위의(威儀) : 예법에 합당한 움직임을 가리킨다.
9) 확여(躩如) : 잰걸음으로 움직이는 모습이다.
10) 반벽(盤辟) : 의식(儀式)을 거행할 때 돌거나 진퇴하는 모습이다.

한자 擯 물리칠 빈·**접대할 빈**, 勃 밀칠 발·우쩍 일어날 발·**낯빛 변할 발**, 躩 빨리 걷는 모습 확, 辟 임금 벽·**기울 벽**·다리 절 벽(躄과 통용)

군주가 불러서 손님을 맞게 하면 안색이 변하였고 발걸음이 빨랐다.

○'빈(擯)'은 주인인 나라의 군주가 나가서 손님을 맞도록 한 것이다. '발(勃)'은 안색이 변하는 모습이고, '확(躩)'은 돌거나 진퇴하는 모습인데, 모두 군주의 명령을 공경하였기 때문이다.

10-03-2 ◉揖所與立에 左右手러니 衣前後가 襜如也라.

●所與立은 謂同爲擯者也라. 擯은 用命數[11]之半이라. 如上公은 九命이니 則用五人하여 以次傳命에 揖左人則左其手하고 揖右人則右其手라. 襜은 整貌라.

한자 揖 읍 읍, 襜 행주치마 첨·**옷 가지런할 첨**, 整 **가지런할 정**·완전할 정

함께 서있는 이에게 읍하면서 (방향에 따라) 손을 왼쪽으로 하고 오른쪽으로 하였는데, 옷의 앞자락과 뒷자락이 가지런하였다.

○'함께 서있는 이[所與立]'는 같이 빈(擯)이 된 자를 이른다. 빈은 명수(命數)의 반을 쓴다. 예를 들면 상공(上公)은 9명(命)이니 다섯 사람을 써서 차례로 명을 전달하는데, 왼쪽 사람에게 읍할 때에는 손을 왼쪽으로 하고 오른쪽 사람에게 읍할 때에는 손을 오른쪽으로 한다. '첨(襜)'은 가지런한 모습이다.

---

11) 명수(命數) : 작위나 관직의 등급을 가리킨다.

10-03-3 ◉趨進에 翼如也라.

◉疾趨而進에 張拱端好하여 如鳥舒翼이라.

한자 趨 달릴 추·**빨리 걸을 추**·추구할 추·향할 추·독촉할 촉, 拱 두 손 맞잡을 공

빠른 걸음으로 나아갈 때에는 새의 날개 모습이었다.

○빨리 걸어서 나아갈 때 팔을 펴고 손을 모은 것이 단정하고 아름다워 새가 날개를 편 것과 같았다.

10-03-4 ◉賓退어든 必復命[12]하여 曰賓不顧矣라.

◉紓君敬也라.
◉此一節은 記孔子爲君擯相[13]之容이라.

한자 紓 느슨할 서·**늦출 서**·없앨 서

손님이 물러가면 반드시 복명하여, "손님이 돌아보지 않았습니다."라고 하였다.

○군주의 공경심을 풀어준 것이다.
○이 한 절은 공자가 군주의 빈상(擯相)이 되었을 때의 모습을 기록한 것이다.

---

12) 복명(復命) : 명령했던 내용의 처리 결과를 보고하다.
13) 빈상(擯相) : 의식에서 손님을 맞으며 예를 돕는 사람을 가리킨다.

※ 향당10 제4절

10-04-1 ◉入公門에 鞠躬如也하여 如不容이라.

●鞠躬은 曲身也라. 公門高大로되 而若不容은 敬之至也라.

한자 鞠 가죽 공 국·**굽힐 국**·기를 국

대궐 문을 들어갈 때에는 몸을 굽혀 (문이) 수용하지 못할 듯이 하였다.

○'국궁(鞠躬)'은 '몸을 굽히다'이다. 대궐의 문이 높고 큰데도 수용하지 못할 듯이 한 것은 공경이 지극한 것이다.

10-04-2 ◉立不中門하며 行不履閾이라.

●中門은 中於門也로 謂當棖闑之間이니 君出入處也라. 閾은 門限[14]也라. 禮에 士大夫出入公門에 由闑右하고 不踐閾이라.[15]
●謝氏曰이라. 立中門則當尊하고 行履閾則不恪이라.

한자 履 신 리·**밟을 리**, 閾 문지방 역, 棖 문설주 정, 闑 문 중앙의 말뚝 얼, 恪 삼갈 각

설 때에는 문에서 가운데에 위치하지 않았고, 다닐 때에는 문지방을 밟지 않았다.

---

14) 문한(門限) : 문지방으로, 문감(門檻)이라고도 한다.
15) ≪예기(禮記)·곡례상(曲禮上)≫, "대부와 사가 대궐 문을 출입할 때에는 중앙 말뚝의 오른쪽으로 다니고 문지방을 밟지 않는다.(大夫士, 出入君門, 由闑右, 不踐閾.)"

○‘중문(中門)’은 문에서 가운데에 위치하는 것으로 문설주와 중앙의 말뚝 사이를 차지함을 이르니 군주가 출입하는 곳이다. ‘역(閾)’은 문지방이다. ≪예기≫에, “사대부가 대궐 문을 출입할 때에는 중앙 말뚝의 오른쪽으로 다니고 문지방을 밟지 않는다.”라고 하였다.

○사씨[사양좌(謝良佐)]가 말하였다. “설 때에 문에서 가운데에 위치하는 것은 높은 곳을 차지하는 것이고, 다닐 때에 문지방을 밟는 것은 삼가지 않는 것이다.”

10-04-3 ◉過位에 色勃如也하고 足躩如也하며 其言이 似不足者라.

●位는 君之虛位로 謂門屛之間한대 人君宁立之處니 所謂宁16)也라. 君雖不在나 過之必敬하니 不敢以虛位而慢之也라. 言似不足은 不敢肆也라.

한자 勃 밀칠 발·우쩍 일어날 발·**낯빛 변할 발**, 躩 빨리 걷는 모습 확, 屛 **가리개벽 병**·병풍 병·가릴 병·물러날 병, 宁 쌓을 저·**서 있을 저**, 慢 게으를 만·**소홀히 할 만**, 肆 뚜렷할 사·**방자할 사**·베풀 사

(군주의 부재시에 빈) 자리를 지나갈 때에는 안색이 변하였고 발걸음이 빨랐으며 그 말이 부족한 사람 같았다.

○‘위(位)’는 군주의 빈 자리로 문과 가리개 벽의 사이를 일컫는데, 군주가 서 있는 위치이니 이른바 ‘저(宁)’라는 곳이다. 군주가 비록 부재하더라도 그곳을 지날 때에는 반드시 공경하였으니 감히 빈자리라고 해서 소홀히 하지 않은 것이다. 말이 부족한 듯하였음은 감히 함부로 하지 않은 것이다.

10-04-4 ◉攝齊升堂에 鞠躬如也하며 屛氣하여 似不息者라.

---

16) 저(宁) : 조회 때 군주가 서는 위치이다.

●攝은 摳也요 齊는 衣下縫也라. 禮에 將升堂할새 兩手摳衣하여 使去地尺[17]하니 恐躡之而傾跌失容也라. 屛은 藏也요 息은 鼻息出入者也라. 近至尊에 氣容肅[18]也라.

한자 攝 낄 섭·**당길 섭**·겸할 섭·대신할 섭, 齊 가지런할 제·엄숙할 제·재계할 재·**옷자락 자**, 鞠 가죽 공 국·**굽힐 국**·기를 국, 屛 가리개 벽 병·병풍 병·가릴 병·숨을 병·**억제할 병**, 摳 **들어 올릴 구**·던질 구, 縫 꿰맬 봉·**솔기 봉**, 躡 밟을 섭, 跌 넘어질 질

옷자락을 들어 올리고 당에 오를 때에는 몸을 굽히고 숨을 죽여 마치 숨을 쉬지 않는 사람 같았다.

○'섭(攝)'은 '들어 올리다'이고, '자(齊)'는 옷의 아래 솔기이다. ≪예기≫에, "당에 오르려 할 때에는 두 손으로 옷을 들어 올려 땅에서 한 자 떨어지게 한다."라고 하였으니 그것을 밟고 넘어져 체신을 잃을까 염려한 것이다. '병(屛)'은 '감추다'이고, '식(息)'은 콧숨이 드나드는 것이다. 군주와 가깝기 때문에 숨 쉬는 모습이 엄숙한 것이다.

10-04-5 ◉出降一等하여는 逞顔色하여 怡怡如也하고 沒階하여는 趨進에 翼如也하며 復其位하여는 踧踖如也라.

●陸氏曰이라. 趨下에 本無進字한대 俗本有之는 誤也라.
●等은 階之級也라. 逞은 放也라. 漸遠所尊하여 舒氣解顔이라. 怡怡는 和悅

17) ≪예기(禮記)·곡례상(曲禮上)≫에서, "두 손으로 옷을 들어올려 옷자락을 한 자 쯤 떨어지게 한다.(**兩手摳衣, 去齊尺.**)"라고 하였다.

18) ≪예기·옥조(玉藻)≫, "군자의 모습은 여유로우나 높이는 분을 만나면 삼가고 신중하다. 발의 모습은 중후하고 손의 모습은 공손하며, 눈의 모습은 단정하고 입의 모습은 고요하며, 목소리는 조용하고 머리의 모습은 곧으며, 숨 쉬는 모습은 엄숙하고 서있는 모습은 덕스러우며, 안색은 중후하고 앉아 있을 때는 시동과 같이 하며, 편안하게 있을 때와 말을 할 때는 온화하다.(君子之容舒遲, 見所尊者齊遫. 足容重, 手容恭, 目容端, 口容止, 聲容靜, 頭容直, **氣容肅**, 立容德, 色容莊, 坐如尸, 燕居告溫溫.)"

也라. 沒階는 下盡階也라. 趨는 走就位也라. 復位踧踖은 敬之餘也라.
◉此一節은 記孔子在朝之容이라.

한자 逞 통할 령·방종할 령·**풀 령**·다할 령, 怡 기쁠 이, 踧 **삼갈 축**·평탄할 척, 踖 **삼갈 척**·밟을 적

나와서 층계 한 단을 내려서서는 안색을 풀어 기쁜 모습이었고, 층계를 다 내려와서는 빠른 걸음으로 나아가는데 새 날개의 모습이었으며, 자신의 자리에 돌아와서는 삼가는 모습이었다.

○육씨[육원랑(陸元朗)19)]가 말하였다. "'추(趨)' 아래에 본래 '진(進)'자가 없었는데 속본에 있는 것은 잘못이다."
○'등(等)'은 층계의 단이다. '영(逞)'은 '풀다'이다. 높이는 분에게서 점점 멀어져 기운을 펴고 안색을 푸는 것이다. '이이(怡怡)'는 '기뻐하다'이다. '몰계(沒階)'는 층계를 다 내려온 것이다. '추(趨)'는 빨리 걸어서 자리로 가는 것이다. '자리에 돌아와 삼감'은 공경이 남아 있는 것이다.
○이 한 절은 공자가 조정에 있을 때의 모습을 기록한 것이다.

향당10 제5절

10-05-1 ◉執圭에 鞠躬如也하여 如不勝하며 上如揖하고 下如授하며 勃如戰色하며 足蹜蹜如有循이라.

◉圭는 諸侯命圭20)이니 聘問隣國이면 則使大夫執以通信21)이라. 如不勝은

19) 육원랑(陸元朗) : 당(唐) 소주(蘇州) 출신으로 자가 덕명(德明)이다. 국자박사(國子博士)를 지냈으며 ≪경전석문(經典釋文)≫을 저술하였다.
20) 명규(命圭) : 제후가 즉위할 때 작위에 따라 천자로부터 받는 옥규(玉圭)로 홀(笏)이라고도 한다.
21) ≪예기(禮記)·교특생(郊特生)≫, "대부가 홀을 가지고 사자로 가는 것은 신의를 펴는 것

執主器에 執輕如不克[22]이니 敬謹之至也라. 上如揖과 下如授는 謂執圭平衡하여 手與心齊니 高不過揖하고 卑不過授也라. 戰色은 戰而色懼也라. 蹜蹜은 擧足促狹也라. 如有循은 記所謂擧前曳踵[23]이니 言行不離地하여 如緣物也라.

한자 蹜 **종종걸음 칠 축**·오그라들 축, 踵 발꿈치 종, 緣 가선 연·가장자리 연·**따를 연**

홀을 잡을 때는 몸을 굽혀 (그것을) 이기지 못할 듯이 하였고, 위로는 읍하는 것과 같이 하고 아래로는 물건을 주는 것과 같이 하였으며, 안색이 변하여 떠는 모습이었고 발은 잰걸음으로 끌듯이 하였다.

○홀은 제후의 명규(命圭)이니 이웃나라를 방문하게 되면 대부로 하여금 잡고서 신의를 전하도록 하였다. '이기지 못할 듯이 함'은 군주의 기물을 잡을 때에는 가벼운 것을 잡더라도 (무거워) 이기지 못할 듯이 한 것이니 공경과 삼감의 지극함이다. '위로는 읍하는 것과 같이 함'과 '아래로는 물건을 주는 것과 같이 함'은 홀을 잡은 것이 평형을 이루어 손이 가슴과 나란함이니, 높게는 읍하는 정도를 지나지 않고 낮게는 물건을 줄 때의 정도를 지나지 않았다. '전색(戰色)'은 '떨면서 안색이 두려워하다'이다. '축축(蹜蹜)'은 '발을 드는 것이 짧고 좁다'이다. '여유순(如有循)'은 ≪예기≫에 이른바, "앞을 들고 발꿈치를 끈다."는 것이니 걷는 것이 지면에서 떨어지지 않아 마치 물건을 따르는 것과 같다는 말이다.

10-05-2 ◉享禮[24]에 有容色하며,

이다.(大夫執圭而使, 所以申信也.)"

22) ≪예기(禮記)·곡례하(曲禮下)≫, "무릇 군주의 기물을 들 때에는 가벼운 것을 들더라도 (무거워) 이기지 못할 듯이 한다.(凡執主器, 執輕如不克.)"

23) ≪예기·옥조(玉藻)≫, "거북이나 옥을 잡을 때에는 앞을 들고 발꿈치를 끌며 잰걸음으로 걷는다.(執龜玉, 擧前曳踵, 蹜蹜如也.)"

24) 향례(享禮) : 사신이 빙례(聘禮 : 제후 사이에 행해지는 방문의 예)를 마치고 예물을 바

●享은 獻也라 旣聘而享에 用圭璧[25]하고 有庭實[26]이라. 有容色은 和也니 儀禮에 曰發氣滿容[27]이라.

한자 璧 벽옥 벽

향례에서는 온화한 안색이 있었고,

○'향(享)'은 '바치다'이다. 빙례가 끝나고 향례를 할 때 규벽을 쓰고 뜰에 진열하는 예물이 있다. '유용색(有容色)'은 '온화하다'이니 ≪의례≫에, "숨을 내쉼에 온화함이 가득하다."라고 하였다.

10-05-3 ◉私覿에 愉愉如也라.

●私覿은 以私禮見也라. 愉愉則又和矣라.

●此一節은 記孔子爲君聘於隣國之禮也라.

●鼂氏曰이라. 孔子는 定公九年에 仕魯하고 至十三年하여 適齊한대 其間에 絶無朝聘往來之事라. 疑使擯執圭兩條는 但孔子嘗言其禮當如此爾라.

한자 覿 볼 적·살필 적, 愉 즐거울 유, 聘 찾아갈 빙·부를 빙

사사로이 뵐 때에는 기쁜 모습이었다.

○'사적(私覿)'은 사사로운 예로 뵙는 것이다. '유유(愉愉)'는 더욱 온화한

치는 의식이다.

25) 규벽(圭璧) : 천자나 제후가 제사나 조빙(朝聘)할 때에 쓰던 옥으로 만든 예기(禮器)이다.

26) 정실(庭實) : 다른 나라를 방문할 때에 가지고 가서 조정의 뜰에 진열하는 예물(禮物), 또는 그런 의식을 가리킨다.

27) ≪의례(儀禮)·빙례(聘禮)≫에서, "향례(享禮)를 하게 되면 숨을 내쉼에 온화함이 가득하다.(及享, 發氣焉, 盈容.)"라고 하였다.

것이다.

○이 한 절은 공자가 군주를 위하여 이웃 나라를 방문한 예를 기록한 것이다.

○조씨[조열지(鼂說之)28)]가 말하였다. "공자는 정공 9년에 노나라에 벼슬하였고 13년에 이르러 제나라에 갔는데, 그 사이에 전혀 조회나 방문으로 왕래한 일이 없다. 아마도 손님을 접대하도록 하고 홀을 잡는 두 조항은 다만 공자가 일찍이 그 예가 이와 같아야 함을 말씀한 것일 뿐인 듯하다."

향당10 제6절

10-06-1 ◉君子는 不以紺緅로 飾하며,

●君子는 謂孔子라. 紺은 深靑揚赤色하니 齊服也요 緅는 絳色이니 三年之喪에 以飾練服也라. 飾은 領緣也라.

한자 紺 감색 감, 緅 청적색 추, 絳 진홍 강, 練 **누일 련**·익힐 련, 領 옷깃 령, 緣 **가선 연**·가장자리 연·따를 연

군자는 감색과 진홍색으로 가선을 두르지 않았으며,

○군자는 공자를 이른다. '감(紺)'은 짙은 푸른색에 붉은 빛깔이 드러나는 것으로 재계할 때의 옷이고, '추(緅)'는 진홍색으로 3년상에서 누인 명주옷에 가선을 두른다. '식(飾)'은 옷깃의 가선이다.

---

28) 조열지(鼂說之) : 송(宋) 청풍(淸豊) 출신으로 자가 이도(以道)이다. 휘유각대제(徽猷閣待制)를 지냈고 <역전(易傳)>에 정통하였다. ≪유언(儒言)≫, ≪조씨객어(鼂氏客語)≫ 등을 저술하였다. 조(鼂)는 조(晁)로도 쓴다.

10-06-2 ◉紅紫로 不以爲褻服이라.

●紅紫는 間色이니 不正하고 且近於婦人女子之服也라. 褻服은 私居服也라. 言此則不以爲朝祭之服을 可知라.

한자 紫 자줏빛 자, 褻 속옷 설·**평상복 설**·친근할 설·더러울 설

홍색과 자주색으로 평상복을 만들지 않았다.

○홍색과 자주색은 간색이라 바르지 않고 또 부인과 여자의 옷에 가깝다. '설복(褻服)'은 사사로이 지낼 때의 옷이다. 이 말을 했으니 그것으로 조회복과 제사옷을 만들지 않았음을 알 수 있다.

10-06-3 ◉當暑하여 袗絺綌을 必表而出之라.

●袗은 單也라. 葛之精者曰絺요 麤者曰綌이라. 表而出之는 謂先著裏衣하고 表絺綌而出之於外니 欲其不見體也라. 詩所謂蒙彼縐絺[29]가 是也라.

한자 袗 홑옷 진, 絺 가는 갈포 치, 綌 굵은 갈포 격, 葛 칡 갈, 麤 거칠 추, 縐 **고운 갈포 추**·주름질 추

더운 때가 되면 홑으로 된 가는 갈포 옷이나 굵은 갈포 옷을 반드시 겉으로 하여 내입었다.

○'진(袗)'은 홑이다. 갈포 중에 가는 것을 '치(絺)'라 하고, 거친 것을 '격(綌)'이라고 한다. '표이출지(表而出之)'는 먼저 속옷을 입고 갈포 옷을 겉

29) ≪시경(詩經)·국풍(國風)·군자해로(君子偕老)≫, "저 고운 갈포 옷을 걸치니 이리저리 매었도다.(蒙彼縐絺, 是紲袢也.)"

으로 하여 밖에 내입는 것을 이르니, 몸을 드러내지 않기를 바란 것이다. ≪시경≫에 이른바, "저 고운 갈포 옷을 걸친다."라고 한 것이 그것이다.

10-06-4 ◉緇衣엔 羔裘요 素衣엔 麑裘요 黃衣엔 狐裘라.

●緇는 黑色이라. 羔裘는 用黑羊皮라. 麑는 鹿子로 色白이요 狐는 色黃이라. 衣以裼裘[30]하니 欲其相稱이라.[31]

한자 緇 검을 치, 羔 새끼 양 고, **麑 새끼 사슴 예**·사자 예, 裼 웃통 벗을 석

검은 옷에는 검은 새끼 양 갖옷이고, 흰 옷에는 새끼 사슴 갖옷이며, 누른 옷에는 여우 갖옷이었다.

○'치(緇)'는 검은색이다. '고구(羔裘)'는 검은 양 가죽을 사용한다. '예(麑)'는 사슴 새끼로 색깔이 희고 여우는 색깔이 누렇다. 옷을 입어 갖옷을 드러내는데 그것들이 서로 어울리기를 바란 것이다.

10-06-5 ◉褻裘는 長하되 短右袂라.

●長은 欲其溫이요 短右袂는 所以便作事라.

한자 褻 속옷 설·**평상복 설**·친근할 설·더러울 설, 袂 소매 몌

---

30) 석구(裼裘) : 석의(裼衣 : 의식에서 갖옷 위에 덧입는 옷)를 입고 앞을 열어 갖옷을 드러나게 하는 것이다.

31) ≪예기(禮記)·옥조(玉藻)≫, "군자는 여우의 푸른색 갖옷에 표범가죽으로 소매를 달고 검은 생사로 지은 옷을 석의로 하며, 새끼 사슴의 갖옷에 푸른 들개가죽으로 소매를 달고 창황색의 옷을 석의로 한다. 새끼 양의 갖옷에 표범가죽의 가선을 달고 검은 옷을 석의로 하며, 여우가죽의 갖옷에 누런 옷을 석의로 한다.(君子狐青裘豹褎, 玄綃衣以裼之, 麛裘青豻褎, 絞衣以裼之. 羔裘豹飾, 緇衣以裼之. 狐裘, 黃衣以裼之.)"

평상시의 갖옷은 길게 하였지만 오른쪽 소매를 짧게 하였다.

○길게 한 것은 그것이 따뜻하기를 바란 것이고, 오른쪽 소매를 짧게 한 것은 일하는 데에 편하게 한 것이다.

10-06-6 ◉必有寢衣하니 長이 一身有半이라.

●齊主於敬하니 不可解衣而寢이요 又不可著明衣[32]而寢故로 別有寢衣라. 其半은 蓋以覆足이라.

●程子曰이라. 此는 錯簡이니 當在齊必有明衣布之下라.

●愚謂컨대 如此면 則此條與明衣·變食으로 旣得以類相從하고 而褻裘·狐貉도 亦得以類相從矣라.

한자 覆 쏟을 복·뒤집을 복·넘어질 복·덮을 부

반드시 잠옷이 있었는데 길이가 한 길 반이었다.

○재계는 경건함을 위주로 하니 옷을 벗고서 잘 수 없고, 또 명의(明衣)를 입고 잘 수도 없기 때문에 별도로 잠옷이 있었다. 그 반은 발을 덮는 것이었다.

○정자가 말하였다. "이것은 착간이니 마땅히 (뒤에 나오는 제7절의) '제필유명의포(齊必有明衣布)' 다음에 있어야 한다."

○내가 생각하건대, 이와 같이 하면 이 조항이 '명의(明衣)', '변식(變食)'과 더불어 종류별로 서로 이어질 수 있고, '설구(褻裘)', '호학(狐貉)'도 종류별로 서로 이어질 수 있게 된다.

10-06-7 ◉狐貉之厚로 以居라.

---

32) 명의(明衣) : 재계하는 동안, 목욕 후에 입는 정결한 내의이다.

●狐貉은 毛深溫厚하니 私居에 取其適體라.

여우와 담비의 두터운 갖옷으로 지냈다.

○여우와 담비는 털이 무성하여 따뜻하고 두터우니, 사사로이 지낼 때 그 것이 몸에 적합한 것을 취했다.

10-06-8 ◉去喪하여는 無所不佩라.

●君子無故면 玉不去身[33]하고 觽礪之屬도 亦皆佩也라.

한자 佩 찰 패·**지닐 패**, 觽 뿔송곳 휴, 礪 **숫돌 려**·갈 려

상을 마치고는 패용하지 않는 것이 없었다.

○군자는 특별한 일이 없으면 옥을 몸에서 제거하지 않고 송곳이나 숫돌 등도 역시 모두 패용하였다.

10-06-9 ◉非帷裳[34]이어든 必殺之라.

●朝祭之服은 裳用正幅如帷하니 要有襞積而旁無殺縫이라. 其餘若深衣[35]는 要半下[36]하고 齊倍要[37]하니 則無襞積而有殺縫矣라.

---

33) ≪예기(禮記)·옥조(玉藻)≫, "군자는 특별한 일이 없으면 옥을 몸에서 제거하지 않는다. 군자는 옥으로 덕을 상징하기 때문이다.(**君子無故, 玉不去身**. 君子於玉比德焉.)"

34) 유상(帷裳) : 온 폭으로 만들어 조회나 제사에 입는 하의이다.

35) 심의(深衣) : 위와 아래가 이어진 옷으로 제후나 대부의 평상복이다.

36) ≪예기·심의(深衣)≫, "옛날에 심의에는 정해진 제도가 있었다. … 깃을 이어서 가장자리에 꿰매고 허리를 꿰맨 것은 아래의 반으로 하였다.(古者深衣, 蓋有制度. … 續衽鉤邊, **要縫半下**.)"

37) ≪예기·옥조≫, "아침에는 현단복을 입고 저녁에는 심의를 입는다. 심의는 소매의 3배이고 꿰맨 아랫단은 허리의 배이다.(朝玄端, 夕深衣. 深衣三袪, **縫齊倍要**.)"

한자 帷 휘장 유, 殺 죽일 살·죽을 살·**줄일 쇄**·등급 쇄, 幅 폭 폭, 襞 옷 갤 벽·접을 벽·**주름 벽**

유상(帷裳)이 아니면 반드시 폭을 줄였다.

○조회복과 제사 옷은 하의에서 휘장처럼 통폭을 사용하니, 허리에 주름을 두고 옆으로 줄인 솔기가 없다. 그밖에 심의(深衣) 같은 것은 허리는 아래의 반으로 하고 아랫단은 허리의 배가 되게 하니, 주름이 없고 줄인 솔기가 있다.

10-06-10 ◉羔裘玄冠으로 不以弔라.

●喪主素하고 吉主玄이라. 弔必變服은 所以哀死라.

한자 羔 새끼 양 고

검은 새끼 양 갖옷과 검은 관으로 조문하지 않았다.

○상례는 흰 것을 위주로 하고, 길례는 검은 것을 위주로 한다. 조문할 때에 반드시 옷을 바꿔 입는 것은 죽음을 애도한 것이다.

10-06-11 ◉吉月에 必朝服而朝라.

●吉月은 月朔也라. 孔子在魯하여 致仕時에 如此니라.
●此一節은 記孔子衣服之制니라.
●蘇氏曰이라. 此는 孔氏遺書로 雜記曲禮니 非特孔子事也라.

초하루에 반드시 조회복을 입고 조회하였다.

○'길월(吉月)'은 매달 초하루이다. 공자가 노나라에 있으면서 벼슬을 그만두었을 때 이와 같이 하였다.
○이 한 절은 공자의 의복에 관한 격식을 기록한 것이다.
○소씨[소식(蘇軾)]가 말하였다. "이것은 공씨 집안에 전해진 글로서 세부적인 예절을 잡다하게 기록한 것이니 단지 공자의 일만은 아니다."

※ 향당10 제7절

10-07-1 ◉齊必有明衣[38]러니 布라.

●齊必沐浴하고 浴竟이면 卽著明衣하니 所以明潔其體也로 以布爲之라. 此下에 脫前章寢衣一簡이라.

재계할 때에는 반드시 명의가 있었는데 베로 만들었다.

○재계하는 동안에는 반드시 목욕을 하였고 목욕이 끝나면 명의를 입었으니, 자신의 몸을 청결하게 하는 것인데 베로 만들었다. 이 아래에 앞 장의 '침의(寢衣)' 죽간 하나가 빠졌다.

10-07-2 ◉齊必變食하며 居必遷坐라.

●變食은 謂不飮酒하고 不茹葷[39]이라. 遷坐는 易常處也라.
●此一節은 記孔子謹齊之事라.
●楊氏曰이라. 齊는 所以交神故로 致潔變常하여 以盡敬이라.

---

38) 주 32) 참조.
39) 훈(葷) : 파, 마늘, 부추 등 매운맛이 나는 채소이다.

한자 葷 매운 채소 훈

재계할 때에는 반드시 음식을 바꾸었고 거처는 반드시 자리를 옮겼다.

○'변식(變食)'은 술을 마시지 않고 훈채를 먹지 않은 것을 이른다. '천좌(遷坐)'는 평소 머물던 곳을 바꾼 것이다.

○이 한 절은 공자가 재계를 조심한 일을 기록한 것이다.

○양씨[양시(楊時)]가 말하였다. "재계는 신과 교류하는 것이기 때문에 깨끗함을 극진히 하고 평소의 것을 바꾸어 공경을 다했다."

향당10 제8절

10-08-1 ◉食不厭精하며 膾不厭細라.

●食는 飯也요 精은 鑿也라. 牛羊與魚之腥을 聶而切之爲膾라. 食精則能養人하고 膾麤則能害人이라. 不厭은 言以是爲善이요 非謂必欲如是也라.

한자 膾 회 회, 鑿 끌 착·뚫을 착·**정미할 착**, 腥 **날고기 성**·비린내 성, 聶 소곤거릴 섭·쥘 섭(攝과 통용)·**고기 저밀 접**

밥은 정미(精米)한 것을 싫어하지 않았고, 회는 가는 것을 싫어하지 않았다.

○'사(食)'는 밥이고 '정(精)'은 '정미하다'이다. 소와 양, 물고기의 날것을 저며서 자른 것이 회이다. 밥이 정미되면 사람을 보양할 수 있고 회가 굵으면 사람을 해칠 수 있다. 싫어하지 않은 것은 그것을 좋게 여겼다는 말이지 반드시 이와 같으려고 했음을 이른 것이 아니다.

10-08-2 ◉食饐而餲와 魚餒而肉敗를 不食하며 色惡不食하며 臭惡不食하며 失飪不食하며 不時不食이라.

●饐는 飯傷熱濕也요 餲는 味變也라. 魚爛曰餒요 肉腐曰敗라. 色惡臭惡은 未敗而色臭變也라. 飪은 烹調生熟之節也라. 不時는 五穀不成과 果實未熟之類라. 此數者는 皆足以傷人故로 不食이라.

한자 饐 쉴 의, 餲 쉴 애·**변질될 애**, 餒 주릴 뇌·**썩어 문드러질 뇌**, 飪 익힐 임, 爛 문드러질 란, 烹 삶을 팽

밥이 쉬어서 변한 것과, 생선이 문드러지고 고기가 부패한 것을 먹지 않았으며, 빛깔이 나쁜 것을 먹지 않았고 냄새가 나쁜 것을 먹지 않았으며, 익히기를 잘못한 것을 먹지 않았고 제때가 아닌 것을 먹지 않았다.

○'의(饐)'는 밥이 열기나 습기에 상한 것이고 '애(餲)'는 맛이 변한 것이다. 생선이 문드러진 것을 '뇌(餒)'라 하고 고기가 부패한 것을 '패(敗)'라 한다. 빛깔이 나쁘고 냄새가 나쁜 것은 아직 부패하지는 않았으나 빛깔과 냄새가 변한 것이다. '임(飪)'은 조리에서 익힌 정도이다. '불시(不時)'는 오곡이 여물지 않은 것과 과일이 익지 않은 것 등이다. 이 몇 가지는 모두 사람을 손상시킬 수 있기 때문에 먹지 않았다.

10-08-3 ◉割不正이어든 不食하며 不得其醬이어든 不食이라.

●割肉이 不方正者면 不食은 造次不離於正也라. 漢陸續[40]之母는 切肉에 未嘗不方하고 斷葱에 以寸爲度[41]하니 蓋其質美가 與此暗合也라. 食肉用醬은 各有所宜[42]하니 不得則不食은 惡其不備也라. 此二者는 無害於人이나

40) 육속(陸續) : 후한(後漢) 회계(會稽) 출신으로 자가 지초(智初)이다. 호조사(戶曹史), 문하연(門下掾) 등을 역임하였다.

41) ≪후한서(後漢書)·육속전(陸續傳)≫

42) ≪예기(禮記)·내칙(內則)≫, "생선회에는 겨자장이고, 고라니 생고기에는 육장(肉醬)이

但不以嗜味而苟食耳라.

자른 것이 바르지 않으면 먹지 않았고, 알맞은 장을 얻지 못하면 먹지 않았다.

○고기를 자른 것이 반듯하지 않으면 먹지 않은 것은 잠시도 바름에서 벗어나지 않은 것이다. 한나라 육속의 어머니는 고기를 자를 때 반듯하지 않은 적이 없었고 파를 썰 때 한 치를 기준으로 삼았으니, 그 바탕이 아름다웠음이 이것과 은연중 합치한다. 고기를 먹을 때 장을 쓰는 것은 각각 마땅한 것이 있으니 [알맞은 장을] 얻지 못하면 먹지 않은 것은 그것이 갖추어지지 않은 것을 싫어한 것이다. 이 두 가지는 사람에게 해는 없으나 다만 맛을 즐기는 것 때문에 구차하게 먹지 않았을 뿐이다.

10-08-4 ◉肉雖多나 不使勝食氣하며 唯酒無量하되 不及亂이라.

●食은 以穀爲主故로 不使肉勝食氣라. 酒는 以爲人合懽[43]故로 不爲量이요 但以醉爲節而不及亂耳라.

●程子曰이라. 不及亂者는 非唯不使亂志요 雖血氣라도 亦不可使亂이라. 但浹洽而已가 可也라.

한자 懽 기뻐할 환, 浹 **두루 미칠 협**·젖을 협, 洽 젖을 흡·**두루 미칠 흡**

고기가 비록 많더라도 밥 기운을 이기게 하지 않았으며, 술은 정량이 없었지만 어지러움에 이르지 않았다.

며, 말린 복숭아나 말린 매실에는 굵은 소금이다.(魚膾芥醬, 麋腥醢醬, 桃諸梅諸卵鹽.)"

43) ≪예기(禮記)·악기(樂記)≫, "술과 음식이라는 것은 즐거움을 함께 하는 것이다.(**酒食者, 所以合歡也.**)"

○먹는 것은 곡식을 위주로 하기 때문에 고기가 밥 기운을 이기게 하지 않았다. 술은 사람들에게 즐거움을 함께하도록 하기 때문에 양을 정하지 않았고, 다만 취하는 것으로 한도를 삼아 어지러움에 이르지 않았을 뿐이다.

○정자가 말하였다. "어지러움에 이르지 않았다는 것은 의지를 어지럽게 하지 않은 것뿐만 아니라, 비록 혈기라도 역시 어지럽게 할 수 없었음이다. 다만 흡족한 데에서 그치는 것이 좋다."

10-08-5 ◉沽酒市脯를 不食하며,

●沽·市는 皆買也니 恐不精潔하여 或傷人也라. 與不嘗康子之藥[44]으로 同意라.

한자 沽 물 이름 고·**살 고**·팔 고, 脯 포(건육) 포, 嘗 맛볼 상·**먹을 상**·일찍이 상

사 온 술과 사 온 포를 먹지 않았으며,

○'고(沽)'와 '시(市)'는 모두 '사다'이니 정결하지 못하여 혹시 사람을 해칠까를 염려한 것이다. 계강자의 약을 먹지 않은 것과 같은 뜻이다.

10-08-6 ◉不撤薑食[45]이나,

●薑은 通神明[46]하고 去穢惡故로 不撤이라.

---

44) ≪논어(論語)·향당(鄕黨)≫, "계강자가 약을 보내자 절하고 받으면서 말씀하였다. '나는 (이 약에 대해) 알지 못하여 감히 맛보지 못하겠다.'(康子饋藥, 拜而受之曰. 丘未達, 不敢嘗.)"

45) 십삼경본 ≪논어주소(論語注疏)≫, "생강은 매우면서도 냄새가 나지 않기 때문에 그만두지 않았다.(薑辛而不臭, 故不去.)"

46) 통신명(通神明) : 주자의 <어린 생강[자강(子薑)]>이라는 시에서, "생강이 심기를 손상시킨다고 하는데 이 비방을 누구에게 풀어 줄 것인가. 따져 보자면 더러운 냄새를 제거하는 기능에다가 정신은 아침이 밝음[이치를 깨달음]을 보게 된다네.(薑云能損心, 此謗

한자 撤 거둘 철·**그만둘 철**, 薑 생강 강, 穢 거칠 예·잡초 예·**더러울 예**

생강 먹는 것을 그만두지 않았지만,

○생강은 정신을 맑게 하고 더럽고 나쁜 냄새를 제거하기 때문에 그만두지 않았다.

10-08-7 ◉不多食이라.

●適可而止하여 無貪心也라.

많이 먹지는 않았다.

○적당하면 그만두어 탐하는 마음이 없었다.

10-08-8 ◉祭於公에 不宿肉하며 祭肉은 不出三日하더니 出三日이면 不食之矣라.

●助祭於公에 所得胙肉을 歸卽頒賜하고 不俟經宿者는 不留神惠也라. 家之祭肉은 則不過三日하고 皆以分賜라. 蓋過三日이면 則肉必敗而人不食之니 是는 褻鬼神之餘也라. 但比君所賜胙에 可少緩耳라.

한자 胙 제사 고기 조, 頒 나눌 반, 俟 기다릴 사, 褻 속옷 설·평상복 설·친근할 설·**더러울 설**, 緩 헐거울 완·느릴 완·**늦출 완**

誰與雪. 請論去穢功, 神明看朝徹)[≪회암집(晦庵集)≫ 권3]"라 하였고 직접 주를 달아, "≪본초경(本草經)≫에 이르기를, 생강은 오래 먹으면 나쁜 냄새를 제거하고 정신을 맑게 한다고 하였다. 어떤 사람이, '심기를 해쳐 많이 먹으면 안 된다.'고 한 것은 잘못이다.(本草云, 薑久食, 去臭氣, **通神明**. 或云, 傷心氣, 不可多食者, 非是.)"라고 하였다.

공실(公室)에서 제사 지내고 받은 고기를 밤을 넘기지 않았으며, 집의 제사고기는 3일을 넘기지 않았으니 3일을 넘기면 먹지 않았다.

○공실에서 제사를 돕고 얻은 제사고기를 돌아오는 즉시 나눠 주고 밤이 지나기를 기다리지 않은 것은 신의 은혜를 지체하지 않은 것이다. 집의 제사고기는 3일을 넘기지 않고 모두 나눠 주었다. 3일을 넘기면 고기가 반드시 부패해서 사람이 먹지 못하니 이는 귀신이 남긴 것을 더럽히는 것이다. 다만 군주가 하사한 제사고기에 비해 약간 늦출 수 있을 뿐이다.

10-08-9 ◉食不語하며 寢不言이라.

●答述曰語요 自言曰言이라.
●范氏曰이라. 聖人은 存心不他하여 當食而食하고 當寢而寢하니 言語가 非其時也니라.
●楊氏曰이라. 肺爲氣主而聲出焉이라. 寢食則氣窒而不通이니 語言하면 恐傷之也라한대 亦通이라.

한자 肺 허파 폐, 窒 막을 질

식사하면서 말을 주고받지 않았고 잠자리에 들어 혼잣말을 하지 않았다.

○대답하고 설명하는 것을 '어(語)'라 하고 혼자 말하는 것을 '언(言)'이라고 한다.
○범씨[범조우(范祖禹)]가 말하였다. "공자는 마음을 보존하여 다른 데로 가지 않아 식사할 때가 되면 식사하였고 잘 때가 되면 잤으니, 말하는 것이 제때가 아니었기 때문이다."
○양씨[양시(楊時)]가 말하기를, "폐는 숨을 주관하는 것이고 소리가 거기에서 나온다. 잠자리에 들거나 식사할 때에는 숨이 막혀 통하지 않으니

말을 하면 그것을 손상시킬까 염려한 것이다."라고 하였는데 역시 통한다.

10-08-10 ◉雖疏食菜羹이라도 瓜祭하되 必齊如也라.

●陸氏曰이라. 魯論에 瓜作必이라.
●古人飮食에 每種을 各出少許하여 置之豆間之地하여 以祭先代始爲飮食之人하니 不忘本也라. 齊는 嚴敬貌라. 孔子는 雖薄物必祭하시고 其祭必敬하니 聖人之誠也라.
●此一節은 記孔子飮食之節이라.
●謝氏曰이라. 聖人이 飮食如此는 非極口腹之欲이라. 蓋養氣體하여 不以傷生은 當如此라. 然聖人之所不食을 窮口腹者는 或反食之하니 欲心勝而不暇擇也라.

한자 羹 국 갱, 許 허락할 허·칭찬할 허·**가량(쯤) 허**

비록 거친 밥과 채소 국이라도 꼭 고수레를 하였는데 반드시 엄숙하였다.

○육씨[육원랑(陸元朗)47)]가 말하였다. "≪노논어(魯論語)≫에 '과(瓜)'는 '필(必)'로 되어 있다."
○옛날 사람들은 먹고 마실 때에 모든 종류를 각기 조금씩 덜어 내어 그릇 사이의 공간에 둠으로써 예전에 처음으로 음식을 만든 사람에게 고수레를 지냈으니 근본을 잊지 않은 것이다. '재(齊)'는 엄숙하고 경건한 모습이다. 공자는 비록 하찮은 것이라도 반드시 고수레를 하였고 그 고수레는 반드시 경건하였으니 성인의 참됨이었다.

---

47) 육원랑(陸元朗) : 당(唐) 소주(蘇州) 출신으로 자가 덕명(德明)이다. 국자박사(國子博士)를 지냈으며 ≪경전석문(經典釋文)≫을 저술하였다.

○이 한 절은 공자의 음식에 대한 절도를 기록한 것이다.

○사씨[사양좌(謝良佐)]가 말하였다. "공자가 먹고 마시기를 이와 같이 한 것은 입과 배의 욕구를 극도로 한 것이 아니다. 정기와 신체를 가꾸어 생명을 손상시키지 않는 것은 마땅히 이와 같이 해야 한다. 그러나 공자가 먹지 않았던 것을 입과 배의 욕구를 다하는 자들은 혹간 도리어 먹기도 하니 욕심이 지나쳐 가릴 겨를이 없는 것이다."

향당10 제9절

10-09 ◉席不正이어든 不坐라.

●謝氏曰이라. 聖人은 心安於正이라. 故로 於位之不正者에 雖小나 不處라.

자리가 반듯하지 않으면 앉지 않았다.

○사씨[사양좌(謝良佐)]가 말하였다. "공자는 마음이 바른 것에 편안하였다. 그러므로 위치가 반듯하지 않은 것에는 비록 작은 것이지만 머물지 않았다."

향당10 제10절

10-10-1 ◉鄕人이 飮酒에 杖者가 出이어든 斯出矣라.

●杖者는 老人也니 六十에 杖於鄕48)이라. 未出에 不敢先이요 既出에 不敢

48) ≪예기(禮記)·왕제(王制)≫, "50세가 되면 집안에서 지팡이를 짚고 60세가 되면 고을에서 지팡이를 짚으며, 70세가 되면 도성에서 지팡이를 짚고 80세가 되면 조정에서 지팡이를 짚는다. 90세가 된 사람은 천자가 그에게 묻고 싶은 것이 있으면 그의 집에 가는

後라.

고을 사람들이 술을 마실 때에 노인이 나가면 나갔다.

○'장자(杖者)'는 노인이니 60세에 고을에서 지팡이를 짚는다. (노인이) 아직 나가기 전에 감히 먼저 나가지 않았고, 이미 나간 뒤에 감히 뒤처지지 않았다.

10-10-2 ◉鄕人儺[49]에 朝服而立於阼階라.

●儺는 所以逐疫이니 周禮에 方相氏掌之[50]라. 阼階는 東階也라. 儺雖古禮而近於戲어늘 亦朝服而臨之者는 無所不用其誠敬也라.
●或曰이라. 恐其驚先祖五祀之神하여 欲其依己而安也라.
●此一節은 記孔子居鄕之事니라.

한자 儺 나례(역귀 쫓는 의식) 나, 阼 동쪽 계단 조, 疫 염병 역·**역귀(疫鬼) 역**, 戲 놀 희·**놀이 희**

고을 사람들이 나례를 행할 때에는 조회복을 입고 동쪽 계단에 섰다.

○'나(儺)'는 역귀를 쫓는 것으로 ≪주례≫에서 방상씨가 관장하였다. '조계(阼階)'는 동쪽 계단이다. 나례는 비록 옛 의식으로서 놀이에 가까운데도

데 진미를 가지고 간다.(五十杖於家, **六十杖於鄕**, 七十杖於國, 八十杖於朝. 九十者, 天子欲有問焉, 則就其室, 以珍從.)"

49) 나(儺) : 민가와 궁중에서 역귀(疫鬼)와 사신(邪神)을 쫓아내기 위해 행했던 의식이다. 세모에 행하는 나례가 규모면에서 크고 민관이 모두 참여하였으므로 특별히 '대나(大儺)'라고 하였다.

50) ≪주례(周禮)·하관(夏官)·방상씨(方相氏)≫, "방상씨는 곰가죽을 뒤집어쓰고 황금으로 4개의 눈을 만들며, 검은 상의에 붉은 하의를 입고 창을 잡고 방패를 든 채 모든 노예를 인솔하고, 때에 따라 나례를 행하는 것을 맡으니, 집안을 수색하여 역귀를 몰아낸다.(**方相氏掌**蒙熊皮, 黃金四目, 玄衣朱裳, 執戈揚盾, **帥百隷而時難**, 以索室敺疫.)"

또한 조회복을 입고 참석한 것은 그 성의와 공경을 적용하지 않은 곳이 없었음이다.

○어떤 사람이 말하였다. "그것[나례]이 선조와 오사(五祀)[51]의 신을 놀라게 할까 염려하여 그 신들이 자신에게 의지하여 편안하기를 바란 것이다."

○이 한 절은 공자가 고을에서 지낼 때의 일을 기록한 것이다.

향당10 제11절

10-11-1 ◉問人於他邦에 再拜而送之라.

●拜送使者[52]는 如親見之니 敬也라.

다른 나라로 사람을 문안할 때 그(심부름꾼)를 두 번 절하고 보냈다.

○심부름꾼을 절하고 보낸 것은 그(다른 나라에 있는 사람)를 친히 만나는 것처럼 함이니 공경이다.

10-11-2 ◉康子가 饋藥이어늘 拜而受之曰이라. 丘未達이라 不敢嘗이라.

●范氏曰이라. 凡賜食이면 必嘗以拜나 藥未達이면 則不敢嘗이요 受而不食이면 則虛人之賜라. 故告之如此하니 然則可飮而飮하고 不可飮而不飮이 皆在其中矣라.

---

51) 오사(五祀) : 대부가 지내는 제사의 종류로 ≪예기(禮記)·월령(月令)≫에 보인다. 1월에는 방문[호(戶)], 4월에는 부엌[조(竈)], 6월에는 방 천장의 창문[중류(中霤)], 7월에는 대문[문(門)], 10월에는 길[행(行)]의 신에게 지낸다.

52) 세주에서 주자는, "심부름꾼을 보내어 다른 나라로 사람을 문안하게 되면 주인은 등 뒤에서 절을 하고 그를 보냈다.(遣使, 問人於他邦, 則主人從背後拜, 而送之.)"라고 설명하였다.

●楊氏曰이라. 大夫有賜에 拜而受之는 禮也[53]요 未達不敢嘗은 謹疾也요 必告之는 直也라.
●此一節은 記孔子與人交之誠意라.

한자 餽 음식을 올릴 궤·**보낼 궤**

계강자가 약을 보내자 절하고 받으면서 말씀하였다. “나는 (이 약에 대해) 알지 못하여 감히 맛보지 못하겠다.”

○범씨[범조우(范祖禹)]가 말하였다. “먹을 것을 내려주면 반드시 맛보고 절하지만, 약은 알지 못하면 감히 맛볼 수 없고 받고서 먹지 않으면 남이 내려준 것을 헛되게 하는 것이다. 그러므로 말씀하기를 이와 같이 한 것이니 마실 수 있으면 마시고 마실 수 없으면 마시지 않는 것이 모두 그 가운데에 있다.”
○양씨[양시(楊時)]가 말하였다. “대부가 내려준 것이 있을 때 절하고 받은 것은 예이고, 알지 못하여 감히 맛보지 않은 것은 병을 조심한 것이며, 반드시 말씀한 것은 정직함이다.”
○이 한 절은 공자가 사람들과 교제할 때의 성의를 기록한 것이다.

향당10 제12절

10-12 ◉廐焚이어늘 子退朝하여 曰傷人乎아하고 不問馬라.

53) ≪맹자(孟子)·등문공하(滕文公下)≫, “양화가 공자를 만나려고 하였으나 (자신이) 무례하기를 싫어하였다. 대부가 사(士)에게 선물을 했는데 자기 집에서 받지 못하였으면 대부의 문에 가서 절하였기 때문에, 양화는 공자가 집에 없을 때를 엿보아 공자에게 삶은 돼지고기를 보냈다. 공자도 역시 그가 집에 없을 때를 엿보아 찾아가서 절하였다.(陽貨欲見孔子而惡無禮. **大夫有賜於士, 不得受於其家, 則往拜其門**, 陽貨瞯孔子之亡也, 而饋孔子蒸豚. 孔子亦瞯其亡也, 而往拜之.)”

●非不愛馬나 然이나 恐傷人之意多故로 未暇問이라. 蓋貴人賤畜이니 理當如此라.

한자 廐 **마구간 구**·우리 구, 焚 **불탈 분**·태울 분

마구간이 불타자 공자가 조회에서 물러나와 "사람이 다쳤느냐?"라 하고 말에 대해서는 묻지 않았다.

○말을 사랑하지 않은 것은 아니나 사람이 다치는 것을 염려하는 마음이 많았기 때문에 물을 겨를이 없었다. 사람을 귀하게 여기고 가축을 천히 여긴 것이니 도리상 마땅히 이와 같아야 한다.

향당10 제13절

10-13-1 ◉君이 賜食이어든 必正席先嘗之라. 君賜腥이어든 必熟而薦之하고 君賜生이어든 必畜之라.

●食은 恐或餕餘故로 不以薦[54]이라. 正席先嘗은 如對君也라. 言先嘗하니 則餘當以頒賜矣라. 腥은 生肉이라. 熟而薦之祖考는 榮君賜也라. 畜之者는 仁君之惠하여 無故不敢殺也[55]라.

한자 腥 **생고기 성**·비린내 성, 薦 꼴 천·천거할 천·**올릴 천**, 餕 대궁(먹다 남은 밥) 준, 頒 나눌 반

54) ≪예기(禮記)·곡례상(曲禮上)≫, "남은 음식으로는 제사 지내지 않는다.(餕餘不祭.)"
55) ≪예기·왕제(王制)≫, "제후는 이유가 없으면 소를 죽이지 않고 대부는 이유가 없으면 양을 죽이지 않으며, 사(士)는 이유가 없으면 개나 돼지를 죽이지 않고 백성은 이유가 없으면 진미(珍味)를 먹지 않는다.(諸侯無故不殺牛, 大夫無故不殺羊, 士無故不殺犬豕, 庶人無故不食珍.)"

군주가 먹는 것을 내려주면 반드시 자리를 바르게 하고 먼저 맛보았다. 군주가 생고기를 내려주면 반드시 익혀서 제수로 올리고, 군주가 살아있는 것을 내려주면 반드시 길렀다.

○먹는 것은 혹시 남긴 것일까 염려되었기 때문에 제수로 올리지 않았다. 자리를 바르게 하고 먼저 맛본 것은 군주를 대하는 것과 같이 한 것이다. 먼저 맛본다고 말했으니 나머지는 마땅히 나누어 주는 것이다. '성(腥)'은 생고기이다. 익혀서 조상신에게 제수로 올린 것은 군주의 하사를 영예롭게 여긴 것이다. '그것을 기른다.'는 것은 군주의 은혜를 어질게 여겨 이유가 없으면 감히 죽이지 않은 것이다.

10-13-2 ◉侍食於君에 君祭어든 先飯이라.

●周禮에 王日一擧하니 膳夫授祭하고 品嘗食이어든 王乃食[56]이라. 故로 侍食者는 君祭면 則己不祭而先飯하여 若爲君嘗食然하니 不敢當客禮也라.

한자 膳 **음식** 선·먹을 선

군주를 모시고 식사할 때에 군주가 고수레를 하면 먼저 밥을 먹었다.

○≪주례≫에 의하면, 왕은 하루에 한 번 [태뢰(太牢)를] 드는데, 음식담당관이 고수레할 제수를 드리고 음식을 맛보면 군주는 그제야 먹는다. 그러므로 (군주를) 모시고 식사하는 자는 군주가 고수레를 하면 자신은 고수레를 하지 않고 먼저 밥을 먹어 마치 군주를 위하여 음식을 맛보는 것처럼 하니, 감히 손님의 예를 감당하지 않은 것이다.

---

56) ≪주례(周禮)·천관(天官)·선부(膳夫)≫, "왕은 하루에 한 번 [태뢰(太牢)를] 드는데 정(鼎)은 12가지이고 음식마다 모두 도마가 있다. 음악으로 식사를 권하면서 음식담당관이 고수레할 제수를 드리고 음식을 맛보면 군주는 그제야 먹는다.(王日一擧, 鼎十有二, 物皆有俎. 以樂侑食, **膳夫授祭**, **品嘗食**, **王乃食**.)"

10-13-3 ◉疾에 君視之어든 東首하고 加朝服拖紳이라.

●東首는 以受生氣也라. 病臥에 不能著衣束帶하고 又不可以褻服見君이라. 故로 加朝服於身하고 又引大帶於上也라.

한자 拖 **끌 타**·드리울 타, 褻 속옷 설·**평상복 설**·친근할 설·더러울 설

병이 났을 때에 군주가 문병을 하면 머리를 동쪽으로 하고 조회복을 덮은 채 띠를 걸쳤다.

○머리를 동쪽으로 한 것은 생기를 받으려는 것이다. 병이 심해 누워 있을 때에는 옷을 입고 띠를 맬 수 없었고, 또 평상복으로 군주를 뵐 수도 없었다. 그러므로 몸에 조회복을 덮고 다시 위에 큰 띠를 걸친 것이다.

10-13-4 ◉君命召어든 不俟駕하고 行矣라.

●急趨君命하여 行出而駕車隨之라.
●此一節은 記孔子事君之禮니라.

한자 俟 기다릴 사, 趨 달릴 추·추구할 추·**따를 추**·독촉할 촉

군주가 명을 내려 부르면 멍에 메우는 것을 기다리지 않고 길을 나섰다.

○군주의 명을 따르는 데에 급하여 길을 나서서 나가면 멍에 메운 수레가 뒤따른 것이다.
○이 한 절은 공자가 군주를 섬긴 예를 기록한 것이다.

10-13-5 ◉入太廟하여 每事問이라.

●重出이라.57)

태묘에 들어가서 매사를 물었다.

○거듭 나왔다.

향당10 제14절

10-14-1 ◉朋友가 死하여 無所歸어든 曰於我殯이라.

●朋友는 以義合하니 死無所歸면 不得不殯이라.58)

한자 殯 영구(靈柩)를 빈소에 안치할 빈

벗이 죽어 의지할 곳이 없으면 "우리 집에 빈소를 차려라."라고 하였다.

○벗은 의리로 맺어졌으니 죽어서 의지할 곳이 없으면 빈소를 차려주지 않을 수 없다.

---

57) ≪논어(論語)·팔일(八佾)≫, "공자가 태묘에 들어가서 매사를 묻자 어떤 사람이 말하였다. '누가 추 고을 사람의 아들이 예를 안다고 하였는가. 태묘에 들어가 매사를 묻는데.' 공자가 이 말을 듣고 말씀하였다. '이것이 예입니다.'(子入大廟, 每事問, 或曰. 孰謂鄹人之子, 知禮乎. 入大廟, 每事問. 子聞之曰. 是禮也.)"

58) ≪예기(禮記)·단궁상(檀弓上)≫, "손님이 왔는데 묵을 곳이 없자 공자가 말씀하였다. '살아서는 우리 집에 묵고, 죽어서는 우리 집에 빈소를 차려라.'(賓客至, 無所館, 夫子曰. 生於我乎館, 死於我乎殯.)"

10-14-2 ◉朋友之饋는 雖車馬라도 非祭肉이어든 不拜라.

●朋友는 有通財之義故로 雖車馬之重이라도 不拜라. 祭肉則拜者는 敬其祖考하여 同於己親也라.
●此一節은 記孔子交朋友之義니라.

한자 饋 음식을 올릴 궤·**보낼 궤**

벗의 선물은 비록 수레와 말이라도 제사 지낸 고기가 아니면 절하지 않았다.

○벗은 재물을 함께 쓰는 도리가 있기 때문에 비록 수레와 말 같은 귀중한 것이라도 절하지 않았다. 제사 지낸 고기에 절한 것은 그 조상신을 공경하여 자기 부모와 같게 여긴 것이다.
○이 한 절은 공자가 벗을 사귄 도리를 기록한 것이다.

향당10 제15절

10-15-1 ◉寢不尸하며 居不容이라.

●尸는 謂偃臥似死人也라. 居는 居家요 容은 容儀라.
●范氏曰이라. 寢不尸는 非惡其類於死也요 惰慢之氣가 不設於身體하여 雖舒布其四體라도 而亦未嘗肆耳라. 居不容은 非惰也요 但不若奉祭祀見賓客而已라. 申申夭夭[59]가 是也라.

59) ≪논어(論語)·술이(述而)≫, "공자가 한가로이 계실 적에는 편안하였고 즐거워하였다. (子之燕居, **申申**如也, **夭夭**如也.)"

한자 偃 쓰러질 언·누울 언, 肆 뚜렷할 사·방자할 사·베풀 사, 夭 어릴 요

잠자리에 들어 죽은 사람처럼 눕지 않았으며 (집에) 머물면서 용의를 갖추지 않았다.

○'시(尸)'는 누운 것이 죽은 사람과 비슷함을 이른다. '거(居)'는 집에 머무는 것이고 '용(容)'은 용의를 갖추는 것이다.

○범씨[범조우(范祖禹)]가 말하였다. "'침불시(寢不尸)'는 그것이 죽은 것과 비슷함을 미워한 것이 아니고 게으른 기운이 몸에 배지 않게 하여 비록 사지를 펴더라도 일찍이 함부로 하지 않은 것이다. '거불용(居不容)'은 게으름피운 것이 아니고 다만 제사를 받들거나 손님을 만나는 것같이 하지 않았을 뿐이다. 편안하고 즐거워했던 것이 그것이다."

10-15-2 ◉見齊衰者면 雖狎이나 必變하고 見冕者與瞽者면 雖褻이나 必以貌라.

●狎은 謂素親狎이요 褻은 謂燕見이며 貌는 謂禮貌라. 餘見前篇[60]이라.

한자 狎 가까울 압·**친근할 압**·놀릴 압, 冕 면류관 면, 瞽 소경 고, 褻 속옷 설·평상복 설·**무람없을 설**·더러울 설

상복 입은 자를 만나면 비록 친근하더라도 반드시 얼굴빛을 바꾸었고, 면류관을 쓴 자와 눈먼 자를 만나면 비록 사적인 자리라도 반드시 예모를 갖추었다.

---

60) ≪논어(論語)·자한(子罕)≫, "공자는 상복을 입은 자와, 관을 쓰고 의상을 갖춘 자와, 눈먼 자를 만나면 그들을 볼 때에 비록 젊더라도 반드시 일어났고, 지나갈 때에 반드시 빨리 걸었다.(子見齊衰者, 冕衣裳者與瞽者, 見之, 雖少必作, 過之必趨.)"

○‘압(狎)’은 평소에 친근한 것을 이르고, ‘설(褻)’은 사적으로 만나는 것을 이르며, ‘모(貌)’는 예모를 이른다. 나머지는 앞 편에 보인다.

10-15-3 ◉凶服者를 式之하며 式負版者라.

◉式은 車前橫木이니 有所敬이면 則俯而憑之라. 負版은 持邦國圖籍者라. 式此二者는 哀有喪하고 重民數也라. 人은 惟萬物之靈[61]이요 而王者之所天也[62]라. 故로 周禮에 獻民數於王이어든 王拜受之[63]하니 況其下者가 敢不敬乎아.

한자 式 법도 식·양식 식·**수레 앞 가로대 식**(軾과 통용), 憑 기댈 빙, 籍 서적 적·**명부 적**

상복 입은 자에게 예를 표했고 도판을 멘 자에게 예를 표했다.

○‘식(式)’은 수레 앞의 가로대인데 공경할 대상이 있으면 굽혀서 기댄다. ‘부판(負版)’은 나라의 지도와 호적을 지닌 것이다. 이 두 사람에게 예를 표한 것은 상을 당한 사람을 애도하고 백성의 숫자를 중시한 것이다. 사람은 만물의 영장이고 천자가 하늘로 여기는 대상이다. 그러므로 ≪주례≫에, 왕에게 백성의 숫자를 올리면 왕이 절하고 받았다고 했으니 하물며 그 아랫사람이 감히 공경하지 않겠는가.

10-15-4 ◉有盛饌이어든 必變色而作이라.

---

61) ≪서경(書經)·주서(周書)·태서상(泰誓上)≫, “천지는 만물의 부모이고 사람은 만물의 영장이니, 진실로 총명한 이가 천자가 되고 천자는 백성의 부모가 된다.(惟天地萬物父母, **惟人萬物之靈**, 亶聰明作元后, 元后作民父母.)”

62) ≪한서(漢書)·역이기전(酈食其傳)≫, “왕천하하는 자는 백성을 하늘로 여기고 백성들은 먹는 것을 하늘로 여긴다.(**王者以民爲天**, 而民以食爲天.)”

63) ≪주례(周禮)·추관(秋官)·소사구(小司寇)≫, “맹동(孟冬)에는 사민(司民, 별 이름)에게 제사지내고 왕에게 백성의 숫자를 올리면 왕은 절하고 받는다.(孟冬祀司民, **獻民數於王, 王拜受之**.)”

●敬主人之禮요 非以其饌也라.

한자 饌 음식 차릴 찬·**음식 찬**·먹을 찬

성대한 음식이 있으면 반드시 얼굴빛을 바꾸고 일어났다.

○주인의 예우를 공경한 것이지 그 음식 때문이 아니었다.

10-15-5 ◉迅雷風烈에 必變이라.

●迅은 疾也요 烈은 猛也라. 必變者는 所以敬天之怒[64]라. 記曰若有疾風迅雷甚雨어든 則必變하고 雖夜必興하여 衣服冠而坐[65]라.

●此一節은 記孔子容貌之變이라.

한자 迅 빠를 신

빠른 우레와 바람이 세찬 경우에 반드시 얼굴빛을 바꾸었다.

○'신(迅)'은 '빠르다'이고 '열(烈)'은 '맹렬하다'이다. 반드시 얼굴빛을 바꾼 것은 하늘의 노여움을 공경한 것이다. ≪예기≫에 이르기를, "만일 빠른 바람과 빠른 우레와 심한 비가 있을 때에는, 반드시 얼굴빛을 바꾸고 비록 밤이라도 반드시 일어나 옷을 입고 관을 쓰고 앉는다."라고 하였다.

○이 한 절은 공자의 용모의 변화를 기록한 것이다.

---

64) ≪시경(詩經)·대아(大雅)·판(板)≫, "하늘의 노여움을 공경하여 감히 놀면서 안일하지 말라.(敬天之怒, 無敢戲豫.)"

65) ≪예기(禮記)·옥조(玉藻)≫

향당10 第16절

10-16-1 ◉升車하여 必正立執綏라.

●綏는 挽以上車之索也라.

●范氏曰이라. 正立執綏면 則心體無不正而誠意肅恭矣라. 蓋君子는 莊敬이 無所不在하니 升車則見於此也라.

한자 綏 편안할 수·끈 수, 挽 당길 만

수레에 오르면서 반드시 바르게 서서 끈을 잡았다.

○'수(綏)'는 당겨서 수레에 오르는 끈이다.

○범씨[범조우(范祖禹)]가 말하였다. "바르게 서서 끈을 잡으면 마음과 몸이 바르지 않음이 없고 정성스러운 마음이 엄숙하고 공손해진다. 군자는 중후함과 공경함이 없는 곳이 없으니 수레에 오를 때에는 여기에 나타난다."

10-16-2 ◉車中에 不內顧하고 不疾言하며 不親指라.

●內顧는 回視也니 禮曰顧不過轂66)이라. 三者는 皆失容이요 且惑人이라.

●此一節은 記孔子升車之容이라.

한자 轂 바퀴통 곡

---

66) ≪예기(禮記)·곡례상(曲禮上)≫, "수레 위에서는 크게 기침하지 않고 함부로 손가락질하지 않으며, 서서는 5휴(巂, 1휴는 수레바퀴의 둘레 길이)를 보고 예를 표할 때는 말의 꼬리를 보며, 돌아보는 것이 바퀴통을 벗어나지 않는다.(車上不廣欬, 不妄指, 立視五巂. 式視馬尾, **顧不過轂**.)"

수레 위에서는 (안으로) 돌아보지 않았고, 빨리 말하지 않았으며, 직접 손가락질하지 않았다.

○'내고(內顧)'는 '돌아보다'이니 ≪예기≫에서, "돌아보는 것이 바퀴통을 벗어나지 않는다."라고 하였다. 세 가지는 모두 체면을 잃고 또 남을 미혹하게 하는 것이다.
○이 한 절은 공자가 수레에 타는 모습을 기록한 것이다.

향당10 제17절

10-17-1 ◉色斯擧矣하여 翔而後集이라.

●言鳥見人之顏色不善이면 則飛去하여 回翔審視而後에 下止라. 人之見幾而作67)하여 審擇所處도 亦當如此라. 然이나 此는 上下에 必有闕文矣리라.

한자 翔 빙빙 돌며 날 상·솟을 상

(새가) 사람의 안색을 살피고 날아올라 빙빙 돈 뒤에 내려앉았다.

○새가 사람의 안색이 좋지 못한 것을 보면 날아가 빙빙 돌면서 자세히 살핀 뒤에 내려와 멈춘다. 사람이 기미를 보고 일어나 머물 곳을 살펴 선택하는 것도 이와 같아야 함을 말한 것이다. 그러나 여기에는 위나 아래에 반드시 빠진 글이 있을 것이다.

10-17-2 ◉曰山梁雌雉가 時哉時哉인저. 子路共之한대 三嗅而作

67) ≪주역(周易)·계사전하(繫辭傳下)≫, "군자는 기미를 보고 일어나, 하루가 끝나기를 기다리지 않는다.(君子, 見幾而作, 不俟終日.)"

이라.

●邢氏曰이라. 梁은 橋也라. 時哉는 言雉之飮啄이 得其時라. 子路不達하고 以爲時物而共具之한대 孔子不食하시고 三嗅其氣而起라.
●鼂氏曰이라. 石經에 嗅作戞하니 謂雉鳴也라.
●劉聘君曰이라. 嗅當作狊이니 古闃反으로 張兩翅也라. 見爾雅라.
●愚按컨대 如後兩說이면 則共字當爲拱執之義라. 然이나 此는 必有闕文이리니 不可强爲之說이라. 姑記所聞하여 以俟知者라.

한자 共 함께 공·향할 공·**이바지할 공**·공경할 공(恭과 통용), 嗅 냄새 맡을 후, 啄 쫄 탁, 戞 창 알·칠 알·**의성어 알**, 狊 **날개 펼 격**·노려볼 격, 闃 고요할 격, 翅 날개 시, 拱 두 손 맞잡을 공·**잡을 공**

(공자가) 말씀하기를, "산골 교량의 암꿩이 제때로구나! 제때로구나"라고 하였다. 자로가 그것을 요리하여 올리니 세 번 냄새 맡고 일어났다.

○형씨[형병(邢昺)68)]가 말하였다. "'양(梁)'은 다리이다. '시재(時哉)'는 꿩이 물을 마시고 모이를 쪼는 것이 제때를 만났음을 말씀한 것이다. 자로가 깨닫지 못하고 제철의 음식이라고 여겨 요리하여 올리니 공자가 먹지 않고 세 번 그 냄새를 맡고 일어난 것이다."
○조씨[조열지(鼂說之)]가 말하였다. "석경에 '후(嗅)'는 '알(戞)'로 되어 있으니 꿩이 우는 것을 이른다."
○유빙군(劉聘君)69)이 말하였다. "'후(嗅)'는 마땅히 '격(狊)'으로 해야 하니

68) 형병(邢昺) : 송(宋) 조주(曹州) 출신으로 자가 숙명(叔明)이다. 한림시강학사(翰林侍講學士), 예부상서(禮部尙書) 등을 역임하였고 ≪논어정의(論語正義)≫, ≪이아의소(爾雅義疏)≫ 등을 저술하였다.
69) 유빙군(劉聘君) : 송(宋) 건주(建州) 출신의 유면지(劉勉之)로 자가 치중(致中)이고 호가 백수(白水)이다. 초정(譙定)의 제자로서 정이(程頤)를 사사하였고 주희(朱熹)의 부친인 주송(朱松)과 교류하였으며 주희를 사위로 삼았다. 빙군(聘君)은 '징사(徵士)'의 뜻으로 조정에서 초빙하였으나 응하지 않은 은사(隱士)를 가리키는 말이다.

고(古)와 격(闃)의 반절로 두 날개를 펴는 것이다. ≪이아≫에 보인다."

○내가 살펴보건대, 뒤의 두 학설과 같이 한다면 '공(共)'자는 마땅히 붙잡는다는 뜻이 되어야 한다. 그러나 여기에는 반드시 빠진 글이 있을 것이니 억지로 그에 대해 해설하면 안 되겠다. 우선 들은 바를 기록하여 아는 사람을 기다린다.

완역 論語集註 -상권

초판 인쇄 – 2017년 2월 23일
초판 발행 – 2017년 2월 28일

역주자 – 김 창 환
발행인 – 金 東 求
발행처 – 명 문 당(창립 1923년 10월 1일)
서울시 종로구 윤보선길 61(안국동)
우체국 010579-01-000682
전 화 (02) 733-3039, 734-4798
FAX (02) 734-9209
Homepage www.myungmundang.net
E-mail mmdbook1@hanmail.net
등록 1977.11.19. 제1-148호

■

* 낙장 및 파본은 교환해 드립니다.

* 정가 25,000원
ISBN 979-11-88020-06-5 (93150)